티벳의 문화

KB077904

티벳 문화가 심각한 위기에 처해 있는 이 시기에 이 책을 소개하려는 이유는 그 문화가 거의 알려져 있지 않고 또 그것이 지닌
어두운 측면에도 불구하고 그 문화의 독창성과 아름다움으로 인해 우리의 동정과 관심을 받고 존속할 가치가 있기 때문이다.

티벳의 문화

R. A. 슈타인 저   안성두 역

씨
아이
알

티벳 문자

ཀ་ ka	ཁ་ kha	ག་ ga	ང་ nga
ཙ་ ca	ཚ་ cha	ཇ་ ja	ཉ་ nya
ཏ་ ta	ཐ་ tha	ད་ da	ན་ na
པ་ pa	ཕ་ pha	བ་ ba	མ་ ma
ཙ་ tsa	ཚ་ tsha	ཛ་ dza	ཝ་ wa
ཞ་ zha	ཟ་ za	འ་ 'a	ཡ་ ya
ར་ ra	ལ་ la	ཤ་ sha	ས་ sa
ཧ་ ha	ཨ་ a		

일러두기

1. 이 책은 Rolf A. Stein, LA CIVILISATION TIBÉTAINE (Langues & Mondes, L'Asiathèque, 1994)을 독어판(Die Kultur Tibts, Edition Weber Berlin, 1993)에 의거하여 완역한 것이다.
2. 번역에 있어 상기의 불어판과 독어판을 저본으로 하여 영어판(Tibetan Civilization, Stanford university Press, 1998)과 일어판(チベットの文化, 岩波書店, 1993)을 참고로 하여 보완했다.
3. 외래어는 외래어 표기법에 따랐으며, 두 개 이상의 단어로 이루어진 지명은 붙였다.
4. 음가가 필요한 단어는 로마자로 표기했다.
5. 인용 및 각주는 [ ] 안에 표기하여 참고문헌의 목록에서 찾아볼 수 있도록 하였다.
6. 본문의 이해에 필요한 주석은 *로 표시하여 하단에 처리하였다.

서 문

　오늘날 티벳 문화에 관해 책을 쓴다는 것은 야심찬 시도일지도 모르며 어떤 점에서는 무모한 작업일 것이다. 티벳 문화에 대한 우리의 지식은 아직도 매우 불완전하다. 티벳학 연구는 기껏해야 100년이 채 되지 않았고 그에 종사하는 연구자도 극소수일 뿐이다. 그들 대부분은 티벳을 방문하기 어려웠으며, 그들이 정보를 얻을 수 있었던 문헌자료는 드물었고, 있다고 해도 불완전했다. 천 년이 넘는 티벳 문화는 시간이 지남에 따라 자연히 변하게 되었고 그들의 외관은 지방과 사회적 환경에 따라 상이하게 나타난다. 어떤 면에서 하나의 문화는 전체이다. 그 문화의 특성은 문화를 구성하는 여러 요인의 총합으로 규정된다. 즉 우리는 종교, 거주지, 체제, 의복과 축제 등의 모든 것을 다루어야만 한다. 하지만 이 책에서 그러한 총체적 기술을 제시하지 못한다는 것은 자명하다. 단행본으로서의 한계를 고려할 수밖에 없으며, 한편으로는 모든 자료, 즉 역사의 전개에 따라 그리고 지역과 지역에 따라 상이한 형태들을 한 권의 개론서나 소개서에 체계적으로 배열하는 것이 유익할 수는 있지만 상당히 무미건조한 서술이 될 뿐이기 때문이다.

　새로운 책을 저술하는 의도는 몇 개의 초기자료를 요약해서 도처에서 읽을 수 있는 내용을 반복적으로 제시하는 데 있지 않다. 또한 티벳과 중국의 문헌을 가능한 범위 내에서 평가하는 것이 유익하다고 생각된다. 물론 이때에도 이미 많은 여행자에 의해 보고되었던 근본적 사실과 또 티벳 이해에 많은 기여를 했던 뛰어난 학자들의 작업을 등한시해서는 안 될 것이다. 내용과 증거 및 사실은 의미가 있다고 여겨지는 것을 중심으로 일반적 개관이라는 점에 비추어 선정되었다. 나는 이 책이 전공자뿐만 아니라 티벳에 대해 관심을 가진 일반 독자들에게도 도움이 되기를 바란다.

모든 시기와 각각의 지역을 분리해서 다룰 수 있다면 이상적일 것이다. 언젠가 이들 각각에 대해 기술한 전문연구서가 출판될 수도 있을 것이다. 그렇지만 지금의 상황은 그런 단계는 아니다. 한편 각 시기의 상태가 완전히 드러나거나 또는 수백 년에 걸쳐 지속된 어떤 특별한 문화적 요소가 추적되는 일도 드물게 일어난다. 따라서 나는 통시적(通時的)이고 공시적(共時的)인 관점을 결합해서 사용했다. 이것은 우리의 시선을 한 시대에서 다른 시대로 방해받지 않고 조망하도록 한다. 이런 자료의 선정은 특히 우리가 가진 정보의 상태에 따라 정해지기 때문에, 문화는 변화함에도 불구하고 개별성이나 동질성을 갖고 있으며, 따라서 문화는 하나의 전체로서 관찰되어야 한다는 인상을 내게 주었다. 그러한 개관은 전공자가 아닌 일반 독자가 요구하는 것이며, 이 시대에 필요한 것이다. 다른 한편으로 나는 항시 티벳인들이 스스로 그들 문화의 다양한 측면을 어떻게 생각하는지를 보여주려고 노력했다.

티벳인 롭상 텐진에게 그의 방식대로 책에 삽화를 넣도록 부탁할 수 있었다는 것은 내게 특별한 행운이었다. 그의 소묘는 흥미롭고도 멋지다. 그것은 여러 주제를 정확히 기록하고 있으면서도 전통 양식에 대한 개념을 친절하게 전달한다. 그와의 공동작업에 대한 감사의 마음을 전하며, 또한 사진을 사용할 수 있도록 허락해준 많은 사람과 구전 정보를 통해 내 지식의 공백을 메워주었던 티벳인 친구들에게도 감사의 마음을 전한다.

나는 티벳 문자를 표기할 적절한 표기법을 찾기 위해 오랫동안 망설여왔다. 티벳 문자를 그대로 표기할 수 있다면 이상적일 것이다. 그렇지만 많은 경우 그런 표기법은 티벳어를 알지 못하는 독자에게는 절망적인 일이 될 것이며, 명칭을 기억하는 것을 방해할 것이다. 이런 표기법을 위해 단순한 규칙을 정하는 것도 쉬운 일이 아니다. 왜냐하면 양자의 차이는 크기 때문이다. 따라서 통용되는 발음에 의존해서 최대한 단순화된 표기법으로 표기하려고 결정했다. 이것은 분명 하나의 임시방편이지만 지도와 신문에서 사용되고 있는 표기법에 가까운 것이다. 그렇지만 독자의 입장에서는 노력이 필요할 것이다. 왜냐하면 이 표기법에서의 몇몇 철자는 영어나 독일어, 이태리어의 발음에 따라 사용되었기 때문이다. 다음의 규칙에 주목하기 바란다. (아래는 독자의 이해를 돕기 위해 영어판을 따랐다 – 편집자 註)

*a, e, i, o, u*는 이태리어처럼 발음된다(마지막 *e*는 절대 묵음이 아니다. 'Ode'와 'Gude'는 각각 두 음절이다. 나는 *ê*로 표시하여 'where'처럼 발음되는 것에 사용했다).

*ö*와 *ü*는 독일어와 같다.

*j, ch, sh*는 영어의 음가를 가지고 있다.

*g*는 항상 경음(독일어처럼)이다. 'Derge'는 영어의 'merge'와 다른 음이다. 'dare gay'를 발음할 때와 유사하다.

*ph*는 *f*의 발음이 아니며 기식음(氣息音)으로 발음되는 *P*와 같다.

*th*는 강하게 기식음으로 발음되는 *t*와 유사하다(영어의 '*thin*', '*this*'와 다르다).

*kh*는 역시 기식음으로 발음되는 *k*와 유사하다.

*p, t, k*는 기식음으로 발음되지 않는다. 그리고 이것은 때때로 서양인에게 *b, d, g*처럼 들린다.

전공자가 노력 없이도 명칭을 동일시할 수 있도록 하기 위해 알파벳(이 책에서는 한글)에 따라 배열된 색인에서 정확한 티벳어 단어를 제시하였고 편의를 위해 티벳 자료와 중국 자료 또는 예외적인 경우 이런 자료를 인용하는 현대학자들의 작품도 제시했다. 전공자가 아닌 일반 독자들이 색인을 참고할 필요는 없을 것이다. 나는 인용된 현대학자들의 저작에 대해 매번 출전을 밝히지는 않았다. 단지 참고문헌에 그것들을 제시하는 것으로 만족했다. 또한 보다 상세한 정보를 원하는 독자들에게 권하기 위해 책의 목록을 확장시켰다.

제2판(1981) 서문

본 서가 저술된 지 오랜 시간이 지났다. 이 기간 동안 티벳인들은 이제까지 접근이 불가능했거나 출판되지 않았던 많은 티벳 문헌을 인도에서 출판했다. 세계의 많은 학자는 저명한 티벳인 학자들과 인도나 네팔, 시킴, 부탄, 유럽, 미국, 일본에 거주하는 티벳인 망명자들을 원주민 정보제공자로 활용했다. 이 때문에 괄목할 만한 연구의 진척이 이루어졌으며 주목할 만한 연구들이 출판되었다.

이러한 연구 성과를 포괄하는 하나의 새로운 책이나 또는 전집을 저술하는 것이 필요할 것이지만, 나는 그러한 작업을 고려하고 있지는 않다.

그 대신에 나는 동료들의 지적과 비판의 도움으로 나의 서술을 검토하고 확대하기 위해 새로운 자료와 작업을 보충했다.

나는 이 책이 모든 영역과 시기에서 결코 완전한 것이라고 생각지 않는다. 다만 오늘날 우리에게 알려진 만큼의 티벳 문화에 대한 지식을 전달할 수 있다면 더할 나위 없이 기쁠 것이다.

차 례

5장
미술과 문학

361

그림 차례

토지와 주민

1장
토지와 주민

　매우 세련된 문화의 담지자로서 티벳인들에 의해 점유된 영역은 다음과 같은 공간적 범위를 갖는다. 남쪽으로는 히말라야 산맥이 서에서 동으로 네팔과 시킴, 부탄을 감싸는 만곡을 그리며 마침내 인도의 아삼 지역과 버마(미얀마)의 고원지대, 중국의 운남(雲南)과 만나는 지점까지 이르고 있다. 서쪽으로는 이 산맥이 만곡을 그리며 카슈미르와 발티스탄까지 이어지고, 그곳에서 북쪽으로 길기트, 카라코룸 산맥에까지 뻗어 있다. 티벳의 서쪽 끝 지역인 라닥의 대부분은 오늘날 정치적으로는 인도에 속하고 있다. 북쪽으로는 카라코룸과 곤륜산맥이 이어지며 티벳 영토를 중국령 투르케스탄과 구분하고 있는데, 이 지역은 인구가 모여 있는 커다란 오아시스를 제외하면 사막지대이다. 티벳의 동쪽은 중국 본토를 중국령 투르케스탄과 연결시키고 있는 감숙성(甘肅省)의 회랑지대까지 확장되며 코코노르 지역을 포함하고 있고, 그 남쪽으로 중국 서부의 산악지대인 중국－티벳의 접경과 겹쳐 있다.

　이 지역에 사는 원주민들은 대부분 티벳어와 유사한 언어를 사용하고 있다. 이들 동부 지역은 이전부터 청해성(靑海省)과 서강성(西康省)이라는 중국의 두 지역으로 취급되어 왔다. 정치적 관점에서 보면 티벳의 전 영토는, 비록 최근까지 티벳 정부하에서 내적 자치를 누려왔다고 하지만, 사실상 오랫동안 중국에 복속되어 왔다.

지역과 풍토

국토의 중심부는 짱포강에 의해 형성된 축의 양측에 놓여 있는데, 이곳은 티벳인들이 뵈(Bod)라고 부르는 지방으로 여기에서 티벳이라는 말이 유래한다. 이 큰 강은 서부 지역에 있는 카일라사(인도명, 티벳명으로는 티세) 산과 마나사로와르(티벳명: 마팜) 호수 근처에서 발원하고 있다. 동쪽을 향해 흐른 후에 이 강은 큰 만곡을 그리며 아삼으로 남진하는데, 여기에서부터 이 강의 이름은 브라마푸트라로 바뀐다. 가장 중요한 두 지역이 강을 따라 이루어져 있다. 먼저 더 서쪽에 있는 지역이 짱(Tsang)으로 강의 양쪽에 시가쩨와 걘쩨라는 큰 도시가 있다. 다른 지역은 짱포강의 북쪽에 있는 위(dBus)로서 여기에 키추강의 비옥한 계곡에 위치한 티벳의 수도인 라사가 있다. 더욱 동쪽으로 짱포의 큰 만곡 근처에 닥포, 콩포 그리고 냥의 세 지역이 있는데, 티벳인들은 이 세 지역을 다른 지역들과 구별하기 위해 관계적으로 묶어서 명명하고 있다. 티벳에서 국가가 처음으로 형성되었던 짱포의 남쪽에 위치한 야르룽과 로닥의 두 지역처럼, 이들 세 지역은 특히 농축에 적합하고 산림이 풍부하다. 그 지역들은 아삼과 버마 고원지대, 운남 원주민들의 영토와 접하고 있다.

짱포강의 수원 근처에는, 동에서 서로 반대방향으로 흐른 후에 다시 돌아 남쪽으로 향하는 인더스강과 수트레즈강이라는 두 개의 큰 강이 발원하고 있다. 그 강들은 '작은 티벳'이라 불리는 아리의 세 지역, 즉 구게, 마르윌, 푸랑과 라닥을 관통하고 있다. 라닥은 카슈미르에까지 연결되며 발티스탄을 거쳐 길기트로 이어진다.

티벳의 북쪽 지방은 광활한 '북부평원(짱탕)'으로 이루어져 있는데 이 거대한 고원에는 여러 산맥이 걸쳐 있고 특히 서쪽으로는 소금호수가 산재해 있다. 그 대부분이 황무지이지만 풀이 나있는 광대한 목초지도 포함하고 있다. 북동부는 초지와 습지로 이루어진 째담(Tsaidam)과 접하고 있고 암도(Amdo)로 이어진다. 암도 지방은 커다란 코코노르 호수와 황하(티벳명: Machu)의 상류 지역 전체를 포함해 티벳의 북동 지역 전체를 점하고 있고 남쪽으로 바옌카라 산맥과 경계하고 있다. 이들 산맥의 남쪽에 캄(Kham) 지방이 있는데 이곳은 티벳의 동부 지역 전체를 포괄하고 있고 중국 사천과 운남 지방에 접하고 있다. 여기에서 동아시아의 큰 강들인 살벤, 메콩, 양자강과 양자강의 큰 지류인 야룽강이 거의 평행하게 큰 산맥들에 의해 분리된 채 북에서 남으로 흐르는데, 이 강들은 상류, 중류, 하류 지역에서 각기 다른 티벳 이름이나 중국 이름을 갖고 있다. 캄은 독립적인 자치권을 가진 많은 소왕국으로 나누어진다. 무엇보다 유명한 문화적 중심지로서 데르게에 대해, 그리고 아직까지 처녀림으로 뒤덮여 있고 콩포강에 접하고 있는 포윌 또는 포보에 대해서는 특별히 언급할 필요가 있다.

캄의 동부에 있는 중국-티벳의 경계 지역은 적어도 언어적으로 티벳어와 친족관계에 있는 많은 원주민의 생활공간이다. 그들 중 주요한 부족을 거론하자면 짱, 자룽, 롤로와 나키족 등이다.

이들 티벳의 문화권은 거대한 외연을 갖고 있다. 대략 380만km²인 영토는 영국의 15배에 달하지만 인구는 300만 내지 400만에 불과하다. 티벳이 세계에서 가장 높은 지역이라는 것은 일반적으로 잘 알려져 있다. 거주지는 해발 3,000m 정도에 위치하고, 도로는 4,500m의 고개를 지나며, 높은 산은 7,500m가 넘는다. 우리는 보통 그곳을 매우 춥고 거칠어 살아가기 힘든 땅이라고 생각하지만 이런 선입견은 수정되어야 한다. 왜냐하면 티벳의 지리학적 위도는 알제리의 그것과 같고 따라서 모든 지역이 단지 눈과 황무지로 이루어져 있다고 생각하는 것은 진실과 거리가 멀기 때문이다. 이런 평가는 알려지지 않은 지역의 약도를 만들기 위해서나 티벳으로의 여행 허가를 얻지 못했기 때문에 인가로부터 멀리 떨어진 길을 탐험해야 만 했던 탐험가의 보고로부터 유래하는 것이다. 물론 북부의 창탕 (Changthang) 지역은 대부분 황무지이고 거주할 수 있는 지역은 큰 산맥 에 의해 매우 협소화되어 대상(隊商)들조차 산봉우리의 험준한 길을 통해 야만 했다. 짱포(Tsangpo)의 북쪽에 있는 산맥이나 라사(Lhasa)의 북동쪽 에 있는 넨첸탕하 산맥은 서에서 동으로 향하지만 동부 지역의 다른 산맥 들은 북에서 남으로 향하고 있다. 그러나 대부분의 평지와 계곡에는 그 규 모야 어떠하든 논과 초지, 숲이 있다. 이전에 숲은 더 넓게 펼쳐져 오늘날 풍화에 의해 민둥산으로 변한 봉우리들까지 뒤덮고 있었을 것이다. 라사 의 북쪽에 있는 라뎅에서처럼 덤불들과 숲의 일부가 남아 있는 곳도 있다. 티벳의 남동 지역 특히 포월에는 커다란 크기의 나무들이 있는 매우 오래 된 원시림이 있다.

산속에는 겨울이 오래 지속되어 매우 견디기 힘들지만 계곡과 평지는 낮 동안에 많은 양의 햇볕이 견딜만하게 해준다. 비는 아삼과 운남을 거쳐 남쪽에서 불어오는 몬순기후의 영향권에 있는 동부의 긴 계곡과 몬순기후 가 히말라야에 부딪치는 남쪽 계곡을 제외하고는 거의 오지 않는다. 농업 에 필요한 물의 부족분은 눈이 녹은 것이나 눈사태로 생긴 시냇물로 채워 진다. 봄바람은 토지를 침식시키고 미세하고 비옥한 흙의 성분을 휩쓸고 가지만 농부들은 가을에 경작지를 관개함으로써 위험에 대비한다. 이런 관개는 특히 서리가 내린 후에 축축한 토지를 굳게 만드는 효과를 낸다. 게다라 우박을 동반한 폭풍이 작물을 위협하지만, 마을의 주술사가 그것들을 물리친다.

간단히 말해 그곳을 일반화할 수는 없다. 계곡의 방향과 산맥들의 능선 뿐 아니라 지리적 위도와 상대적인 고도로부터 다양한 지역적 기후와 다양한 지방적 특성이 나오게 된다. 이것은 자연적 환경 속에서뿐 아니라 그들이 사는 집단의 활동 범위에서도 확연하다. 18세기 중국인 여행자들은 "매 10리(里)마다 하늘이 다르다."라고 말하였고, '각각의 지역은 나름의 말하는 방식이 있고 각각의 라마는 나름의 가르치는 방식이 있다'고 오늘날의 격언은 대꾸한다. 이 격언에서 '지방'이나 '지역'의 개념을 표현하기 위해 사용된 단어가 민담이나 구어에서 '계곡(lung)'을 의미하는 단어라는 사실은 의미심장하다.

우리는 모든 곳에서 상이한 환경들의 병존을 발견하는데, 이것들은 티벳 사회의 가장 중요한 특성의 하나이며 사회 내에서의 독립된 집단들과 그들의 삶의 방식을 지배하는 이중적 구조를 부여한다. 만일 우리가 전체 티벳 영토에서, 그곳에서 살아가는 사람에게 의미 있는 주요한 자연적 지역을 정의하고자 한다면 두 지역으로 대비시킬 수 있다. 즉 거주하는 지역과 황무지, 산봉우리 등의 거주할 수 없는 지역이다. 아마 우리는 주로 목축과 유목지로 이용되는 황무지 같은 고원지대인 티벳의 북부와 암도에서 동서로 가로지르는 하나의 긴 지대를 구별할 수 있을 것이다. 이곳의 거주자가 대부분 몽골인으로서 비티벳인이거나 또는 티벳인이지만 구별되는 다른 기원을 갖는 종족(예를 들면, 호르족)이라는 것은 흥미로운 사실이다. 그러나 도처에서 대비되면서도 동시에 상보적인 자연환경의 이중적 형태가 존재하며 우리는 이것을 고산목초지와 경작지, 방목과 농업이라는 대립적 용어로 요약할 수 있다. 종종 동일한 집단이 철에 따라 이들 두 환경 사이를 오락가락한다. 가끔 두 환경은 그들의 삶의 방식에서뿐만 아니라 종족적 유형에서도 서로 다르다. 이 점에 관해서는 후에 설명할 것이다.

이러한 상황의 간략한 기술에 이어 가장 전형적인 지역과 지방들에 대해 고찰해보겠다.

먼저 다른 거주지와는 구별되는 광활한 목초지를 들 수가 있다. 여기는 천막에서 사는 유목민이 일정한 지역을 돌아다니며 생활한다. 특히 북부와 북동부에는 나무가 없고 단지 풀만이 자란다. 야생의 야크와 야생 당나귀, 야생마들이 자연적 방식으로 생존하고 있다. 가축은 야크, 야크와 소의 혼합종, 염소와 양, 몽골산 조랑말로 구성되어 있다. 이것은 서쪽으로 사가의 북부 지역에서부터 동쪽으로 멀리 코코노르와 암도에 이르기까지 마찬가지이다. 이러한 유형의 또 다른 광활한 영토는 리보체와 라리 주위에 있다. 이들 유목지에서의 유일한 식물성 음식으로는 일종의 전분질 뿌리를 가진 토란으로서 마멋이 이것을 굴에 저장해놓는다. 마멋을 사냥해서 그 고기와 토란을 먹는 것, 이것이 서사시에 곧잘 언급되고 있듯이 유랑자의 삶인 것이다.

이와는 달리 어떤 목축이나 방목의 흔적 없이 오직 경작지만 있는 극소수의 지역이 있다. 콩포(Kongpo) 지방의 감다와 키추(kyichu)의 평지, 그리고 이와 유사한 평지들이 이에 해당된다.

그 밖의 다른 지역에서 거주지는 계곡의 위쪽 경사면의 목초지와 골짜기의 벌판에 위치한다. 대체로 수목들은 두 식생대의 사이에서 자라고 사람들은 그곳에서 과일을 채집하며 산다.

9세기에 암도—타오호와 조르게 지역—로 세금을 거두기 위해 파견된 한 관리는 그곳의 생활을 파악하고 나서 이 땅의 **빼어난** 점을 열 가지로 나누어 이야기하고 있다. 그곳의 풀은 두 가지 미덕을 가지고 있는데 건초에 좋고 목초에도 좋다. 흙은 두 가지 미덕을 가지고 있는데 집을 짓기 좋고 경작하기에도 좋다. 물은 두 가지 미덕을 가지고 있는데 먹기에 좋고 농사에도 좋다. 돌은 두 가지 미덕을 가지고 있는데 건축하기에 좋고 맷돌을 만들기에도 좋다. 나무는 두 가지 미덕을 가지고 있는데 목재로 좋고 땔감으로도 좋다. 다시 말하면, 그 땅은 농경과 방목에 이상적인 것이다. [150: 189b-190a] 매우 후대인 1582년에 조르게의 티벳인 족장이 직책을 받기 위해 중국 황제(神宗)에게 갔을 때 황제는 그에게 그 지역의 '야만인'들, 즉 그 지역의 숲에 사는 토착민에 대한 지배권을 부여했다. [150: 193b]

연대기와 서사시는 바로 암도 지역이 '산의 거주민'과 '평지의 거주민'[142: PA, 107]에 의해 점거되어 있고, 반면 조금 북쪽 지방인 미냑은 '풀의 사람들'과 '나무의 사람들'[142: JA, 22b, 65b]의 거주처라고 설명하고 있다.

이 '풀의 사람들'과 암도 지방은 오래전부터 매우 우수한 말로 유명하다. 또한 포월 지방과 콩포 지방의 다른 우수한 종의 말에 대해서도 보고되고 있다. 이 남동부의 두 지방에서는 말의 사육이 매우 작은 돼지 사육과 병행하여 행해졌다. [142: PA, 127b-128a에 돼지와 관련된 기록이 있다. 말에 관해서는 개인적 정보와 99: 497] 작은 돼지는 닥포 지역의 특산물이기도 하다. 북부에는 돼지가 알려지지 않았고 암도의 농부들은 돼지고기를 회피한다. 반면 남부 닥포의 숲이 많은 지역에서는 돼지가 대규모로 사육된다. 우리에게 알려진 가장 오래된 연대기는 이미 6세기에 야룽의 궁성인 칭카르 근처 '돼지정원' 속의 높은 나무에 왕을 반대하는 모반자가 숨어 있다고 말하고 있다. [6: 106. 11세기 초에 Changchubo는 개와 돼지 사육장에서 놀았다. (151: II, 393; I, 441)] 그리고 맹서할 때에도 왕과 대신은 마치 돼지와 닭처럼 결코 떨어지지 않으리라고 서약한다(작은 닭은 리보체,

월다(dNgul mda'), 포월, 라사에서 항시 돼지와 함께 사육된다. 반면 암도의 농부들은 양계를 하지도, 계란을 먹지도 않는다). 티벳에서 집의 신과 화로의 신은 돼지머리를 하고 있다. 이러한 관념은 분명히 북부의 초원에 사는 유목민들에게서 나온 것은 아니다. 그렇지만 이러한 요소들이 오래되었음은 증명되었다. 왜냐하면 이미 초기의 중국 문헌에서 티벳인들과 더불어 가까운 종족인 강(羌, 짱(chiang))족이 돼지를 사육하고 있다고 말하기 때문이다. 문헌의 표현을 빌리자면 6열의 이삭을 가진 티벳인의 주식인 대맥이 티벳의 남동 지역과 동부 지역에서 유래했다는 것도 흥미로운 것이다. [59: 208, 주 117]

대맥은 4,500m 정도의 고지에서도 자라고 따라서 어디서나 경작할 수 있기 때문에 티벳의 환경 조건에 매우 적합한 곡물이다. 그 밖에도 소맥, 메밀, 귀리, 완두, 겨자와 여러 가지 채소 등 다른 많은 작물이 경작된다. 어떤 곳에서는 이모작도 행해진다. 타시룬포(Tashilhunpo)의 남서쪽에 있는 키롱 지역에서는 대맥과 호밀 또는 소맥, 레추와 라가-짱포의 계곡에서는 대맥과 수수, 콩포에서는 쌀과 대맥이 재배된다. [24: 10; 196; 203: 下 15a] 그 외의 진미들과 더불어 이런 것들은 기후와 환경의 다양성을 알게 해준다.

18세기에 백포도는 석류, 복숭아, 배, 오이와 함께 바탕에서, 밤과 함께 닥얍과 넴타에서, 그리고 라사의 남쪽인 총개에서 대나무와 밤과 더불어 재배되었다. [193: 18b; 203: 下 15a] 18세기 초에 라사에 정착한 예수회 선교사는 닥포의 포도를 사용해 성찬용 포도주를 만들었다. 1374년 캄 지방의 차오리 지역에는 350가구가 포도주 생산에 전문적으로 종사했다. [192: 태조실록(太祖實錄) 홍무(洪武) 일곱째 해, 일곱째 달] 티벳인들은 말린 포도를 간식으로 사용하며 그들의 일상 주류(酒類)는 대맥으로 만든 맥주로 창(chang)이라 불린다. 그러나 고대(9~10세기)에 기술된 뵌교도의 의례에 따르면 소맥과 포도, 쌀, 꿀로 만들어진 술이 사용되었다. [64: 13] 오랜 연대기에 의하면[177: 92a] 8세기 티송 데짼 왕의 창고에는 몬(히말라야)의 쌀로 만든 술과 짜바롱의 포도로 만든 술이 있었다. 오늘날 티벳의 서쪽 끝에는 유사한 양식이 아직도 퍼져 있다. 라닥의 대맥으로 만든 맥주, 라훌의 쌀로 만든 맥주, 쿠나바르의 포도로 만든 술이 그것이다.

꿀은 남동부 산림지대의 산물이며 포월, 콩포, 넴다와 최종 사이의 지역에서도 발견된다. 15세기 콩포에서 짜리의 수령은 꿀술과 대맥으로 만든 맥주를 현자 탕통(Thangtong)에게 올렸다. [135: 65a] 이 지역은 소맥과 쌀의 산지이다. 쌀은 참도, 콩포의 감다. 넴다에서 최종, 그리고 아리 지역에서 경작된다. 아리는 대추와 살구로, 야룽의 쩨탕 지역은 사과와 배로 유명하다. [203: 下; 194: 下]

포도와 밤, 배, 사과, 양질의 목초지와 말 이외에 닥포 지방은 티벳 종이를 만드는 데 사용되는 서향나무류의 관목, 그리고 잘 알려진 접착제의 재료인 송진을 산출하는 소나무로 평판이 높다. 콩포는 식용의 죽순과 활, 화살, 창을 만드는 데 사용되는 대나무와 계수나무의 산지이다. 포보 또한 대나무와 향료의 산지이다. 약초채집은 티벳과 중국의 접경 산악지대에서 그렇듯이 그곳에서도 주요한 역할을 한다.

이들 몇 가지 예로부터 티벳 전체에 얼마나 많은 다양성이 존재하는가를 이해할 수 있을 것이다. 여기저기 다양한 지형의 교차와 중복, 서로 다른 생활 방식의 병존, 구별되는 민족 집단들의 공존이 티벳 문화에 이중성(때로는 더 복합적인 구조)을 부여하는 것이다.

주 민

티벳을 단일하게 통합시켜주는 것은 그 문화이다. 이미 지역적 기후, 식물의 분포, 거주지로 알 수 있듯이 방언과 관습들도 다양하게 이루어져 있다. 이것은 인종적 구성에서도 마찬가지이다. 상이한 종족의 유형이 인접해서 또는 섞여서 살아가고 있다. 대부분의 경우 두드러진 혈통은 몽골계이지만, 많은 여행자는 그들이 '붉은 피부(아메리칸 인디언)' 유형이라고 묘사한 인종과 빈번히 조우함(콩포 지방과 호르의 유목민 사이에서, 타찌엔루 지역에서)에 놀라고 있었다. 다른 여행자들은 유럽인 유형, 즉 그리스인이나 코카서스인의 유형에도 주목했다.

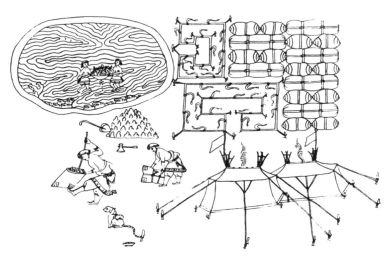

〈그림 1〉 짱탕 호수에서 소금을 수집하는 목동들. 야크의 우리와 소금 운반용 포대. 앞에 있는 것이 천막과 고정용 줄

그들은 어떤 때에는 콩포 지방의 유형과 동일시되기도 하고 어떤 때에는 북동부의 완전히 다른 유형을 가리키는 것처럼 여겨지기도 한다. 캄 지

방의 찰라 지역에서는 왜소한 유형의 인종도 보인다. 비록 이들 모두가 인상에 불과한 것이지만 상이한 인종집단들이 존재하고 있다는 사실은 명백하다. 과학적 전문지식을 갖지 못한 여행자에 따르면 브라마푸트라 계곡의 농업 지역과 남동 티벳에는 단두형(短頭形)이 압도적이다. 라닥에서 단두형은 장두형(長頭形, 의심할 여지없이 다르드人)과 겹쳐진 것으로 보인다. 반면 창탕 호수 지역에서와 같이 북부 지방의 호르와 골록 사람들은 장두형이다. 그러나 인류학자들은 단순히 두 유형으로만 구분한다. 티벳 전역에 널리 퍼져 있는 키가 작은 몽골인 유형과 캄 지방에 특징적으로 나타나는 보다 키가 큰 유형이다. 북동 지방에서는 파란 눈의 금발도 관찰되었다고 한다.

이것은 상이한 인종들이 티벳의 역사 속에서 여러 지역으로 이전했고 그곳에서 정주했음을 말해주고 있다. 앞에서 암도 지방의 산림에서의 '야만인'에 대해 언급했지만, 탕통 성자에 의해 교화되기 이전인 15세기에 짜리로 가는 통로와 그 지역의 철광산을 장악하고 있던 콩포의 로족도 여기에 포함시킬 수 있다. 목초지에 살면서 가축을 길렀던 사람들은 종종 서로 다른 인종집단에 속하고 있고, 독파('brog pa)라는 그들에 대한 칭호가 마치 외국인을 가리키는 것처럼, 종종 티벳인을 가리키는 뵈파(Bod pa)와 대비된다. 이러한 사실은 1531년 라닥을 방문했던 모슬렘 여행자인 미르자 하이다르(Mirza Haidar)에 의해서도 지적되었다. [90: 90-92] 그곳에서 독파라는 용어는 다르드족을 가리키는 것이다.

티벳인의 기원은 아직도 비밀에 싸여 있다. 이에 대해서는 민족학적 언어학적인 모든 종류의 관찰에 의존하고 있고 다른 인종의 이주를 가정하고 있다. 우리는 여기서 7세기경이나 그 직전에 티벳인들로서 언급되었을 때인 그들 역사의 여명기에 스케치된 모습에 한정할 것이다.

그들의 전설에 따르면 티벳인들의 최초의 조상은 산림의 원숭이와 바위의 여자정령이었다. 이 부부의 회합장소인 소탕은 보통 짱포의 남쪽인 야룽의 계곡 속에 있었다고 한다. 그러나 이러한 추정은 그들 국가의 기원을 최초의 왕이 나타났던 지역에 위치시키려는 희망에 의해 동기부여되었을 것이다. 다른 전승 속에서 전설의 무대는 그곳보다 동쪽에 위치하고 숲으로 유명한 포월 지역이다. 8세기 후반의 중국인들은 이 장소가 더 북쪽에 위치하고 있다고 믿었던 듯하다. 전승에 따르면 최초의 전설적 왕인 냐트리 짼포가 하늘에서 내려왔던 곳은 동남부라고 한다. 그의 후계자들에게 숭배된 장소는 하나의 성스러운 산이다. 이 산에 관해서도 전승은 확실치 않다. 그곳은 일반적으로 야룽의 북쪽이라고 하지만, 고대에서조차 '신이 하강했던 산'은 냥과 콩포 사이의 훨씬 북쪽에 위치하고 있고 여기에 오데 궁걜이라는 다른 산이 같은 전설에 관련되고 있다. [115: 82-84]

후에 디굼의 죽음이 처음으로 왕통 상속의 단절을 초래했을 때 전설은 남동쪽의 세 지방으로 옮겨갔다. 왕의 시신은 냥추강에 던져지고 콩포까지 떠내려갔다. 그의 세 아들은 찬탈자를 피해 콩포, 포보와 냥으로 도주했다. 그리고 찬탈자가 살해되었을 때 왕통을 회복한 그의 아들들은 포보로부터 귀환했다.

간략히 말해 전승은 최초의 티벳인이 상대적으로 온난하고 농경에 적합한, 산림(원숭이가 사는)으로 덮인 산악지대인 남동부에 정착했다고 말한다. 최초의 경작지는 소탕에 있었고 다른 자료에 의하면 야룽은 티벳에서 가장 비옥한 지방이다. 그곳은 또한 왕가의 발상지였다.

암도에서 나온 다른 자료에 의하면 원숭이와 바위 여자정령의 땅은 바로 암도이다. 실제로 산림지대는 동부 티벳의 전 지역에 걸쳐 이어지고 있다. 더욱이 조상원숭이와 여자정령 사이에서 태어난 첫 후손인 여섯 '근원적 씨족'을 어느 정도 그 지방의 동쪽에 위치시킬 수 있다. 그러나 티벳인들이 그들을 자신들의 조상으로 간주하기는 하지만 항시 그들을 '야만' 종족이나 티벳인이 아닌 원주민으로 기술하고 있다. [115: 27, 32, 48] 이 점에서 고대 중국 사가들의 의견이 개입된다. 그들에 따르면 본래의 티벳인(토번吐藩)들은 강(羌)족의 한 갈래로서 그들의 왕이 티벳 역사의 시초에 그 지역을 통일했던 것이다. 강족은 기원전 1400년경부터 현대에 이르기까지 중국 사료에서 언급되고 있다. 그들은 상(商)과 주(周)의 북서쪽에 살던 종족이었고, 기원 전후부터 코코노르에서 사천으로 이어지는 티벳과 중국의 접경지대에 살고 있었다. 티벳 왕조가 야룽에 출현했을 때 두 개의 중요한 강족의 국가가 오늘날의 캄 지방인 동부 티벳을 차지하고 있었다. 그것들은 동쪽의 '여인국'(서쪽에는 또 다른 여인국이 있었다)과 '부국(附國)'이었다(부는 고대에 biu처럼 발음되었을 것이다). 강족은 티벳어로 숨파나 중국어로 소비(蘇毗)라고 불리던 북동 티벳의 다른 종족과 교류하고 있었다. 동시에 그보다 훨씬 북쪽에 있는 지금의 암도에서 그들은 티벳어로 아샤 또는 중국어로 토곡혼(吐谷渾)이라 불리며 그곳에 왕국을 건설했던 만주에서 온 돌궐−몽골족과도 교류가 있었다. 티벳인들이 미냑이라고 부르던 이들 혼합 종족들은 코코노르와 중국의 북서 지방에 살았고 1032〜1226년까지 서하국(西夏國)을 세웠다. 오래전에 이 지역으로 돌궐−몽골족이 이주하기 전인 기원 직후에 강족은 서쪽으로 밀려났던 인구어족에 속하는 월씨(月氏)족의 잔존세력을 흡수했다 이들 토카리안족 또는 인도−스키타이족은 티벳의 서부접경에 자취를 남겼던 중요한 국가를 세웠다. 강족은 오늘날도 티벳과 중국의 접경지대에 살고 있으며, 그들의 언어와 믿음, 관습은 티벳의 그것과 매우 흡사하다. 7세기에 이미 그들은 티벳인들이 그러하듯이 원숭이로부터 유래했다고 주장했다. 흰 양과 원숭이가 주요한 역할을 하는, 하늘과 조상에 관한 그들 관념의 많은 테마는 티벳인과 공통된 것이다. 7세기 이래 중국의 사가들은 이들 종족들의 탑이나 요새 등의 기념비적 석조건축물에 관해 보고하고 있다. 그것들은 오늘날에도 콩포와 로닥(티벳의 남동부)에서 종종 발견되며, 일반적인 티벳 건축물의 원형으로 간주된다.

따라서 초기 티벳인들에 대해 우리가 가지는 인상은 북방 고지의 초지에 살며 야크와 말을 사육하는 유목민의 그것과는 다소 다르다. 차라리 우리는 깊은 산림 속, 언덕의 방목지에 사는 사람들을 떠올려야 한다. 북부의 대규모 유목지가 점차적으로 티벳문명에 의해 동화된 것은 아니다. 야룽의 왕조가 등장하게 되었을 때 그 세력은 급속도로 북동쪽에 퍼졌다. 숨파와 아샤는 정복되었고 급속히 동화되었으며(7~8세기), 그래서 티벳의 하나의 부족과 지방에 불과한 것으로 되었다. 이런 이유로 조금 후대의 문헌들이 말과 야크 사이의 원한에 관한 긴 설화를 전하게 된 것이다.

〈그림 2〉 냐롱 지방에서 만든 사육자의 모자를 쓴 대상과 말들

우리가 사용하는 '티벳'이라는 명칭은 북동부의 돌궐-몽골족을 남부의 티벳인과 중복시켜서 생겨난 혼동의 결과일 것이다. 티벳인 자신은 그들의 나라를 뵈(Bod)라고 부른다(중앙 티벳의 방언에서 푀라고 발음된다). 이런 명명은 그들의 남쪽에 있는 이웃 인도인에 의해 Bhoṭa, Bhauṭa 또는 Bauṭa 로 음사되어 전래되었다. 이 이름은 톨레미와 1세기 그리스의 설화인 인도양 항해에 언급되고 있다고까지 인정되었다. 여기서 중앙아시아의 한 지역과 관련해 Bautisos라는 강과 Bautai라는 민족이 거론되고 있다. 그러나 우리는 그 당시 티벳인들의 존재에 관해 어떤 지식도 갖고 있지 못하다.

7세기 이후 티벳인들에 대해 잘 알고 있던 중국인들은 Bod를 번(蕃, 고대발음 b'iwan)으로 음사했다. 이것은 티벳인들이 '뵈' 대신에 '뵌(Bon)'이라고 말했기 때문인지 아니면 중국어 번(蕃)이 '야만인'을 뜻하는 공통어였기 때문인지는 불분명하다. 그러나 티벳 사절의 증언에 따르면 머지않아 중국인들은 토번(土蕃)이란 명칭을 사용하기 시작했다. 그때 그 단어는 돌궐-몽골족의 일파인 독발(禿髮, T'u fa)과 혼동되었으며, 그 원음은 아마 Tuppat과 비슷했을 것이다. [197b: la; 191: 上, 18a]* 같은 시기의 돌궐과 속단(Sogdian) 문헌은 현재 티벳의 북동부에 위치한 'Tüpüt'라고 불리는 종족을 언급하고 있는데, 이 말은 모슬렘 저자들이 9세기 이래 사용했던 단어이다(Tübbet, Tibbat 등). 그들을 통해 이 말은 중세유럽의 탐험가들(Piano-Carpini, Rubruck, Marco Polo, Francesco della Penna 등)에게 전해졌다.

---

* 山口瑞鳳은 독발(禿髮 T'u fa)을 Lho phya(남쪽의 phya)를 옮긴 것으로 해석된다(東洋學報 58, 3-4, 1977: 56, 61). 씨족의 이름인 phya에 관해서는 4장, 거주공간. 항을 참조할 것. 882년 두 개의 언어로 쓰인 문헌에서 중국어 독(禿)이 티벳어 lho(남쪽)로 번역되고 있음을 확인할 수 있다.

이렇듯 오래된 씨족 사이에 새로운 종족의 정착이 오늘날의 복잡한 이류학적 상황을 야기한 것은 의심할 여지가 없으며, 이것은 오로지 인구의 이동을 고려해야만 이해될 수 있을 것이다. 다음 장의 티벳 지도는 단지 일반적 개요를 아는 데 도움이 되며, 그 상황이 시대에 따라 어떻게 변모해왔는지를 이해하기 위해서는 수십 장의 지도가 필요할 것이다. 여러 종족 사이에는 통례적인 혼인 결연이 존재했다. 강족(티벳–버마 계)과 토곡혼(몽골–티벳 계)이나 아샤는 서로 신부를 교환했다(Tubbat로 불리는 탁발이란 종족명은 양쪽에서 나타난다). 동일한 관계가 숨파족과 동부 여인국의 강족 사이에도 보인다. 숨파족은 번갈아 코탄과 중국령 투르케스탄에 이르기까지 약탈을 감행했다. 그들은 뒤에서 볼 수 있듯이 서부의 여인국과도 관계를 가진 것으로 보인다.

정치적, 행정적 발전도 종족의 이동을 초래했다. 티벳의 야룽 왕조에 종속된 후에 숨파들은 지금의 암도인 미냑에 있는 동부전선을 중국으로부터 지키도록 배정되었다. 감주(甘州)의 위구르에 대항하기 위해 파견되었던 티벳군의 잔여부대는 9세기에 새로운 유목민 집단을 이루었다. 중국인은 그들을 북으로는 감주로부터 남으로는 송번현(松藩縣)에까지 널리 퍼진 일단의 종족으로 취급하고 있다. 오늘날 같은 방언을 사용하는 소규모 집단은 이런 정황을 보여주는 것이다. 그들은 특정한 영토 내에서 동질적인 집단으로가 아니라 넓은 영토에 걸쳐 다른 집단 속에서 분산되어 흩어져 존재한 것이다.

다른 이동들은 동북에서 서남을 향해 이루어졌다. 서하왕조를 세운 미냑의 지배자 일족은 그들의 왕조가 멸망하고 그들의 나라가 칭기즈 칸에 의해 정복(1227)된 후에 북부 짱 지방의 암링 지역으로 이동했다. 그들은 자신들의 나라를 칭하는 '북(北)'이라는 이름과 종교적 설화를 갖고 왔다. 중앙과 서부의 다른 귀족들도 유사한 길을 걸었음에 틀림없다. 왜냐하면

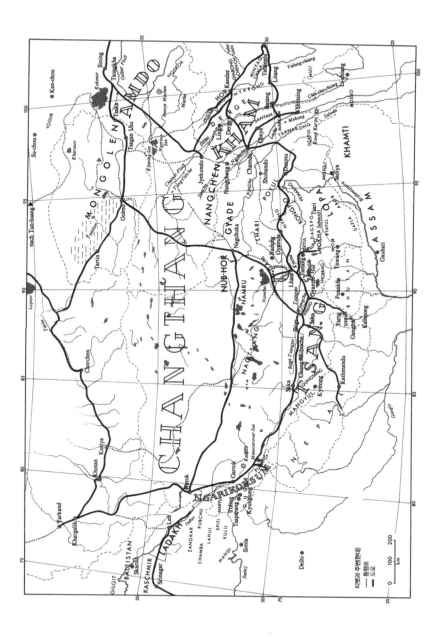

그들은 스스로의 기원을 다소 전설적이긴 하지만 동북 지방의 외부종족으로 소급하고 있기 때문이다. [121: 6, 737] 종족명도 혼란을 가중시킨다. '호르'라는 이름은 800년경 감주 지방에 정주했던 위구르족에 대해 처음으로 사용되었다. 오늘날 서부의 유목민 호르파는 아직까지 그들의 종족명을 간직하고 있을 것이다. 그러나 '호르'는 후에 칭기즈 칸의 몽골인을 칭할 때 사용되었고, 그로 인해 캄 지방(칸제 그리고 베리 근처)의 호르人의 다섯 소국은 그들의 후손이라고 주장한다. 타르칸이라는 칭호와 같은 몇몇 몽골어를 제외하고는 그들의 언어는 금천(金川) 지방의 토착민 말과 유사하다. 반면에 코코노르 지역에 살고 최근까지 몽골어를 하는 몽골 기원의 유목민을 가리키는 속(Sog)이라는 말은 후대의 티벳 역사서에서 분명 '몽골'을 의미한다. 그러나 그 말은 고대의 속단 사람이라는 명칭에서 파생된 듯하다(고대 티벳어에서는 sog-dag). [127: n. 34]

〈그림 3〉 호르족의 유목자. 담뱃대와 허리의 칼

주민들의 언어와 인종적 유사성은 그것이 보존하고 있는 특정한 문화적 특성과 반드시 관련되지는 않는다. 오늘날 호르의 사람들은 외견상 두 개의 비티벳인의 특성을 공유하며 동부(데르게, 칸제)와 중앙 티벳의 여러 지역에서 거주하고 있다. 그중 하나의 특성은 (특히 창탕 남부의 호수 지역에 있는) 일군의 입석(立石)과 묘석(墓石)이고, 다른 특성은 데르게와 암도에서 발전된 금속제 기구(칼, 등자, 죔새 등)에서 보이는 동물 모양으로 오르도스 지방의 청동기와 유목민족의 '스키타이적' 예술과 유사한 것이다.

티벳 왕조 초기(6～7세기)의 종족 분포에 관해 다시 돌아가 개관해보자. 동부에는 부국(附國)과 여인국, 북동부에는 숨파족과 아샤족이 보인다. 국가를 건설하지 못한 남부의 종족들은 구별 없이 몬(Mon)이라고 불렸다.

이 명칭은 히말라야 삼림지대의 산지에 거주하는 토착종족 전체를 가리키며 아마 중국 문헌에서 모든 남방의 '야만족'을 지칭했던 단어인 '만(蠻)'과 관계가 있을 것이다. 그러나 초기 문헌에서도 티벳과 중국의 접경지대를 따라 동부에 거주하는 묀족에 관해 언급되고 있다. 서부의 라닥에서는 이 명칭이 낮은 카스트에 속하는 다른 종족집단에게 사용되었다. 또한 이 명칭은 시킴과 부탄에게도 적용되고 있다.

티벳의 야룽 지방 서쪽으로 짱포강의 상류 지역인 짱이 있다. 연접해 있는 냥을 포함해 이 지역은 닥포와 펜윌(라사 지역) 다음으로 7세기 초에 티벳 왕국에 병합되었다. 그 후 더욱 서쪽으로 진출해서 티벳인들은 큥룽을 수도로 하는 샹슝(zhang-zhung)이라는 매우 이질적인 국가와 만나게 되었다. 카일라사 산과 마나사로바 호수가 그 나라의 일부를 이루고 있었는데, 그들의 언어는 초기의 기록을 통해 우리에게 전해오고 있다. [224a: 275] 비록 아직까지 해독되지는 않았지만 그 말은 인구어족에 속한 것처럼 보인다. 이 나라는 매우 특별한 역할을 수행했다. 왜냐하면 이곳은 티벳 전승에 의하면 불교 이전에 티벳인들에게 수용된 종교인 뵌(Bon)교의 발상지이기 때문이다. 지리적으로 볼 때 이 나라는 네팔이나 카슈미르, 라닥을 통해 분명히 인도에 통해 있었을 것이다. 인도인들은 카일라사 산을 성스러운 장소로 간주해서 그곳으로 순례를 한다. 얼마나 오랫동안 그들이 그렇게 행해왔는지는 아무도 모르지만 그 풍습은 샹슝이 티벳으로부터 독립되어 있었을 때로 거슬러 올라갈 것이다.

샹슝이 서쪽, 북쪽, 동쪽으로 얼마나 광대한 영토를 가지고 있었는지는 비밀에 싸여 있다. 그 나라는 당나라 역사가들에 의해 소양동(小羊同)과 대양동(大羊同)의 두 국가로 언급된 듯하다. 중국 역사가들의 기술에 따르면 그 국가는 실제로 사막지대인 창탕의 고원에 위치했기 때문에 조직화된 국가로 보기는 어려울 것이다. 의심할 여지없이 그들은 티벳 동부의 여러 국가와 서부의 여러 국가를 이어주었다.

서부와 북서부에서 이들 국가들은 코탄과 길기트, 훈자에 접하고 있었다. 이들 제국은 인도와 중국인에 의해 언급된 황금족(Suvarṇagotra)이나 서쪽의 여인국(Strīrājya)이라는 신비한 지역과 접하고 있다. 개미의 황금이나 알렉산더 대왕이 정복할 수 없었던 아마존에 대한 옛 전설 속에 언급되고 있는 장소가 바로 이 지역이다. 풍부한 금과 여인의 정치적 힘이라는 동일한 특성을 갖고 있던 동부의 여인국과 이들 제국은 혼동되기도 했다. 그럼에도 떨어져 있는 두 지역 사이에 현실적 관계도 존재했었을 것이다.

서쪽 지역은 티벳 문화에 큰 중요성을 갖는다. 그 지역들은 간다라와 우디야나, 그리고 다른 국가에 접하고 있었는데, 그들을 통해 고대 그리스, 페르시아, 인도 문명이 티벳에 영향을 끼쳤다.

쿠샨제국(1~2세기 무렵 스키타이족)의 황제 비마 카드피세스의 비문이 라닥에 있는 칼라쩨에서 발견되었고 그보다 훨씬 동쪽에 있는 팡콩 호수 근처의 당쩨에서는 9세기경으로 추정되는 티벳어와 쿠샨어, 속단어로 쓰인 네스토리안의 비문이 발견되기도 했다. 샹슝과 타직(이란, 아랍)처럼 드루샤 지역과 그 언어는 뵌교의 전통에서 지도적 역할을 하며, 우디아냐 출신의 위대한 라마교 성자인 파드마삼바바와 연관되어 있다.

남쪽의 네팔과 북쪽의 코탄은 아주 초기부터 티벳과 교류하고 있었고, 그들의 고대 불교문화의 영향은 예술과 종교 속에 남아 있다.

마지막으로 잘 알려져 있지는 않지만 중요한 교섭관계가 야룽의 왕들과 운남 지방 및 버마 접경 사이에 존재하고 있었다. 9세기 중엽에 티벳인 (토번吐蕃)들은 토착민들이 키우고 생산한 많은 물품을 사기 위해 정기적으로 운남과 버마 접경 지역으로 갔다. 이에 대해 언급하고 있는 중국의 역사가에 따르면 티벳왕의 '군막(행정부)'은 그곳으로부터 멀리 떨어져 있지 않다. 다른 문헌에서 동일한 역사가는 영창(永昌)의 북서쪽으로 60일의 행군거리에 티벳 국경이 있다고 말한다. [191a: 7b, 28b] 당시 운남을 점유하고 있던 남조(南詔)의 불교왕국은 티벳과 밀접히 교류하고 있었다.

이와 같이 티벳은 고립된 외양에도 불구하고 초기부터 여러 면에서 개방되어 있었다. 티벳이 흰 반점으로 나타나는 것은 우리의 옛 지도에서일 뿐이고, 세계사의 발전에 단절된 나라로 비추어지는 것은 우리 역사책에서의 일일 뿐이다.

티벳인의 국토관

티벳에 대한 지식을 간략히 살펴보았으므로 티벳인들이 자신들의 나라를 어떻게 보는지를 고찰하는 데 도움이 될 것이다. 그들 관념의 대부분은 불교가 티벳에 확고히 뿌리를 내렸던 때부터 시작하며, 따라서 상대적으로 후대의 자료를 통해 알려져 있다. 그러므로 인도적인 것이 많이 내포되어 있다.

네팔이나 카슈미르, 코탄의 주민처럼, 티벳인들은 선사시대의 티벳 중앙에 하나의 커다란 바다나 호수가 있었고 현재 무수히 존재하는 호수들이 그 흔적이라고 믿고 있다. 16세기의 역사가는 다음과 같이 말한다. [143: 97]

> "문수사리근본경(文殊師利根本經)에는 다음과 같이 쓰여 있다. "내가 죽은 후 100년이 지나 눈의 땅에서 호수가 사라지고 사라수의 숲이 그 자리에서 자라날 것이다." 이 예언과 일치하여 세존의 입적 후 100년 후에 눈의 땅을 뒤덮었던 호수는 마침내 말랐다. 사라수의 숲이 자라난다고 하는 것은 모든 대지가 노간주 숲으로 뒤덮였다는 티벳의 전승과 일치한다. 이런 방식으로 이 땅이 형성된 직후에 관세음보살과 여신 타라께서 원숭이와 바위의 여자정령의 모습을 취했다. 처음에 그들의 자녀들은 원숭이였지만 점차 인간으로 되었다. 그들이 처음으로 만든 마을은 '콩포 지방의 프레스나(최초의 원숭이), 인간 땅의 (첫 번째) 지역'으로 칭송되었다."

1748년에 매우 박학다식한 숨파 켄포는 다음과 같이 요약하고 있다.

> 담파 상게(인도의 성자. 1117년 歿)는 많은 이들이 믿고 있듯이 티벳을 일곱 차례 방문했음에 틀림없을 것이다. 최초의 방문 시 티벳의 모든 땅은 물로 뒤덮여 있었다고 한다. 그렇지만 두 번째 방문 시에는 물이 이미 줄어들었다고 한다. 사람들은 (이와 관련) '초나(최초의 호수)'라고 말하는데, 이 이름에서 두 청옥빛의 호수, 즉 남쪽에 있는 호수(얌독)와 북쪽의 호수(남초 또는 텡리노르)가 이전에는 붙어 있었다고 해석되고 있다.

훌륭한 학자가 그러하듯이 저자는 탄트라의 구절을 인용하면서도 다음과 같은 합리적 설명을 부여하고 있다.

"이 경의 의미는 티벳의 북쪽과 남쪽에 있는 '청옥빛의 호수'가 지금보다 컸었다는 것이다. 반면 '초나'는 지금은 줄어든 작은 호수들이 많이 있었다는 것을 보여준다. 특히 키쇼(키수강이 흐르는 라사 주위의 평원) 지역에 있는 우유의 평원(오탕)에 작은 호수가 있는데, 이것 역시 줄어든 것이다. 이들(마른 호수) 위에 사찰들이(주석에 따르면 나무들이) 나타났다. 이 모든 일은 불교가 퍼져나갔을 시기에 일어났던 듯하다. 우리는 물로 덮여 있던 티벳에 전혀 사람이 없었다는 결론을 내려서는 안 된다." [151: II, 47, 168]

이 합리주의자의 논증은 이미 12세기경의 마니 까붐 속에 언급된[167: I, 169, 213] 다른 전설에 의거하고 있다. 송짼 감포 왕(649년 또는 650년에 歿)은 불교를 도입한 최초의 왕으로서 또 관세음보살의 화신으로서 호수 위에 라사의 조캉사(대소사大昭寺)를 건립했다고 한다. 오늘날 이 사원에는 하나의 돌이 있는데, 그 돌의 아래에 있는 구멍을 통해 지하의 호수로 연결되어 있다고 여겨지고 있다. 그 위에 귀를 대면 조가비에서 들리는 것과 같은 소리를 듣게 된다.

정치 중심지는 이동했다. 그 중심지는 이전에는 최초 티벳인의 신화적 시기로부터 전설적 왕의 시기에 이르기까지 남동 지방에 있었지만 그 후에는 라사에 있었다. 최초의 불교도 왕이 그의 사원을 건립했던 우유의 평원에 있는 호수는 누워 있는 여자정령의 심장에 해당된다. 이 정령은 티벳 자신으로, 여기에 주민이 거주하고 문명화되기 이전에 조복(調伏)되어야 하는 것이다. 그녀의 신체는 이미 티벳이 군사적으로 강성했던 시기(8~9

세기)에 티벳 전체의 외연을 가졌다. 그녀의 곧게 벋은 사지는 티벳인 정착지인 현재의 국경에 달했다. 중심부에 자리 잡은 최초의 왕이 정복하고 문명화하는 과정은 중국적 관념에 따라 수행되었다. 즉 각각은 다음의 것에 포함되면서 중심에서부터 더 멀리 확장되는 정방형의 동심적 지대 속에서 수행되었다. 세 개의 연속하는 정방형의 네 구석에 세워진 사원들은 말하자면 정령의 사지에 박혀 그녀를 움직이지 못하게 하는 못을 상징한다. 따라서 국토는 굳건히 고정되고 거주하기에 적합하게 된다.

1373년에 쓰인 연대기는 "누워 있는 정령의 사지를 붙잡아 움직이지 못하게 하는 12개의 못이 그녀에게 박혀 있다."라고 서술한 후에 건립되었던 삼중(三重)의 네 사원을 열거하고 있다. [197, 57-58]

다른 정방형의 도식은 티벳인과 그들의 주변 민족과의 관계를 표현하고 있다. 티벳인들은 그것을 전설적인 왕들의 시대로 귀속시키지만 그 속에 보이는 지명은 군사력이 강성했던 시기에 나왔을 것이다. 이 도식은 9세기와 10세기의 모슬렘 작가들에 의해 수용되고 유행하게 된 초기의 불교전통에서 나온 것이다. 이 도식에서 티벳은 동쪽으로는 중국에 의해, 남쪽으로는 인도에 의해, 서쪽으로는 이란과 비잔티움 또는 아나톨리아의 의미로 룸에 의해, 북쪽으로는 터키 민족과 위구르족 또는 비잔티움의 게사르에 의해 둘러싸여 위협받고 있다. 동쪽에는 점술과 산술의 나라, 남쪽에는 종교의 나라, 서쪽에는 부와 보물과 무역의 나라 그리고 북쪽에는 말과 무기, 전쟁의 나라가 있다.

이러한 도식은 티벳에 최고의 군사적 영광을 안겨주었던 어느 왕의 통치 시대에 처음으로 나타났다. 그 왕은 '세계의 3분의 2를 정복했고' 3분의 1은 이미 9세기 초 티벳에서 지배하고 있었다. 그 후 이 개념에 네 방향에 중심점을 가진 다른 도식이 추가적으로 적용되었다. 후에 (쉬푸, 체퐁, 발뇐, 나남이라는) 티벳의 대귀족 가문으로 성장한 네 개의 복속된 종족들이 군대에 편입되게 되었다. 그들은 동쪽에서 '매의 얼굴을 한 군인'이었고, 남쪽에서는 '당나귀의 발을 가진 군인'이었으며, 서쪽에서는 '고양이의 꼬리를 가진 군인'이었고, 북쪽에서는 '토끼의 귀를 가진 군인(또는 당나귀의 귀를 가진 군인)'이었다. [177: 559; 114: 249]

동일한 4종의 분류가 빈번히 사용된다. 티송 데짼 왕의 치세(800년 무렵)아래 행정기구가 편성되었을 때 조공을 올린 왕은 남의 '향유(香油)의 왕'(?), 발포(네팔)의 '놋쇠의 왕', 숨파의 '철의 왕', 뫼의 '대나무의 왕'이었다. [142: JA, 20b] 후에 짱 지방의 냥 지역은 제 개의 길이란 동쪽의 '법의 길', 남쪽의 '나무의 길', 북쪽의 '철의 길', 서쪽의 '대맥의 길'이다. [120: vol. IV, T, 1, p.59] 아래에서 보게 되듯이 최초의 성스러운 장소의 유형도 이런 방식으로 인지되었다.

네 방위에 따른 군대의 배치는 의미 깊은 것으로 이미 초기의 연대기 속에서 확인되고 있는 군사조직에 상응하고 있다. 그것은 네 개의 '뿔', 즉 날개 또는 깃발로서 여자정령을 정복했던 첫 번째 정방형과 동일한 것이다. '뿔의 정복'이라고 불리는 이 정방형은 중앙 티벳의 네 '지방'을 정복한다. 훨씬 후대이긴 하지만 카르마파의 대교주들은 군영에서 거주했다. 성스러운 지배자는 다른 속인들의 눈에 띄지 않고 중심에 거쳐하는 반면 그 주위에는 천막들이 정방형으로 마치 굳건한 도시의 성벽처럼 자리 잡고 있다.

중국에 널리 퍼져 있는 관념과 비슷하게 티벳인들은 그들이 여러 다른 나라에 의해 이루어진 정방형의 중심에, 그들의 말을 빌리면 '대지의 배꼽'에 있다고 생각했다. 그러나 중국과는 달리 티벳인들은 놀라울 정도의 겸손함을 보여주는데, 이는 지배적인 불교적 관념의 영향 때문이라고 보인다. 그들은 항시 스스로를 세계의 북방에 거주하는 야만인들이라고 간주하고 있었다. 이런 태도는 인도 북부의 지명을 티벳의 북부로 옮겨놓는 결과를 가져왔다. 그래서 그들은 '몽매하고 야만적인 땅인 티벳'[165: 4b]이라고 말하고 스스로를 ('야만적인' 호르족과 같이) '육식을 하는 붉은 얼굴의 악귀'[174 = 117: I. 78-83. dl 기술은 이미 (서력 1000년 이전의) 돈황 문서와 바세(No. 183)에 나온다]로 묘사하고, 자신들을 어리석고 거칠고 바보 같다고 말한다. 물론 이것은 이 나라를 개화시킨 불교의 영향에 의한 말이다. 마니 까붐[167: I, 160]은 티벳인의 장점과 단점을 다음과 같이 헤아리고 있다. "그들은 그들의 원숭이 조상으로부터 붉은 얼굴과 털로 덮인 몸을 이어 받았고, 어머니 바위정령으로 인하여 꼬리가 없어지고 육식의 맛을 알게 되었다. 어떤 사람들은 아버지 쪽에서 믿음과 열정, 지혜와 선을 물려받았고, 다른 사람들은 어머니 쪽에서 살생에 대한 즐거움과 육체적 강인함, 용기를 받았다."

세계의 북쪽에 살고 있다고 생각하는 티벳인들은 자주 자신들의 야만적인 상태를 말(馬)과 무법 지역이며, 그들 제국의 북쪽을 지배한다고 생각되는 곡과 마곡(gog and Magog, 즉 터키인과 타타르인)의 상태와 혼동했다. 따라서 그들 자신의 땅도 야만상태의 수준에 있거나 이와 겹치는 지대의 기묘한 조합이 되었다. 다음과 같은 말이 있다. "(티벳 남동부의) 닥포와 콩포, 냥의 세 지역은 아귀의 도시인 북부의 게사르 국 중에서 가장 해롭다." 어떤 경전은 "북쪽의 게사르의 땅인 티벳은 육식을 하는 자의 땅이고 인육을 먹는 자들의 땅"으로 묘사한다. [178: 15]

인도인들은 이에 반해 북쪽에 있는 눈에 덮인 히말라야를 신들과 일종의 초인간적인 주술적 지식을 가진 선인들의 거주처로서 간주한다. 바로 이런 관념이 티벳을 신비적 전통 내지 유럽에서 매우 광범위하게 퍼진 '마지막 비밀을 보존하고 있는 불사의 현자들이 사는 땅'으로 설명하는 데 일조한 것으로 보인다. 그러나 티벳인 자신은 이러한 지리적 종교적 관념 전체를 그들의 북쪽에 있는 코탄이나 투르케스탄의 어느 미지의 땅에 적용시켰다. 그곳에 신비의 땅 샴발라가 위치하고 있는 것이다. 그곳은 처음에는 현실적이지만 후에는 상상적인 길에 의해 접근된다.

거주지라고 하는 한정된 공간은 하나의 작은 세계처럼 때로는 사각형으로 때로는 팔각형으로 때로는 둥근 판으로 파악되었다. 두 번째 경우에 하늘은 8개의 살을 가진 바퀴로, 땅은 8개의 잎을 가진 연꽃으로 여겨졌는데, 모두 불교에서 사용되는 상징이다. 동시에 수직구조는 하늘과 땅, 지하세계의 세 층으로 되어 있다. 평면과 수직의 두 체계는 가끔 혼합되어 서로 보충하기도 한다. 이러한 계층적 구성의 원리는 인간이 사는 중앙의 층에서 발견되는데, 이것은 다른 두 층 사이의 사다리로서 그 각각의 단계는 식물류와 동물류를 나타낸다고 생각되고 있다.

최초의 왕의 강림설화는 이러한 거주공간의 한 예를 보여준다. 인도의 자료에 의거한 설명에 따르면 인도의 왕자인 루파티는 망명해서 티벳으로 도주했다. 토착전설은 그를 하늘의 신으로 보지만, 이 두 설화에서 그는 하늘과 땅을 있는 사다리로서 묘사된 성스러운 산의 봉우리에서 내려왔다. 티벳의 사다리는 나무둥지에 발을 디딜 홈을 파서 만든 것이다. 때때로 그 산은 콩포에 있는 쟝토 또는 야르룽에 있는 야르하샴포로 여겨졌다. 또 강림은 짱창 고시(네 개의 문을 가진 왕의 평원)라는 평원에서 일어났는데, 이곳은 요새나 만달라처럼 이상적인 사각형이었다. 성스러운 산에 제사를 지내기 위해 갔던 12명의 족장들이 하늘에서 내려오는 그를 왕으로 모셨다. 그들 족장들은 목동, 사냥꾼, 토착민, 12명의 소왕 또는 12명의 뵌교의 사제, 현자, 토호로 기술되고 있다. 그들의 숫자는 사각형의 배열과 일치한다.

최초의 자료(9세기경으로 추측됨)는 이 장소에 대해 다음과 같이 말하고 있다.

> 그곳은 하늘의 중심, 땅의 중앙이며 나라의 심장부였다. 빙하에 의해 둘러싸인 곳이고 모든 강의 수원인 곳. 높은 산과 순수한 대지, 멋진 지역이다. 현자들이 영웅으로 태어난 곳, 풍속이 완전한 곳, 말이 빨리 자라는 곳이다. [6: 81]

이 전설의 몽골판에 따르면 산은 '9단의 사다리'로 불렸는데, 이런 특성은 하늘 자체와 공유하고 있는 것이다. 각각의 단계는 어떤 특정한 동물형으로 대표되고 있는 나누어진 자연환경에 대응하고 있다.

하늘의 7개 또는 9개의 층은 지상으로 강림하기 이전의 첫 번째 왕의 조상과 연결되고 있다. 그 계층들 중에서 천의 계층, 구름의 계층, 비의 계층 등 몇 가지만이 전해오고 있다. 다른 한편으로 산의 계층은 최초왕의 전설적 후계자로 계층지어지고 있는데, 각 계층은 어떤 주어진 시기에 위에서 아래로 무덤이 축조된 장소를 나타낸다.

최초의 일곱 왕은 '하늘의 칠제(七帝)'이다. 그들의 왕비의 이름은 매우 특징적이다. 그것들은 예를 들어 Nam(하늘), Sa(땅?), Dog(터?), Dags(산의 양지), Srib(산의 음지)이다. 뒤의 두 명칭은 중국의 음양체계의 기본적 의미와 정확히 대응한다. 중국 서부(西川)로부터 타전호로 통하는 길을 여행한 사람은 티벳인의 은유의 의미를 실감할 수 있을 것이다. 춥고 습한 중국 쪽은 안개에 덮여 있고 반면 티벳 쪽은 햇볕이 넘치고 건조하다. 이 두 측면은 마치 중간에 보이지 않는 담이라도 있는 것처럼 확연히 구별된다. 한 장례 의식서에서[187: II, 50a-b] 일련의 비유가 이들 대비적 풍경에 매우 잘 연결되는 관념을 보여주고 있다. 하늘과 땅은 왕과 백성으로 간주되고 있다. 산의 양지와 음지는 남편과 부인을(중국에서도 음양은 원래 어두운 곳과 밝은 곳을 나타내며 성(性)으로 구분된다), 오른쪽과 왼쪽은 외삼촌과 외조카를, 머리와 몸은 아버지와 아들을, 그리고 계곡의 높은 곳과 낮은 곳은 스승과 제자를 나타낸다.

'천의 칠제'는 하늘에 묘가 있다. 그 이후의 제왕의 묘는 아래쪽으로 다음과 같은 순서로 위치한다. 1. 석반과 점토, 2. 석반석과 목초지가 만나는 부문, 3. 강, 4. (불명), 5. 평원, 6. 계곡의 하단. [141: 11b] 이 지형상의 분류는 자연적 환경의 구분에도 적용될 수 있는데, 이러한 분류는 실제로 도처에서 병립해 존재하고 또 사회구조와 발전을 결정하는 것이다. 먼저 위에는 빙하로서, 티벳의 상징인 청옥색의 갈기를 가진 흰 암사자의 고향이다. 그 다음으로 독수리가 사는 바위와 야생의 야크가 서식하는 점토질의 경사면, 사슴이 있는 방목지와 초지, 냇물과 '황금 눈'을 가진 물고기가 가득한 호수, 마지막으로 호랑이의 서식처인 산림이 있다. 간혹 드물게 야생 당나귀의 집인 평원도 있는데 이곳은 다른 장소처럼 계곡의 계층적 구조 내에서의 불가결의 구성요소와는 달리, 지리적으로 북부에 위치한 유일한 지역이다.

계곡의 높은 쪽과 낮은 쪽은 항시 특정한 단어(phu와 mda')에 의해 조심스럽게 구별되고 있으며, 티벳인들은 이런 관점을 그들 국토의 위치를 나타내는 데 일반적으로 적용하고 있다. '높은'과 '낮은'이라는 표현은 넓은 범위에도 적용되며 서부(高)와 동부(低)도 의미한다. 이같이 하여 한 지방 내에서 높은 곳과 낮은 곳을 인식할 뿐 아니라, 위(서쪽)에 아리 지역이 있고 아래(동쪽)에 캄이 있다고 말하거나 또는 위에 인도가 있고 아래에 중국이 있다고 말하기도 한다. 다른 대안적 방위관념은 중국과 유사하며 군주는 중심부에 앉아 남면(南面)하고 있다는 관념으로, 여기에서 왼편은 동쪽(예컨대 야르룽)을 의미하고 오른편은 서쪽(예컨대 짱)을 의미한다.

이것으로 지리적 특성에 국한하여 티벳의 문화가 어떻게 일어났는가를 살펴보았다. 이제는 그것이 시간 속에서 어떻게 나타났는지를 살펴보자.

2장

역사적 개관

2장
역사적 개관

티벳 문화는 주목할 만한 문화적 특성을 갖고 있지만, 말할 나위 없이 그것의 사회적 표현은 여러 세기 동안 변화를 겪어 왔다. 우리는 여러 다른 시기 동안 그 문화가 어떻게 발현되었는가에 관심을 갖고 있기 때문에 티벳 역사의 개요를 아는 것이 필요하다.

서기 6세기 이전은 역사적으로 확실한 자료가 없다. 그러나 티벳인들은 이 점에 관해 비록 신화와 전설이긴 하지만 자신들의 전승을 갖고 있고, 그것들은 합리적인 사회 발전관에 있어 주목할 만한 것이다. 그들의 관념에 따르면 사회는 연속적인 발전의 단계를 거치는 것으로 상정되고 있는데, 여기서 우리는 그들의 기본 관점은 인정하겠지만 그것들의 연대를 추적하는 것은 피할 것이다. 왜냐하면 우리에게 전승된 기록들은 후대의 역사가들에 의해 어느 정도 자의적으로 각 시기에 배당되었다는 것이 명백하기 때문이다.

티벳인의 역사관

티벳인은 거주공간뿐만 아니라 인류의 역사에 대해서도 인도불교의 관점을 계승했다. 그들의 관념 중 일부는 고대의 현명한 왕들의 지배하에서

문명이 발생했다고 하는 중국인의 관념과 일치하고 있다.*

티벳인들은 불교로부터 주기적인 우주적 시간과 인류의 점차적 타락이라는 관념을 수용했다.

인간은 최초에는 빛나는 천상적 존재였다. 대지가 형태를 취함에 따라 그들의 광채는 점차 미약해지고 그들의 신체는 둔하게 되었다. 정확히 말해 그것은 대지가 형성되기 이전에 그들이 먼저 달콤한 꿀을 맛보고 그 후에 다른 종류의 음식을 맛봄으로써 귀착된 것이다. 불전의 번역을 통해서 티벳인들이 알게 된 전설에 따르면 인간사회에는 음식을 둘러싼 투쟁을 통해 왕과 신하, 부자와 가난한 자 등과 같은 불평등이 점차적으로 존재하게 되었다. 티벳인들의 기원은 진화론자와 동일한 정신하에서 떠올랐다.

앞에서 보았듯이 그들의 선조는 원숭이와 바위의 정령이었다. 그들의 자식은 반인반원(半人半猿)으로 직립하기는 했지만 털로 덮여 있었고 편평하고 붉은 얼굴색을 갖고 있었다. 몇몇 기록에 따르면 (다른 기록은 부정하지만) 꼬리도 갖고 있었다. 선조 원숭이들은 후손들에게 남방의 숲을 거주처로 지정했다. 그곳에서 그들은 암원숭이와 짝을 지어 자손을 늘렸다. "여름에는 비와 태양 때문에, 그리고 겨울에는 눈과 바람 때문에 고통 받았다. 그들에게는 먹을 것도 마실 것도 없었다." 관세음보살인 시조 원숭이는 자비심에서 그들에게 '6종의 곡식'(메밀, 대맥, 겨자 등 선행하는 자료에서는 5종 곡식, 즉 대맥, 소맥, 쌀, 참깨, 콩을 언급하고 있다)[139:

---

* 고대의 이야기(8~10세기)가 행복한 금의 시대, 불행한 시대 그리고 다시 행복한 새 시대의 순서에 따라 제시되고 있다. 그렇지만 이 이야기는 상세히 말과 야크의 대립 및 말과 인간의 연합을 설명하고 있는 장례의식과 결부되어 있다. [274: 485-491] 반면 중국이나 터키 민족들을 보여주는 다른 유사한 이야기에서는 이러한 시대의 순서를 사람들이 '좋은 종교'나 '좋은 풍습'을 따르거나 따르지 않는다는 사실에 의해 설명되고 있다. [240: 357-366]

225a-b: 6종의 곡류는 넨카르 지역에서 생산된다. 6: 116 비교을 갖다 주었다. 이같이 해서 야룽계곡의 소탕 지역에서 최초의 경작지가 만들어졌고 인간-원숭이는 점차 인간의 형태를 갖게 되었다.

최초의 종족들은 '난쟁이' 또는 '작은 인간'이라는 의미를 가진 mi'u로서 언급되고 있지만, 아마 원숭이를 뜻하는 미후(彌候)라는 한자어에서 나왔을 것이다. 이들의 후예가 고대의 강족이라고 한다. 그들 종족들은 여섯이었고 원숭이와 정령의 첫 여섯 자손이었다. 그들은 '나이 많은 넷'과 '어린 둘'로 분류된다. 일곱 번째 종족인 '외삼촌'의 종족이 일반적으로 목록에 추가된다. 이 종족은 빛나는 하늘의 신에서 유래되었거나 다른 전설에 따르면 최초의 알로부터 생겨났다고 한다. 티벳의 저자들은 이러한 분류에 다른 두 계통의 집단도 포함시킨다. 한 집단은 샹슝, 숨파, 아샤와 미냑의 다른 지방으로 이루어졌고, 다른 집단은 역사 시대에 들어서도 존재하고 있는 인간집단을 포함하는데, 티벳인 스스로 그들을 비티벳인이라고 간주하고 있다. 실제로 그들의 특징에 대해 분석해보면 그들은 중국과 티벳의 접경지대의 원주민, 특히 강족으로 분류할 수 있다. 당대(唐代)의 문헌 속에서(600~800년 사이) 강족과 토번의 티벳인은 많은 공통된 문화적 요소를 갖고 있다. 차이점은 단지 강족의 몇 부족이 토번에 비해 보다 유목민적으로 목축에 종사했다는 것뿐이다.

티벳인들은 최초 신화 시대의 왕이 도래하기 이전에도 일곱 내지 열 개로 일련의 시기를 구분한다. 그 각각은 특정한 유형의 마왕이나 작은 귀신으로 특정지어진다. 그들의 국가는 다른 이름을 갖고 있으며 특정한 발명이나 제도의 출현이라는 특성을 보인다. 가장 일반적 목록에 따르면[177: 18a (=56a)] 최초의 시기는 '강력한 양친'으로, 두 번째 시기는 '붉은 얼굴 색을 한 육식자'로, 세 번째 시기는 '물속에 거주하는 작은 백인'으로, 네 번째 시기는 활과 창 등의 무기들에 의해, 다섯 번째 시기는 타던 말과 귀고리에 의해, 여섯 번째 시기는 의례에 의해 특정지어진다. 이 여섯 번째 시기의 지배자가 '12명의 소왕(小王)'이다. 아마 그들이 천상에서 강림한 최초의 왕을 영접한 12명의 현자, 목동, 부족장이었을 것이다. 일곱 번째 마지막 시기가 실제로 최초의 왕의 지배 시기이다.

12명의 부족장 외에 25명 또는 40명의 부족장에 대해 언급하곤 한다. 이 숫자는 순전히 편의적인 것으로, 이것은 후대의 사가들이 역사적 자료를 도식적으로 취급하는 한 예를 보여준다. 12명의 부족장은 돈황에서 발견된 8~9세기경의 원본 속에 남아 있는 훨씬 긴 목록에서부터 취해진 것이다. 이 문서에서 12왕들의 이름을 발견할 수 있을 뿐 아니라 13번째의 왕, 24명의 대신과 25번째의 대신, 12성(城)과 13번째의 성, 그리고 12지방과 13번째의 지방의 이름이 나온다. 이들 초기의 연대기 자체가 역사적 엄밀함을 의미하는 것은 아니다. 중국 측 사료의 연대기적인 정확성을 갖고 저술된 일부를 제외하고는 대체로 서사시적 방식을 보여준다.

부족장들과 그들의 성은 아마 6세기에 속하겠지만, 전승에 따르면 그들은 최초로 하늘로부터 내려온 왕의 신화 시대에 위치한다. 그 시기에는 '왕과 인민들 사이에 어떤 구별도 없었다.' 따라서 이들 12명이 성스러운 산을 숭배하고 있을 때 그곳에서 내려온 사람을 맞이하여 왕으로 모셨다. 그들은 앞서 언급했듯이 중국, 인도, 이란과 호르 또는 게사르라는 네 개의 대국이 사방에서 에워싸고 있었기 때문에 중앙집권적 왕국이 필요했다.

당시는 사방의 왕들이 각자의 세력을 팽창하던 시기였다. 반면에 티벳 사람들에게는 통치자가 없었고 더구나 언덕과 가파른 바위마다 견고한 성들이 제각각 자리 잡고 있었으며, 의복과 식량과 보물은 안전한 요새에 보관되어 있었다. 따라서 누구도 분쟁에서 결정적으로 승리할 수 없었고, 군사의 숫자도 적었다. 자체적으로 힘이 없었고, 또 함께 연합할 수 있는 어떠한 기반도 없었다. [177: 56a]

이런 이유로 그들은 지도자를 필요로 했다. 돈황 문헌은 하늘로 파견된 사자가 "통치자가 없는 검은 머리의 인간을 위해 지도자가 임명되어야 한다."라고 말했다고 기록하고 있다. 823년의 기도문은 티쭉 데짼 왕에 대해 말하고 있지만 이런 사점을 반영하고 있다. "성스럽고 신령한 위대한 티벳의 왕이 검은 머리를 한 인간의 지배자로서 하늘에서 내려왔다." [63: No.16]

우리는 최초 왕의 계보인 7제(帝)가, 비(妃)의 이름을 통하여 거주공간의 다양한 양태와 어떻게 결합되어 있는가를 이미 주목한 바 있다. 특이한 점은 왕들의 이름이 모친의 이름에서 파생되어 나왔다는 것이다. 따라서 그들은 아마 '외숙'으로 묘사된 제7의 종족 속에 포함되었을 것이다. '외숙'은 '부계의 6종족'[142: JA, 6b]으로 불려진, 최초의 왕을 영접한 12현자와 대비되었다.

이들 최초의 7제는 지상의 기능을 수행하는 신으로서 보다 정확히 기술되었다. 그들은 낮에는 땅에 의지해 살지만 밤에는 천상의 거처로 되돌아간다. 마지막 귀환은 그들이 죽을 때이며, 죽음은 아들이 말 타는 법을 배우자마자(일반적으로 13세가 되어) 일어난다. 승천은 밧줄의 도움으로 가능하게 되는데 이 밧줄에 붙여진 '무(dmu)'라는 이름은 하늘이나, 하늘에 사는 왕의 모계를 나타내기도 한다. 그의 신체는 밧줄 속으로 용해되는데, 밧줄은 머리로부터 나와 하늘로 연결된 무지개와 유사한 것이다. 따라서 이 시기는 지상의 묘는 없는 것으로 또는 하늘에 묘가 있는 '무' 유형의 무덤에 의해 특징지어진다. 이 시기는 매우 신화적으로 각색되어 있지만, 야룽의 상류에 있는 윰부라강이라 불리는 최초의 왕성이나 뵌교의 승려,

몇몇 티벳의 씨족, 외국으로 숨파와 샹슝과 같은 낯선 왕국들이 이 시기에 배점된다.

첫 번째 왕조가 비극적으로 끝난 후에 두 통치자에 의한 새로운 시기가 뒤따른다. 마지막 7제의 아들인 디굼(Gri-gum (khum))은 아직도 인간의 형상을 한 신이었다. 그러나 자만에 빠진 그는 부계의 9씨족과 모계의 3씨족에 도전했다. 그 결투를 감히 받아들인 것은 '말의 사육자'로 묘사되는 이방인 롱암(Longam)이었다. 그는 카체(카슈미르)에 대한 승리 후에 열린 마상(馬上) 시합을 기술한 믿을 만한 연대기 속에서 '신하'; 또는 '소왕'으로 언급된다. [142: JA, 7a] 롱암은 출생지를 나타내는데, 우리는 티송 데짼왕의 행정조직에서는 '롱암의 말 사육자'를 포함한 7명의 목자를 시민, 노동자의 목록 속에서 발견하게 된다. 목자 외에 카롱의 7명의 말안장을 만드는 사람과 중국의 차 상인 다섯이 목록에 나타난다. 롱암이란 장소는 짱 지방의 냥에 있었다고 보인다. 결투는 카일라사 산 근처에서 일어났고 냥의 초지(草地), 샴포에서 끝났다.

이 주술적 대결에서 디굼이 부주의하게 그와 하늘을 연결시켜주는 '무'줄을 끊었기 때문에 사체를 지상에 남기게 되었고, 그 때문에 그는 칭가탁쩨에 처음으로 무덤이 축조된 최초의 왕이 되었다. 왕의 세 아들인 샤티, 냐티. 쟈티는 닥포, 콩포, 포보의 세 지역으로 도망했다. 그러나 왕비에게는 성스러운 산의 신 야르하샴포가 흰 야크의 모습으로 변해 그녀에게 나타나 낳게 된 다른 신령한 아들이 하나 있었다. 루라 케라고 하는 이 아들이 롱암을 죽이고 샤티 왕자를 포보에서 데려와 그를 푸데 궁걜로 즉위시키고 자신은 일련의 현명한 일곱 신하들 중의 첫 대신이 되었다. 그러나 샤티와 냐티, 두 아들만이 한 돈황의 연대기와 콩포의 오랜 비문(800년경)에 언급되고 있다.

후대(14세기경의)의 전승은 이 무렵 뵌(Bon)교가 발생했다고 말하고 있다. 뵌교는 타직(이란)과 아샤, 샹슝과 두샤(길기트), 또는 인도와 이란의 접경에 위치한 구나바트라라는 지방과 밀접하게 연결되어 있다.

티벳, 정확히는 야룽 지방에 뵌교가 도입됨과 동시에 전승에 따르면 다른 두 가지의 종교적 기법이 형성되었다. 이야기꾼(sgrung)들에 의한 것과 수수께끼를 노래하거나 연구하는 사람(lde'u)들에 의한 것이다. 동시에 앞의 현명한 일곱 명의 신하들 중 처음 두 사람, 쿠 종족의 라부 뵌슝으로도 알려진 루라 케와 그의 아들인 라부 고카르 덕분에 물질문명의 측면에서도 커다란 진전을 이루었다고 한다. 이들 현명한 재상들의 발견은 여러 시기에 자의적으로 배당된 것으로서, 연대기적으로 확정될 수 없다는 것은 분명할 것이다. 문헌들이 서로 모순될 뿐 아니라 바로 7이라는 수가 단지 숫자로 나타내기 위하여 사용된 현학적 경향의 산물이기 때문이다. 돈황 문서에서 같은 이름의 무수한 대신들을 만날 수 있다. 어쨌든 여기서 티벳 문화사를 위해 중요하다고 생각되는 발명들에 대해 살펴보자.

"루라 케는 가축을 법에 종속시켰고(의심할 여지없이 그는 과세를 위해 가축 조사를 했음을 의미한다) 겨울을 대비해 짚단이나 건초를 만들었다. 그는 풀로 덮인 초지를 밭으로 바꾸고 산봉우리를 차지했다(뒤에 보게 되듯이 그곳에 집을 지었다). 그의 이전에는 티벳에 작물이나 곡식의 수확이 없었다." [175: 110a-111a] 다른 연대기에 따르면 루라 케는 "나무를 태워서 목탄을 만들고, 그것을 이용해 광물을 용해하고 금, 은, 동, 철을 추출했다. 그는 나무에 구멍을 뚫어 쟁기와 멍에를 만들었다. 그는 땅을 파서 상류의 물을 수로를 통해 끌어오고 두 마리의 황소를 짝을 지어 쟁기를 걸어 경작하게 했다(그러나 더 오래된 문헌에서는 이 발명을 후대의 왕에게 돌리면서 '그는 혼혈종의 가축들과 소들을 짝을 이루게 하여 멍에를 씌웠다'고 기술한다). 초지를 경작지로 바꾸고, 강에 다리를 놓았다."

이 기념비적 통치는 '렉' 왕조의 6명의 왕에 의해 이어졌다. 첫 번째 이 쇼렉(Isho leg) 치하에서 제2의 현명한 신하인 라부 고카르는 "경작지를 한 쌍으로 계산했고(두 마리의 소를 하나의 멍에에 매는 방식으로 오늘날에도 티벳에 남아 있는 서양의 기술), 초지를 가축의 가죽으로 (아마 과세를 위해) 평가했다." 그는 또한 계곡의 꼭대기에서 물을 관으로 끌어오고 계곡 아래에 관개용 수로를 만들었다. 그럼으로써 경작에 있어 생산량의 증대를 가져왔다. [142: JA, 9a] 가장 오랜 연대기에 따르면 이 두 번째 현자는 훨씬 후에 통치했던 티낸 숭짼 왕의 대신이었다. 그는 물을 관으로 끌어오기 위해 호수의 물길을 변화시켰고, 상류에서 물을 모았다. 그리고 밤 동안 저장해놓은 이 물을 낮에 배분했다(밤에 호수에 저장된 이 물은 오늘날 라닥에서 보듯이 낮 동안에 적절하게 배분되었다).

이어지는 8명의 왕으로 이루어진 '데' 왕조는 어떤 발명으로 뛰어난 것이 아니라 중요한 제도적 발전과 연결되어 있다. 이 왕조가 멸망할 때까지 모든 왕비는 죽을 때 시체를 남기지 않는 신이라고 주장되었다. 따라서 그들의 아들인 태자는 '신성한 아들'이라고 불렀다. 이어지는 '짼' 왕조의 다섯 왕은 그들의 신하들 속에서 비를 간택했고 따라서 그들은 인척이 되었다. 그런 사실은 연대기의 저자들에 의해 아마 적절치 못한 결혼이라는 의미에서 '혼합'으로서 묘사되었다.

이 왕조의 제4대 왕인 톡제 톡짼하에서 '신들의 음악인 팬파이프'가 발명 또는 도입되었다고 한다. 이 시기의 끝 무렵, 즉 27대에 걸친 전설적 왕의 시기 동안에 왕국은 이야기꾼이나 수수께끼 음송자 또는 뵌교 의식의 힘을 통해 종교적 차원에서 '보호'되었거나 또는 지배되었다.

전승에 따르면 티벳에 불교가 처음으로 모습을 처음으로 모습을 드러낸 것은 바로 쩬 왕조의 마지막 왕인 토토 리녠쩬의 치세에서였다. (티벳의 보호신인 관세음보살에 바쳐진) 대승장엄보왕경(大乘莊嚴寶王經)과 다른 경 및 금탑이 들어 있는 작은 상자가 하늘에서 윰부라강의 궁전에 떨어졌다고 한다. 이들 하늘의 선물은 이해되지는 않았지만 보물로서 보관되었다.

잘 알려지지 않은 다른 네 명의 왕 이후에 우리는 믿을 만한 중국과 티벳의 자료로 기록된 역사를 접하게 된다. 앞서 언급했던 발명 중의 일부가 이 치세 시기에 속하는 것으로 생각된다. 이미 말했던 두 번째 현명한 신하가 토토 리녠쩬의 아들인 티낸 쩬 왕의 치세에 관개법을 발명했다고 한다. 그의 손자인 탁리 낸식하에서 세 번째 현명한 신하는 목탄 등을 발명했다. 다른 문헌에 의하면 곡식의 무게를 재는 데 필요한 저울을 그가 발명하였다고 한다. 몇몇 연대기는 군사적 팽창의 시작과 중국 과학의 도입을 이 왕의 아들인 남리 송쩬과 연결시킨다. 그러나 오래된 연대기는 이 사건들을 그의 아들인 송쩬 감포의 치세로 돌린다. 마지막으로 거론된 왕의 이름이 티벳의 최초의 위대한 역사적 왕으로서 곧 관세음의 화신으로 간주되었다. 그가 죽었을 때 그는 보호신인 관세음상 속으로 용해되어 이 왕국의 중심에 서서 일종의 왕국을 지키는 신성한 본존이 되었다고 한다.

역사가 파보 쭉은 냐티로부터 토토 리녠쩬에 이르기까지 27대 왕의 기간을 660년으로, 그리고 토토 리녠쩬으로부터 남리 송쩬에 이르기까지 다섯 왕의 치세를 150년으로, 그리고 각각의 치세 시기를 25년 내지 30년의 기간으로 산정한다. 그렇지만 우리는 역사 이전의 어떤 연대를 이들 숫자를 근거로 산정하는 데 주저하게 된다. 한 뵌교의 연대기는 전설적 왕으로부터 랑 다르마(842 歿)에 이르기까지 단지 800년의 기간만을 할애하고 있다. 반면 언제 지어졌는지 모르는 짧은 역사서는 이 시기를 매우 확장시킨다. 이에 의하면 냐티가 티벳에 들어간 것은 기원전 599년이며, 토토리 왕은 965년 후인 367년에 출생했고, 그와 557년 태어난 송짼 감포 왕 사이에는 190년의 간격이 놓여 있는 것이다. [178: 40; dPal ldan Shar kha'i yig tshang, MS, Tshe dbang nor bu(1968-1755)에 의해 편집된 것을 제외]

송짼 감포 왕은 정확한 연대를 도출해낼 수 있는 최초의 왕이다. 그는 649년 또는 650년에 사망했다. 그때부터 연대기는 꽤 믿을 만하게 되었지만 아직도 몇 가지 기본 연대에 관해서는 의문점이 남아 있다. 티벳의 기록들은 서로 항상 일치하지는 않으며 또한 중국 사료와 배치되기도 한다.

우리가 지금 역사 시대를 다룬다고 해도 도식적 관점으로부터 벗어나는 것은 아니다. 각각의 치세에 속하는 발견과 발명의 목록은 의연히 남아 있다. 송짼 감포 대왕과 티송 데짼(742~797 또는 804) 대왕은 강력한 인상을 남겼기 때문에 그들은 영웅의 전형으로 되었고 양자의 여러 사건이 뒤바뀌기까지 하였다. 사건의 도식화된 구분 속에서 송짼 감포는 사방의 네 국가로부터 기술을 도입했다고 한다. 즉 동쪽에 있는 중국과 미냑에서 그는 기술서와 점술법(다른 자료에서는 의학과 오행의 계산법)에 관한 책을 수입했고, 남쪽에 있는 인도에서 성스러운 종교를 들여왔다. 서쪽으로 속(sog)과 네팔에서 식료품 저장법과 자원, 천을 가져왔고, 북쪽의 호르와 유구르에서 법률서를 취했다. 어느 경우든 인도가 종교의 나라라면 세속적인 법의 나라는 중국이었다. [142: JA, 18a. 여기서는 Thang yig chen mo를 인용하고 있다] 우리는 이미 초기 시대에 이 유형이 투사되었음을 보았지만, 이것은 4천자(天子)의 관념에서 유래한다. 이 관념은 마녀의 신체 위에 건립된 12개의 사원이라는 형태로 송짼 감포의 시대에 다시 등장했다. 가장 바깥쪽에 세워진 네 사원의 건축자는 모두 외국인이었다. 그들은 각기 미냑(동쪽), 토가르(남쪽), 호르(북쪽), 네팔(서쪽)에서 왔다. 같은 왕

밑에서 7명의 현명한 대신 중 네 번째인 퇸미 삼보타가 문자를 발명했다. 한 돈황의 연대기는 서사시적 말투로 다음과 같이 말하고 있다. "이전에 티벳에는 문자가 없었다. 그러나 그것은 이 왕의 치세에 발명되었다. 그때부터 티 송짼(송짼 감포)의 시기에 티벳어로 쓰인 모든 훌륭한 책, 티벳의 학문(또는 종교), 위대한 법, 대신들의 위계, 大小(또는 형과 동생)의 개별적 권한, 선행의 보답, 악행의 처벌, 방목지를 위한 가축의 가죽과 경작지를 위한 멍에의 조사, 균형 잡힌 하천 이용, 용량과 중량의 단위에 의한 과세 등이 생겨났다." [6: 161]

앞에서 보았듯이 이들 혜택 중의 일부는 초기 시대의 문명개화 영웅의 공으로 돌려지고 있다. 어떤 경우에는 후대의 왕들에게 그 공이 돌려지고 있다. "메 악촘(티데 쭉짼)의 치세에 다섯 번째 현명한 신하가 부피와 중량의 단위뿐 아니라, 교역상의 규칙과 협정의 규칙을 만들었다고 한다. 그의 후계자인 티송 데짼의 치세에 여섯 번째 현명한 신하가 산 위의 집을 강의 계곡으로 옮겼다. 그 결과 수확물과 가옥은 경작지의 가장자리에 있는 경사면에 함께 놓이게 되었다. 평원이 경작지로 되었고 농수가 경작지에 공급되었다. 지금까지는 성과 가옥이 산의 정상을 차지하고 있었다." [175, 110a-111a]*

다음 왕의 치세에서 7번째 현명한 신하는 왕국의 수호를 위해 사방의 수호장을 임명했고, 국경을 지키기 위해 군인을 일천 명 단위로 조직했다. 내정 면에서는 그는 왕의 용품을 공급하기 위해 법률에 의한 '약한' 농노

---

* 초기의, 거의 보존되지 않은 Ne'u Pandita의 연대기(sNgon gyi gtam me tog phreng ba, 14세기?)는 7번째 현명한 신하에게 다음과 같은 발명을 돌린다. "그는 산의 가옥을 계곡 아래로 옮겼다. 그는 성을 높은 곳에 짓고 가옥을 경작지의 가장자리에 지었다. 이전의 사람들은 산등성이에서 살았다."

를 징집했고 그들을 역시 일천 명 단위로 조직했다. [175: 110a-111a]

여기에서 발명에 대한 도식은 끝난다. 역사에 대한 도식적 이해는 제5대 달라이 라마의 연대기에서 최종적으로 의미 있게 표현되고 있다. 그것은 요약하면 9세기에 이 왕조의 종말에 관한 것이다. 권력은 그때 분할되었다. 더 이상 냐티의 계열은 티벳을 통치하지 못했다. 최후의 왕인 외숭에 이르기까지 역사는 각각의 왕명과 그의 분묘가 있는 장소를 제공한다. 외숭과 더불어 분묘를 축조하는 관습도 사라졌다. [141: 45b]

이때부터 정확한 연대가 제시되었다. 이 시기의 초기 연대는 중국식으로 쓰인 돈황의 연대기(650～747)와 중국 사서에 의하여 제공되었다. 중기 시기와 18세기까지는 후대 티벳의 역사서와 중국 사서에 의하여, 그리고 근대 시기에 대해서는 다른 중국 자료와 티벳인의 설명, 유럽인의 관찰을 통하여 제시된다.

여기에 연대가 확실한 비문과 원본이 몇 개 추가된다. 이런 방식으로 몇몇 확실한 전거가 확보되지만, 다른 경우에서와 마찬가지로 그 보고는 원천에 따라 서로 차이가 난다. 저자들이 오해했을 수도 있고 또는 사건을 주관적으로나 정치적으로 서술했을 수도 있다. 우리에게 알려진 역사가들은 그들이 보고하는 사건에 대해 오랫동안 연구해왔다. 언어적, 역사적 인구가 커다란 발전을 이루었지만 학자들은 불확실한 문헌의 연개 측정과 번역 문제에 대하 거의 일치하지 않았다.

티벳인의 역사적 관념에 대해서는 몇 가지가 지적되어야 한다. 왜냐하면 그 관념들은 사건의 서술방식이나 그것들의 연대를 결정하는 데에도 영향을 미치기 때문이다. 역사 시대에 들어서부터는 불교관념이 지배적이라는 것을 언급해야만 한다.

일반 연대기는 티벳의 역사를 네 시기로 구분한다. 첫째 시기는 왕권과 불교의 부재로 특징지어진다. 티벳인은 '우매한' 야만인이었고 그들의 나라는 어둠과 암흑에 덮여 있었다. 티벳의 수호신 관세음보살의 화신인 송짼 감포 왕은 이 나라를 교화시켰다. 즉 불교를 도입하고 중심부인 라사에 왕조를 세움으로써 티벳을 문명화시켰다. 그는 두 번째 시기, 즉 9세기 중반의 사악한 왕, 랑 다르마의 불교 박해로 끝나는 불교의 초기 전파기를 안내한다. 이 왕은 왕조 종말의 전형으로서 중국사에 등장하는 지배자의 유형을 나타낸다.

어떠한 티벳의 역사가도 랑 다르마와 다음 시기의 시작, 즉 불교의 후기전파기 사이에 있었던 정치적 종교적 혼란의 시기가 얼마나 되는지를 정확히 확정하지 못하고 있다. 그리고 어떠한 독립된 자료에 의해서도 이 문제는 확정될 수 없다. 이것은 60년 주기의 번호가 첫 번째인지, 두 번째 인지 또는 세 번째인지에 달려 있다.

왜냐하면 역사를 연대화하기 위해 가장 중요한 것이 이 시기 동안에 일어났다. 고대의 연대기에서 사용된 모든 것은 동물명에 짜른 12지(子, 丑, 寅, 卯, 辰, 巳, 午, 未, 辰, 酉, 戌, 亥)였다. 중국에서 발명된 이 방식은 투르크 족에 의해 도입되었다. 그러나 혼동의 가능성을 피하기 위해 중국인들은 12지를 10간과 조합시켰고, 따라서 하나의 주어진 연도의 이름은 매 60년 마다 반복되게 되었다. 티벳인도 이 방식을 채용했지만, 조금 변형시켜 10간 대신에 오행을 도입하고 이것을 각기 남성과 여성으로 나누었다. 동시에 혼동을 피하기 위해 그들은 60년 주기에 번호를 붙였지만 불행하게도 이 번호를 언급하는 것을 거의 항상 잊었다.

이제 첫 번째 60년 주기가 1027년(불火-토끼卯)에 시작했다. 이것은 칼라차크라(kālacakra, 時輪)라는 철학체계가 티벳에 도입 또는 번역된 전통적 연도이다. 지금까지 이 체계는 거의 연구되지 않았다. 이것은 전통적으로 북방(샴발라라는 신화적 국토)에 기원을 갖고 있다고 하며, 이슬람 문화에서 중요한 역할을 하는 예언과 연결되어 있다. 어떤 사람은 그것이 마니교도적 요소를 포함하고 있다고 주장했다.* 후대의 역사가들은 암중모색하면서 다양한 결론을 도출해내었다. 그들은 그때까지 단지 12지에 의해 연대가 부여되었던 사건을 60년 주기에 의해 정확히 연대화하려고 노력했다. 13세기부터의 중국 사료에서 번역된 연도화된 사건을 접하게 되었을 때 그것이 자신들의 전승과 일치하지만은 않았기 때문에 혼동은 점차 증대되었다.

연대를 결정하는 데 새로이 혼란을 주었던 다른 이론이 있었다. 불교경전은 인간의 타락, 특히 불교의 쇠퇴에 대한 예언을 포함하고 있다. 그것들은 쇠퇴의 시기(산스크리트: kāliyuga)를 붓다의 열반으로부터 시작해서 500년의 5, 6 또는 10단계로 분류한다. 앞으로 오게 될 마지막 단계 동안에 야만인들(외국인들, 어느 때는 이슬람인, 어느 때는 몽골인이나 중국인)이 불교를 파괴할 것이다. 그때가 되면 사람들은 일종의 지상낙원인 '숨겨진 땅'으로 피난해야 한다. 이 땅은 마치 브라마푸트라강의 만곡에 위치한 패마 쾨처럼 깊은 산림 속에 있다. 그 시기에 티벳인들은 야만인들과 비불교도들을 평정할, 북방의 신화적 나라인 샴발라에서 온 왕과 장군의 도래를 간구했다.

500년 주기의 관점에서 티벳 역사의 연대를 산정하기 위해서는 먼저 붓다의 열반의 연대가 확정되어야만 한다. 그렇지만 언제 그것이 일어났는지에 대해 누구도 정확히 알지 못하고 있다. 상이한 연대가 제안되었지만 그들 중의 어느 것도 현대학자들이 선호하는 연대(약 기원전 480년)와 일치하지 않는다. 그 연대는 실론의 전승에서의 그것(기원전 543년)과 일치

---

* kālacakra(時輪)는 잘못된 형태로 모하멧과 모세, 예수와 마니의 이름을 포함하고 있다.

하지 않는다. 그 연대는 실론의 전승에서의 그것(기원전 543년)과 매우 근접하고 또 티벳에도 그렇게 알려져 있다. 추정된 500년 주기의 숫자와 종국에 닥치는 악세(惡世)의 근접성 때문에 붓다의 연대를 훨씬 이전으로 정립하는 것이 가능하다. 몇몇 저자들은 붓다가 기원전 1029년(주나라 소왕의 시대)에 태어났고 기원전 950년(목왕의 시대)에 열반했다고 하는 중국 불교의 전승을 알고 있었음에 틀림없다. 그러나 그들의 연대는 중국의 그것과 다소 차이가 있다. 붓다의 탄생은 다양하게 기원전 1027, 957, 959 또는 880년으로, 입멸은 그 80년 후로 산정되었다. 그러나 다른 이들은 붓다가 기원전 2217, 2132, 2133 또는 2073년에 입멸했다고 한다. 다른 말로 하면 그들은 500년 10주설을 받아들였다. 그들에 의하면 서력 1043년이 불멸 후 3175년 경과했거나 또는 1429년이 3562년 경과했다고 한다. 그렇지 않으면 1752년을 기준으로 3825년 또는 1891년을 기준으로 4107년이 경과한 것이다. 각각의 경우에 시대의 종말(10×500＝5,000년)은 근접해 있어야만 한다.

고대왕조

티벳인이 역사와 그 속에서 자신들의 위치에 대해 어떻게 생각했는지, 그리고 전통적 역사 서술에서 어떠한 불명확성이 그들을 괴롭혔는지를 알아보았다. 이제 그들의 역사에 대한 개관을 시도하겠다.

기록된 역사가 서기 600년경 송짼 감포 왕과 더불어 시작된다는 것은 우연이 아니다. 왜냐하면 그 무렵 티벳인은 아시아 여러 대국의 운명에 두드러진 영향을 미치고 있었기 때문이다. 티벳이 정치적, 군사적으로 강성했고 영토상 가장 팽창했던 시기는 그들이 국제무대에 등장하자마자였고 거의 300여 년간 지속되었다. 인접한 대부분의 국가는 대국이었지만 각각

약점을 갖고 있었다. 이들 나라의 이름은 앞에서 언급했던 목록 속에 보존되어 있다.

동쪽으로는 중국이 당(唐)이라는 새로운 제국을 형성하려는 과정에 있었다. 당(618~907)은 예술과 과학, 문학에서 두드러졌고, 먼 변방의 제국들을 정복할 만큼 강력했지만 반란과 궁정 내의 음모에 의해 주기적으로 동요되었다. 당은 종종 외국의 도움에 의존했고 종교와 예술, 민간전승의 영역에서 진기한 것의 수입에 놀라울 정도로 열심이었다.

북쪽으로, 현재의 신강성에서, 티벳인들은 인종과 언어적으로 인구어족이고 종교적으로는 불교인 일련의 작은 오아시스 나라들을 발견했다. 그들로부터 티벳인들은 강력한 문명의 자극을 받아들였다. 투르판, 쿠차, 코탄은 곧 중국의 종주권에 복종했고 어떤 위협도 되지 않았다. 그러나 더 북쪽의 동부와 서부에는 (몽골 오르콘강 연안의) 동 투르크족과 (북 투르케스탄 일리 지방의) 서 투르크족이라는 강력한 전사들이 있었다. 그들은 중국에게 상당한 위협으로 인식되었다. 후에 투르크족의 일파인 위구르족이 타림 분지 북부에 정착했다가 872년경에 감주(甘州) 지역으로 이주했다. 티벳에서 그들의 이름은 중세 서양에서의 곡과 마곡(요한계시록 20장)처럼 군대와 말, 야만성과 폭력의 이미지와 연결되어 있다. 중국에서 돌궐(突厥, 고대의 Turkut)로 알려진 투르크란 명칭은 티벳어에서 Trugu 또는 Truk가 되었고, 반면 위구르족의 명칭은 Hor(Ho yo hor의 약자로서)로 되었다.

모호하지만 함축성 있는 연상을 부여하는 또 하나의 지명은 서양의 변동에 따른 것이었다. 타직(Tasik)은 대략 이란을 가리키지만, 종종 Khrom 내지 Phrom(동부 이란의 Hrōm 또는 Frōm, 중국명 부림)과 연결되거나 교환되어 사용되었다. 이 말은 원래 비잔틴 제국을 가리키며 후에 10세기 무렵 아나톨리아의 셀죽 왕조를 가리킨다. 이란 사산왕조는 7세기에 아랍의 습격으로 멸망했고, 아랍은 곧 토카리아인과 속단의 고장인 부카라와 사마르칸드 지역을 점령했다. 그들의 중국명칭인 대식(大食, 고대의 Tasig)은 이란인을 지칭하는 Tajiks에서 유래했고 그것으로부터 티벳어 Tazik이 나오게 된 것이다.

그러나 티벳과 이란 사이에는 여러 국가가 있어 티벳은 그들의 문화적 영향을 받았다. 그 나라는 북쪽의 길기트 또는 볼로르(중국명 발율勃律, 티벳어 Drusha), 카슈미르 그리고 간다라와 우디야나(티벳어 Udyan, 또는 Urgyan)의 고대 나라들이다. 이곳에 사는 인구어 계열의 불교도들은 투르크계와 이란계의 지배를 받았다.

마지막으로 남쪽으로는 헤프탈리테스의 침입 이후 소국으로 분열된 인도가 있다. 그들 중에서 티벳인에게 관심이 있던 나라는 두 불교국이었다. 하나는 (북서 인도의 북부 갠지스강에 위치한) 카나우즈에 있는 하르사(Harṣa) 왕국과 벵갈 지역의 팔라(Pāla) 왕국이었다. 그들은 티벳인에게 대항할 군사력을 갖고 있지 않았지만 그들의 종교인 탄트라 불교를 통해 티벳을 정복했다.

* * *

송짼 감포 왕이 중국 접경에까지 사원을 건립했다고 하는 티벳의 전승은 일종의 경건한 신앙심에서 후에 가공된 것에 지나지 않을 것이다. 그러나 왕은 의심할 바 없이 커다란 권력을 갖고 있었다. 그는 왕좌에 오르자마자 634년에 코코노르 지역에서 토곡혼(吐谷渾)을 패퇴시켰고 중국사절을 영접했다. 그 후에 중국의 공주와 혼인을 요구했지만 거절당하자 그의 군대는 토곡혼을 코코노르의 북쪽으로 밀어내고 강족(羌族)의 여러 부족을 병합하고 중국 접경에 주둔했다. 이들 군사작전은 가르족 출신의 대신 통짼 윌숭(중국어로는 녹동찬 祿東贊)에 의해 수행되었고 그는 실제로 잠시 동안 동부 티벳에 자신의 소왕국을 건립했다. 중국황제는 공주를 보내라는 요구에 굴복했다. 그녀가 티벳에서 뮌상공주, 왼상공주 또는 단순히 공주로서 알려진 문성(文成)공주이다. 그녀는 티벳인 사이에 불교를 전파했고 라사에 라모체 사원을 건립했다. 중국인 공주를 즐겁게 하기 위해 왕은 얼굴에 붉은 색칠을 하는 티벳의 관습을 금지했고 그녀를 위해 왕궁과 성벽을 축조했다. 공주도 왕에게 귀족가문의 젊은이를 중국으로 보내 중국의 고전(시경과 서경 등)을 배우도록 했다. 왕과 중국인 왕비는 누에와 술(티벳 전승에 따르면 쌀로 만든)을 제조할 수 있는 숙련공, 맷돌, 종이와 먹을(티벳 연대기에는 유리가 포함됨) 중국에 요청하여 받았다. [23: 187-188; 197A: 2b; 201, 640년 두 번째 달과 641년 첫 번째 달; 142: A, 11a 중국 자료에 의거] 문자는 하나의 조직된 국가에게 필요 불가결한 것이다. 중국 사료에 따르면 당시 티벳인들은 문자를 알지 못했고, 따라서 왕은 중국과의 공식 업무를 관리하기 위해 중국 문인을 초청했다.

또한 송짼 감포 왕은 역시 불교도인 네팔 공주와도 혼인을 맺었다.* 티벳인들은 분명히 인도와 교류했다. 문성공주가 살아 있을 때 한 중국인 순례자가 사절의 임무를 띠고 중국에서 티벳을 거쳐 인도로 갔다. 이 여행에 대한 최초의 기록은 이미 650년경에 중국에서 출판되었다. 유명한 순례자인 현장은 인도에 오래 머물면서 중국에 대한 인도인의 관심을 불러 일으켰다. 아삼의 왕 카마루파는 노자의 조각상과 도덕경의 번역을 요청했다

---

* 그 역사적 사실은 의문시되고 있다.

(이것은 실행되었지만 실제 아삼에 도달했는지는 알려지지 않고 있다). 마가다의 왕 하르사 쉴라디티야는 중국에 사절을 보냈고, 중국도 이의표(李義表)와 왕현책(王玄策)을 답례사절로 파견했다. 그들은 아마 티벳을 지나 여행했을 것이며 그 사실은 라자그리하와 보드가야에 있는 비문에 남아 있다. 왕현책은 두 번째 여행에서 하르사의 뒤를 이은 왕에게 냉대받자 티벳군과 네팔군의 원조를 구했고 그들로부터 도움을 받았다. 따라서 티벳인은 647년 무렵 인도 북부에 출현했다. 그들은 또한 645년 샹슝을 정복했고 이 과정에서 인도문명을 접했을 것이 틀림없다. 송짼 감포 왕은 650년 사망했다. 그 직후 티벳은 중국으로부터 투르케스탄의 불교국가들인 코탄, 쿠차, 카라샤르와 카슈가르를 병합했다(665~666). 그 나라들은 인구어 계열의 국민으로 이루어져 있고 주로 인도문명에 의존하고 있었다.

티벳 전승에 따르면 송짼 감포 왕은 퇸미 또는 툰미족 출신인 아누의 아들 삼보타와 여러 젊은이를 인도로 파견해(632년?) 문자를 배우게 했다. 선택된 글자는 카슈미르 문자였다. 어쨌든 돈황의 오랜 연대기는 655년의 항복에서 '법률 문서가 쓰였다'고 기록하고 있다. 약 20년의 간격을 두고 티벳 문자가 발견되었을 뿐 아니라 그 문자는 매우 복잡한 철자법으로 티벳인의 언어에 적용되고 문서의 기록을 위해 사용되었다. 퇸미는 인도양식에 따른 고등 문법책을 지었다고 전해지지만 의심할 바 없이 후대의 작품일 것이다. 실상 그는 왕명으로 산스크리트-티벳어 사전(Mahāvyutpatti, 飜譯名義大集)이 편찬되고 엄격한 번역규칙이 제정되었던 8세기 말이나 9세기 초에 살았을 것이다.*

불교 도입 이전의 티벳인들이 그들의 전승에 묘사되듯 '우매하고', '야

---

*   N. Simonsson, Indo-Tibetische Studien, Uppsala 1957.

만적'인 것은 아니다. 그들은 용감하고 지적이었다. 중국인 밑에서 교육받은 티벳인 학생들은 인도로부터 돌아온 학생들만큼 현명했다. 663년 중종(仲琮)이라는 중국식 이름으로 알려진 한 티벳 대신이 중국에 사절로 파견되었다. 672년 새로운 임무를 맡았을 때 그는 매우 현명한 답변을 함으로써 중국 황제를 놀라게 했다. 그는 젊었을 때에 당의 수도 장안에 있는 국립대학인 태학(太學)에서 배워 중국어를 매우 잘 쓰고 읽을 수 있었다. 그보다 앞서 641년 위대한 전략가로 주목받은 가르족의 대신 통짼은 당의 수도에서 공주의 혼인협상이 있었을 때 특출한 수사력을 보여주었기 때문에 중국 황제는 매우 만족해서 그와 다른 공주와의 혼사를 제안했었다. 티벳인들은 다른 이민족의 귀족자녀와 함께 중국에 있는 국립대학에 다녔다. 730년 그들의 요청에 의해 중국의 고전과 문집(시경詩經, 좌전佐前, 文選 등)이 티벳에 보내졌다. 돈황 문서 중에서 우리는 중국 문학의 번역이나 번안(서경書經, 항고項橐의 전설 등)뿐 아니라 분명 어린 학생을 위한 티벳 문자로 쓰인 중국어 학습서(천자문 등)를 발견하게 된다.

중국의 도교도 흔적을 남겼다. 당 현종(712~756)은 도교를 국교로 삼았다. 중국의 진성공주는 티벳의 왕비가 되었다. 사절이 중국에 파견되었고 그곳에서 '노자의 책'을 갖고 왔다. [183: 10; 292: 19]* 중국의 점서도 번역되었다. 이 '중국전통'은 초자연적 지혜의 왕인 공자에게로 돌려졌다.

---

* 의심할 여지없이 이것은 황제 자신이 주를 달았던 도덕경일 것이다. 아마 老子化胡經일 수도 있다. 여기서 노자는 (Mār) Māni의 모습으로 '야만인'들을 교화하기 전에 먼저 코탄으로 여행했다. 이 책은 불교도(선)와 도교도 사이의 공식적 논쟁의 대상이 되었고(705~710), 금서로 되었다. 그러나 이 책은 (대략 800년경으로 추정되는) 돈황 문서 속에서 발견되었다. 732년의 황제의 칙령은 이 책을 염두에 두고서 마니의 마녀사냥을 비난하고 있다. 여기서 마니는 불교의 이름을 잘못 사용하고 있다. 티벳인들은 이 책을 알고 있었다. 티송 데짼 왕에게 귀속되는 어떤 저술에서 '파르직 출신의 큰 사기꾼인 Mar Mane'의 가르침(gtsug lag)이 비판되고 있다. [Tanjur, 북경판 No. 5839, p.112.1]

문자를 채택하고 인도를 원형으로 하여 문법을 만들면서 티벳인은 인도의 종교를 모르는 채로 있을 수가 없었다. 우리는 힌두교나 시바주의가 얼마나 샹슝 지역의 뵌교에 영향을 주었는가를 다루겠지만, 우리에게 가장 큰 관심의 대상은 불교이다. 불교가 사르사 왕에 의해 장려되었을 때 불교 탄트라는 팔라 왕국의 왕이 티벳에 조공을 바치게 되었을 때인 755년에 벵갈 지역에 유행했다. 티벳인이 중앙아시아의 오아시스국들을 666년에서 692년까지 점거했을 때, 그곳에서 발견한 것은 바로 불교였다. 또 티벳이 680년 이래 지배했고 703년 이래 그리고 750~794년까지 티벳의 종주권을 인정했던 운남 지방의 남조 왕국에서도 불교를 발견했다. 서쪽의 작은 국가들, 예를 들어 709년 그 왕이 생포되었던 티벳의 남서부에 있던 무더운 지방인 세립(중국어로 실립悉立[6: 41-42])에서도, 또는 737년에 티벳에 복속된 드루샤(길기트, 대소大小의 발율勃律)에서도 사정은 마찬가지였을 것이다. 물론 네팔과 중국은 언급할 필요도 없을 것이다.

처음에는 궁전에서조차 단지 불교와 접촉하고 있었을 뿐, 불교에 대한 어떤 진지한 통찰이 있던 것은 아닐 것이다. 이것이 중국 측 자료가 주는 인상이다. 729년 신라의 순례승 혜초는 티벳은 왕과 국민이 불교를 알지 못하고 사원도 없다고 단언하고 있다. 그는 단지 풍문으로 들은 것을 전하는 것에 불과하다. 그렇지만 티벳에 불교의 도입을 송짼 감포 왕의 시기로 거슬러 올라가는 티벳의 전승은 새나 렉 왕(804~816)의 비문에 의해 뒷받침되는데, 이 비문은 송짼 감포 왕의 시대에 건립된 라사 등지의 사원과 뒤송 왕(676~703 또는 704)에 의해 중국 북서부의 난주(蘭州)에 있던 것으로 보이는 사원, 그리고 티데 쭉짼 왕(704~755)에 의해 삼예에 건립된 사원에 대해 언급하고 있다. 중국 역사서들의 침묵은 아무것도 증명하지 못한다. 그것들은 775년 삼예사의 건립과 왕의 명령에 의한 교의 논쟁에 대해서도 기록하고 있지 않지만, 그 사건들은 초기 문서에 의해 확인되고 있다. 8세기 말이나 9세기 전반부터 이루어진 돈황의 벽화는 불교적 판결을 하는 티벳 왕의 모습을 보여준다. 그는 흰 의복을 입고 붉은 터번을 쓰고 있다. [229]

같은 시기에 다른 외부종교에 대한 단편적 관념들이 티벳에 도달했을 것이다. 투르크족(위구르족)과 속단, 중국인을 통한 마니교, 이란을 통해 네스토리안교, 아랍인을 통해 이슬람교가 들어왔다. 같은 사실이 민간전승의 요소에도 적용된다. 신년의례와 사자의 신화가 이란으로부터 투르케스탄(사마르칸드, 쿠차, 투르판)으로 전해졌고 그곳에서 다시 중국과 티벳으로 전해졌다.

동시에 과학에서도 외부의 영향이 보인다. 중국과 인도는 다양한 예언 방식과 점성술, 그리고 가장 중요한 사실로서 의학지식을 제공했다. 그렇지만 매우 흥미롭게도 후자는 이란으로부터의 그리스 전통에 의해서도 반영되었다. 사실상 티벳의 의학사에 대해 한 장(章)에 걸쳐 기술하는 매우 진지한 연대기는 우리에게 Vajradhvaja라는 인도인 의사와 Henweng Hang-de라는 중국인 의사, Ga-le-nos라는 타직(이란)의 Trhom 출신의 의사가 송짼 감포 왕의 비인 문성공주의 시기에 티벳으로 초청되었다고 말하고 있다. 그들 각각의 학파를 반영하는 저술들이 번역되었지만 '이란의 갈렌' Ga-le-nos만이 어의 또는 의사들의 우두머리로 임명되었고, 출신의 귀천을 막론하고 제자들에게 가르침을 주었다. 후대(8세기)에 금성공주가 인도와 중국의 의서 번역을 재개시킬 때에도 공주는 Trhom으로부터 Bi chi tsam ba shi la ha라는 의사를 초청했다고 한다. 실제로 이 단어는 페르시아어로 의사라는 뜻을 내포하고 있다. 그리고 어의로 불린 사람은 중국인이나 인도인이 아니라 바로 이란에서 온 그리스인이었다. 어의는 다른 모든 이로부터 최상의 인물로서 존경받으며 회의당의 중앙에서 '아름다운 카펫' 위에 앉을 특권이 있었다. [142: TSA, 46a]

이러한 많은 것이 한 세기 동안에 가능했던 것은 티벳의 기동력 있고 강력한 군사력 때문이었다. 돈황 출토의 오래된 연대기는 왕과 대신이 한 회합장소에서 다른 회합장소로 먼 거리를 끊임없이 여행하고 있음을 보여준다. 따라서 말은 그곳에서 굉장히 칭송되고 있다. 왕의 준마는 네 국경을 누빈다. 왕의 신체가 초자연적인 힘을 지닌 것처럼 그의 말은 매우 빠르기 때문에 발굽 자국조차 볼 수가 없다. 제5대 달라이 라마의 연대기에 따르면 송짼 감포의 부왕인 남리 송짼 왕은 지혜를 갖춘 그의 준마를 트락숨 딩마 호수에서 야크 사냥을 하던 중에 발견했다. 이 호수는 티벳 북부의 많은 호수 중의 하나일 것이다. 전설 시대의 냥에서 서쪽으로 '말의 집단'의 정복을 제외하고는 야룽으로부터 최초의 영토 확장이 야르모탕의 대평원과 더욱 동쪽으로 암도 지역을 경유해 코코노르 지역을 향해 북동쪽으로 향해졌다는 것은 아마 우연이 아닐 것이다. 이렇게 동쪽으로 전진해서 토미와 숨파, 아샤와 토곡혼, 강족의 제 종족을 정복하고 동화시켰을 것이다. 이러한 전 지역은 평판이 높은 말의 산지이다. 앞에서 보았듯이 티벳인들은 콩포와 포보 지방의 좋은 품종의 말을 이용할 수 있었다.

남부 지역은 철의 산지이다. 철은 숨파족의 전형적인 공물이다. 철이나 가죽으로 만든 갑옷과 우수한 칼은 암도 지역의 강족(남동족, 동숨파족 등)의 특산물이다. [115: 38] 제5대 달라이 라마의 연대기는 비록 전설적인 왕인 디굼의 시대에 이러한 발전이 일어났다고 말하긴 하지만 갑옷이 캄 지방에서부터 도입되었다고 말하고 있다. 중국 연대기는 티벳군 장비의 질에 대해 경탄하면서 다음과 같이 말하고 있다. "그들의 장비는 우수하다. 그들은 눈을 제외하고 전신을 그 속에 숨긴다. 강한 활과 날카로운 칼조차 그들에게 거의 상처를 주지 못한다.” “그들은 활과 칼, 방패와 창, 갑옷과 투구를 갖고 있다. …… 인간과 말은 정교하게 가공된 소로 만든 갑옷으로 덮여 있다.” [197b: 下, 1b; 200: 8a] 고대의 연대기로부터 무사의 신에 관한 현대적 의례에 이르기까지 티벳인에게서 힘의 관념은 ‘견고한 투구를 가진’ 따라서 ‘강화된’이라는 관용구로 표현되었다. 말과 같이 무사의 무기와 갑옷은 고유의 이름을 갖고 있다.

그러나 이런 것들이 왕가를 이롭게 했다는 것은 확실하지만, 그들은 자신의 권위를 강화시켜야만 했다. 왕가는 그렇게 하는 동안 매우 완만하게 또 짧은 기간에만 성공을 거두었다. 왕조가 9세기 중반 내분으로 붕괴했을 때 그것은 티벳의 군사적 팽창의 종말을 의미했다. 왕과 대(大)씨족 사이의 봉건적 관계에 대해서는 후술할 것이다. 그들의 충성심은 종종 믿을 수가 없었다. 왕의 정복은 외교적 혼인정책과 결부되었다. 송짼 감포에게는 다섯 명의 왕비가 있었다. 그들은 중국과 네팔의 공주를 제외하면 샹슝 국왕의 딸과 류용족 출신의 미냑 왕의 딸, 그리고 몽 출신의 왕비이다. 다섯 세대 후에 티데 쭉짼 왕(704~755)은 세 왕비를 두었다. 710년 라사로 왔던 중국인 금성공주와 남조 출신의 부인, 그리고 나남 출신의 부인이 그들이다. 그의 후계자인 티송 데짼 왕(742~797 또는 804)은 다섯 부인을 두었는데, 그들은 모두 티벳의 귀족가문 출신이었다. [142: JA. 25b-33b, 70a-b, 198b; 183: 46] 그들 대씨족들은 신하직을 세습했다. 그러나 왕가와 혼인관계에 따른 인척 사이의 갈등 및 여러 왕비와 그들의 씨족 사이의 (왕위 계승을 둘러싼) 갈등은 커다란 정치적 불안을 야기했다.

송짼 감포 왕의 성공은 대부분 그의 신하인 가르족의 통짼 월숭에 기인한다는 것을 상기하기 바란다. 중국 황제도 그에 대해 호감을 가졌다. 황제의 목적은 그를 왕에 대립시키려는 것이었을지도 모른다. 통짼은 어떻게 물러날지를 알고 있었다. 그러나 그가 영웅으로 묘사되는 소설 속에서 그는 중국공주를 왕에게 인도하기 전에 그녀와 관계했던 것으로 묘사되고 있다. 왕은 티벳의 행정조직을 그의 손에 맡기고 다른 대신들에게는 샹슝과 숨파를 다스리게 했다. 왕이 임종할 때에 통짼 월숭은 전선에서 수도로 돌아와 왕의 장례에 조사를 읽었다. 그 자신은 17년 후인 667년까지 살아 있었다. [142: JA, 65b-67b; 6: 14] 그의 다섯 아들은 아버지의 권력을 나누어 가질 수 있었지만, 이는 순조롭지 못한 왕위 계승을 야기했다. 송짼 감포의 아들인 궁송 궁짼은 단지 5년 동안만 재위했다(18세에 죽음). 그의 아들인 망송 망짼도 단지 15년 동안 재위했다. 두 왕에 비하여 가르족 대신의 문벌은 30여 년간 번성했다. 이들 가르족의 다섯 아들 중에서 가장 탁월했던 자는 중국 국경지대에 안주했고 토곡혼과 암도로 통하는 관문을 지배했다. 뒤송 오아(670~703 또는 704)는 자신과 대등한 그들의 권력을 제거하려고 작정했다. 그는 8세였을 때 군사를 일으키기 위해 삼촌과 양 퉁으로 갔다. 가르족의 대신 티딩(중국명 흠릉欽陵)은 자신의 군대에 있는 왕의 동생이 즉위할 수 있게 기회를 포착하라는 압력을 받았다. 그는 현명하게 거절했고 뒤송은 그의 동의를 얻어 왕위에 올랐다. 그렇지만 의심은 계속됐고 대신의 지혜도 코코노르에서 당군에게 당한 패배(678년) 때문에 가려졌는지도 모른다. 당시 티벳의 세력은 중국 접경에서 량주(凉州), 송주(松州), 무주(茂州)에 이르렀고 중국의 남서부로는 탈리 호수에까지 이르렀다. 680년에 사망한 문성공주는 네 왕의 치세를 겪었다.

티벳의 세력에 경쟁자가 없던 것은 아니었다. 중국은 때때로 전쟁에서 승리했고 티벳은 평화협정을 맺으려고 헛되이 노력했다. 중국은 투르케스탄에서의 티벳의 영향력을 견제하기 위해 페르시아와 동맹을 맺으려고 하였다. 692년 중국은 투르케스탄의 네 진영(쿠차, 카쉬가르, 야르칸드, 코탄)을 티벳으로부터 다시 탈환했다.

그 직후 뒤송은 가르족의 세력을 제거하기로 결정했다. 왕군은 가르족의 티딩을 패퇴시켰고 그는 자살했다(699년). 그의 아들과 형제는 중국에 투항했고 중국은 그들을 환대하면서 그들에게 관직을 부여하고 전선을 방어할 책임을 주었다. 왕은 가르족을 패퇴시켰지만 많은 것을 얻지는 못했다. 703년 네팔과 인도의 히말라야 여러 지역에서 반란이 일어났고 왕은 그들을 토벌하는 도중에 사망했다(티벳 전승에 따르면 그의 사망지는 장 지역이다). [142: JA, 70a] 그의 아들들은 왕위 계승을 위해 투쟁했고 마침내 메 악촘이라 불리는 티데 쭉짼이 왕으로 선포되었다. 그는 장 지역의 부인과 결혼해서 한 아들을 두었다. 티벳 측은 중국에 공주를 보내달라고 여러 차례 요구했고 마침내 710년 그 요구는 받아들여졌다. 원래 왕의 아들을 위한 것이었지만, 왕자가 일찍 죽는 바람에 공주는 왕과 결혼하게 되었다. 몇몇 자료에 의하면 공주는 위대한 왕인 티송 데짼(742년 탄생, 755 또는 6년 즉위. 어떤 전승에 따르면 공주는 739년에 사망)을 낳았지만, 나남족 출신 왕의 다른 부인이 그를 길러 그를 자신의 아들이라고 주장했다고 한다. 그의 아버지의 재위 시에는 모든 것이 불안한 상태였다. 아랍인이 계속 진출해서 인도와 티벳은 중국의 도움을 구해야만 했다. 티벳은 드루샤에 대한 그들의 지배권을 유지함으로써 서부에서의 지위를 확보하려고 노력했지만 드루샤는 티벳의 종주권과 결혼동맹을 인정하면서도 중국에 접근했다. 남조 역시 티벳을 공격했다. 730~733년에 중국과 맺은 평화 협정이 티벳인에게 유일하게 환영할 만한 사건이었다.

티송 데짼 왕에 이르러 상황은 호전되어 갔다. 중국 군대에 의해 억압받았던 남조와 티벳은 새로운 동맹을 형성했다(750년). 벵갈의 팔라 왕조는 티벳에게 조공을 바쳐야 했고(755~756), 티벳인들은 마가다에서 붓다의 유물을 구하기 위해 인도로 침입해서 갠지즈강에 경계를 정해 철주(鐵柱)를 세우고 큰 도시를 건설하기 위해 많은 사람을 남겨두었다. 그러나 이 설명은 분명히 전설적이다. [183: 44] 어쨌든 중국에 내분이 일어나서 티벳인이 다시 중국 방면으로 진출하는 것이 가능하게 되었다. 왜냐하면 중국은 안록산의 반란을 진압하는 데 도움을 준 위구르 동맹군을 분노케 하였기 때문이다. 티벳은 그 기회를 이용해 장안을 침공했고 다른 황제를 즉위시켰다(763년). 그것은 단지 보름간의 전광석화와 같은 것이었지만 티벳과 위구르의 일시적 동맹은 — 비록 추측이기는 하지만 — 기대치 않았던 결과를 초래했을 것이다. 위구르인은 당시 낙양에 있던 마니교의 성직자를 만나 마니교를 받아들였다. 그래서 티벳인도 그것을 알았을 것이다.

티벳군의 행운은 대로는 부침이 있기는 했지만 반세기 동안 계속되었다. 지속적으로 중국의 서부를 위협하고 심지어 중국인을 투르케스탄의 비슈발릭에서 몰아내기도 했다(789~790). 티벳은 다시 중국과 연합했던 남조와 대결해야만 했고(789~804), 또 (791년 이래) 투르케스탄에서 (하론 알 라쉬드 치하의) 아랍인에 대항해야만 했다.

그러나 그 시기의 티벳 문화에 있어 결정적 사건은 왕이 인도불교를 공식적으로 수용했다는 사실이다. 물론 이러한 결정은 앞에서 언급했듯이 그냥 생겨난 것은 아니다. 티벳인들은 중국과 남조, 코탄과 인도에서 모든 형태의 불교를 경험할 기회를 가졌다. 그러나 그들이 불교와 개별적으로 접촉했다는 사실과 왕과 일부 귀족가문의 공식적 후원을 얻었다는 사실은 차이가 있는 것이다. 중국의 연대기는 왕의 개종에 대해 침묵하고 있고, 이 시기의 연대기는 전혀 신빙성이 없다. 그렇지만 티벳의 연대기의 기록은 돈황의 초기문서와 비문에 의해 확인되고 있다. 우리는 가장 오랜 기록

(바세, 12~13세기)에 따라 기술할 것이다. 이것은 비록 후대에 재편집된 것이기는 하지만 당시의 증언으로 거슬러 올라간다고 주장하고 있다.

티송 데짼 왕의 부친인 메 악촘은 불교를 선양하는 예언의 발견 후에 불교에 관심을 보였다. 그는 먼저 두 사람을 인도로 파견해서 (당시 티벳에 의해 점거된 샹슝에 있는) 칼리다사 산에서 선정에 몰두하고 있던 승려들을 초청하고자 했지만, 그들은 왕에게 단지 경전을 보냈을 뿐이다. 왕은 다섯 사원을 건립했다. 그러나 이런 조치는 뵌교와 연결된 몇 씨족의 반발에 부딪쳤다. 바 씨족의 상시는 비밀리에 중국으로 파견되어 경전을 입수했지만, 선왕이 죽고 후계자인 티송 데짼 왕은 아직 어렸고, 불교에 반대하는 가문이 권력을 잡았기 때문에 그는 귀로에 책들을 숨겨야만 했다. 당시 금성공주는 궤양으로 쓰러졌고 대신의 아들들도 이 때문에 죽었다. 불교 반대파는 공주가 코탄에서 추방된 승려를 티벳이 받아들이도록 영향력을 발휘했기 때문에 이런 불행이 일어났다고 주장했다. 그뿐 아니라 공주의 부왕이 도교를 중국의 국교로 삼았을 때 중국인 승려조차 티벳으로 도망쳐 왔다.

젊은 왕과 그 후계자의 칙령에서 보듯이 왕 자신도 병이 들었다. 또한 불교가 어떤 특정한 질병과 사망에 책임이 있으며, 당시 지배권을 행사하고 있던 한 뵌교의 대신이 (중국에서 연원한) 불교적 장례의식을 금지하는 법령을 내렸다고 보고하고 있다. [122: 47, 52]

티송 데짼 왕은 성년이 되어 권력을 잡고 그때까지 무엇이 일어났는지를 알게 되었을 때에 일부 씨족이 보여주는 불교에 대한 적대감을 고려하면서 불교에 관심을 보였다. 중국과 인도의 불서들이 번역되었고, 바 씨족의 샐낭은 인도로 가서 마하보디와 날란다 대사원을 방문했다고 한다. 후에 그는 네팔에서 불교승려인 샨타락시타(Śāntarakṣita)를 티벳으로 데려왔고 그로부터 비구계를 받고 예쉐 왕포라는 법명을 받았다고 한다. 그는 네팔 국경 근처의 망월에 은신해 있어야만 했다. 후에 티벳 비개혁파의 시조가 된, 유명한 불교성자인 파드마삼바바를 만난 곳은 바로 네팔에서였다. 반불교파의 대표자였던 마샹 톰파케가 모략에 빠져 살해된 후에 파드마삼바바(Padmasambhava)와 샨타락시타를 초청할 수 있었다. 파드마삼바바는 주술적 수행의 전문가였지만 뵌교의 추종자들에 쫓겨 곧 티벳을 떠나야만 했다. 티벳 전승은 그가 주술사로 유명한 우디야나 출신이라고 한다. 어떤 전승에 따르면 그는 밀교가 성행했던 자호르 출신인데, 이 지방은 인도의 북서부에, 또는 벵갈에 위치해 있는 것으로 기술되고 있다. 이 인물을 둘러 싼 불확실성이 매우 크기 때문에 1748년 박학한 학자였던 숨파 켄포는 티벳에 머물면서 모든 악귀와 토착신들을 복종시키는 일에 헌신했던 한 명의 '진정한' 파드마삼바바가 있었고, 단지 잠시만 티벳에 머물렀던 네팔 출신의 무당이었던 '거짓' 파드마삼바바가 있었다는 가설을 세웠을 정도이다.

확실치 않은 연도(755년?)에 무수한 부속건물을 거느린 복합적 불교 사원이 12년에 걸쳐 삼예(Sam yas)에 건립되었다. 오탄타푸리(또는 날란다)[177: 58a]에 있는 사원이 건축양식의 모범으로 간주되었다. 대신들과 다섯 왕비들은 보시를 통해 이 건축에 기여했다고 한다. 얼마 후, 아마 779년에 귀족가문의 일곱 젊은이가 선발되어('일곱 명의 선발자'로 불림) 샨타락시타에게서 비구계를 받았다. 그들의 이름은 저자에 따라 각기 다르게 전해지며, 일곱이란 숫자는 분명 '일곱의 현명한 대신'이란 예에서 보듯이 숫자적 분류의 기호(嗜好)와 관련이 있을 것이다. 그러나 당시 인도의 학승이 수행했던 커다란 역할 때문에 중국 불교가 미쳤던 강력한 영향이 간과되어서는 안 된다.

당시는 중국과 티벳의 관계가 좋았던 시기였다. 티벳 왕의 요청에 따라 781년 중국은 설법에 능한 두 승려를 파견했다. 그들은 매 2년마다 다른 승려로 대체되었는데, 따라서 영속적으로 파견된 셈이다. 그 직후 아마 791년에 왕은 불교를 국교로 정하는 칙령을 발표했다. 그 문장은 삼예 근처에 지금도 남아 있는 석주에 새겨졌다. 전승에 따르면 두 명의 왕비와 삼백 명이 출가했고 왕은 출가자에 대해 특권을 인정하면서 많은 기부를 통해 그들의 필요를 충족시켜주겠다고 약속했다. 우리는 사원의 경제적 풍요를 향한 첫 걸음에 대해 후에 재론할 것이다. 그 성공은 전혀 장애가 없었던 것은 아니다. 대신들은 출가자의 수가 많은 것에 반대했다. 그리고 불교의 성공은 원래 중국적 적정주의(寂靜主義)의 성공이었다. 선불교는 선행과 성자의 상태를 향한 점진적이고 어려운 수행에 큰 가치를 두지 않았다. 선의 유행은 선업과 악업은 내세에서 보답받게 된다는 원리와 계율을 주로 가르쳤던 인도불교의 스승들에게 근심거리였다. 10선업과 10악업과 같은 이런 직선적인 불교의 윤리적 규칙은 송짼 감포의 시대에도 설해졌고 티송 데짼이 석주에서 언급하고 있는 것도 바로 불교의 이러한 측면이었다.

인도불교와 중국불교의 추종자들 사이에서 교리적 반목이 점점 심해지자 왕은 당시 인도와 중국에서 행해지고 있었던 수사학적이고 교리적인 싸움의 일종으로써 종론(宗論)을 통해 그 진행을 중지시키려고 결정했다. 이 종교적 논쟁은 패자에게는 불명예와 모욕뿐 아니라 어떤 경우에는 죽음조차도 의미했다. 중국승려인 마하연은 중국을, 그리고 인도승려인 카말라쉴라는 인도를 대표하여 이 논쟁을 위해 초청되었다. 이 역사적 논쟁의 기록은 카말라쉴라의 저작(산스크리트와 티벳어 역으로 보존)과 돈황(7487년 티벳의 수중에 들어감)의 문서 속에서 발견된 중국 측 자료에 의해 전해지고 있다. 논쟁은 792~794년에 왕의 입회하에 삼예사에서 벌어졌다. 중국 측은 '돈오'와 현상을 초월한 것(공성 또는 열반)과 현상(생사)의 동질성, 그리고 그러한 교리적 단계에서의 선업의 무의미성을 옹호했다. 반면 인도 측은 대승과 밀교에 상합하는 이 교리를 알고 있었고 또 어떤 조건하에서 그것을 인정했지만, 완성을 향한 기나긴 여정으로서의 '점수'를 강조했는데 여기서 선업은 중요한 역할을 하는 것이다. 중국 측이 패배하고 티벳을 떠나야 했지만 그것은 신사적으로 이루어지지는 않았다. 왕은 인도 측에 의해 주장된 교리만이 티벳에서 공인되어야 한다고 선언했다.

실제로 인도불교의 승리는 일시적이었고 불완전했다. 중국 측 교리는 현재에 이르기까지 어떤 종파와 저작 속에 그들의 흔적을 남기고 있다. 더욱이 반불교적 귀족집단이 적의를 버리지 않고 있었고 왕도 그들을 고려해야만 했다. 뵌교의 신자인 대신 타라 루공은 '북쪽으로 추방'되어 있었다. 실제로는 그는 감주 지역의 위구르 부족인 바타 호르의 선정학파를 점유하고 있었던 장군으로서 그곳에서 삼예사 보물의 수호신인 페하르를 가지고 왔다고 한다. 비록 그가 뵌교도이었기 때문에 그의 탑이 검은 것은 사실이지만 그는 삼예에 탑을 세운 인물의 하나로 기록되고 있다. 어떤 비문(아마 762~764년에 건립)은 왕에 대한 그의 봉사를 찬양하며 그와 그의 후손들에 대한 광대한 특권을 허용하는 칙령을 포함하고 있다.

티송 데짼 대왕은 종론의 직후인 797년 또는 804년에 사망했다. 그의 후계자의 연대기는 뒤죽박죽이고 모호하다. 그에게는 두 아들 또는 세 아들이 있었다. 장자는 즉위한 지 2년 만에 모후에게 독살되었다. 전승에 따르면 그는 부자와 가난한 자의 보시에 차이가 나는 것을 탄식해 국민들에게 부를 공평하게 분배하려고 헛되이 시도했다고 한다. 그의 동생은 왕위를 계승했다(대왕에게 세 아들이 있었다고 믿는 사람들에 따르면 가운데 아들은 대신의 아들을 살해한 후에 추방되었다가 살해되었다). 그가 티데 쭉짼으로 새나 렉이라고도 불린다. 그의 아들이며 후계자인 랠파첸 또는 티쭉 데짼(815~838)이 왕조 최후의 불교도 왕이다. 그는 821~822년에 중국과 평화협정을 체결했고 그 기록은 라사에 있는 석주에 아직도 보존되어 있다. 우리는 불교의 발전이 초기의 신앙을 완전히 제거하지 못했음을 보게 될 것이다. 그럼에도 이 왕은 인도불교를 위해 많은 공헌을 했다. 그때까지 중국어를 포함해 여러 언어로 쓰인 불교경전이 사용되었다. [183: 73] 이제 산스크리트가 공식적인 불교어로 선택되었다. 더욱이 번역에 사용된 용어가 재검토되었고 번역의 규칙이 왕명에 의해 세세하게 규정되었다. 이같이 하여 번역에 더욱 가까운 '새로운 언어'가 창출되었다. 초기의 번역은 너무 직역이어서 종종 이해할 수 없었다.

왕은 승려가 될 정도로 신앙심이 깊었다. 승려들에게 주어진 보시와 특권은 강력한 반대를 불러 일으켜(적어도 한 전거에 따르면)[183: 77; 123: 311, -314에서 인용된 Bod kyi rgyal rabs] 왕의 살해로 귀결되었다. 그가 즉위하게 된 것도 기적에 가까웠다. 왜냐하면 그는 세 형제 중의 막내였기 때문이다. 쩨파 또는 짼마라는 큰 형은 권력을 잡지 못하고 부탄과의 국경인 티벳의 남부에서 암살되었다. 랠파첸의 사후 그의 아들인 승려 짱마는 부탄으로 추방되었고, 그의 형인 랑 다르마가 즉위했다. 그는 불교를 박해했기 때문에 전승은 모든 종류의 사악한 일을 그의 탓으로 돌리고 있다. 한 자료에 따르면 그는 겨우 일 년 반 동안 재위했을 뿐이고, 다른 자료에 따르면 그의 재위기간은 6년 또는 13년 동안이다. [166: 211a-b: 13년] 그는 라룽의 팰기 도제라는 승려에 의해 살해되었다(사토에 따르면 846년). 그 승려는 암도 지역의 황하 남쪽 순화(循化) 근처로 도주했다. 후에 다시 그를 언급할 기회가 있을 것이다. 이 왕의 불교 탄압은 뵌교도 씨족의 영향으로 돌려진다. 그러나 역사적 전승은 전설에 의거하고 있다. 그 당시(842~846) 중국에서도 대규모 불교탄압이 있었다는 것은 주목할 만한 일이다.

티벳의 영광과 왕조의 권력은 이로써 종말을 맞았다. 티벳 전승은 불교 박해를 그 이유로 들고 있지만 내적인 권력투쟁과 외적인 군사적 패배가 역시 고려되어야 할 것이다. 중국 국경의 도시들, 특히 (781년 또는 787년 이래 점거했던) 돈황과 사주(沙州)를 빼앗겼다(851년). 그리고 국경의 군대를 지휘하고 있던 대신이 처형되고(866년), 잔존해 있던 그의 군대는 인접해 있는 지역으로 뿔뿔이 흩어져 그곳 주민의 중핵을 형성했다. 대략 9세기 중엽에 투르케스탄에서 티벳의 역할은 투르크인, 위구르인, 콰룩인에 의해 끝나게 되었다.

그 후 150년간 티벳의 역사서에는 무미건조한 왕의 계보 이외에는 어떤 것도 전해지지 않고 일부는 연대조차 없다. 더욱 나쁜 것은 이 시기에 60년 또는 120년의 공백이 있다는 점이다. 중국의 사서는 이 시기에도 티벳인이 사절을 파견했다고 말하고 있지만, 그들이 항시 코코노르 지역의 지방 수장이었다는 것은 주목할 만한 것이다.

랑 다르마에게는 첫 번째 왕비에게서 태어난 윰탠과 두 번째 왕비에게서 태어난 외숭, 두 아들이 있었다. 그들은 왕위를 얻기 위해 경쟁했고 각기 다른 지역을 다스렸다. 전자는 중앙(위Ü 지역)을, 후자는 왼쪽 날개지역을 관할했다. 커다란 분쟁 또는 반란이 일어나(929년, 사토에 따르면 869년) 왕실의 분묘가 훼손되었고 더 이상 분묘를 축조하는 관습이 사라졌다 (937년, 사토에 의하면 877년). [141, 46b. 동일한 연대와 정보가 이미 (14세기 중반의) Tshal-pa Kun dga' rdo-rje의 Hu-lan deb-ther에 나온다.]

외숭의 아들인 팰코르짼은 일백 개의 사원을 건립한 독실한 불교도로 묘사되고 있다. 그는 신하들에 의해 피살되었고 위와 짱에 근거한 왕국은 소멸되었다. 그럼으로써 그의 전설적 조상인 냐티에 종말을 고했다. 그의 두 아들은 각기 짱 지역의 서부와 아리의 세 지역을 지배했다. 장남의 아들과 손자는 쿵탕과 냥, 암도(쫑카 지역)와 야룽 등지에 지방 왕조를 세웠다. 차남의 아들들은 각자 아리의 세 지방인 마르월, 푸랑, 샹슝 또는 구게 지방을 지배했다. 푸랑의 왕자가문의 일파가 현재의 네팔의 북서부에 있었을 것이라고 추정되는 말라국의 수도인 야체의 공국을 개척했다.

사원권력의 전개

막이 오르고 희미한 빛이 무대를 비추기 시작했을 때, 티벳 문화는 오늘날까지 그 형태를 보존하고 있는 결정적 측면들을 취하게 되었다. 역사는 더 이상 왕이 아니라 사원과 종교교단을 중심으로 전개되었다. 왕자와 귀족가문의 우두머리는 사원의 후원자나 시주자에 지나지 않았다. 이때가 11세기이다.

중국에서는 당의 멸망(907년)과 오대(五代, 907~960)의 시기를 지나 송(宋, 960~1276)이 건립되었다. 그러나 송의 북서부에는 서하(西夏) 또는 티벳어나 자신의 말로 미냑이라 불리는 새로운 제국이 형성되었다. 서하는 위구르인이 점유하고 있던 중국의 도시들(사주와 감주 등의)을 공격했지만(1038년) 서부에는 당시 서녕(西寧) 지역(티벳어로 쫑카)에서 새로이 일어난 티벳 왕국과 충돌했다. 이 나라는 한 명의 겔세(997~1065)에 의해 지도되고 있었는데 그 지방의 노후들이 마르월로 추정되는 티벳의 서부로 여행하다가 왕가의 후예 중에서 그를 발견해 왕으로 옹립한 것이다. 1100년까지 지속된 이 나라는 불교국이었다. 승려들이 중요한 정치적 영향력을 행사했는데, 그들 중의 일부는 1006년 이슬람교도에 의해 함락된 코탄으로부터 이주했다. 이 나라는 중국과 무역을 했으며 또한 후에 남쪽의 남산(南山) 지방에 정착해 오늘날까지 요구르라는 이름으로 불리는 감주의 위구르인과 불교도와 마니교도로 구성된 투르판인과도 교류를 했다.

중앙 티벳에서의 불교의 박해와 쇠퇴로부터 승려들이 도피한 곳은 바로 이러한 지방들이었다. 세 명의 승려가 라닥과 콰룩의 투르크 인 사이를 경유해 서쪽으로 출발했다. 그들은 북쪽의 호르(위구르)를 지나 황하 연안의 암도에 도착했다. 쫑카 지역의 뵌교도였던 무수 또는 무시 씨족의 게랍셀(832~915)은 불교로 개종했다. 세 명의 티벳승려가 조금 남쪽에 위치한 캄의 롱탕에 있었고 두 명의 중국승려가 부족분을 채웠다. 그들을 중심으로 다른 승려들이 모여들었다. 그들은 중앙 티벳에서 불교를 부흥시키기 위해 야룽의 왕 티에게 접근했다. 삼예사의 폐허가 복원되었고 다른 사원들도 건립되었다. [151: (ed. Das) 177-178과 Re'u mig; 183: 87-88]

한편 불교의 새로운 도약은 아리국의 왕들의 노력에 의해 티벳의 서부에서 일어났다. 왕 코레는 그의 동생인 송에한테 양위하고 예쉐 외라는 법명을 받았다. 그는 젊은이들을 인도로 수학시키고자 결정했다. 왜냐하면 사원전통이 소실되었고 비정상적 수행방식이 의심을 불러 일으켰기 때문이다. 10~11세기에 결혼한 밀교행자는 어느 밀교경전의 가르침을 문자대로 취했다. 그들 '강도승'들은 남자와 여인을 납치하고 살해하여 그 고기를 먹고 술을 마시고 성적 탐닉에 빠졌다. 그런 사태에 직면해서 건전한 전통을 확립할 필요성이 절실했다. 티송 데짼의 시대에서처럼 국교의 후원자로서 왕은 공공의 도덕을 유지하는 데 관심을 가졌다. 그러나 그들이 인도로 파견했던 티벳 승려와 그들이 초청한 인도승려는 모두 당시 인도에서 성행했던 밀교의 수행자였다. 밀교는 개별수행자 사이에서뿐 아니라 날란다와 비크라마쉴라 등의 대사원에서도 성행했다. 그들은 관정(灌頂)을 받지 않은 사람이나 일반 신자에게는 조심스럽게 의례적 행위의 상징적 해석을 제시했을 뿐이다. 왜냐하면 문자대로 취했을 때 상식적 도덕을 손상시키기 때문이었다. 그들의 개혁은 주로 정신수행과 성스러움의 각기 다른 차원에서 기대되는 행동양태를 엄격히 구별하려는 데 있었다. 보통 사람들은 일반적 도덕에 따라 행위를 규제해야만 했다. 밀교행자의 방일에 대한 가장 격렬한 비판이 푸랑의 왕자인 장춥외로부터 나왔다는 사실은 우연이 아니다. [151: (ed. Das) 393] 개혁은 사원계율의 재확립을 목적으로 했다.

이 시기에 서부 티벳에서는 두 인물이 두드러졌다. 한 사람은 인도와 카슈미르로 파견된 린첸 상포(Rinchen Zangpo, 958~1055)로, 그는 번역자로서 뛰어난 활약을 보여주었고, 구게 지방에 토링사 등의 암자 및 타보사, 스피티 지방의 나코사를 건립했다. 다른 한 사람은 티벳으로 초청된 아티샤(Atiśa, 982~1054)이다. 그는 카담파(Kadampa)의 창시자로서 이 학파로부터 후에 달라이 라마와 판첸 라마의 황모파 교단인 겔룩파(Gelugpa) 교단이 나왔다.

디팡카라 슈리즈냐나라고도 알려진 아티샤는 밀교로 유명한 고장인 자호르의 왕자로 서술되고 있다. 그는 소승을 포함해 모든 불교 학파에 대해 배웠지만 특히 밀교경전의 공부에 힘을 쏟았다. 그 전적들은 돔비(Dombhi), 나로파(Nāropa), 아바두티파(Avadhūtipa)와 같은 유명한 싯다들과 요가행자들에 의해 가르쳐진 것으로서 이들 스승들은 티벳에서 널리 존경받았다. 구게의 왕 예세외의 조카인 장춥외가 초청한 아티샤는 1042년 티벳에 도착했고 1054년 사망했다. 그는 캄 지방 출신으로 그의 제자가 된 승려들의 활동 덕으로 불교가 부흥하게 됨을 확인할 수 있었다. 이들 제자집단이 어떠한 대표자들과 구성되었는가는 중요하다. 지도적인 세 명의 제자인 쿠뙨, 옥뙨, 돔뙨은 위 지방 출신으로서 캄 지방에서 율장의 전통을 가져온 반면, 다른 네 명의 제자는 모두 요가행자였다.

네팔에서 온 방랑승인 스므르티는 캄 지방, 즉 댄 국의 롱탕에서 구사론(俱舍論)의 연구를 위한 학교를 건립했다가 후에 양주(涼州)로 이주했다. 그는 돔뙨을 가르쳤다. 후자는 17세에 위 지방으로 귀환해서 1057년 라사의 북쪽에 유명한 라뎅사를 건립했다. 그는 아티샤의 수제자가 되었다. 스므르티는 세쭌에게 산스크리트를 가르쳤는데, 그는 아티샤의 세 주요 제자의 스승이었고 욀카 지방에 롱탕의 학교를 모방해서 중요한 교리학교를 세웠다.

그러나 캄의 같은 지역에서 파드마삼바바의 법맥도, 오래 전에 금천(金川)으로 추방되어 그 지방 왕의 딸을 제자로 삼았던 번역자 바이로차나의 활동을 통해 유지되었다. 이것은 비개혁파, '오래된 학파'(닝마파)에 속하는, 족첸파 교단의 계열이었다. 이 학파는 인도의 마하싯다(Mahāsidda)들의 수행법을 이어받은 밀교의 한 형태를 가르친다. 그들의 가르침에 중국 선불교와의 유사성도 발견된다(따라서 위대한 티벳인 학자들에게 양자를 혼동하게끔 했다). 이 학파의 대가 중에 하나인 비말라미트라(Vimalamitra)는 8세기 말에 중국으로 여행을 떠났다고 한다. 여하튼 이 학파의 기원은 조직화된 뵌교와 마찬가지로 불확실하다. 이 학파도 계시에 근거해서 족첸파를 건립했는데, 이 계시 중의 하나는 8세기의 것이고 다른 두 개는 11세기의 것이다. 이제 불교의 재흥에 이르게 되었다. 그 당시 이 종파 중에는 뵌교의 승려였던 야지 뵌뙨과 그의 스승인 아로가 속해 있었다. 아로는 댄국에 있는 롱탕에 머물면서 중국의 일곱 전통의 가르침과 함께 인도의 일곱 전통의 가르침을 받았다. 흥미로운 점은 당시의 많은 티벳인의 저작 중에서 아티샤가 좋아했고 칭송했던 작품은 그의 주저인『대승요가입문』

뿌이었다는 사실이다. 그러므로 돔뙨의 승원장의 직위가 1015년 쫑카에서 태어난 장춥 중네라는 요가행자에 의해 1065부터 1078년까지 계승되었다는 것은 놀라운 일이 아니다. [99: II, 1000; 50: 703; 146: 129b]

밀교의 가르침은 정도의 차이는 있지만 도처에서 뿌리를 내렸다. 특정한 기술과 스승에 근거한 많은 종파와 대사원이 이 시기에 건립되었다. '목초지의 사람'을 뜻하는 독미는 인도의 위대한 요가행자로부터 람되(道果)로 알려진 교의를 배웠다. 이 교의는 신비주의적 깨달음을 위해 성적 실천을 이용한다. 그의 제자인 콘촉 겔포는 1073년 사캬 대사원을 건립했는데 후대에 이 사원의 법주(法主)들은 매우 중요하게 되었다.

마르파(Marpa, 1012∼1096)도 인도로 가서 여러 가지 중에 특히 의식을 다른 신체나 천계로 전이시키는 방식을 배웠다. 그렇지만 무엇보다 그는 벵갈의 밀교노래와 마하무드라(대인)라는 교의를 전수하여 이를 그의 제자들로부터 카규파 교단이 형성되었다. 이 교단의 두 지파는 매우 커다란 영향을 미쳤다. 뵌교의 씨족 집안에서 태어나 뵌교도와 족첸파의 가르침에 따라 양육된 요가행자 큥포는 짱 지방의 샹에 하나의 지파를 세웠고 1139년 죽었다. 동부에서는 닥포 라제(닥포의 의사)라는 명칭으로 알려져 있는 감포파(Gampopa, 1079∼1153)가 닥포의 지파를 세워 카담파와의 교리적 결합을 꾀했다. 조금 후대에 이 학파는 카르마파와 디궁파, 짤파, 팍모두파, 둑파로 다시 분파되었는데, 그 지파들의 법주와 사원들은 중요한 정치적 역할을 수행한다. 이들 지파의 명칭은 사원명에서 유래했는데 접미사 '파pa'는 한 집단의 구성원이나 태어난 장소를 가리킨다.

11세기의 놀라운 종교적, 철학적 열정은 멈추지 않았다. 우리는 이미 9세기 이래 캄에서 보존되어 왔던 족첸파의 전통에 대해 언급했다. 사람들은 이제 '감추어진 보물(Terma)'을 찾아내서 이 시기와 파드마삼바바의 시기를 연결시키려 했다. 그것들은 현대 역사가들이 위경(僞經)으로 분류할 저작들이지만, 파드마삼바바의 시기에 은닉되었다고 주장된다. 만일 우리가 돈황 문서의 외관과 일치하는 노란 종이로 말아서 만든 것이라는 그들의 기술을 믿는다면, 몇몇 작품은 진품일 가능성이 있다. 이 시기에 시작된 테르마의 발굴은 냥의 지배자인 냥렐 니마 외제르(1136~1203), 구루 최왕(1212~1273), 그리고 17세기의 캄 지방의 미규르 도제 등에 이르기까지 몇 세기 동안 지속되었다. 우리는 같은 시기(1207년)에 칼라 차크라와 60년 주기의 역법이 도입되었다는 사실을 기억해야 한다. 티벳에서 중요한 역할을 했던 두개의 다른 교의와 수행이 그 당시 인도 요가행자 담파 상게(1117년 歿)와 특히 '어머니'로 일컬어지는 랍되마(1055~1145 또는 1153)라는 주목할 만한 티벳 여인에 의해 널리 퍼졌다. 담파 상게는 '아버지'라고 불리고 티벳을 여러 차례 방문했으며 중국에도 갔다고 한다.

다음 세기에 이러한 지적 활동은 사회적, 정치적 현실로 변화되었다. 우리는 귀족과 지방정권에 대해서는 아무것도 알지 못하며, 단지 부유하고 강력한 사원이 흥성하게 된 조건에 대해서만 조금 알고 있을 뿐이다. 그 조건의 하나로써 귀족가문 안에서 삼촌에서 조카에게로 사원장의 직이 계승된다거나 한 형제가 결혼하면 다른 형제는 승려가 된다는 예를 들을 수 있다. 어떤 경우이건 12세기에 사원은 도처에 존재하였고 그들 중 몇몇 사원은 매우 강성하였다. 한 세기 후에 그들은 세속적 권력을 얻기 위해 전투를 벌였다. 귀족가문들 간의 경쟁과 중앙집권적 세력의 부재가 결부된 이러한 내적 투쟁은 이후 티벳의 운명을 결정지었다. 티벳이 13세기에 다시 아시아의 역사에 등장했을 때 티벳의 참여는 과거에서처럼 능동적이지 못하고 수동적이었다. 외국세력에 대한 복종만이 유일한 길이었다.

몽골인이 처음으로 역사의 무대에 등장했을 때 서로 대립하고 있었던 세력들에 대해 살펴보자. 티송 데짼 시대 이래로 종교집단에 걸출한 인물을 제공했던 쾬 씨족은 사캬에 본거지를 갖고 있었다. 다른 대단한 귀족가문처럼 그들은 천신의 후예라고 주장했다. 그들은 체 씨족과 혼인관계를 맺고 있었고 따라서 체 씨족의 신적인 조상은 그들의 조상과 많은 점에서 겹쳐 있었다. 양가의 인척관계는 사원 간의 관계에까지 확장되었다. 쾬 씨족은 1073년 사캬사를 건립했고, 몇 세기 후에 양가의 지도자들은 걏체의 영주와 혼인동맹을 확립했다.

신의 후예라는 불가결한 특성을 가진 또 다른 귀족가문인 팍모두 씨족은 랑 씨족과 결합했으며 이를 통해 캄 지방에서 이미 강력한 세력을 갖고 있었고 후에 데르게 지역을 지배했던 가르 씨족과 결합했다. 팍모두 가문은 원래 캄 지방에서 왔고, 그들의 선조는 그곳에서 디추(양자강의 상류) 계곡에 있는 한 지역을 점유하고 있었다. 그러나 그 이름은 지파의 창시자가 정착했던 지명에서 왔다. '중생의 성스러운 보호자', '캄의 위대한 인간'으로 불린 창시자는 1110년에 태어나 감포파와 사캬파의 제자가 되었다. 1158년 그는 윈 지역(중앙 티벳의 남동쪽 끝)의 팍두라고 불리는 장소에 틸 사원을 세웠고 1170년 사망했다. 그는 장기시합에서 '차룽 왕'의 토지를 얻었다. 그의 종교 교단은 카담파와 카규파 양자로부터 파생되었다. 그의 사원은 디궁의 사원장과 탁룽의 사원장 사이에서 투쟁의 대상이었다. 사원장의 직은 삼촌에서 조카로 계승되었다. 그러나 이 가문은 14세기에 이르기까지는 정치적 권력을 획득하지 못했다.

키주강의 한 지류, 라사의 먼 북동쪽에 위치한 디궁사는 팍모두파의 제자인 미냑 곰링(1167년에 사원장)에 의해 처음으로 창건되었다. 그러나 이 사원의 진정한 창건은 1179년 캄 지방의 댄 출신의 승려 디궁 린포체의 업적이다. 이 교단은 카규파에 속했다. 행정조직은 사캬파를 모방했는데 한 명의 사원장과 그를 민사, 군사 면에서 보좌하는 두 명의 집사가 있었다. 보좌역들은 그들이 하는 역할에도 불구하고 '대수행자'라는 칭호를 갖고 있었다.

카규파의 다른 승려인 샹 린포체(1123~1193)는 라사의 동쪽 키주강 근처에 쨀사(1175년), 쨀 궁탕사(1187년)를 창건했다. 이 사원은 머지않아 권력 투쟁에 참가했던 쨀 씨족의 본거지였다.

정치라는 장기판에서 마지막으로 중요한 말을 소개할 차례이다. 그것은 카르마파 교단이다. 그 창시자 뒤숨 켄파(1110~1193)는 캄 지방의 타오(도부道孚) 출신이었고 밀라 레파의 제자인 감포파와 래충 등의 제자였다. 그는 1147년 캄에 있는 옴추강의 동쪽, 리보체와 데르게 사이에 '카르마의 좌(座)' 또는 '카르마의 남쪽 야영지'를 건립했다. 이어서 1155년에(이미 1154년 닥포 곰첼에 의해 시작된) 추르 라룽사, 1185년에 카르마 라뎅사, 마지막으로 1189년에 라사의 북서쪽의 퇴룽 계곡 안에 카르마파의 금일의 본사인 추르푸사를 건립했다. 카규파에서 유래한 카르마라는 명칭은 일체 제불의 일체 업이 거기에 모여 있다고 하는 다키니 머리의 흑모(黑帽)에 기인한다. 디궁사의 사원장과 함께 카르마파의 흑모의 계승은 동일한 개인의 연속적 환생이라는 제도의 시초라고 한다. 이 제도는 후에 달라이 라마와 판첸 라마에게도 적용되었다. 카르마파의 계보는 오늘날까지 이어지며 닥파 셍게(1283~1349) 이후 '홍모(紅帽)'라는 화신의 법주가 인정되었다.

이들 사원의 권위가 종교적, 경제적, 정치적, 군사적 차원에서 확립된 반면 왕이나 영주들은 거의 어떤 흔적도 남기지 않았다. 서부에서는 구게와 라닥의 왕의 불완전한 연표만이 남아 있다. 그들은 네팔이나 인도의 변방(쿨루, 푸랑, 카슈미르)으로 관심을 돌렸다. 동부에서는 겔세의 아들들이 강력한 서하 왕국에 대항하며 쫑카의 지배권을 두고 서로 경쟁하고 있었다. 그들 영지의 일부는 후일 역할을 하게 될 링 왕국의 핵심부를 이루었을 것이다. 만일 단편적 기록이 사실이라면 이 작은 왕국은 이웃한 베리와 함께 12세기 후반부터 존속해왔을 것이다. 그 이외의 것에 관해서는 어떤 기록도 보이지 않는다.

이때 몽골인이 무대에 등장했다 1189년 몽골(티벳명 속)의 왕이 된 칭기즈 칸은 티벳 자료에 의하면 1206년 중앙 티벳에 들어왔다. 그는 야룽 왕가의 후예인 섭정 조르가와 쩰파의 영도자인 퀸가 도제에 의해 영접받고 그들로부터 티벳의 항복을 받았다. 그는 티벳을 떠나기 전에 사캬에게 선물을 하사하고 그 사원장인 퀸가 닝포가 몽골로 와서 법을 설하도록 초청하고, 그의 시주자 또는 보호자임을 알렸다. 그러나 실제로는 징키스칸이 모든 몽골인의 지배자로서 선정되었던 해는 1206년이다. 그는 무엇보다 먼저 서하 왕국을 복속시키려 했다. 하지만 서하를 완전히 정복하기 전에 그는 사망했다. 티벳으로의 침입은 1239~1240년에 그의 손자인 고단에 의해 비로소 수행되었다. 정확한 연대가 언제이든 간에 티벳인은 전환점에 도달했다. 내부에서 권력을 행사하기 위해서는 외국의 후원자를 갖는 것이 필요했다. 사캬파는 쩰파에 비해 선호되었지만, 다른 지망자가 줄을 이었다. 이러한 정치적 형세는 1227년 칭기즈 칸의 사후 그의 아들들에 의한 몽골 제국의 분할로 인해 더욱 복잡해졌다.

몽골인의 저작에 따르면 제1대 카르마파인 뒤숨 켄파는 쿠빌라이 칸을 개종시키려고 노력했다. 아마 이것은 단순한 신앙적 기대이겠지만 카르마파가 처음부터 원과 명의 중국 황실에서 사캬파의 경쟁자였다는 사실을 보여준다. 1221~1222년에 쨍파 둥쿠르바라는 카르마 라마가 티벳화된 불교국인 서하 왕국에 초청되었다. 그는 칭기즈 칸이 그 왕국을 점거했을 때에도 그곳에 머물러 있었고 그곳에서 죽었다(1227년). 그는 왕비의 칙령을 탄원했고 왕비로부터 허락을 받았다. 쿠빌라이가 아직 왕자였을 때 카르마 팍시(1206~1283)를 불러 1225년에 암도에서 만났다. 왕자는 머물러 있으라고 강권했지만 그는 몽골 왕자들 사이의 불화를 염려해 거절했다. 이런 태도로 쿠빌라이의 박해를 받아 그는 후에 중국 남부로 추방되었다. 그는 그에 앞서(1226년) 몽골까지 여행을 계속했다. 그곳에서 그는 황제 묑케의 중전에서 벌어진 불교와 도교의 교의논쟁에 참가했고, 황제를 네스토리안교에서 불교로 개종시킬 수 있었다. 그렇지만 묑케는 1260년에 사망하고 쿠빌라이는 동생 아리보가에 맞서 정권을 잡았기 때문에 카르마파는 후원을 잃었다. [151: 275b; 89: 142: MA, 17-18]

사캬파는 보다 운이 좋았다. '대학자' 사캬 판첸(1182~1251)은 인도의 교리논쟁에서 '외도(外道)'를 굴복시킴으로써 명성을 날렸다. 몽골에서도 교리논쟁이 벌어져야만 했다. 코코노르 지방에 주둔하고 있던 칭기즈 칸의 아들과 손자인 귀윅과 고단은 1244년 그를 초청했다. 그는 어린 조카 팍파(1235~1280)와 짝나를 데리고 고단을 만났다. 이 초청은 장군 도타의 지휘로 행해졌던 티벳에 대한 급습에 의해 '촉진'되었는데, 그의 군대는 위의 북부 지역까지 진격해서 라뎅사를 불태우고 승려를 학살했지만 디궁사는 손대지 않았다. 사캬 판첸은 고단을 종교적으로 받아들였으며, 몽골 문자를 고안했다고 한다. 1249년 고단은 위와 짱의 지배권을 사캬파에게 하사한다는 칙령을 발표했다. 고단과 사캬 판첸의 사후에 새로이 몽골군의 침입이 있었다(1252~1253). 그러나 쿠빌라이는 사캬파의 후원자가 되고 그들에게 티벳의 전체 13주에 대한 지배권을 부여했다. 이것이 1253년 또는 그가 황제로 등극했던 1260년의 일이다. 이 칙령의 수혜자는 '황제의 스승(帝師)'이라는 칭호를 가진 학파였다. 그는 티벳 문자를 변화시켜 몽골 문자를 발명했는데 이것은 거의 한 세기 동안 사용되었다.

사캬파가 공식적으로 모든 티벳에 대한 지배권을 위임받았지만 다른 사원들도 관망만 하고 있지는 않았다. 각 사원은 몽골 제국의 분할을 틈타 잇속을 챙기면서 자신의 후원자를 얻으려고 노력했다. 쩰파는 묑케의 아들인 아리보가를 위해 1260년 의식을 행했지만 후에 쿠빌라이에 의해 몽골 수도인 샹투에서 체포되어 그곳에서 죽었다. 그럼에도 쿠빌라이는 쩰파의 후원자가 되었다. 그동안에 쿠빌라이의 형인 홀라그가 이란에 일칸 제국(1258~1335)을 세웠다. 그는 기독교에 대해 호감이 있었지만 불교도였다. 디궁파는 그를 자신들의 후원자로 선택했고 1267년부터 그렇게 되었다. 그들의 목표는 사캬파에 대항하는 것이었다. 그들은 홀라그로부터 보시를 받고 위 지방의 관할권을 획득해 후에 매우 중요한 역할을 했던 뇌종의 장원을 세웠다. 그들은 1285년 군대를 이끌고 티벳 남부의 쟈월로 진격했고, 일칸제국의 군대를 불러들여 사캬파에 대항했다. 그러나 사캬파는 짱의 군대와 쿠빌라이의 아들인 테뮈르부카 휘하 군대의 도움을 받아 승리했고 1290년 디궁사를 불태웠다. 그러나 디궁사는 사캬파의 요청에 의해 곧 재건되었고 황제의 하사품을 받았다. 이것이 이후 여러 세기를 걸쳐 나타난 위 지방과 짱 지방의 대립이 처음으로 표출된 것이다. [142: MA, 21a; 143: 160-172; 132: 39b-88a, 95; 142: MA, 17b-37a]

원나라의 역대 황제는 티벳에 대해 매우 느슨한 지배권을 행사했다. 원은 인구조사(1268년과 1287년)를 실시했고 행정조직을 정비하려고 노력했다. 그러나 실권은 여전히 중요한 가문들에 의해 지지받고 있던 사원들이 갖고 있었다. 사캬파의 영향력은 약 75년 동안 지속되었고 팍모두파 가문은 디궁파와 그들의 후원자인 홀라그와 처음으로 연합했다. 그러나 14세기에 이르러 '대사도(大司徒)' 장춥 갤짼과 그의 손자 밑에서 이 가문은 티벳 남부의 권력을 잡게 되었다. 그들은 때로는 사캬파와 때로는 디궁파와 대립하고 연합하였다. 그러는 사이에 카르마파가 점차 중국의 황실에서 환영받게 되어 캄과 티벳의 동남부에 확고히 뿌리를 내리게 되었다. 이곳에서 그들은 사캬파와 더불어 몇 세기 동안 지도적 위치를 점하게 되었다.

카르마파와 밀접한 관계를 갖고 있었던 캄의 여러 지역 중의 하나가 현재의 데르게 지방을 포함하고 있는 링 왕국이었다. 명 왕조가 티벳의 여러 종파의 수장에게 명예직과 칭호를 하사하는 몽골의 정책을 답습했을 때, 팍모두파, 디궁파, 짱 지방의 탁짱파와 함께 링과 곤죠는 1400년 무렵 '왕'의 칭호와 금으로 된 인장을 하사받았다. 많은 카르마파의 승려들이 중국으로 갔다. 그들은 자신들의 도덕적 권위에 의해 일을 처리하고자 했지만, 종종 토착민과 작은 영주국, 불교도와 뵌교도 사이의 투쟁을 진정시키기 위해 그들의 군사력을 과시하기도 했다.

그 사이에 철제 다리를 건설한 것으로 유명한 위대한 요가행자인 탕통 겔포(1385~1464)가 콩포 지방의 원주민(로족)에게로 통하는 도로를 개통했고, 그들로부터 철의 공급과 짜리의 성소를 방문하고자 하는 티벳 순례자의 통행권을 획득했다. 그는 또한 데르게 사원을 창건했다.

중앙 티벳에서 팍모두파의 권력은 약화되었고 위와 짱 사이에 새로운 대립이 일어났다. 팍모두파의 정치지도자들은 짱포의 남쪽에 있는 야롱 지역의 네우동이란 도시에서 지배했고 그들의 사원장은 조금 북쪽에 위치한 쩨탕에서 권력을 잡고 있었다. 반면 린풍의 영주였던 그들의 대신들은 삼둡쩨(짱 지방에 있는 지금의 시가쩨)에서 권력을 잡고 위 지방에 대해 전쟁을 일으켰다(1481년). 그때 카르마파(짱 지방)와 겔룩파(위 지방) 사이에도 전쟁이 일어났다.

그동안에 쫑카파(Tsong kha pa, 1357~1419)에 의한 겔룩파의 창립이라는 매우 중요한 사건이 일어났다. 흔히 칭송되고 있듯이 그의 '개혁'은 교의나 의례의 근본적 개혁을 포함하고 있지는 않다. 그가 사숙했던 아티샤보다는 밀교와 모든 의례와 명상법을 경시하지 않았다. 그는 카르마파와 사캬파를 더불어 연구했다. 그러나 아티샤와 카담파처럼 그는 일반인들을 위해 또 전적인 해탈의 예비적 단계를 위해서 사원의 계율과 차제적 수행도(지계 등)의 필요성을 주장했다. 라뎅에 있는 카담파 사원으로 은거한 후에 그는 1403년 그곳에서 두 대작(보리도차제론과 밀교차제론)을 저술했다. 그 후 새로운 종파를 창시하여 계율을 부흥시키려고 결심하였다. 처음에 그 종파는 '신카담파'라고 불리웠지만, 후에 겔룩파('덕행 추종자'라는 의미) 또는 1409년 창건된 간댄사의 이름을 따서 간댄파로 불렀다. 대학자, 대설법자라는 명성으로 인해 그는 1408년 중국 황제의 초청을 받았으나, 너무 바쁜 나머지 제자인 잠첸 최제 사캬 예세를 파견했다. 그는 '법왕'이란 칭호를 받고 1419년 세라의 대사원을 건립했다. 쫑카파의 다른 제자인 잠양 최제 타시 팰댄은 인도의 밀교 사원을 모델로 해서 1416년 라사 근처에 세 번째 대사찰인 데풍사를 창건했다. 이들 세 사원들은 일반적인 대학으로서 모두 다양한 학부를 포괄하고 있었는데, 그중 몇 학부는 밀교에 전문화되어 있었다.

종교적, 철학적 차원에서 밀교전통의 보존이라는 중요성에도 불구하고 발전의 색조와 정치적 방향성을 결정한 것은 바로 밀교에 대한 개혁적 측면, 계율에 대한 강조였다. 초기의 카담파와의 유사성은 그들로 하여금 팍모두파에 접근하도록 하였다. 위 지방에 주요사원이 포진해 있다는 사실은 위와 짱 사이의 지역적 대립을 통해 그 긴밀한 관계를 강화시켰다. 겔룩파 사원은 캄 지방의 참도(1436~1444)와 짱 지방의 타시룽포(1447년)에 건립되었지만, 이들 지역에서는 카르마파가 득세하여 겔룩파차가 우월한 종파가 될 수 없었다. 짱의 영주는 타시룽포에 인접한 시가쩨에 요새사원을 건설했고 심지어 20년 동안(1498~1518) 카르마파의 힘을 빌려 라사에 대한 지배권을 행사했다. '홍모파' 카르마파는 린풍의 군주(16세기)를 계승했던 짱의 영주와 동맹을 맺었다.

수많은 전쟁이 벌어졌다. 데풍사의 승려들은 1546년 '진영의 사람들', 즉 카르마파의 군사진영을 공격했다. 그 이유는 1537년 제5대 홍모파의 교주가 디궁사 및 짱의 영주와 동맹을 맺어 겔룩파와 그들의 최고 후원자인 간댄의 영주를 제압하려고 했기 때문이다. 그들의 불확실한 일시적 동맹과 지역적 전투는 군사적 무대에 새로이 등장한 몽골 세력에 의해 좌우되었다.

카르마파와 사캬파 고승들이 칭기즈 칸과 그의 후계자들의 왕실에 끼친 영향은 몽골인들로 하여금 완전히 라마교로 개종케 하지는 못했다. 제8대 흑모파의 교주는 당시 몽골을 지배하고 있었단 다얀 칸(1470~1543)과 일시적으로 접촉했지만 그들의 진정한 개종은 다얀 칸의 손자이며 티메드 몽골의 왕인 알탄 칸의 시기에 겔룩파에 의해 성취되었다. 당시 겔룩파의 수장은 후에 제3대 달라이 라마로 알려진 데풍사의 사원장 쇠남 갸초(1543~1588)이었다. 겔룩파의 후원자였던 팍모두파의 가문은 당시 두 개의 적대적 파벌로 나누어져 있었다. 짱 지방에 있던 영주의 지원을 포함해 이 가문에 속한 몇몇 영주들의 지원을 얻었음에도 불구하고 위 지방과 겔룩파에게 있어 짱의 지배가문들은 카르마파와 더불어 심각한 위협이 되었다. 특히 그들이 전략적 요충지인 삼둡째를 점령한 이후에는 그것이 심해졌다. 따라서 쇠남 갸초가 13세기에 다른 고승들이 했던 것처럼 외국의 후원자를 구하려 했다는 것은 이해할 수 있는 일이다. 1566년 오르도스 몽골의 세첸 홍 타이지의 원정과 1573년 알탄 칸의 원정 동안에 몇몇 티벳 승려들이 포로가 되었다. 찬란했던 선조인 쿠빌라이 칸의 정책을 이어 알탄 칸은 쇠남 갸초를 초청했고 그와 1578년에 만났다. 막대한 선물을 받으면서 쇠남 갸초는 몽골인의 희생제의를 금지하는 칙령을 이끌어내고 또 달라이 라마라는 유명한 칭호를 받았다(몽골어로 '바다'를 뜻하는 달라이는 '갸초'를 번역한 말이다). 그가 제3대 달라이 라마로 산정된 이유는 그의 두 선임자가 같은 칭호를 추증받았기 때문이다. 그들은 각기 쫑카파의 직제자이며 타시룽포사의 창건자인 게뒨 둡(1391~1474)과 그의 화신으로 처음으로 인정된 게뒨 갸초(1475~1542)로서 그는 1520년 타시룽포사, 1517년 데풍사, 1526년 세라사의 사원장이었다.

제3대 달라이 라마는 캄, 암도, 코코노르 지역과 내몽골을 여행했고 티메드와 차하르, 칼카 몽골인을 겔룩파의 후원자로 얻었다. 몽골인들은 이것이 정치적으로 유용하다는 것을 간파했다. 왜냐하면 제3대 달라이 라마가 죽자마자 그의 화신은 알탄 간의 손자에게서 발견되었기 때문이다. 그는 데풍사와 위 지방의 영주로부터 그를 만나기 위해 귀수(歸綏, 내몽골)로 파견된 사절단에 의해 공인되었다(1601년).

제4대 달라이 라마 왼탠 갸초는 데풍사의 수장에 정식으로 등극했지만 그는 계속해서 패권을 지향하고 라사에 대한 연고권을 주장했던 짱의 지배자 및 카르마파로부터 위협받았다. 카르마파도 몽골의 왕자들 속에서 자신들의 후원자를 발견했다. 그가 차하르의 릭덴 칸이다. 그러나 동시에 그들은 암도의 '흑모파'와 짱의 지배자와 동맹을 맺었단 '홍모파' 간의 무력충돌을 통해 그들의 세력을 약화시켰다. 이런 상황에서 카르마파는 먼저 칼카의 아르스란 칸의 공격(1635년 담 근처의 전투)을 견디어야만 했다. 아르스란 칸은 이어 겔룩파의 반대편으로 돌아섰지만 다시 카르마파를 공격했다. 아르스란은 그의 아버지에 의해 처형되었고 카르마파의 남아 있던 동맹자였던 릭덴 칸도 코코노르 평원에서 천연두에 걸려 죽었다.

몽골군은 어린 제5대 달라이 라마 아왕 롭상 갸초(1617~1682)를 보호하기 위해 1621년 이래 짱의 군대와 여러 차례 격돌했다. 그러나 짱의 군사력에 대한 최종적 타격과 겔룩파의 승리는 구시 칸의 간섭 때문이었다. 그는 1637년 코코노르에서 스스로 왕위에 올라 뵌교를 믿고 있던 감 지역의 베리 영주국을 멸망시키고 데르게에 도움을 주었다. 데르게는 이후 링을 제물로 해서 영토를 확장했다. 그는 카르마파가 1641년 아직도 강한 영향력을 갖고 있던 운남에 이르기까지 계속해서 캄의 전 지역을 복속시켰다. 일 년 후에 짱의 영주는 패배하고 살해되었다. 달라이 라마는 구시 칸으로부터 티벳 전체의 지배권을 넘겨받았지만 동시에 그는 몽골에 의해 임명된 섭정도 인정해야만 했다.

근 대

이 시기를 통해 티벳인은 서쪽으로 이슬람교도와 교류했다. 카슈미르와 투르케스탄 방향에서의 연속적 침입과 전쟁은 라닥왕국의 존재를 위험에 빠트렸다. 예를 들어 카쉬가르의 술탄 사이드 칸과 그의 장군인 미르자 하이다르는 1531년에서 1533년에 중앙 티벳에 까지 침입했다. 그러나 발티스탄은 16세기에 이슬람국가로 되었다. 구게(1630년경 멸망)에 대한 승리에도 불구하고 라닥은 카슈미르의 모굴제국, 그리고 동쪽으로는 짱과 직면했다. 이것이 로마 가톨릭교회의 전도사들이 서부 티벳에 나타나기 시작했을 때의 상황이었다. 안토니오 안드라데(Antonio d'Andrade) 신부는 구게의 수도인 짜파랑에서 환대받고 1631년까지 머물 수 있었다. 다른 두 명의 포르투칼인 선교사 카브랄과 카첼라가 시가쩨에서 짱의 지배자에게 환대받았다(1626~1632). 카브랄은 벵갈로부터 부탄을 거쳐 왔고 네팔을 경유해 그곳으로 돌아갔다. 카규파의 일파인 둑파가 다락에서, 특히 헤미스의 대사원(1602~1624년에 건립)에서 확고한 위치를 굳혔다. 이 학파는 부탄에서 강력했고 따라서 이 학파의 명칭으로 부탄을 일컫는 티벳명 둑 파가 생겨났다. 카규파는 시킴에서도 종교적 권위를 획득했다. 카르마파 는 겔룩파에 대항한 전쟁에서 그들의 군사조직을 이용했다. 비록 달라이 라마의 권위를 인정했지만 그들은 접경지대에 무수한 사원을 보유하고 있었다.

대립은 정치적인 문제에서 나왔지 결코 교의에 대한 분열에서 나오지 않았다. 제5대 달라이 라마의 저작은 그가 어느 정도로 탄트라 불교에 소양을 갖고 있었는가를 보여준다. 조낭파의 전적들이 금서로 묶이고 그들의 사원이 겔룩파 사찰로 바뀐 것은 단지 그들의 교리가 이단의 설과 유사했기 때문이었다. 물론 여기에는 정치적 이유도 있었다. 그들이 카르마파에 의해 후원되었기 때문이다. 그러나 정치적인 면에서는, 당시 청조(淸朝)의 초대 황제에 의해 특별히 비호 받고 또한 자신의 뛰어난 개인적 능력에도 불구하고 티벳을 하나의 종교적 권위하에서 통일시키는 것은 실현 불가능한 상태였다. 제5대 달라이 라마는 사원의 실태조사를 하고 그 수입에 따라 세금을 정했다. 비록 타시룽포사의 최초의 사원장은 화신으로서 간주되지는 않았지만, 그는 그 사원의 판첸 라마 직을 제도화했다. 사원장직은 제1대 달라이 라마로 간주된 쫑카파의 제자에 의해 만들어졌고, 제2대 달라이 라마는 1512년 이 절의 사원장이었다. 제5대 달라이 라마를 도왔던 타시룽포사의 사원장(1600년 사원장에 취임)인 로상 최키 갤짼 (1570~1662)은 '은닉된 책'의 발견 때문에 화신으로 선언되었다. 그 이전의 화신들은 쫑카파의 직제자인 캐둡(1358~1438)까지 소급되었다. 티벳인들이 최초의 판첸 라마로 간주하는 사람은 바로 캐둡이며 로상 최키 갤짼은 제4대이다. 그때부터 달라이 라마와 판첸 라마의 두 법주 중의 연장자가 항시 다른 편의 법주에게 계를 주었다. 판첸 라마는 (캐둡으로서 사람의 몸을 갖기 전) 아미타불의 화신으로서, 달라이 라마는 (계된 둡의 모습을 갖기 전) 관세음보살의 화신으로 간주되었다. 후자의 선택은 정교히 고안된 것이다. 관세음보살은 오랫동안 티벳의 성스러운 수호자로서 티벳인의 원숭이 조상으로 또한 최초의 위대한 불교도 왕인 송짼 감포로 육체를 갖추었다. 관세음상은 티벳의 중심지인 라사에 있는 성스러운 것들 중에서도 성스러운 것이다. 관세음상과 송짼 감포의 조상(彫像)은 머리에 관세음이 연원한 것으로서 아버지인 아미타불의 상을 포함하고 있다. 관세음이 모든 중생, 특히 티벳인들 돕겠다는 보살의 서원을 세운 것은 바로 아미타불의 면전에서였다. 제5대 달라이 라마에 의해 '계시된 책'으로서 간행된 설명에 따르면 이 사건이 달라이 라마로 완결되는 일련의 화신의 출발점인 것이다. [162: ZA 19b; 121: 134]

송짼 감포의 전통을 계승하면서 제5대 달라이 라마는 관세음의 주처인 포탈라 산의 이름을 따서 포탈라 궁을 건설(1645~1694)했다. 그와 그의 섭정 내지 신하인 상개 갸초(1679~1705 재직)의 치세는 문학 활동과 문화적, 경제적 생활의 발전으로 주목된다. 학자와 상인 등 많은 외국여행자가 라사에 몰려들었다. 그들은 주로 인도인과 카슈미르의 이슬람교도, 중국인과 몽골인이었다. 많은 발명과 제도가 티벳인들이 부르듯이 '위대한 제5대'의 공으로 돌려졌다.

그러나 오랜 대립은 사라지지 않았고 몽골인이 다시 한번 개입했다. '티벳의 왕'으로 선언한 구시 칸의 아들은 5대 달라이 라마를 도와 짱 지방의 반란을 진압(1659년)한 후에 그의 후손은 짜이담과 코코노르 지역에 정착했다. 그러나 이제 코코노르 출신의 코소 몽골 왕가는 투르게스탄에 왕국을 세운 중가르의 왕 갈덴(1676~1697)과 적대하게 되었다. 그때 섭정 상개 갸초는 갈덴과 연합했지만 코소의 왕이었던 라상 칸은 중가르와 전쟁을 치렀던 청의 강희제와 동맹하였다. 이 섭정이 공인한 제6대 달라이 라마, 창양 갸초(1683~1705 또는 1706)는 여인들에 싸여 연애시를 쓰고 있었다. 이를 구실로 삼아 라상 칸은 강희제의 동의하에 라사를 공격해 섭정을 죽이고 제6대를 납치했다. 제6대는 중국으로 가는 도중에 사망했다. 그래서 라상 칸은 한 사람을 제7대 달라이 라마로 티벳인에게 강요했지만 그는 티벳의 불교계로부터 진정한 화신으로서 공인받지 못했다. 그로 인해 티벳인들은 중가르에게 호소했고 그들은 티벳에 침입해서 라상 칸을 패퇴시켰다. 그는 1717년 살해되었다. 중국은 즉시 반응했다. 강희제에 의해 파견된 군대가 1720년 라사에 진군했다. 리탕에서 태어나 화신으로서 공인된 진정한 제7대 달라이 라마 캐상 갸초(1708~1747)가 포탈라 궁에서 즉위했다. 라사의 성벽은 무너져 내리고 중국의 주둔군이 라사에 잔류했다. 캄 지방(바탕, 리탕, 타찌엔루를 포함)은 중국의 쓰촨(四川) 성에 편입되었다. 티벳은 중국의 보호령이 되었고 이는 청의 멸망(1912) 때까지 지속되었다.

그 사이에 이탈리아 선교사들이 티벳인의 호감을 사서 라사에 교회를 지었다. 그들은 티벳 신학교에서 티벳어와 불교를 배운 후에(예수회 파견 신부인 Ippolito Desideri는 1716~1721년에, Capuchins파 신부는 1707~1711, 1716~1733, 1741~1745) 그들의 믿음을 정당화시키기 위해 티벳어로 책을 지었다. 그동안 시킴 왕국은 족첸파에 속하는 라쭌(1597~1655)에 의해 라마교로 개종되었다. 몇몇 사원과 암자가 그곳에 건축되었다. 1657년에는 퓐쪽 남걜이 최초의 마하라자로 선포되었다.

중국의 보호정책은 매우 유연하고 온건해서 티벳 정부에 의해 수용될 수 있었지만, 동부와 북동부의 지역(캄과 암도)은 대부분 빼앗겼다. 코코노르에서의 코소 왕가의 반란 후에 이 지역 전체는 1724년 중국의 청해성으로 되었다. 동부 티벳에서 중국은 토착의 존장(토사土司)이 지배하는 소국을 용인했다. 중국은 그들에게 인장과 발령장을 교부했다. 라사에는 중국의 대표자로서 두 대신(암반 amban)과 소수의 주둔군을 진주시켰다. '왕' 또는 티벳의 총독은 1750년 이후 더 이상 임명되지 않았고, 달라이 라마는 캄과 암도를 제외한 티벳의 주권자로서 암묵적으로 인정되었다. 여기에 라닥도 제외되는데 이 지역은 모굴왕조의 종주권 아래 있었고 도그라 전쟁(1834~1842) 이후 카슈미르에 병합되었다. 그 후 중국은 외국의 침입(1788~1792의 구르카족의 침입)으로부터 티벳을 보호했고 미래에 새로운 달라이 라마나 란첸 라마의 선발을 감시할 권한을 얻었다(1792년). 즉 몇 사람의 후보자를 선발하고 그들 중 한 명을 선택할 때 암반의 입석하에 이루어지는 것이다. 이와 함께 청조 황제들은 중국과 몽골에서 라마교를 장려하면서 사원과 암자를 세우고, 티벳에서 국교로서 확립된 겔룩파의 위대한 화신들을 지속적으로 초청했다.

이것이 근대의 여명기에 티벳이 강대국의 정치에 휘말려 있었을 때의 일어났던 사태이다. 티벳의 후원자이자 보호국인 청조가 유럽의 열강과 일본의 입김에 타격받고 있을 때, 영국령 인도와 북쪽의 러시아는 점차 군사적 시위를 강화하고 있었다. 이때 영국이 러시아에 비해 보다 성공적이었다. 외관상 안정적이고 자족하고 있던 것으로 보이는 티벳에서도 음모와 소동이 그치지 않았다.

제8대부터 12대까지(1758~1875)의 달라이 라마는 중요한 존재가 아니거나 일찍 사망했다. 반면 몇몇 판첸 라마는 특출했다. 제3대(유럽 저술에 따름, 티벳 기록에 의하면 6대) 판첸 라마인 로상 팰댄 예세(1738~1780)는 청조 황제의 고문관인 대 라마, 짱캬 후투쿠와 교류했다. 짱캬 후투쿠는 중국의 전쟁신이며 청조의 보호신인 관제(關帝)를 티벳의 전쟁신이며 서사시의 주인공인 게사르와 동일시하는 데 일역을 담당했다. 게사르는 불교와 티벳이 위급해졌을 때 북쪽의 전설적 땅인 샴발라의 장군으로 돌아올 것이라고 한다. 그렇지만 다른 사람에게 있어 이 장군은 판첸 라마의 화신이었다. 3대(또는 6대) 판첸 라마는 이 문제에 관심을 보여 샴발라고 가는 노정에 대해 반쯤은 신화적이고 반쯤은 사실적인 저술을 남겼다. 그 속에서 그는 아시아 지리에 대한 정보도 포괄시켰다. 그는 실제로 타시룽포사에 있던 보글을 사절로 해서 인도 총독인 와렌 해스팅과 교섭을 했다(1774~1775). 부탄의 라자가 쿠치 베하르를 침범했을 때(1779년) 협상은 당시 어린 달라이 라마의 후견자였던 판첸 라마의 중재하에서 이루어졌다. 판첸은 북경의 궁정으로 초청(1779년)되었지만 곧 그곳에서 사망했다. 그의 후계자인 탠페 니마는 중국 궁정에서 커다란 특권을 누렸다.

19세기 후반에 판첸이나 섭정 그리고 중국 사이에 달라이 라마에 대항하는 일종의 공동전선이 형성되고 있음을 우리는 발견할 수 있다. 13대 달라이 라마 툽탠 갸초(1875~1933)의 치세는 순조롭게 출발했다. 청은 궁지에 몰려 있었고 영국은 시킴을 그들의 보호령으로 만들고, 티벳의 춤비 계곡의 야룽에 시장을 개설했다(1893년). 러시아는 몇몇 몽골부족(칼묵, 부르쟈트)을 포함하고 있었는데 그들이 불교도였기에 달라이 라마에 대해 영향력을 가진 라마 도르제프를 확보할 수 있었다. 영국은 자신의 편에 유리하도록 균형을 회복하려고 노력했다. 협상이 무위로 끝나자 영국은 전쟁을 결심하고 러시아가 일본과 전쟁을 치르는 사이 1904년 라사를 점거했다. 협정(1906년)에서 영국은 티벳에 대한 중국의 종주권을 인정하고 대신 영국과 교역하도록 티벳을 개방시켰다. 달라이 라마는 우르가로 피난했다. 그는 북경을 방문해서(1908년) 더 높은 수준의 자치를 획득하기 위해 노력했지만 성과는 없었다. 측천무후가 죽자 그는 티벳으로 돌아왔다. 그 무렵 중국은 자신들의 입장을 강화시키기 위해 티벳을 재조직하고 근대화시키고자 시도했다. 캄 지방을 중국의 한 성으로 만들기 위한 무력개입이 있었다. 티벳은 영국의 도움을 요청했지만 영국은 어떤 역할도 하지 못했다. 중국군은 라사로 진주했고 달라이 라마는 인도로 피신했다(1910년). 강대국의 항의는 티벳에게 어떤 실질적 결과도 가져오지 못했다. 그러나 신해혁명이 일어나고 그와 더불어 무정부상태가 진행되었다. 중국군은 팁세에서 철수해야만 했고 달라이 라마는 인도에서 다시 라사로 돌아왔다. 그는 황제 개인에게 부속된 가신과 같은 속박에서 벗어나 스스로 최고 주권자라고 중국에 선포했다. 그러나 중국은 티벳이 중국의 일부라고 주장했다(1914년). 중영 조약에서 티벳은 두 부분으로 분할되었다. 라닥에서 참도에 이르는 중앙 티벳은 달라이 라마의 지배하에 두었지만 중국 측 대표와 소수의 주둔군이 허용되었다. 반면 동부 티벳의 캄 지방은 중국령이 되었고 대신 사원에 대한 통제권이 달라이 라마에게 주어졌다. 그러나 중국은 이 조약을 비준하지 않았다. 티벳은 자신의 의사에 반해 이 조약을 영국과 비준했다.

13대 달라이 라마가 권위와 능숙함을 갖고 통치하는 동안 친중국계 일파가 고발되면서 판첸 라마는 몽골과 중국으로 도피해야만 했다. 중화민국은 티벳에 개입할 여력이 없었지만 양차 세계대전 동안 서구 열강과 동맹하고 있었다. 연합국들이나 티벳 자신은 티벳의 독립을 선언하려고도, 또 할 수도 없었다. 근대화된 세계 속에서 티벳 정부는 자신들의 중세적 체제를 태연히 유지하면서 적응하려는 노력을 하지 않았다. 근대화에 대한 두려움 때문에 대부분의 외국인을 받아들이지 않았고 전문지식을 갖고 영국에서 귀환한 젊은 티벳인의 활동조차 봉쇄할 정도였다. 얼마 안 있어

갑자기 중국이 그들의 힘을 회복했다. 공산당이 중국을 통일한 직후(1949년) 그들은 티벳을 효과적으로 통제하기 시작했다. 그들은 이 나라를 재빨리 점거했고 인도의 동의하에 티벳을 하나의 소수인종집단으로서 중국에 편입시키려는 협정을 조인했다. 이 협정에 따르면 티벳에게는 내적 자치가 허용되고 달라이 라마와 판첸 라마의 특권도 유지되며 종교적 전통도 존중된다고 선언하였다.

그러나 이번 경우에 중국의 권력은 실질적으로 작용했다. 자동차도로가 빠른 시기에 건설되었다. 짜이담은 석유를 위해 개발되었고, 발전소가 라사에 건립되었으며, 다른 시설들도 티벳의 도처에 건설되었다. 학교와 병원이 세워지고 간부들은 중국에서 육성되었다. 강제적인 무보수의 노역부과는 금지되고 협동조합이 설립되었다. 공식적으로 불교는 존중되었지만 교단은 젊은이들이 받는 새로운 교육적 환경 속에서 그런 존중이 오래 지속될 수 없으며, 더욱이 전통적 문화가 소멸될 위험에 놓여 있음을 두려워했다. 아직 불안정한 상황 속에서 여러 차례 중국에 대항하여 저항해온 것에 자부심을 갖고 있던 캄파인의 주도하에 무장폭동이 일어났다(1959년). 그것은 순식간에 진압되었고 달라이 라마는 정부기구와 함께 인도로 망명해야 했다. 곧 수천 명의 티벳인들이 그의 뒤를 따랐다.

몇 차례 달라이 라마의 티벳 정부는 국제연합으로부터 티벳이 독립국이라는 사실에 대한 지지를 얻기 위해, 또는 적어도 침략자로서 중국을 규정하려는 결의안을 얻기 위해 노력했다. 그러나 어떤 강대국도 그들의 노력을 지지하지 않았다. 국제연합에 의해 승인된 대만정부는 중국 본토에 있는 중화인민공화국처럼 티벳에 대한 주권을 주장했다. 비록 인도로부터 망명처를 제공받고 따뜻한 후원을 받았지만 달라이 라마는 어디에서도 망명 티벳 정부의 수반으로서 인정받는 데 성공하지 못했다.

그동안에 티벳에 대한 중국의 지배력은 점증했다. 종교적 관용에 대한 중국의 약속은 지켜지지 않았다. 티벳에 남아 중국인과 공존하려고 했던 판첸 라마는 중국과의 협력을 지속할 수 없었다. 문화혁명은 티벳에 혼란을 불러 일으켰고 여러 파벌 사이의 투쟁이 외부세계에 알려지게 되었다. 티벳의 저항세력(특히 캄파)과 중국군 사이의 전투는 계속되었다. 티벳인 망명자들의 인도 유입이 오늘날까지 계속되고 있는 것은 놀라운 일이 아니다. 그 이유는 인도의 후원과 이해 덕분에 티벳인들은 그곳에서 집단적으로 거주할 수 있었고, 따라서 스스로를 조직하고 종교와 언어, 문학과 예술, 공예, 의학과 다른 학문 분야에서 자신들의 전통을 보존할 수 있기 때문이다. 바로 그곳에서 그리고 구미의 티벳 공동체 속에서 티벳 문화는 아직도 살아 있을 수 있는 것이다.

문화혁명 이후 중국정부는 융화적이고 자유주의적인 정책(판첸 라마와 다른 종교지도자들의 석방, 망명자들이 티벳에 사는 그들의 가족을 만날 수 있도록 허용하는 등)을 취했으며, 티벳 연구도 다시 허용된 것으로 보인다. 우리는 단지 멸망에 직면한 이 문화의 운명이 덜 비극적이 되기만을 바랄 뿐이다.

이것은 주위의 갑작스러운 변화에 적절히 대응할 수 없었기에 흥망의 위협을 받고 있는 한 문명의 비극이다.

티벳 문화가 심각한 위기에 처해 있는 이때에 이 책이 그것을 소개하려고 하는 것은 그 문화가 아직까지 거의 알려져 있지 않았고 그것이 지닌 어두운 측면에도 불구하고 그 아름다움으로 인해 우리의 동정을 받고 존속할 자격을 갖추고 있기 때문이다.

3장

사 회

3장
사 회

　티벳 사회의 구조는 두 가지 측면에서 분석될 수 있다. 하나는 어느 민족에게도 공통되는 기초 집단의 관점으로서 가족이나 씨족이고, 다른 하나는 고대 티벳에서는 평민과 귀족, 그리고 9세기 이후에는 국민과 귀족 및 승려라고 하는 사회적 계급이다. 이것은 너무나 분명한 분류이지만 그 안에는 역사의 전개과정 속에서 점진적 변화와 세분화가 포함되어 있다. 예를 들면 한편으로는 농경에 종사하는 사람과 목축업에 종사하는 사람의 생활 방식에 따라 관련된 사고와 제도상의 차이가 존재한다. 다른 한편으로는 '국민'이란 용어는 적어도 가축과 토지를 소유한 유복한 집안과 부유한 가문이나 지배자(귀족, 사원 혹은 정부)에 종속된 재산이 없는 노동자라는 두 개의 구별된 집단을 나타낸다. 거기에 어떤 구분 없이 모든 임무를 수행하고 모든 노력을 제공하는 대다수 비전문적 노동자와 일부의 숙련된 장인 사이에 구별이 덧붙여질 수 있다. 승려도 비록 모두가 일반 서민에 비하면 특권을 가졌지만 둘로 나누어진다. 귀족 출신의 부유하고 교육받은 승려와 그에 반해 보통 문맹이고 온갖 노무를 담당하는 가난한 하층의 승려가 있다. 일부 요가행자와 수행자들은 이 승려들의 언저리에 속한다. 특히 현대 티벳에서는 몇몇 하층 출신의 부유한 상인과 잘 교육받은 집사를 제외하고는 중간계층이 없다. 외국의 상인은 제외하고, 대규모의 상업은 정부와 귀족, 승려들의 손안에 있었다. 반면 소규모의 거래는 사회의 각 분야에서 때때로 이루어졌다. 이 사회의 주변부에 일반적으로 천시받는 직업들이 있다. 어떤 경우에는 이것은 어부, 도살자, 대장장이와 같이 불교의 영향에 기인한다. 또한 예능인(악사, 배우, 이야기꾼)과 걸인도 있었다.

분명 이것은 주로 마지막 300년에 적용될 수 있는 간략한 개관이다. 우리는 몇 가지 변형에 대해 언급할 기회가 있을 것이다. 몇몇 티벳인의 저술은 사회를 구성하는 요소들의 목록을 제시하고 있다. 계급과 사회적 역할과 친족이 마치 동일한 종류의 것처럼 병렬되어 있다. 서사시에서 상층계급은 다음과 같이 기술되어 있다. '가피를 입은 라마, 공공적 일에 영향을 끼치는 대인, 재산을 가진 부자, 우두머리.' [152b: I. 25b] 유사한 저술은 부족의 수장, 젊은 전사, 남자들의 지도자, 부계의 친척, 하인, 아이, 형제자매, 부자, 집사, 외숙모, 며느리를 나열하고 있다. [180: 41a] 이들 목록은 일반적으로 위계적 서열에 따라 배열된 그 사회의 구성원들이 모이는 집회를 기념해서 만들어진다. 이런 모임에서 불리는 찬가는 순차대로 요가행자, 뵌교의 사제, 주술사, 의사, 장인, 현자와 장로, 라마, 점쟁이, 우두머리, 노인, 젊은이, 부인, 아이와 하인을 나열하고 있다. [52: 166-169]

사회형태의 특성은 가족집단에 대해서뿐 아니라 정치권력의 구조에 대해서도 광범위하게 적용될 수 있는 하나의 공식에 의해 표현될 수 있다. 그것은 평등주의적 공유와 위계성이라는 독립적이면서 대립적인 두 원리의 병존이다. 두 개의 좌표 위에 도표 상으로 표시하자면 수평축은 공유, 즉 비개체화, 집단적 연대, 포괄성을 나타내며, 반면 수직축은 한 사람이 다른 사람에 종속된다는 위계성을 나타낸다.

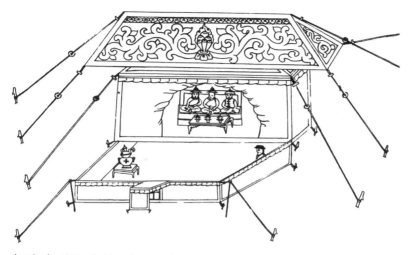

〈그림 4〉 차를 마시는 귀족들. 의식용 천막

가 족

족외혼의 규칙에서 유래하는 이분법이 위에서 언급했던 원리에 추가되어야 한다. 씨족을 이루는 부계는 공동조상으로 내려온 것이고 외혼제에 의거한다. 즉 씨족의 구성원은 그 자신의 씨족과 결혼할 수 없다. 이런 종류의 친족관계는 'rus(뼈骨)'로 불리며 반면 결혼에 의한 부인을 통한 친족관계는 'sha(살肉)'로 불린다. 친족 명칭의 특성은 티벳이 선사 시기에는 '사촌 간'의 결혼을 구별하였다고 단순히 상상케 한다(즉 남매의 자식들은 서로 결혼할 수 있었고 이는 장려되었다). 중국에서처럼 외할아버지나 외삼촌을 뜻할 때 사용되는 'zhang(짱)'이라는 단어는 또한 장인(丈人)을 뜻할 때 사용된다. 대응하는 용어 tsha 또는 dbon은 손자나 조카 또는 사위를 뜻할 때 사용된다. 반면 고유명사 속에서 이 말은 모계를 나타낸다. (예를 들어 'Jang-tsha는 'Jang에서 태어난 여인의 아들이다). 역사 시기에는 모계제의 희미한 흔적만이 남아 있다. 그렇지만 어떤 계통을 따르든 간에 가족들은 함께 거주했다. 예를 들어 부계 사회에서는 남편의 가족들과 함께 살았다.

원래의 의미에서의 (Pha-tshan이라 불리는) 가족은 7대로 한정되며, 이런 한계를 넘는다면 어떤 근친상간이나 외혼제의 거론이 필요 없게 된다. [273: 334; 296: 162b]

씨족 내에서 각각의 세대는 동질적이고 분할할 수 없는 집단으로 간주되었다. 아버지와 그의 형제를 포함하는 단위는 '아버지−삼촌' 또는 '큰 아버지'와 '작은 아버지'로 불렸다. '형−동생'으로 불리는 아들과 그의 형제(조카)들의 단위는 차별 없이 형제와 형제뻘, 사촌(즉 '형'에서 파생된 spun)을 포함한다. 따라서 친사촌 간의 결혼은 근친상간으로 간주되어 법으로 금지되었다. 살인자에 대한 복수는 형제나 사촌의 책임이고, 남자 사촌과 여자 사촌은 형제와 자매로 불렸다. 족외혼제의 씨족은 pha-spun으로 불렸는데 이 말은 '아버지와 사촌' 또는 '같은 아버지를 가진 사촌형제'로 번역될 수 있다. 이들 집단들 각각의 결집성은 매우 강력하기 때문에 그들을 나타내는 용어는 동일한 세대나 연배의 모든 개인을 함축하고 있기도 한다.

서사시 중에서 pha-khu(아버지−삼촌)이라는 표현은 나라 안의 모든 노인을, 그리고 phu-nu(형제)라는 표현은 모든 젊은 전사를 나타낸다(이를테면 게사르의 30명 또는 33명의 '형제'는 그의 충직한 기사들이다). 반면 모든 늙은 부인은 ma-sru(모−이모)로서 언급된다. 유사하게 현대어의 공손한 어투에서 a-khu(삼촌)은 모든 늙은 신사를 가리키며(친밀성의 정도를 나타내기도 한다), a-ne, ne-ne(고모)는 모든 부인을 가리킨다. a-jo(형), a-ce(언니)라는 용어도 같은 방식으로 사용된다. 따라서 pha-spun 집단은 희생의례에 의해 뒷받침된 서약을 통해 '의형제'가 된 친구나 동료의 교제로까지 확대된다.

만일 특정 용어가 한 세대의 집단적 성격을 보여준다면 그 용어는 또한 위계구조와 후손의 보충적 원리도 반영하고 있다. 시간상에서 가족의 지속성에 관해 말할 때 조상의 관념은 '조부'라는 말로, 그리고 후손의 관념은 '손자'란 말로 표현된다. 맏형은 다른 형제와 구별되기도 한다. 그를 지칭하는 a-jo, jo-jo라는 말은 또한 '父'를 뜻하기도 한다. 이 말의 원래 의미는 '주인(jo-bo, 여주인은 jo-mo)' 또는 가족의 우두머리로서의 존칭이다. 아이는 가끔 그의 아버지를 pha-jo(아버지－주인)라고 부른다. [145: s.v.; 134: (ed. De Jong) 55, 13]

두 원리는 상보적이기도 하지만 때로 대립을 포함하고 있다. 이것은 역사의 여명기에 매우 강력했던 것으로 보이지만 곧 타협을 통해 극복되었다. 티벳의 문헌, 특히 서사시에는 '내부적 오염', 즉 같은 가족 구성원 사이의 격렬한 투쟁을 비난하는 문장이 많이 보인다. 두 원리의 결합은 결혼과 계승권, 유산의 상속을 지배하는 규정들에 잘 드러나고 있다.

근대의 지난 300년 동안 그리고 초기 티벳(적어도 왕실에서)에 있어 세가지 결혼 유형이 보인다. 첫 번째가 일부일처제이다. 이것은 암도 지방에 널리 퍼져 있고 비록 최근의 현상이긴 하지만 다른 곳에서도 상당히 퍼져 있다. 송짼 감포 왕의 대신이 중국에서 왕과 약속한 중국의 공주를 데리고 귀환하려고 했을 때 중국황제는 그에게도 다른 공주를 주어 결혼시키려 했다. [201: 641년] 대신은 자신의 부모가 간택해준 본처와 이혼할 수 없다고 말하면서 거절했다. 그의 거절은 실질적으로 아마도 원칙(일부일처)에 대한 반대에서가 아니라 왕과 경쟁하는 것처럼 보이는 것을 회피하려고 했던 것으로 보는 것이 타당할 것이다.

두 번째 결혼 유형은 일부다처제로서, 부자와 귀족에 국한되어 있다. 초기의 왕들과 지방토후들에게 있어 그것은 결혼동맹에 의해 귀족 가문과 자신을 묶는 정치적 수단이었다. 집단의 공동소유의 원리가 종종 여기에 나타났다. 한 남자와 결혼한 여인들은 서로 자매(자매 다처혼)이거나 또는 실제 그렇지 않더라도 자매라고 간주되었다. 가끔 그런 자매집단은 한꺼번에 결혼하지 않고 그들의 집단 중의 한 명이 죽을 경우를 대비해 남아 있었다. 일례로 12세기 탁룽 탕파의 아버지는 결혼하고 얼마 후 부인이 죽자 탁룽 탕파의 '이모'와 혼인을 했다. 그녀가 아이를 사랑하지 않자 그는 다른 '이모'와 결혼했다. [99: 610] 결혼과는 별도로 성관계가 몇 자매 내지 동세대의 다른 여인에게까지 확대되기도 한다. 이런 관습은 과잉의 여자들을 흡수함으로써 앞으로 서술할 일처다부제의 영향을 희석시키는 것이다.

중국과 네팔에서 취한 외국인 왕비 이외에도 송짼 감포 왕은 다른 세 씨족으로부터 세 명의 처를 취했다. 그들 중 두 명은 그즈음에 정복되었던 외국(미냑과 샹슝) 출신이었다. 티데 쭉짼 왕에게는 두 외국인 왕비(중국과 남조의 공주들)와 연장자로 생각되는 나남의 귀족 출신의 왕비 등 모두 세 명의 왕비가 있었다. 그의 아들인 티송 데짼은 5명의 비를 두었다. 비록 다른 씨족에서 태어났지만 그들은 '다섯 자매'로 기술되었다. [94: II, 5, n. 15; 150: 189b-190a] 암도에서 독립된 영지를 개척했던 랜파챈 왕의 대신도 다섯 명의 부인과 결혼했는데, 명백히 암도를 회유하기 위한 정략적 결혼이었다. 그러나 일부다처제는 종교적인 현상으로써 매우 다른 각도에서 설명될 수도 있다. 위대한 밀교행자인 마르파는 본처 이외에 8명의 부인을 두었다. 그들은 헤루카 신앙의 의례 속에서 참여자의 집단으로 요구되었다.

그러나 결혼의 전형적인 형태는 일처다부제였던 것으로 보인다. 그것은 도처에서 농부뿐 아니라 유목민들에 의해서도 행해졌다. 어떤 여행자들은 그 제도가 암도에도 있다고 주장하지만 그곳에서는 없는 것으로 보인다. 일반적으로 규제상 그것은 형제 사이의 일처다부제이다. 그러나 실제로는 한 여인은 친족이 아닌 여러 남자와 결혼할 수 있다. 또한 한 남자와 결혼한 후에 그의 동의를 얻어 다른 남자를 받아들일 수 있다. 그러나 관계적으로는 한 여자와 결혼하는 것은 같은 형제에게만 허용된다는 것이다. 다른 경우에 친구들이 한 부인을 공유한다면 그들은 의형제로 간주되었다. 여기에도 장자상속권의 위계적 원리가 개재되어 있다. 왜냐하면 부인을 선택하는 것은 장자이고 결혼은 그를 위해 한 차례 거행되며 다른 형제들은 그녀의 사실상의 남편이 되는 것이다. 그들은 그들의 형제와 떼어놓을 수 없는 한 집단을 이루며, 장자는 그 집단을 대표하는 것이다. 결혼해서 태어난 아이들은 실제 아버지가 누구이건 모두 장자의 자식으로 간주된다.

이 집단은 그들의 거주처와 결부되어 있다. 만일 젊은 동생이 자신의 처와 토지, 집을 갖고 독립한다고 하면 그 결합은 깨어지게 된다. 그 경우에 그는 그의 형수와 가족의 재산에 대한 권리를 잃게 된다. 그러나 일반적으로 토지는 한 가족에 의해 소유되어 있다. 그것은 분할할 수 없고 양도할 수 없다. 형제집단은 비록 그들의 집단적 소유권이 큰 형에게 집중되어 있기는 하지만 처와 집, 토지를 공유한다. 토지를 소유하지 못한 소작인들과 연로한 부모는 물론, 가부장에 의해 할당된 극히 작은 경작지만 가진 친척들 모두 분할할 수 없는 가족의 재산에 의거한다. 실제로 함께 동거하고 있는 형제집단은 종종 줄어드는데 보통 동생들은 승려가 된다. 그러나 그들이 사원 속에서 갖고 있는 집은 가족의 재산이며, 승려로서도 그들은 처와 토지에 대한 잠재적 권리를 갖고 있다. 1800년경 라닥의 헤미스 사원의 라마인 쩨팰 남걜은 그의 형인 왕이 죽자 환속해서 형수와 결혼하고 왕위를 계승했다. 위의 규칙들은 재산(혹은 토지, 가축)의 분할을 막기 위해 고안된 것이다. 형제집단의 결속력은 매우 강력해서 그것은 때로 연장자의 위계적 원리에 우선된 경우도 있다. 만일 맏형에게 아들이 없고 딸만 있다면 딸이 계승한다. 딸은 그녀의 이름, 즉 지방이나 집의 이름을 계승한 남자와 결혼하고 자신의 집에서 산다. 그런 데릴사위는 농노의 지위와 유사한 위치를 갖는다. 그는 단순히 후손을 얻기 위한 도구에 지나지 않는다. 예를 들어 유명한 성자(1400년대)인 탕통의 경우가 그것이다. 그보다 훨씬 앞서 티송 데짼의 칙령에 따르면 "만일 많은 아들이 있다면 연장자 순으로 토지를 갖게 하며, 막내는 출가하게 한다. 아들이 없는 사람은 데릴사위를 얻게 한다."라고 적혀 있다. [170: 113b] 따라서 종종(구게, 데르게, 공조, 옴, 라쩨, 포윌 등에서) 딸이 왕위를 계승해서 통치하는 경우가 있었다. 상속의 위계를 보호하는 또 다른 방식은 양자를 들이는 것이다. 그러나 죽은 아버지의 어린 동생들도 그들의 권리를 얻을 수 있다. 만일 큰 형에게 아들이 없이 딸만 있다면 그의 동생들은 형이 양자를 들이거나 형의 딸을 위해 데릴사위를 들이는 것에 반대할 수도 있다. 차석의 동생은 비록 그가 승려라고 해도 형의 자리의 계승을 요구할 수 있다. 만일 형에게 자식이 없다면 그는 심지어 형이 살아 있는 동안에도 그를 쫓아내고 스스로 여인과 결혼할 수 있다(이 경우 너무 늙지 않았다면 형수이거나 또는 다른 여인이 될 수도 있다).

형제집단의 결속력은 몇 가지 관습, 특히 형수취처제를 설명해준다. 이 관습은 고대와 근대의 강족에게도 알려져 있다. 중국의 역사가에 따르면 [199; 200] 고대 티벳에서는 아버지와 삼촌, 또는 형제가 죽으면 그는 계모나 숙모 또는 형수와 결혼하는 관습이 상당히 널리 퍼져 있었다. 아마 이것은 모든 '야만인'을 서술하려는 의도를 가진 '민속학적' 공식일 것이다. 그렇지만 이것이 실제의 사실과 부합될 수도 있다. '대위적' 결혼은 드물기는 하지만 근대나 고대의 티벳에서 완전히 용인되고 있다. 이 풍습에서 한 아들은 아버지의 부인(생모가 아니라 계모)을 공유하거나 아버지는 아들의 처를 공유한다. 이것이 '반은 대들보 반은 서까래'로 알려진 결합방식이다. 가끔 숙부가 조카의 처를 공유하기도 했으며, 또는 어머니와 딸은 공동으로 사위와 남편을 갖기도 했다. [12: 20, 47, n. 77, 102; 60, vol. II, 4: 43 (Lu ho kai k'uan); 잡지 Pien-cheng No. 3, 1930에서 Kan-tzu hsien t'u-ti jen-min tiao-ch'a lu; 그리스의 Leter 왕자와의 구술대담에서] 중국 문헌은 이 결합이 다른 배우자의 죽음을 기다리지 않고 일어나며, 대위적 관계는 젊은이로부터 노인에게로 또는 그 역의 방향으로 양 방향에서 일어난다고 기술하고 있는 점이 차이점이다. 이 제도의 메커니즘은 아마 (아버지와 아들, 삼촌과 조카라는) 두 세대 사이의 적대감, 즉 분할되지 않는 집단의 원리와 위계성의 원리를 극복하기 위해 고안되었을 것이다.

사실상 초기 중국 문헌은 강족과 고대의 티벳 사회에 관해 (물론 이것도 불행히 야만인을 나타내기 위해 사용된 것이지만) 다음과 같은 다른 표현을 사용하고 있다. "그들은 젊은이(강한 자)를 숭상하고 노인(약한 자)을 경멸했다." 그러나 노인의 살해와 버림과 결합된 이 풍습은 터키-몽골계 민족 속에서 더욱 현저히 드러난다. 아마 근대 티벳에서 이 관습이 몽골계 부족의 거주에 의해 강하게 영향 받았던 지역(암도, 호르파 등)에서 관찰되고 있는 것도 우연은 아닐 것이다. 그러나 초기 티벳에서도 약간의 흔적은 발견될 수 있다. 전승의 확언에 의하면 최초의 7제의 통치는 그들의 후계자가 자라서 '말을 탈 수 있을 때(이론상으로 13세)' 끝나며, 그후 그들은 '하늘로' 간다고 한다. 이 문맥에서 사용된 동사(yar-bkum)는 격렬한 죽음을 의미하며, 같은 동사가 돈황의 연대기에서 죽음을 준비 또는 기다리면서 '태양 속에서 스스로를 따뜻하게 하는' 노인을 위해 사용되고 있다. [142: JA, 6b; 6: 108] 송짼 감포 왕이 등극했을 때가 바로 13살이었다. 몇몇 문헌들은 그때 그 부왕이 죽었다고 하며, [142: JA, 14a] 다른 문헌들은 부왕이 그를 위해 퇴위했다고 한다. 반면 최초의 신화적 7제의 계승은 각각의 아들의 이름이 모계에서 유래했다고 하는 또 다른 기이한 사실도 함께한다. 몇 사람에 따르면 라닥에서는 왕은 한 아들이 태어날 때 퇴위하며, 대신들이 아들의 이름으로 섭정한다고 한다(고대 티벳에서 대신들은 보통 왕의 외숙이거나 또는 모계에 속한 인물이었다). 다른 사람들에 따르면 왕자는 13살이 되었을 때 부왕의 통치에 참여한다.

토토리 왕의 시대에 두 명의 전설적인 의사가 인도에서 티벳으로 왔다고 한다. 병자가 집 밖으로 실려 나가는 것을 보고 이들은 병자를 쫓아내는 것이 티벳의 관습이냐고 물었다. "만일 자식이 아프면 부모는 그들을 문 밖으로 쫓아내지 않지만 부모가 아프면 자식들은 부모를 쫓아낸다."라는 것이 그들의 답이었다. [135a: 30a-b]

노인을 제거하는 관습은, 만일 그것이 존재했다고 해도, 불교와 중국의 영향 아래서 완화되고 폐기되었을 것이다. 송짼 감포의 16조 도덕적 규칙 [167: I, 163b, 227-230; 162: ′A, 7a; 170: 113b]은 '부모의 자애로움에 대해 악하게 보답하지 말아야 한다'는 의무를 강조하고 있고, 티송 데짼의 법전은 '노인을 존경심을 갖고 보호하고 그들을 불쾌하게 만들지 않아야 할' (다른 해독에 따르면 '그들을 존경하고 음식과 옷을 갖고 만족시킬') 필요성을 강조한다. 이들 두 왕 아래서 불교의 기본문헌과 몇몇 중국의 고전이 티벳에 소개되었다. 그럼에도 불구하고 노인을 방기하는 모습은 오늘날에도 존속하고 있다. 장남이 결혼하자마자 분할할 수 없는 가족의 재산이 그의 소유로 되며 늙은 부모는 뒤로 밀려나게 된다. 부모는 단지 작은 양의 분배품과 거처만 갖고, 마치 임차인처럼 하인과 동일한 수준의 취급을 받는다. 아버지나 삼촌은 아들이 결혼해서 가장이 되자마자 중요치 않게 된다. 심지어 아버지는 그의 아들의 관점에서만 의미가 있는 이름을 가지게 되는 경우도 있다. 서사시에서 영웅의 큰 형은 그의 어머니 네짜의 이름을 따서 룽짜('룽의 외조카')로 불린다. 그의 아버지는 룽짜 타겐이라 불렸다. 11세기의 요가행자인 큥포 넬조르('큥포족의 요가행자')는 호랑이해에 태어났다. 그러나 호랑이해에 태어난 사람으로 알려진 사람은 그의 아버지로 이는 아들 때문일 것이다.

비록 부자 사이의 대립은 드물었지만 삼촌과 조카 사이의 대립은 자주 일어났다. 아버지의 동생인 숙부는 자신의 후손을 위해 상속권을 취하려고 할 경우가 있다. 일처다부제와 형수취처제의 의미가 동생이 형을 계승하는 것이라면, 부계 상속의 원리와 장자 상속권은 형이 아들을 낳은 순간 동생에게 물러날 것을 요구한다. 젊은 동생이 분가를 요구하는 경우도 있었다. 게다가 일부다처제도 상황을 악화시켰을 것이다. 특히 귀족가문에서는 '젊은' 아내와 그 일족은 그녀의 자식을 위해 상속권을 바꾸려고 시도할 것이다.

티송 데짼 왕에게는 다섯 왕비가 있었다. 앞의 세 왕비는 종교적 활동에 몰두했고 어떤 '지분'도 없었던 데 비해, 뒤의 두 왕비 중에서 체퐁의 네 번째 왕비에게는 한 아들이 있었다(어떤 기록에 의하면 세 아들이 있었다고 하고, 다른 기록에 의하면 왕은 모두 세 아들을 두었는데, 어느 왕비의 소생인지 불분명하다). 죽기 전에 왕은 그의 아들이며 왕위 계승자에게 포용 씨족의 다섯 번째 왕비와 결혼하라는 명을 내렸다. 그녀는 아마 가장 젊었을 것이다. 넷째 왕비는 다섯째 왕비를 살해하려고 시도했지만 왕세자의 보호로 실패했다. 그는 아마도 이미 계모와 결혼했었을 것이다. 그렇지만 후에 넷째 왕비는 재위 17개월의 젊은 (17세의 무네) 왕자를 먼저 살해하는 데 성공한 후 포용 씨족의 왕비를 살해했다. 왕위 계승권은 두 번째 아들인 무룩에게 넘어갔다. [183: 68-69] 어떤 동기가 여기에 작용했는지에 관해서 자료는 설명하고 있지 않다. 아들(형제) 사이의 대립이 (다른 씨족 출신이지만 서로 '자매'라고 불렸던) 부인 사이의 대립에 추가되었을 수도 있다. 반면, 뵌교도의 연대기에 따르면[186: 116] 티송 데짼은 중국인 왕비와 체퐁 왕비에게서 세 아들(무네, 무룩, 무틱)을 낳았다. 그러나 왕은 장자를 아직 소생이 없는 드랑에서 태어난 '어린' 왕비와 함께 생활하도록 하여 쩨퐁 씨족의 왕비와 아래 두 아들을 실망시켰다. 쩨퐁 씨족의 왕비는 둘째 아들을 아버지와 장자에게 보내 복수하도록 했다. 무룩은 그의 형을 죽였고 쩨퐁 씨족의 왕비는 주술로 왕이 살해되도록 했다. 왕위를 계승한 자는 무룩이었다.

따라서 이 경우에 아버지는 장자가 가장 어린 왕비와 (어쩌면 그의 생전에) 결혼하기를 바랐다. 다른 경우에 아버지는 아들에게 예정되었던 여인을 처로 삼기도 했다. 티데 쭉짼 왕은 나남 씨족 출신의 왕비 이외에도 남조의 황족과 결혼했다. 나남 씨 왕비에게는 후손이 없었지만, 남조국 왕비에게는 한 아들이 있었다. 그가 장짜 라뵌(장의 외조카이며 거룩한 조카)으로 그의 이름은 모계와 연결된다. 그가 아직 어렸을 때 중국인 왕비인 금성공주가 그의 처로 정해졌다. 그러나 그는 말에서 떨어져 금성공주가 왔을 때에는 이미 사망했다. 그때 왕은 그의 아들에게 예정되었던 금성공주와 결혼했다. 그 사이에서 태어난 미래의 왕인 티송 데짼은 어머니 때문에 갸짜(중국계 어머니의 조카)라는 이름을 얻었다. 그는 윰 외숭이라는 이름도 갖고 있는데 그 뜻은 '원래의 어머니에 의해 발견된'이다. 왜냐하면 그가 어렸을 때 그를 낳았다고 주장하는 나남 씨의 첫째 왕비에 의해 강탈되었다가 후에 그의 생모에 의해 발견되었기 때문이다.

삼촌과 조카 사이의 잠재적 적대에 눈을 돌린다면 우리는 어떻게 그것이 상속의 법칙에 관련되는지를 확인할 수 있게 된다.

이런 대립은 서사시의 주요한 주제의 하나이다. 어린 영웅의 생부는 신이었고 그를 현연관계로 유일하게 구속한 것은 어머니였다. 그녀는 아들과 함께 늙은 왕의 궁전에서 살았다. 왕은 그녀를 전리품으로 받았다. 그 전리품을 원했던 왕의 동생, 즉 영웅의 삼촌은 소년을 제거하고자 했다. 그는 스스로 권력을 쥐기 위해 소년이 왕위를 계승하는 것을 방해하고자 했다. 그는 또한 자신을 위해서나 자신의 후손을 위해 영웅이 결혼하고자 했던 젊은 소녀를 원했다. 영웅은 그의 초자연적 힘에도 불구하고 삼촌을 영구히 제거할 수는 없었고, 단지 그를 반복해서 처벌하고 조롱했을 뿐이다. 삼촌도 비록 강력한 주술사였지만 그의 조카를 살해할 수는 없었다. 그러나 그는 영웅의 (이복)동생의 죽음을 초래했는데, 그 동생은 그의 분신으로서 신적인 출신이었지만 신체에 하나의 약점을 지니고 있었다. 몇몇 부인을 얻었지만 아들이 없었던 영웅은 이복동생의 아들을 양자로 삼았다.

11세기와 12세기의 두 성자의 전기는 다른 예를 보여준다. 죽기 전에 밀라 레파의 아버지는 그의 처와 자식(밀라와 딸)을 동생에게 부탁했다. 동생은 아들이 성인이 되기 전까지 형수와 재산을 취해야 한다는 것이 법이었다. 밀라 레파의 어머니(맏형의 처)는 아직 24세가 넘지 않은 한 그의 삼촌과 결혼해야만 한다는 사실이 지적되었다. 밀라의 삼촌은 자신을 위해서 또는 그의 아들을 위해 맏형의 처를 취하려고 했지만(우리의 전기는 다르다), [99: 427; 143: 144a; 151: ed. Das, II, 364] 그녀는 거부했다. 그러자 밀라의 삼촌은 그들의 재산을 가로채고 그녀와 어린 두 아이를 자신을 위해 부렸다. 그러나 어머니는 그녀의 동생(밀라의 외삼촌)에 의해 경작되고 있던 토지를 소유하고 있고, 그녀는 그것을 팔아 얻은 돈으로 밀라 레파로 하여금 복수하도록 주술학교로 가서 주술을 배우게 하였다. 삼촌은 조카의 주술에 의해 생겨난 우박에 의해 파산했고, 모자의 재산을 되돌려 주어야만 했다. 후에 밀라가 출가하고 그의 어머니가 죽었을 때, 그의 토지를 경작하고 그에게 음식을 제공했던 사람이 바로 그의 삼촌의 부인, 즉 숙모였으며, 마침내 그녀는 그 재산들을 획득했다.

기이하게도 밀라 레파의 제자인 래충도 비슷한 운명을 겪었다. 그의 아버지가 죽었을 때 그는 겨우 일곱 살이었다. 그를 학대하던 그의 어머니와 삼촌은 기꺼이 결혼했다. 그는 책을 큰 소리로 낭독해주고 얻은 음식으로 그들을 봉양했다. 그는 정확히 말하면 밭을 경작하는 하인으로서 삼촌을 위해 일해야만 했다. [142, NA, 24a] 16세기의 성자 둑파 퀸렉은 전기에 따르면[132, KA, 3-4] 처음에는 많은 재산을 가진 둑파의 장남으로 매우 행복했다. 하지만 "친삼촌이 집안의 계승자(직역하면 '대표')로서 임명되고 전쟁을 이용하여 넬 인에게 아버지가 살해되도록 만들었다. 나 자신도 이모부인 콩카르네의 시중꾼 샹포에 의해 끌려갔다. 결국 나는 린풍파 영주 퀸투 상포의 종이 되었다." 그는 종으로 6년 동안 머물렀고 그 후에 위 지방을 여행했다. "나의 어머니는 숙모가 되었다." 그는 그의 여동생에게 보석을 주고 시중꾼에게 말을 준 후, 왕국을 유랑했다.

제8대 카르마파(1508~1554)가 태어났을 때, 그의 삼촌은 그를 악마라고 선언하면서 그를 독살하려 했지만 그는 농포가 생기는 것만으로 끝났다. [142: PA, 190a-b]

그러나 만일 모든 것이 원만하다면 삼촌과 조카의 관계는 부자의 관계와 동일한 것이다. 두 경우에 그들은 한 부인을 공유할 수 있다. 아낸 담파 (1230~1303)의 경우처럼[188: 705] 고아가 그의 삼촌에 의해 양육될 수도 있다. 어린 아이가 출가하기를 바라고 나이가 들은 승려의 추천이나 지도를 필요로 한다면, 이 역할을 하는 것은 일반적으로 삼촌이다. 큰 교단에서 보면, 삼촌으로부터 조카에게로의 상속은 일반인에게 흔한 부자 상속을 종종 대신하고 있다.

종교 교단의 영향력이 증대됨에 따라 귀족가문에서 권력의 상속은 두 차원 또는 두 선상에서 이루어졌다. 결혼한 사람은 세속적 권력과 가족의 토지를 아버지로부터 아들에게로 전한다. 다른 형제는 승려가 되어 종교적 권력과 사원의 재산을 삼촌으로부터 조카에게로 전한다. 사원장의 결혼이 인정되고 있는 비개혁파 교단에서는 동일 인물이 두 역할을 할 수 있었다. 사캬파와 팍모두파 내지 가끔 디궁파에 있어서 형은 사원장이 되고 동생은 결혼하게 되었다. 권력의 상속은 삼촌에게서 조카에게로 이어졌다. 위대한 전도승이었던 사캬 판디타가 1244년 몽골왕 고단을 방문했을 때 그는 당시 10살과 6살 난 조카들인 팍파와 착나와 동행했었다. 1251년 그가 죽었을 때 팍파는 그의 임무를 계승했다. 데르게를 지배했던 가르 씨족의 지파에서[150: 191a; 153] 장자는 사원의 장이 되어 정치권력과 종교권력을 결합시켰다. 그는 결혼하지 않았지만 동생의 처와 관계할 기회를 가졌을 것이다. 결혼해서 가장이 되고 가문의 지속을 확보란 사람은 바로 두 번째로 태어난 그의 동생이었다. 만일 다른 형제들이 있다면 그들은 승려가 되었다. 단지 한 아들만 있다면 그는 결혼하고 동시에 승복을 입고 사원장과 가장으로서의 역할을 하게 된다. 같은 규칙이 (캄의 남동부에 있는) 물리라는 소왕국 등지에서 주로 엿보인다. 12세기에 야룽의 게르 지역에는 베구와 네구라는 두 씨족이 있었다. 베구 씨족, 특히 캉사르 가문에서의 타둑의 '조카 계열'로 전승되었다. 장군 쬔촉 캅에게 최셍과 최도르라는 두 아들이 있었다. 장남은 승려가 되어 '게르의 요가행자'라는 이름을 얻었고 타둑의 '조카들'의 우두머리가 되었다. 막내는 결혼해서 그의 아버지로부터 장군의 직위를 물려받았다. 그에게는 다섯 아들이 있었는데 장남이 승려가 되어 '게르의 요가행자'인 삼촌에 의해 계를 받고 '조카 상게'라는 이름을 받았다. 2남 당레는 결혼해서 세 아들을 두었다. 3남과 5남에 관해서는 알려지지 않았지만, 4남 곰포는 결혼해서 두 아들을 두었다. 그중에서 장남이 승려가 되어 '게르의 조카'라는 이름을 받았다. 당레의 막내아들은 승녀로서 백부인 '조카 상게'의 제자가 되었다. 그는 다시 그의 사촌은 '게르의 조카'의 스승이 되었는데, 이 사촌이 따라서 '조카'의 계보를 이어간 것이다. [99: 890-894] 사원권력의 특징인 삼촌－조카의 상속은 역시 '부'와 '자'로 표현된 스승으로부터 제자에로의 정신적 상속과 대응한다. 아마 이것이 몇몇 탄트라의 수행자가 '조카' 또는 '삼촌－조카'라는 칭호를 가지고 있던 이유일 것이다. 한 개인의 이름이 가끔 그의 지위나 출생지를 표시한다는 사실을 알았을 것이다. 한 인간은 이름에 의해 확인된다(이름은 일반적으로 출생에 따르는 환경이나 부모나 조상, 또는 승려일 경우 스승과 연결되어 있다). 또는 그의 가문이나 토지의 이름에 의해, 그리고 씨족의 이름에 의해 확인된다. 어쨌든 고대 티벳에서 그러한 것은 규칙이었다. 근대에 들어 씨족의 이름은 사라지거나 영토명이나 가문명에 의해 대체되었다. 반면 유목민 중에는 부족명이 개인의 이름에 덧붙여지기도 한다.

우리는 여자 배우자에 의해 연결된 친족관계, 즉 '살(뼈에 대립하는 것으로)'이나 '고귀한 가문(cho-'brang)'에 관해 고려해야만 한다. 결혼은 적대감으로 특징지어지는 어떤 종류의 대립을 극복한다. 혼인의례는 투쟁이나 납치를 포함하며, 여기에 중재자가 필수적이다. 호르파 사이에서 그리고 칸제와 리탕 지역에서 미리 여성을 납치하고 이어 배상금을 지급하는 결혼 형태가 보고되고 있다. 납치는 피의 복수로 이끌 수 있다. 결혼식에서 신부의 외삼촌이 주요한 역할을 수행한다. 그의 동의가 필수적이다. 격언을 인용하자면, "옷을 만드는 데 쓰인 재료의 반은 소매에 들어가고, 조카딸의 반은 외삼촌의 것이다." 따라서 외삼촌과 조카딸 사이의 결혼은 금지되었다. 가장 흔히 사용되는 참회를 위한 의례서[185: 12a]에 '외삼촌인 대신의 의붓딸(또는 며느리-시부모와의 관계에서 젊은 신부를 가리킨다)에 대한 사랑'이 포함되어 있다. 이 용어는 한 여인이 그녀의 외사촌과 결혼할 수도 있다는 사실에 의해 설명된다. 이런 종류의 결혼은 허용되었을 뿐 아니라 빈번히 일어났다. 뛰어난 역사가 파보 쭉에 의하면 외삼촌은 전설적인 고대의 시기에 '주인'으로서 지칭되었다. 그의 어머니의 씨족을 가리키기 위해 zhang이란 용어를 처음으로 사용했던 사람은 바로 토토리 왕의 아들인 티낸 숭짼 왕이었다. 우리는 zhang이란 용어가 장인을 가리키기 위해서도 사용된다는 것을 알고 있다. 초기(약 800년경)의 비문에서는 왕의 출생과 소년시절에 적극 개입하고, 기쁘게 부와 자, 형과 제, 모와 자, 강자와 약자를 결합시키는 '현명한' 외삼촌에 대해 언급하고 있다. 다른 자료에 의하면 왕세자 세나렉의 유년기에 현명한 신하 또는 세 명의 외삼촌인 대신이 그를 대리하여 통치하기 위해 임명되었다고 한다. [94: II, 2, n. 2; 183: 69] 그가 성년이 되었을 때 왕은 도라는 이름을 가진 부인과 결혼했고, 그 씨족의 일원을 대신으로 임명했다. 같은 씨족이 이미 부왕과 고조부 선왕의 왕비를 배출했다. '외삼촌인 대신'이라는 용어의 정확한 의미는 명확하지 않다. 두 단어는 분리되어 사용되기도 하며, 그 경우 당의 기록에 따르면 왕비의 씨족에 속하는 대신과 왕의 씨족에 속하는 대신을 가리킨다.

우리는 따라서 상세한 기술 없이도 '살'의 인척관계의 중요성을 감지할 수 있다. 그것은 예외적일 정도로 독립적인 티벳 여인의 성격과 위상과 짝을 이루는 것이다. 티벳 여인은 경제적으로 또 성적 관점에서도 매우 자유롭다. 그녀들은 자신들의 재산을 소유하고 있고, 이는 이혼을 용이하도록 만든다. 그녀들은 종종 남편의 재산을 관리한다. 유목민에 있어서도 그녀들의 경제적 위치는 농경민의 그것과 같을 정도로 확고하며, 어떤 이들은 더 높다고도 한다.

우리는 어떻게 밀라 레파의 어머니가 아들의 공부를 위해 돈을 지불할 수 있었는지를, 그리고 그녀의 오빠에 의해 경작되고 있었던 그녀의 개인 토지 덕분에 복수할 수 있었는가를 보았다. 마르파의 아내가 남편의 뜻에 반해 밀라 레파를 도우려고 결심했을 때, 그녀는 잘 숨겨놓았던(개인 재산), 매우 값진 터키석을 밀라에게 주었다. 남편의 불평에 대해 그녀는 다음과 같이 대답했다. "이 터키석은 결코 당신에게 속하지 않았습니다. 내가 부모에 의해 당신에게 보내졌을 때 그분들이 내게 지참물로 주었던 것입니다. 부모님은 내게 '그 라마는 난폭한 성격의 소유자이기 때문에 만일 이혼하려면 필요할 것이다. 그것을 누구에게도 보여주지 말고 간직하라'고 말했습니다." 여인들은 가장이 가진 토지와는 구별되는 동산을 갖고 있었다. 밀라 레파의 부친의 재산이 삼촌에 의해 강탈되었을 때 삼촌은 '남자의 재산'을, 숙모는 '여자의 재산'을 취했다. 전자는 밭과 집이었을 것이고 후자는 도구와 귀중품이었음을 뒤에서 볼 수 있을 것이다.

생활 방식

앞에서 보았듯이 티벳인을 오로지 목축에 종사하는 유목민으로 보는 관념은 적절하지 않다. 티벳의 경제는 동아시아의 초기문명에 의해 발전된 곡물농업과 축산농업으로부터 파생되어 나왔으며, 약간의 변형은 단지 고산지 환경의 관점에서 가장 잘 설명될 수 있을 것이라는 사실이 최근의 저술에서 올바로 지적되었다. [12: 5] 진실로 티벳의 풍토 때문에 티벳인의 생활은 이중적 형태를 취하게 되었다. 때로는 이것이 계절적 순환 속에서 동일한 집단을 지배하고, 때로는 두 집단이 공존하면서 살아간다.

점유된 땅의 면적에서 말하면 목축에 종사하고 있는 지역이 농업지대보다 많다. 그렇지만 목축지 대다수는 근대에서 그러한 것처럼 역사의 여명기에 비티벳인에 의해 점거되었다. 반면 근대 티벳에 있어 인구 중 6분의 5가 농업에 종사하고 있다. 우리는 최초의 왕국이 가장 비옥한 농업지대를 지배함으로써 생겨났다고 생각할 수 있다. 고대에서처럼 오늘날에도 정치적, 문화적 중심부는 집약적 농업재배지에 있다. 최소한 11세기 이래 '목축인'은 마치 그들이 외국인인양 '티벳인'과 대비되고 있었음을 회상할 필요가 있다. 퇴딩에 있는 라닥의 왕이 돔뙨(1004~1063)에게 티벳에 얼마나 많은 호구가 있고 목초지에는 얼마나 많은 막사가 있는지를 물었을 때, 현재 우리에게 전승된 형태의 대답(105,000호와 2,400,000개의 막사, 55개의 사원, 3,000만 명의 남자와 4,000만 명의 여자 및 40,000명의 승려)은 분명히 잘못이고 아마 기록의 실수일 것이다. 그렇지만 두 개의 인구집단의 대비는 유효하다. 실제 이것은 다른 꽤 오래된 문헌 속에서 취급되었다. [162: 'A, 4b; 139: 15장적인 정주하는 주민과 유목민을 구분하고 있다. 1531년에 어떤 이슬람교도인 저자는 티벳의 거주민과 유목민은 마을과 도시에 사는 뵈파와 유목민인 칸바로 분류된다고 기술하고 있다. 최근의 중국 측 추산에 의하면 티벳에서는 450만의 주민이 있고, 그중에서 100만 명이 중앙 티벳에 산다. 100만 명 중에서 60만 명이 농노, 20만 명이 목축에 종사하는 노비이며, 15만 명이 승려이고 5만 명이 귀족, 상인, 장인, 거지 등이다. 인구조사는 비록 그 결과가 현존하는 자료에 비추어보면 불가능하고 부적절한 것처럼 보인다고 해도 티벳에서 종종 시행되었다. 그러나 티벳 13주의 지도자로서 사캬파가 임명되었고 그들이 나무 문을 가진 티벳의 주민을 통치할 권한을 획득했으며, 또한 도캄(암도)의 티벳 종족들에 대한 군사적 자료조사가 행해졌다고 하는 사실을 알고 있다. 몽골 황제의 후원 아래 인구조사가 이루어졌을 때(1268, 1287년), '티벳인(Bod)'은 '유목인('brog')과 조심스레 구별되었다. [162: 'A, 13b+5a(121: 251)] 갼쩨의 영주에 의해 행해진 1384년의 인구조사에서도 동일한 구별이 행해졌다. [121: 665]

그렇지만 티벳인의 생활 방식을 논의할 때에는 다음의 사실을 주의해야 한다. 어떤 유목종족은 원래 정주민이었다. 이 현상은 근대의 암도에서도 확인된다. 초기 시기에도 같은 지역에서 이와 유사한 발전이 있었다고 듣는다. 북동 지역의 티벳 국경을 수비하기 위해 파견된 군대는 바타호르와의 전투(약 800년) 후에 현지에서 해산했다. 그 지방에 흩어져서 그들은 특별한 씨족명을 가진 유목종족으로 발전했다. 같은 지역의 유목종족인 근대의 고록 역시 다른 곳에서부터 이주했던 여러 종족으로 구성되었던 듯 보인다. 그들이 하는 일은 대상(隊商)을 공격하는 것이었고 그들은 용기와 전사로서의 재능을 자랑했다. 티벳 남부 월카 지방의 다른 유목민들도 14세기에 여행자를 습격해 약탈하였다. [135: 60b]

방목하는 주민들의 역할이 낮다는 점에는 의문이 없다. 그들은 티벳 전역에서 발견되며 티벳인의 식량의 핵심 부분(고기와 유제품)과 의복(양모)을 공급했다. 그럼에도 불구하고 농경지대가 우선되어야 한다는 사실은 명백하며 이는 문화중심부에서 더욱 그러하다. 전승에 따르면 숲에 거주하던 최초의 티벳인들은 그들의 원숭이 조상으로부터 5종 내지 6종의 곡물을 받았고, 그중에는 주식인 대맥이 포함되어 있다. 같은 전승에서 현명한 대신의 공으로 돌리는 최초의 발명들도 농업 및 관개와 관련이 있다. 또한 그중에 두 마리의 가축을 묶는 멍에가 있다고 한다면 그것은 그러한 가축이 농업경제의 일부를 이루고 있었기 때문일 것이다.

송짼 감포 왕에게 귀속되는 행정도식에서는 6부가 구별되고 있다. [142: JA, 18b; 126: 77-90] 이것은 다시 변방과 중심부의 대비에 기초한 두 개의 하위그룹으로 나누어진다. 세 명의 대신이 중심부를 맡고 있었다. 6부의 수장인 유명한 가르 씨족의 통짼 월숭은 티벳을 관장했고 다른 두 사람은 샹 슝과 숨파를 관장했다. 반면 다른 세 '전사그룹'은 변방에서 수비를 담당했다. 국가를 이렇게 나누는 방식은 다른 데에도 적용되었다. 한편으로는 61개의 일 천명 단위로 조직된 전사가 있었다. 그들은 '군역에 종사하고 있는 최고의 국민'이었다. 그 반면에 '법에 따라 징발되는 노역자'가 있었다. 그들 '노역자 집단'은 자신들의 하인을 거느릴 수 있는 인적 집단으로 조직되었다. 돈황의 연대기는 654년 대신 통짼이 주요 조직을 '부'로 바꾸기 위한 목적으로 인구조사를 시행했다고 말한다. 그 결과 그는 국민을 전사와 노역자로 구분했다. 왜 여기에 목축생활자가 포함되지 않았는지에 대한 이유는 '법에 따라 징발되는 노역자'에는 농경민뿐 아니라 목축민도 포함되기 때문일 것이다. 목초지와 가축을 소유하는 목축민은 반드시 유목민일 필요는 없을 것이다. 고대의 연대기는 송짼 감포와 현명한 대신 통짼 월숭이 경작지와 목초지를 위해 피혁의 단위와 멍에의 단위를 표준화시켰다고 말한다. 같은 자료에 따르면 653년과 758년 사이에 여러 차례 조사가 시행되었다고 하지만, 아직까지 그 성격이 부분적으로 명확치는 않다. 명확하지 않은 용어와 몰수된 재산, 전멸된 가족 등을 제외하고 중요한 순서로 나열한다면 다음과 같다. 밭(10회), 목초지(5회), ─모두 같은 지역(짱)이다─군대(5회), 겨울철 사료를 위한 휴경지(4회), 병든 가축(2회), 사냥(2회).

같은 연대기에는 대신 가르 티딩의 노래(694~696)가 보존되어 있다. 노래에서 그는 14개의 은유를 사용해서 많은 범용한 사람이 한 사람의 존재를 이기지 못한다고 말하고 있다. 은유에는 당대의 사람들에게 각인되었던 생활 방식에 대한 좋은 견본들이 있다. 그런 은유는 다음과 같다. 많은 작은 새가 한 마리 매에 의해 살해되며, 많은 작은 물고기가 한 마리의 수달피에 의해 죽임을 당한다. 크게 자란 뿔에도 불구하고 수사슴은 짧은 뿔을 가진 야크를 당하지 못한다. 100년 된 소나무도 하나의 도끼에 베어지며, 강은 작은 배로 건널 수 있다. 평야 전체에서 자라나는 대맥과 쌀은 하나의 물방아로 빻아지며, 뭇 별들은 하나의 태양에 의해 빛을 잃는다. 계곡 밑에서 발화된 불이 산과 계곡의 모든 나무와 풀을 태운다. 한 샘물의 물이 산과 평원의 모든 나무를 운반한다. 하나의 돌이 평원에 있는 단단한 흙덩어리를 가루로 만든다. 풀 전체는 버려진 철 조각보다 빨리 썩는다. 솥에 가득 찬 물도 그 속에 소금을 넣으면 짠맛으로 된다. 무수한 풀도 낫 하나로 베어지며, 가느다란 화살 하나가 많은 야크를 죽일 수 있다. 농업과 산림의 벌채, 사냥이 첫 번째 관심사였다. 목축, 유목에 관해서는 한 마디도 언급되지 않았다.

다른 노래에서 뒤송 왕은 야룽강에서 이끌어온 관개용 수로에 대해 암시하고 있다. 그 시기의 직후에 귀족과 승려의 세습재산 목록이 비문들에 제시되어 있다. 여기에 나열된 것은 노비, 밭, 목초지, (겨울철 사료를 위한) 휴경지, 정원이나 과수원이다. [6: 119, 121, 168; 93, 30; 94: II, 3; 92: 62] 후대(8세기)에도 티송 데짼의 치세에 파드마삼바바는 악행을 행했다고 비난받자 그가 티벳을 위해 행했던 선업을 다음과 같은 말로 회상했다. "암쉬의 모래에 목장과 과수원이 생겨났다. 타와 돌톡라, 필소에 이르기까지 물이 없던 모든 장소에 이제 물이 있게 되었다. 나는 티벳인을 먹이기 위해 바위에 덮인 모든 장소를 경작지로 바꾸었다." 그리고 그는 그를 죽이려는 대신에게 밭을 만들겠다고 약속했다. 그러자 그들은 "밭은 야룽에 좋다."라고 말하면서 그에게 많은 선물을 주었다. [183: 25] 특이하게도 파드마삼바바는 스와트출신으로, 몇몇 사람들은 그의 종교적 영향력 속에서 그의 고향에 용해되었던 이란적 요소를 인식할 수 있다고 생각한다. 그리고 다시 티벳의 농업에서 전문가들은 중동 지역이나 이란에서 행해졌던 기술들의 원형을 보는 것이다.

〈**그림 5**〉 타작과 키질하기. 네 벽에 둘러싸인 타작장. 뒷벽의 기둥들이 지붕을 받치고 있는 곳에서 식사를 한다.

새나 렉 왕(800년경)이 북부 대평원 지대의 광활함을 찬탄하면서 이곳에 대사원을 짓도록 명했을 때, 그의 신하들은 그들도 왕처럼 중앙 티벳에 재산을 갖고 있고 북부의 그러한 사원은 비게 될 것이라고 하면서 반대했다. 대신에 그들은 짱 지방의 냥에 그러한 사원을 짓도록 건의했다. 왕의 큰 형인 무네가 삼예에 있는 그의 사원을 위해 가난하건 부유하건 모든 국민으로부터 똑같은 공물을 세 차례 얻으려고 했을 때, 그는 '4각(角)', 즉 위 지방과 짱 지방에서 이 정책을 수행할 관리를 임명했다. 초기의 연대기에 따르면 그때 '밭을 경작하는 사람이 그들의 밭을 황폐화시켰고,' 또 '그들은 공납하게 만드는 관개용 수로체계를 파괴했다.'고 한다. 유목민에 대해서는 한 마디도 없다. 그들 농부들 이외에도 연대기는 사냥꾼 및 도둑과 함께 상인과 여행자에 관해 언급할 뿐이다. 왕은 상인과 여행자들이 여행하는 도중에 사용할 맥분을 갖고 다니는 것을 금지했지만(국가는 그들에게 물물교환으로 팔았다), 사냥꾼 및 도둑에 대해서는 그들이 음식을 얻는 것조차 금지했다. [183: 69, 67]

1300년경 캄 지방의 다섯 호르족의 소왕국 지역의 테쇠에서 어떤 뵌교의 사제는 우두머리는 자신의 아들이 태어난다면 아들의 어머니에게 '필요한 것은 밭이든 토지이든, 노비건 하인이건 무엇이든 주겠다'고 약속했다. 아들이 태어났을 때 그는 약속한대로 세 개의 마을을 선물했다. [154: 18a] 여기서 가축이 언급되지 않았지만 그것은 목축이 경시되었음을 의미하는 것이 아니라 가축이 목장의 일부이기 때문이다.

11세기 밀라 레파의 가족의 이야기는 이 점에서 매우 의의가 크다. 그의 조상은 북부출신의 유목민 종족인 큥포족의 닝마파 '주술사'였다. 짱 지방에 순례차 왔을 때 그는 밀라라는 악귀에 사로잡힌 한 병자를 치료하는데 성공했고 따라서 이것이 그의 성이 되었다. 병을 치료하면서 사례비로 모은 재산은 그의 아들에 의해 탕진되었다. 아들은 도박에 빠졌다. 판돈은 점차 커져 마침내 그는 밭과 집, 가재도구를 저당 잡혔고 끝내 잃게 되었다. 자신들의 토지를 뺏긴 아버지와 아들은 고향을 떠나야만 했다. 그들은 네팔 국경에 가까운 망월로 이사했다. 그곳에서 아버지는 그의 유명한 축귀술에 의해, 그리고 그의 아들은 겨울에는 네팔에서, 여름에는 북부의 유목민으로부터 산 양모를 교역함으로써 돈을 벌었다. 그 후 아들은 그 지방의 부유한 집안의 처녀와 결혼했다.

〈그림 6〉 네 종의 곡물 수확. 축축한 재로 만든 반죽으로 덮여 있는 볏가리. 그 위에 봉인이 찍혀 있다. 도둑을 맞게 되면 반죽이 벗겨지고 봉인이 훼손된다.

그는 커다란 밭을 샀고 근처의 부서진 집을 사서 저택으로 만들었다. 그는 이어 그의 아들, 즉 밀라 레파의 아버지를 냥의 유명한 귀족가문의 딸과 결혼시키고, 그 기회에 그의 저택 근처에 새로운 4층 건물을 지었다.

그의 집은 상층부에 곡물창고와 부엌이 있었고, 또한 4개의 기둥과 8개의 대들보를 가진 내부 응접실이 있었다. 그 가족은 매우 영향력이 컸기 때문에, "우리는 이 지방의 귀족들과 연합해서 '약자(일반인)'를 하인으로 삼았다." 밀라 레파의 아버지가 죽었을 때 그의 유언장에는 다음과 같은 재산이 포함되고 있었다. 계곡 위에 있는 야크, 말, 양의 무리들, 계곡 아래에 있는 밭, 저택 마당에 있는 소, 염소, 당나귀 등의 가축, 저택의 위층에 있는 가구와 도구, 금, 은, 동, 터키석, 비단과 곡물창고

고대의 중국 문헌들은 가축의 사육과 농경이 병행하는 이러한 모습을 확인시켜준다. 이 맥락에서 그 문헌들은 중앙 티벳인(토번) 및 그들과 관련된 동부와 북동부의 이웃인 강족을 논의하고 있다. 넓게 말해서 강족은 유목민에 속한다. "그들은 어떤 정착지도 갖지 않고 물과 초지를 따라 이리저리 이동했다. 그 나라에는 곡식이 없으며, 주업은 목축업이다." 강족에 속하는 당항(黨項) 사람들은 농업에 종사하지 않는다(그들은 술을 만들기 위해 소맥을 수입한다). 그들은 야크와 양, 소, 돼지를 사육한다. 토번과 마찬가지로 그들은 전쟁터에서 죽기를 좋아하며, 강자와 용자를 숭상한다. 살인에 대해서는 피의 보복을 반드시 요구한다. 다른 강족인 탕창족(宕昌族)도 야크, 양과 함께 돼지를 기른다. 백마족(白馬族)과 같은 종족은 대마를 재배한다. 아구족(阿鉤族)은 돌집과 궁전을 갖고 있다. 당항족의 일부는 정주하며 다른 일부는 (천막은 아니지만) 가죽으로 덮인 집을 짓는다. 또 다른 일부는 돌을 쌓아서 만든 수비 망루를 갖고 있다. 이들 모두는 티벳인처럼 기병이고 전사들이며, 원숭이 조상의 후예들이다.

토번에 관해서 그들은 강족이 그러하듯이 비록 추운 산악지대에서 살며 소맥, 대백, 메밀, 콩을 재배하지만 쌀은 재배하지 않는다고 중국의 사서는 말하고 있다. 그들은 (볶은 대맥가루로 만든) 짬파를 먹으며 소맥이

나 대맥의 추수철을 정초로 삼는다. 그들은 종종 높고 평평한 지붕이 있는 집과 커다란 석조 묘를 축조한다. 그들은 소수의 '성' 내지 아주 작은 '성'만을 가지고 있으며, 그곳에서 정주하지 않고 일반적으로 장소를 이동하면서 생활한다. 귀족은 100명 이상이 들어갈 수 있는 막사에서 산다. 그들이 양육하고 있는 가축들은 야크와 돼지, 말과 양이다. 그들은 양, 개, 원숭이 또는 말, 소, 당나귀의 희생의례를 행한다. 그들은 전쟁을 좋아하며 갑옷과 칼을 지니고 쇠사슬로 다리를 만들었다.

따라서 목축은 농업 못지않게 중요하지만 그것은 대규모 유목방식에 의한 목축만을 의미하지는 않는다. 앞서 요약한 문헌 속에서 중국인은 진정한 유목민인 강족과 농업을 알고 있던 강족과 토번에 대해서는 다른 표현을 사용하고 있다. 전자에 대해 "그들의 직업은 목축이다."라고 하고, 후자에 대해서는 "그들은 소와 양을 사육한다(문자대로 '먹인다')."라고 말하고 있다. 돼지가 있는 것도 마찬가지로 특징적이다. 오늘날에도 대규모(200두나 300두) 돼지 사육이 닥포에서 행해지고 있다. 돼지는 야생동물이 없고, 숲으로 덮인 닥포의 섬에서는 밤낮으로 방목된다. 목축이 중요하다는 것은 충실한 영주들이 왕에게 바치는 공물을 의미하는 '응유(凝乳)와 고기(zho-sha)'라는 오래된 표현 속에서도 찾아볼 수 있다. [94: I, 1. 20 외 다수; 'zho-shas 'tsho'가 하인을 가리킨다는 것에 대해서는 139: 244b 참조] 그러나 가축들은 매년 겨울철에는 마을의 축사로 돌아온다는 사실을 뒤에서 보게 될 것이다. 다른 흥미로운 점은 신년의 날이 농업에 의해 결정된다는 것이다. 근대 티벳에서 음력 10월이나 11월에 있는 '농부들의 신년'은 중국에서와 같이 음력 정월에 있는 '왕의 신년'과 구별되고 있다. 그것은 달력에 그 흔적이 남아 있듯이 아마 몽골에 의해 도입되었을 것이다. 동일한 티벳 단어(lo)가 고대 중국에서처럼 '해(年)' 또는 '수확'을 의미한다. 그러한 개념은 유목민 사회에서는 표현되지 않았을 것이다.

동일한 중국 자료에 따르면 동부에 있는 두 개의 다른 나라도 고대 티벳인의 특성을 공유하고 있다. 먼저 '여인국'은 춥고 사냥이 행해졌고, 야크와 말을 사육하며 남자와 원숭이를 희생 제물로 바친다. 여왕과 귀족들은 9층의 저택에서 살며, 80개 이상의 '성'을 갖고 있다. 다른 '부(附)'라는 나라도 춥긴 하지만 그곳에는 기장이 자라난다. 소와 말의 희생제의가 행해진다. 그곳에는 '성'은 없지만 높은 돌로 만든 방어탑이 있고 주민들은 호전적이다.

세부적인 면에 있어 모순된 것처럼 보이기도 한다. 공통되게 '성'으로 번역한 용어는 연대가 알려진(741년) 중국어─티벳어 대조어휘집에 나오듯이, 요새화된 성을 의미하는 티벳어의 대응어이다. [mkhar lCags rtse＝철제성(鐵製城) 또는 석축성(石築城); 202: ch. 962, 15b. 6: 51; 117: Ⅲ, 42-43] 귀족들은 거의 '성'에서 거주하지 않았고 단지 막사에서 생활했다고 하는 것은 그들이 본래 전사였기 때문이다. 돈황의 연대기에서 우리는 그들의 생활모습을 본다. 왕과 왕비, 대신과 귀족들은 요새화된 성곽을 갖춘 장원이나 궁전을 갖고 있지만 항시 이동하며 지낸다. 그들은 여름과 겨울에 다른 장소에서 회의를 열고, 영토 전체에 대한 조사를 끊임없이 벌이면서, 먼 거리를 말을 타며 이동한다. 중국의 궁전에서 교육받았던 한 티벳 사절은 672년 중국황제에게 다음과 같이 설명하고 있다. "(티벳의) 왕은 매해 봄과 여름에는 초지와 물을 찾아 이동하고, 가을과 겨울에만 요새화된 성에서 거주합니다. 그러나 그 성에서조차 왕은 천막을 치고 생활하지 지붕 아래에서 생활하지는 않습니다." 마지막 문장은 물론 과장되어 있다. 사절은 매우 중국화(중국식 이름을 가지는 등)되어 있고, 그의 나라를 가난하고 야만적으로 묘사하며 조국을 열심히 비하하고 있다. [197B: 206권 A, 3-4]

이 상황은 왕이 나라를 다스리고 세금 징수를 감독하고 공납의 수입금을 바로 그 장소에서 소비하기 위해 항시 여행해야만 했던 11세기 유럽의 상황과 비교되어야 한다.

이와 같은 전사로서의 기마생활이 어떻게 티벳인이 정주하면서도 항시 이동하고 있었는지를 설명해주는 것이다. 우리는 전사들이 사회의 최고 구성원으로서 간주되고 있음을 보았다. 중국인이 그들을 단지 군영 속에서만 보았다는 것은 대부분 왕을 여름에 왕궁 밖에서 알현했기 때문이다. 중국인은 귀족의 큰 천막이 'fu-lu(불로拂盧)'라고 불린다고 말하고 있다. 이것은 아마 '궁전' 또는 '군영'을 의미하는 티벳어 phru의 음사일 것이다. 실제로 중국인에 의해 묘사된 군영은 요새화된 울타리 형태로 조직되어 있었다. 822년 왕의 여름 궁전은 짱포강의 북쪽에, 중국 문헌에 따르면 '사슴 계곡'에 있었다. 이곳은 아마 돈황 연대기에서 말하는 710년 중국 금성공주가 라사에 도착했을 때 머물렀던 그 '사슴 계곡'과 같은 장소일 것이다. 티벳인에 의하면 당시 라사에는 두 개의 사원과 석조궁전이 있었다고 하지만, 중국인은 이에 대해 언급하고 있지 않다.

822년 진영은 사람이 거주하는 평원에 있었다. 그곳은 매 10걸음마다 100개의 창이 꽂혀 있는 방책으로 둘러싸여 있었다. 그것은 분명히 세 겹의 동심적 울타리를 포함하고 있다. 왜냐하면 100발자국 떨어진 거리에 세 개의 연속한 문이 있고, 이것은 군인과 주술사 또는 사제들에 의해 경비되고, 손님들은 그들에 의해 호송되고 있다고 우리는 듣고 있기 때문이다. 중심부에는 하나의 커다란 기와 귀중한 보석으로 장식된 난간에 둘러싸인 높은 단이 있었다. 이것이 '금으로 만든 천막', 즉 금으로 치장된 왕과 사령관의 막사를 지지하고 있다.

따라서 일종의 이동하는 궁전 내지 성이 수도로서 여겨졌다. 이들 진영의 사용은 티벳의 역사를 통해 유지되어 왔다. 잘 알려진 경우가 12세기부터 17세기까지의 카르마파 교주들의 예이다. 그들은 진영을 이루는 관리들과 군인들을 지휘했다. 이들 진영은 매우 광대했다. 교주는 정초 행해지는 의례적 공연에 너무 무거워 쉽게 들고 다닐 수 없는 왕관을 쓰고 보호신랑과 함께 나타나는 것을 제외하고는 중국 황제처럼 일반인의 눈에 띄지 않게 중심부에서 생활했다. 그렇지만 이들 진영은 항시 이동하고 있었고 대부분의 시간은 전투에 종사하고 있었다. 교주와 그의 진영이 여러 번은 아니라고 해도 한 번도 이동하지 않고 지나가는 해는 거의 없었다. [142: PA 장 및 142] 14대 달라이 라마의 이동 진영의 사진은 동심적 울타리 속에서의 배치가 어떻게 이루어져 있는지를 보여준다.

초기의 티벳에서 특히 전쟁에 종사하는 귀족들의 기동성은 요새화된 성에 의해 수비되는 장원에 자신의 권력 기반을 두는 원칙과 병행하여 진행되고 있었다. 이 나라가 통일되기 이전의 전설적 시대로 투사되는 시기는 사방의 대국과 대결하기에는 역부족인 '소왕'이나 영주들로 특징지어지고 있었다. '그들은 서로 전투했고 죽이기를 좋아했으며' 또한 '모든 언덕과 가파른 바위에는 성채가 있었다.' [177: 55b-56a(=17b-18a)](2장 참조) 그리고 이러한 무질서에 종지부를 찍은 첫 번째 왕은 야룽에 윰부라강이라는 첫 궁전을 축조함으로써 통치를 시작했다.

사실 궁전, 성채, 사원 내지 개인 저택 등의 티벳의 특유한 석조건물에 대해서 많은 사람이 알고 있다. 그러한 기술은 유목민의 기술이 아니다. 이 건축물의 원형이 6세기에 동부 티벳에 있는 부국과 여인국에서 보고되고 있는데, 여기에는 9층의 집과 23~27m 높이의 방어탑을 들 수 있다. 종종 8각형으로 된 이들 탑은 근대에 들어서도 강족과 캄의 다른 지역들의 특징이다. 그것들은 콩포와 로닥에도 알려져 있는데, 이곳에서도 9층이나

10층 그리고 두꺼운 벽을 가진 8각형이나 4각형의 집들이 지어졌다. 비슷한 9층탑이 12세기 초에 콩포에도 있었다고 전해진다. [135a: 106b (spe'u dgu-thog); 밀라 레파는 고닥에서 마르파를 위해 9층 탑을 세워야만 했다] 오늘날의 티벳인과 강족이 거주하는 집조차도 요새와 같다. 외부로는 밀폐되어 있지만 안은 정원으로 열려 있다. 그들은 3층이나 4층 집을 갖고 있고 뜰에는 동물들이 있고 중앙에는 거실, 위층에는 예배실이 있다. 고대에서처럼 지붕은 평평하며, 가끔 곡물의 탈곡 장소로 이용된다. 집의 위층이 종종 곡물창고로도 이용되지만, 지상에 환기장치를 갖춘 겨울용 지하 저장창고도 있다. 고립되지 않고 여러 채가 마을에 모여 있을 때에는 집들은 산의 경사면에 건축되며, 밀집되어 있기 때문에 북아프리카의 카스바에서처럼 한 집의 지붕은 이웃집의 마당과 연결되어 있다. 라닥의 일부와 서부 창탕 지방에서는 마을은 벌집과 같은 인상을 줄 정도로 완전히 동굴집으로 이루어져 있다.

13세기 몽골의 인구조사가 행해졌을 때 하나의 가족은 결혼한 부부(물론 아이를 포함), 남녀 노비라는 여섯 식구와 네 기둥을 가진 집이 한 호로 규정되었다. 이 집에는 가축과 밭도 포함되었다. [180; 부록] 주민이 천막이 아닌 집의 건축에서 파생된 언어에 의해 기술되고 있다는 것은 주목할 만하다. 우리는 '대들보와 서까래'라는 구절이 어떻게 특정 혈연관계를 보여주고 있는지를 보았다. '대들보'라는 말은 제자를 의미한다. 이들 은유는 (부자 관계로도 표현되었듯이) 불교학파에서 정신적 후계자에게도 적용되었다. 마르파의 주요한 네 제자는 '네 기둥'이며, 밀라 레파의 제자들은 '팔 형제'이다. 닝마파 라마 갸보파의 제자들은 '4개의 기둥, 8개의 대들보, 16개의 서까래, 32개의 작은 서까래'라는 이름이 붙여졌다. 유사한 분류가 샬루의 귀족과 그들의 영지에도 적용되었다. 4개의 기둥, 8개의 대들보 또는 북쪽에 있는 것은 '숫사자'(아마 핵심적 기둥)로 예산해서 9개의 대들보 및 70개의 서까래가 그것이다. [99: 118; 121: 658; 'Gos lotsaba Khug-pa lHas-btsas의 제자들에 대해서는 136: 9b 참조(ma-rgyud). 모계의 네 기둥, 가르침의 8 대들보(gdung-ma theg-pa), 가르침을 아는 큰 서까래(lcam)와 작은 서까래(dral-ma)]

〈그림 7〉 담 지방에 있는 부자의 집. 농업과 가축 사육. 야크의 똥으로 만든 벽으로 둘러싸인 밭(대맥, 소맥). 유목민 여인이 야크로부터 젖을 짜고 있다. 암양과 호르파족의 모자를 쓴 양치기. 마당에는 큰 천막과 두 개의 작은 천막이 있다. 집 뒤에 채마밭과 왼편으로 정원과 양모의 더미가 있다. 정원에는 경주마가, 그 바깥쪽에 종마와 암말이 있다. 술을 만들기 위해 암말로부터 젖을 짜고 있다. 성스러운 산 넨첸탕하가 마치 중국 사원의 지붕 또는 강처럼 보인다.

그렇지만 집에 거주하는 정주자의 인구도 매우 이동성이 강하다. 모든 티벳인은 여행하기를 좋아하며 여행할 때에는 가능한 한 천막에서 생활한다. 성스러운 장소로 순례가 이루어지며, 산적들이 출몰하는 높고 험한 길임에도 불구하고 교역을 위해 멀리 떨어진 곳으로 여행하기도 한다. 어떤 일정한 사원의 승려들도 다양한 스승으로부터 지식과 비전을 얻기 위해 또 여기저기 위치해 있는 도서관을 찾아 여행하는 데 항시 많은 시간을 소비했다. 의사, 점성술사, 음악가, 이야기꾼, 배우와 음유시인 등의 순회하는 직업을 가진 사람들은 말할 나위도 없을 것이다.

그러나 이동 생활이 정주 생활과 병행해서 이루어진 가장 큰 이유는 계절로 인한 이중적 생활 때문이다. 겨울에 달라이 라마는 포탈라 궁에 거주하고 여름에는 도시 밖에 있는 정원에서 지낸다. 평인들은 보통 돌집이나 진흙집을 짓고 살지만 좋은 계절이 오는 대로 오랫동안 야유(野遊)를 즐기거나 덤불 속에서 야영하기를 좋아한다. 그러나 그들로 하여금 겨울과 여름에 다른 생활 방식을 강요한 것은 본래 경제적 생활과 환경적 형태 때문이다. 예를 들어 서부에서는 여름에 단지 여인과 아이들만이 마을에 남아 있다. 남자들은 가축을 데리고 목초지로 가고 겨울에 집으로 돌아온다. '진영의 장'이라는 지역장이 그들을 따라간다. 지도에서 발견된 가르톡의 마을은 가르 귄사(겨울철 군대진영)이고, 이것은 사르 야르사(여름철 군대진영)와 대비된다. 전자는 따뜻하고 낮은 지대에 위치해 있다. 지도에 표시된 다른 지병도(예를 들어 시킴과 네팔 사이의 캉파 계곡에 위치한 두 커다란 마을) '여름' 거처와 '겨울' 거처이다. 11세기에 랑 씨족의 여러 집단의 우두머리는 같은 씨족의 요가행자 장춥 데퀼을 설득하여 마나사로바 호수 근처로 이주하는 것을 단념하도록 다음과 같은 말로 설득했다. "이들 18개의 남쪽의 대계곡은 우리와 아들들과 손자들의 출생지이다. 여름에 우리는 목초지로 가서 좋은 풀을 발견한다. 가을에 우리는 고향으로 되돌아가서 좋은 땅을 발견한다." [180: 37b] 같은 시기에 젊은 밀라 레파와 그의 여동생은 삼촌의 집에서 일했다. "여름에 밭에서 일할 때에는 숙부의 종이고 겨울에 양모를 갖고 일할 때에는 숙모의 종이네." 사캬파의 교주들이 몽골인에 의해 티벳의 지배자로 임명되었을 때 그들의 통치에 관한 칙령은 여름에는 북쪽의 산악지대의 목초지를 관리하고 겨울에는 짱과 위 지방에 거주한다고 서술하고 있다. [142: BA, 7a: ri she-pa byed; she-khag='brog-khag] 1769년 캄 지방의 호르콕에서 온 어떤 승려는 '여름에는 목초지에서, 겨울에는 경작된 계곡에서' 탁발했다. [154: 36b] 그는 분명히 사람들을 따라 이동했을 것이다.

이 이중형태는 근대기에 도처에서, 암도에 있는 목축인에게서조차 명백하다. 물론 많은 지역적 변형이 나타난다. 어떤 마을은 농업을 주로 하고 목축을 부업으로 한다. 목축은 낮에 이루어지며, 밤에는 견고한 축사로 돌아오는데, 여기서 겨울을 지내며 가을에 모아 둔 사료로 길러지게 된다. 다른 농장에서는 동물들은 천막에서 생활하는 목동에 의해 보호되면서 여름 내내 초지에서 보내고 단지 겨울에만 되돌아온다. 종종 한 부족이 두 부분으로 나누어지기도 한다. 한 그룹의 농부는 농경지에 있고 다른 그룹의 목축민은 목초지에 머문다. 두 그룹은 같은 종족명을 쓰며 같은 우두머리를 갖고 있다. 암도에서는 역으로 유목에 종사하는 그룹은 극히 한정된 초지와 겨울용 축사와 집을 가진다. 여기서 여름 동안에 흩어진 전체 그룹이 겨울에 모이는 것이다. 이들 집은 축사와 근처에 귀리밭이 있는데 푸를 때 수확해서 사료로 쓴다. 어떤 경우든 도처에 있는 농업과 유목지대는 서로 가까이 붙어 있고 목동과 농부의 접촉은 긴밀하고 지속적이다. 왜냐하면 그들은 생산품을 자연스럽게 교환하기 때문이다. 종종 그들은 같은 마을의 구성원이기도 하다. 심지어 한 종족이 한정된 지역에 유목민처럼 사는 목축민과 농민으로 나누어질 때에도, 후자는 밭과 집 외에도 그들의 가축들이 여름에 지내게 되는 목초지를 갖고 있다. 따라서 그러한 종족에게 있어 이중형태는 이중적으로 표현된다. 그런 경우에 농민의 집단인 마을은 밭과 언덕의 초지를 관리할 뿐 아니라 공동체의 다른 일부를 이루는 목축민에 의해 사용되는 휴한지와 양모, 도로와 물 공급도 관리한다. 따라서 '유목적' 목축민과 정주하는 농민의 상대적 중요성을 강조하면서 우리는 산림이 영토 전체에서 차지하는 상당한 몫을 농민에게 첨가해야만 한다. 고대 티벳의 경우에 현저히 나타났던 산림의 중요성은 이미 다루었다. 근대기에 이르러 도시도 추가되어야 하며, 11세기 이래 지적 생활의 중심이었던 사원도 덧붙여져야 할 것이다.

암도의 유목민 자신들을 순수하고 진정한 티벳인으로 간주하고 있다는 것은 사실이다. 그렇지만 우리는 그들 중 많은 사람이 전에 외국인이었다는 것을 알고 있다. 연극에서 사람들을 웃게 만다는 어리석고 교육받지 못한 사람은 ─ 서구에서 로마 시대 이후부터 그러했듯이 ─ 농부가 아니라 진정한 유목민의 순질적 집단이 거주하는 '북쪽 출신의 사나운' 목동이었다.

18세기의 것으로 추정되는 저술은 학술적인 시구의 형태로 티벳 농업의 현실적 문제를 지적하고 있다. 그것은 농업의 중요성, 그것이 이룩한 기술적 진보와 티벳 사회의 식자층이 그것에 부여한 관심을 충분히 표현하고 있다. 다음은 그것을 간략히 발췌한 것이다. [161: 1-6]

"다음에 토지의 종류를 음미한다. 세 가지 형태, 즉 '축축한', '부드러운', '거친' 형태에 따라 각각의 경우에 그 지방의 관습에 맞추어 씨를 뿌린다. 그렇지만 퇴비를 주는 것은 모든 토지에 좋다. 한편으로 겨울이 끝나가도록 물과 습기가 얼어 땅이 딱딱하다면, 해빙기에는 유연하고 부드러운 흙이 된다. 산이나 숲의 흙과 같이 이러한 방법으로도 부드러워지지 않는 흙은 퇴비가 뿌려지면 매우 푹신해질 것이다…….

염소와 양의 똥, 사람의 똥, 소와 개, 돼지, 잡종 교배한 소, 야크와 소의 혼혈 및 당나귀의 똥과 오줌을 대규모로 왕겨와 짚, 나뭇잎과 완전히 태운 라탈(ra-thal?)과 함께 이런 모든 것이 구분 없이 해마다 퇴적된다. 이런 잔존물들이 특히 다른 퇴비에 의해 눌려질 때, 푸르른 첫 싹을 발아시키고, 잘 자라게 하고, 이들 요소로부터 솟아나게 할 것이다…….

밭에는 관습에 따라 결함이 없는 좋은 씨앗을 뿌린다. 각각의 작은 구멍 속에 다섯 개의 씨앗을 뿌린다. 씨앗을 뿌린 구멍의 깊이와 벌레의 수가 주의 깊게 관찰되어야 한다. 햇빛이 강할 때에는 물이 혼합되어야 한다. 만일 씨앗이 가뭄이나 서리에 손상되었다면 그것들은 새로이 파종되어야 한다."

권력과 재산

가족 속에서 예시된 두 개의 원리가 권력구조를 고려할 때에도 다시 한 번 발견된다. 즉 한편으로는 집단의 결합력과 강력함이고 다른 한편으로는 한 개인이 세습적 권위와 위계구조에 대한 예민한 감각이다. 우리는 이들 원리 중에서 두 번째 것이 시간이 감에 따라 우세하다고 있다는 느낌을 받지만 첫 번째 원리도 이에 대해 견제력을 유지하고 있다.

두 개의 다른 현저한 특성이 추가되어야 한다. 첫째, 종속의 끈은 개인 대 개인의 성격을 가진 것이다. 그리고 둘째, 이것은 회귀적인 효과를 주면서 사회적 영역에서 반복된다. 티벳인의 관념에서 위계구조의 원리가 작용하는 다양한 영역은 하나로 혼합된다. 우리는 앞에서 한 예를 보았다. 군주와 신하, 남편과 아내, 삼촌과 조카, 아버지와 아들, 스승과 제자는 병행해서 기술되고 있다.

위계적 구조는 언어 속에서 강력하게 표현되고 있다. 언어는 윗사람과 이야기할 때와 대등한 사람이나 아랫사람과 이야기할 때가 완연히 다르다. 그리고 이것은 정부와 가족, 정신적 관계 등 인간교제의 모든 영역에도 해당된다. 어휘 전체가 그 영향을 받는다. 중국과 다른 나라에서의 겸양어 속에서처럼 경어체 단어를 사용함에 의해서뿐 아니라 일본에서처럼 다른 형태의 명사와 동사를 사용함에 의해서도 표시된다.

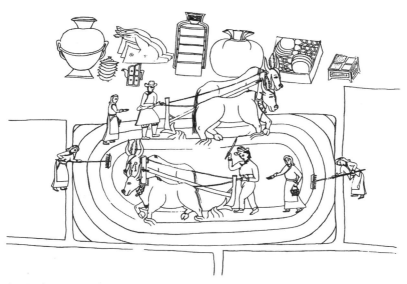

〈그림 8〉 3월에 파종하는 모습. 소가 두 마리씩 멍에에 매여 있다. 경작자의 음식들. 술병, 말린 육편, 여러 음식재료를 겹겹이 쌓은 그릇, 짬파를 담은 가방, 빵 바구니, 후추와 소금상자

이제 대략 200년 동안 근대 티벳에 적용된 사회적 규칙에 대해 알아보자. 마을은 촌장에 의해 관리되어 왔다. 그는 세금을 거두고 이를 영주에게 전달한다. 그의 임기는 보통 3년이다. 그는 자신의 특권과 부, 영향력에 의해 연속해서 여러 차례 선출되기도 하며 그 직책은 종종 세습되기도 한

다. 그러나 촌장을 선출하는 장로회의는 행정(재판 등)에 참여한다. 특정 가족에게 개별적으로 속하는 밭을 제외한 어떤 토지는 마을 또는 몇 가족 집단의 공동재산이다. 공동재산에 특히 산림, 목초지, 사원의 유지를 위한 전답, 그리고 공동축제를 위해 필요한 비용을 충당하는 전답이 있는데, 그것은 관개수로를 관리하는 마을사람에게 보답하기 위한 것이다. 유목종족의 경우 만일 그들이 농사를 짓고 있다면 그 종족의 농업적 요소뿐 아니라 순수한 목축적 요소에서도 사정은 마찬가지이다. 그 종족은 한 사람의 족장에 의해 지도되지만, 방목지는 족장과 장로회의에 의해 매해 다른 가족에게 배정된다. 종족의 장로회의 또는 선출된 족장이 재판을 관장한다. 전체 종족의 지도자는 장로들에 의해 선출될 수도 있다. [100: 151] 그는 아들이 유능할 경우 아들에게 그 직위를 물려줄 수도 있다. 어떤 우두머리도 없이 장로집단에 의해서만 통치되는 작은 종족도 존재한다고 한다.

어떤 마을이나 종족은 한 영주에게 종속된다. 이 영주는 이들 촌락을 포함해 광대한 지역을 통괄하고 있다. 그는 독립된 왕후이거나(라닥, 데르게, 포윌 등지의 왕), 종교지도자(예를 들어 참도의 법주) 또는 중앙정부(달라이 라마)일 수 있다. 권력행사의 영역은 단일할 수도 있고 중첩될 수도 있다. 만일 그 지역이 직접 (달라이 라마나 왕 등의) 지배영역에 속한다면 단일할 것이고, 만일 지배하는 영주가 더 높은 영주에게 복속되는 경우(예를 들어 단지 1865년에 라사의 지배하에 들어간 데르게)라면 중층적일 것이다. 여기서 왕이나 왕후, 다른 세속적 지배자에 대해서 세습적 원리는 명백할 것이다. 교단의 수장의 경우에 세습원리는 그들이 결혼할 경우 그리고 삼촌에서 조카로 상속되는 경우에 나타난다. 다른 경우, 특히 달라이 라마의 경우 환생의 원리가 상속을 대체한다. 그렇지만 이들 지배자의 권력은 대신집단에 의해 제한된다. 달라이 라마는 네 대신(세 명의 속인과

한 명의 승려)으로 구성된 내각에 의해 보좌되며, 특별한 경우에 소집된 고승회의에서 조언을 얻는다.

권력의 계층화는 토지소유와 대응하고 있다. 토지는 전체가 영주의 소유물로 간주되고 있다. 그것은 (부역 등의) 노역과 세금을 내는 대가로 임시 소유자에게 양도되었거나 임차된 것이다. 비록 높은 영주가 낮은 영주에게 대부분의 국토를 위양하지만, 일부는 원 영주의 직접 지배하에 놓여 있다. 예를 들어 달라이 라마의 정부는 국민들에게 토지를 임대해서 그들을 직접적인 납세자로 가질 뿐 아니라 귀족들에게 땅을 위임시키기도 한다. 그들은 그 땅을 다시 농민들에게 재임대하는 것이다. 직접적 납세자들은 노동자나 늙은 친척을 자신들의 지배하에 두는데, 이들 두 유형의 사람들은 하도급의 형태로 조그만 토지를 얻는 것이다.

영주로부터 직접적으로나 간접적으로 임차된 토지는 본질적으로 분할할 수 없고 양도할 수 없는 것이다. 그 땅은 경작하고 있는 가족의 이름과 결부되어 있고, 그 가족은 연장자에 의해 대표되고 있다. 그것은 세습되지만, 그 소유는 토지제공자와 소작인 사이의 상호의무에 의해 규제되고 있다. 비록 토지가 원칙상 영주에게 속하긴 하지만 그는 그것의 자의대로 환원시킬 수는 없다. 1440년 간쩨의 영주의 칙령은 만일 상속인이 있는 경우 영주는 토지(와 그에 속한 집)를 환수할 수 없다고 규정하고 있다. [121: 667-668] 소작인이 세금을 내고 부역을 제공하는 한, 토지제공자는 소유를 환수할 수 없다는 사실을 병기해야만 한다. 실제 영주가 토지를 증여하고 임대하는 경우 소작인은 반대급부로서 부역과 세금을 지불해야 한다. 지불을 하지 않거나 도망가는 경우 토지를 몰수하고 환수하는 것보다 도망자를 체포해서 다시 토지와 그에 수반되는 의무를 부과하는 것이 선호되고 있다. 토지를 가진 가족의 대표인 연장자에 의해 소작인에게 할당된 작은 토지조차 만일 소작인이 부역을 제공했고, 특히 자신의 집을 스스로 지었다면 그에게서 **빼앗을** 수 없다.

따라서 영주는 토지에 관한 일체의 소유권을 갖고 있다고 보이지만 그는 부역을 필요로 하며, 이것은 토지의 세습적 소유권 내지 사용권과 긴밀히 연결되어 있다. 대영주이건 소영주이건 일정한 수입과 부역이 확보되기를 원할 때 그는 소작인에게 봉급 대신으로 토지를 제공하지 않으면 안 된다. 왜냐하면 수입의 일부는 소작인의 몫이 되기 때문이다. 이 방식으로 토지 소유자는 주술사, 의사, 악사, 대장장이 등의 전형적인 유랑자들에게 토지를 제공해서 그들로 하여금 정착해서 자신에게 종속되게 한다. 일반적으로 종속자는 토지를 상실하고 방랑생활을 할 생각이 있다면 부역을 거부할 수 있다(또는 영주는 피부여자가 죄를 범하는 경우, 예를 들어 귀족이 왕이나 중앙정부에 모반을 일으키는 경우, 그로부터 토지를 몰수할 수 있다). 토지가 봉급에 해당되듯이, 부역은 결과적으로 하나의 세금이다. 어느 마을은 특정한 부역(즉 연극집단이나 곡예단 또는 직물을 짜는 일)을 행하기 때문에 세금을 면제받기도 한다. 영지를 갖고 있고 세금면제를 받는 귀족들은 정부에 관리와 군인을 제공할 의무가 반대급부로 부여되어 있다. 이 의무는 특권에 비해 매우 가벼운 것이지만 상호의무의 원칙은 타당하다. 유일한 예외는 세금과 부역을 면제받고 있는 사원의 토지이다. 사원의 지배자는 비록 정부에 관리들을 제공하지만 독립적 영주로서 간주될 수 있다. 교단은 따라서 별도로 취급되어야 한다.

노동이 직접적으로 지불되지 않고 사유재산이 부역과 연결되어 있는 이 제도에서 권력의 대표는 그가 어떤 직위에 있더라도 권력을 남용할 방법을 갖고 있으며, 국민들로부터 가혹한 세금과 부역을 강요할 수 있다. 위에서 언급된 1440년의 칙령은 그러한 것을 자세히 나열하고 있다. 그리고 권력남용이 중단되는 적은 없었다. 그러나 어떠한 가치판단과는 별도로 이 구조는 권력의 제한을 부과하고 있으며, 개인적 연대가 상호의무를 포함하고 있었고, 한 집단의 권력이 그 우두머리의 권력을 제한했던 초기 시대로 되돌아가는 것처럼 보인다.

우리가 묘사한 상황은 불가피하게 단순화되었고 잠정적이며 여행자의 보고에 의거하고 있다. 티벳과 중국의 자료는 단지 부차적으로만 필요한 세목을 제시하고 있을 뿐이고, 체계적 기술은 물론이고 법전도 결여되어 있다. 근대의 사정도 결코 현지에서 연구되지 않았다. 따라서 위에서 서술된 원칙도 절대적이고 불변하는 것이 아니다. 초기 시대에 우리는 밀라 레파의 조상들이 밭을 매매하는 것을 보았다. 티벳인 정보제공자에 따르면 요즘에도 토지소유의 대가로 세금을 납부하는 사람은 그의 토지를 팔 수 있지만 새 소유자는 스스로가 하건 또는 타인에게 위탁시키건 그 토지를 경작해야 하며, 전 소유자와 동일한 세금과 부역을 영주에게 제공해야 한다. 점유자가 도망가거나 게을리함으로써 토지가 경작되지 않는 바람직하지 못한 상황이 오면 영주는 토지를 환수해서 그 지방의 다른 사람에게 다시 배정할 수 있거나 또는 그에게 속한 토지와 합병시킬 수 있다. 전자의 경우 토지를 받는 사람은 세금과 부역의 의무를 지며, 후자의 경우 그 토지는 세금을 납부하는 토지소유자 모두에 의해 경작되게 된다. 근대에 들어 중국의 영향을 받았다는 것도 가능하다. 오늘날 티벳을 연구하는 상황에서 우리는 지역과 기간에 따라 제도의 다양성을 추정할 수 있을 뿐이다.

티벳의 서사시는 비록 티벳 사회를 이상화하고 있고 그것이 묘사하는 제도가 완전히 역사적이지는 않지만 사회를 충분히 반영하고 있다. 그 속에서 우리는 빛을 잃은 늙은 왕과 왕위를 노리는 그의 야심 많은 동생을 보게 된다. 그러나 결정은 항시 지혜의 체현자이고 법과 전통의 보존자인 늙은 현자가 소집한 '인민'들의 집회에 위임된다. 어떤 중요한 경우에 왕의 동생의 소원은 집회의 지지를 얻은 이 노인의 결정으로 좌절된다. 이 집회는 귀족 출신의 젊고 늙은 전사로부터 거지에 이르기까지 사회의 모든 계층을 포함하고 있다. 그러나 그들의 사회적 지위의 위계성은 집회에서 그들이 차지하는 좌석의 위치(왕좌의 왼쪽에서 오른쪽으로, 앞에서 뒤로)에 의해 또 좌석의 높이(방석 3단, 9단 등)에 의해 분명히 드러나는데, 이는 현실세계에서의 그들의 위치를 정확히 반영하고 있다. 비록 왕위 계승은 세습적이지만 영웅의 나라에서는 왕좌와 보물과 부인은 거지를 포함해 사회의 모든 구성원이 참여하는 말달리기 시합의 우승자에게 주어진다는 사실이 강조되었다. 다른 저술은 좋은 사회의 행동규범을 다음과 같이 기술하고 있다. "장로의 충고를 요청해야만 하며 강력한 자라고 해도 인민들의 이해에 따라야 한다." [180: 38b] 티벳의 유목민의 조직을 연상시키는 이러한 '종족적' 또는 사회적 조직에도 불구하고 서사시는 종족이 빠져들기 쉬운 싸움을 조정시킬 수 있는 지도자의 필요성을 강조한다. 지도자가 없는 나라에서는 일이 잘 되어갈 수 없기 때문에 그리고 강한 이웃국가의 힘에 제압되고 있기에 장로는 신들에게 지도자, 즉 영웅을 요청하는 것이다.

전승은 정확히 같은 맥락에서 최초의 왕조의 성립을 설명한다. 최초의 왕은 신의 아들이고 하늘에서 또는 성스러운 산에서 하강했다. 그는 환영받으며 목동, 촌장, 사제, 종족의 대표 또는 소왕들의 집단에 의해 왕으로 선출되었다. 선출에 의해 '인민들과 지배자 사이의 차별이 없던' 시대는 끝나고, 요새화된 거점에 근거한 고립된 영주들 간의 끝없는 내전도 종지부를 찍었다.

왕이 귀족들에 의해 선출되었던 듯 보인다. 즉위를 의미하는 표현은 '왕좌로 선출되다'이다. 반면 '인민'이나 '백성'으로 불린 것은 반드시 일반 민중을 가리킨 것은 아니다. 고전문헌과 오늘날의 언어에서 '노예'나 '노비', '하인'을 의미하는 말과 함께 그런 단어들은 고대 문헌 속에서 드물기는 하지만 귀족에게도 사용되었다.

* * *

이제 고대 티벳의 사회적 관계에 대하여 논의해보자. 우리는 송짼 감포 왕의 치세에 국민들 중 '세금납부자'들이 '제2등급의 노비' 또는 '자신의 종'을 데리고 있음을 보았다. 그들은 '종'이나 '노비'로 묘사될 수 있을 것이다. 비슷하게 티송 데짼의 법전에서도 '검은 머리를 한 사람'은 노비를 갖고 있다. 따라서 그들은 근대의 '납세자'에 상응하며 '부유한 농민'이라고 불리듯이, 영주들이나 국가가 그들에게 준 토지와 집을 소유하고 있다. 그들의 가족이름은 이 재산으로부터 파생되고 있다. 그들은 대가로 세금과 부역을 제공한다. 그러나 같은 시기에 khral(세금)이란 단어는 또한 각각의 귀족가문이 국가에 제공해야 하는 관리와 군인을 함축하고 있기도 한다. 양자 사이에는 어떤 구조적 차이도 없다.

티송 데짼의 후계가 장남의 피살로 불확실하게 되었을 때 전 국민은 집회를 열고 권력을 동생인 티데 송짼에게 이양했다. 또한 그들은 '법(행정과 사법)'을 책임지는 대신을 선출했다. 이 대신은 '전 국민의 문제'를 살폈다. 이것은 한 연대기의 설명이고, 뵌교도의 다른 연대기에 따르면 동생에게 왕좌를 넘겨준 것은 대신회의에서였다. [183: 68-69; 186: 117b] 따라서 '국민'이나 '인민'은 대신과 같은 귀족을 가리킨다. 역으로 초기 대신의 별칭인 '현자(mdzangs)'는 귀족의 의미를 갖기에 이르렀다. 고대 돈황의 연대기는 "왕은 강력하고 대신은 현명하다."라고 말한다. 후에 다른 연대기도 종종 '현명한 대신'에 대해 언급하며, 7현신의 목록도 이미 보았다. 신적인 왕(왕을 의미하는 bstan은 '힘센'을 뜻한다)은 어려운 과제를 행할 용기를 가진 사람이다. 그중의 한 연대기에 따르면 지혜를 통해 기적을 일으키는 사람은 세 명의 외삼촌과 네 대신이다. [139: 254b] 실제로 그러한 대신들은 새로운 기술을 발명할 수 있고 마술과 환술의 경연에서 승리하도록 하는 마술적 지혜와 지식을 갖고 있었다. 능력 면에서 '신'인 왕은 신과 동일한 속성을 갖고 있다고 언급되고 있다. 이것은 '성신(聖神)'이라는 중국 황제의 칭호와 대응한다.

따라서 왕은 동류 중에서 최고로 나타난다. 7~8세기에 왕의 영토는 다른 귀족들의 18개의 영역을 단순히 합쳐놓은 것이었다. 대신은 위계상 그와 매우 가까이 있다. 그들은 대씨족의 명칭을 갖고 있었고 그들 중 많은 귀족은 왕비의 씨족에 속했다(아마도 그들은 외삼촌이라는 명칭을 가졌을 것이다). 그들은 또 연합해서 왕의 권위를 위협했다. 송짼 감포 왕에게 속하는 행정조직에서 '현명한 신하'는 신임장과 직위를 나타내는 휘장을 갖고 있다. 중국의 사료와 돈황의 자료에 의하면 그들 초기형태의 관료들은 직위에 따라 다른 귀중한 소재로 만든 징표를 가지고 있다. 중국 측 자료에 의하면[200: 8a; 199: 69b] 그들의 직책은 세습적이다. "아들은 아버지가 죽을 때 많은 직책을 계승한다. 만일 후손이 없다면 가장 가까운 친척이 그를 잇는다. 그들은 단지 한 씨족 내에서만 서로 계승한다." 후에 티송 데짼의 법전(종교적 법과 평행하게 작용)은 왕법 아래 세 개의 상층부와 세 개의 하층부를 구별한다. 첫 번째 범주에 (1) 선하고 덕 있는 존자(승려), (2) 적을 제압하는 젊은 전사, (3) 직공과 현자, 면허장을 가진 사람이 속한다. [139: 230a] 근대의 티벳에서처럼 관리직은 토지에 대한 칭호와 가족의 이름을 포함하는데 양자는 세습된다. 직위의 위계성은 법에 규정된 처벌과 관련해서 다소간의 특권을 포함한다. 왕과 신하, 귀족 간의 계약은 개인적이고 교환법칙에 의거하고 있다. 왕은 토지와 직위, 은혜를 수여하고 그 대가로 신하로부터 부역을 받는 것이다. 이들 관계는 다시 귀족과 그의 '신하'인 가신 사이에도 반복된다. 왕에게는 '마음에 가까운', 즉 충성스러운 신하와 '마음에서 먼', 즉 불충스러운 신하가 있다. 그들은 규칙적으로 충성의 서약을 교환하는데 작은 서약은 매해, 큰 서약은 매 3년마다 거행된다. 그때 동물이 희생되며 신들이 증인으로 불린다. 신하가 왕에 대해 충성을 서약할 뿐 아니라 왕도 신하와 그의 후손을 위해 그의 소유물과 특권을 유지시켜주겠다는 서약을 한다. 그런 서약은 기둥에 새겨지며 그런 비문들이 전해지고 있다. 더욱이 중국인의 기록에 의하면 "왕과 신하는 (생사의) '공동운명체'라고 불리는 5~6인을 결속시키는 우정계약을 맺는다. 왕이 죽으면 그들은 자살하고 왕을 따라 무덤 속으로 들어간다." 다른 문헌은 많은 친척과 충성스러운 신하도 동시에 매장된다고 한다. 후대의 티벳 연대기에서 이러한 계약은 약화되었지만 기존 골격은 유지되고 있다. 송짼 감포의 장례에서 왕과 그를 따라 죽은 두 왕비의 몸에는 금이 입혀지고 재보는 진열되었다. 그런 일체는 '마치 죽은 사람처럼' 행동하고 따라서 '시신의 하인'으로 인정된 대신들에 의해 보호되었다. 산자와 죽은 자는 다른 곳에 거주해야 하기 때문에 그들은 마치 불가촉천민처럼 일상인의 사회에서 추방되었다. 그들은 왕가의 일가를 제외한 다른 누구의 방문도 받지 않는다. 사람이나 말, 그 밖의 가축도 묘 가까이로 접근할 수 없다. 만일 그들이 잘못 접근한다면 그들은 무덤의 수호자인 (허위로) '죽은' 자에 의해 체포된다. 그들과 접촉했다면 그 사람은 다시 산 자의 세계로 돌아와서는 안 된다. 죽은 자의 낙인(또는 아마 소유의 징표로서 허위로 '죽은 자'와 동일시되어)이 찍혀 그들은 무덤지기의 '조복'이나 '종'이 된다. [197b: 1b; 197a: 1b; 177: 73b]

여기서 신하로 번역한 중국어 臣은 또한 '대신'을 의미하기도 한다. 왕과 운명을 나누는 사람이 귀족이라는 사실은 분명할 것이다. 귀족조차도 왕과의 개인적 관계에서 보면 그의 '신하', '국민', '노비', '하인'으로 간주된다. 어떻게 이 유대가 강화되고, 어떻게 왕이 신과 같은 성질이나 그의 품성 속에 녹아 있는 일종의 자석과 같은 매력으로 충성스러운 신하들을 자신에게 묶어 놓을 수 있었는지를 보자. 돈황의 고대 문서는 이 과정을 상세히 소묘하고 있다.

왕은 야룽에 있는 야르 강가의 칭가 탁째 성에 거주하고 있다. "오 그 사람, 인간의 아들이며 신들의 아들이신 그가 거주한다. 진실한 왕자, 우리는 그에게 봉사하길 좋아한다. 좋은 안장, 우리는 그것을 타기를 좋아한다." 여기서 사용된 '봉사하다(bkol)'라는 동사는 '종(khol)'이라는 단어의 변형으로, 일반납세자의 종복을 나타낸다. 그러나 여기서 이 말은 귀족을 가리킨다. 이 주제는 뒤에서 다시 취급될 것이다.

두 귀족 영주인 탁캬보와 티팡숨은 그들의 영지에서 살았다. 전자는 나쁜 영주였다. 자만심에 차서 그는 현명한 대신과 충성스러운 신하들의 충고를 듣지 않고 아첨꾼의 말에 귀를 기울였다. 그는 현자와 용자를 미워했고 자의적이고 적절치 않은 결정을 내렸다.

"위에 있는 영주가 난폭해하면 아래 있는 종은 두려워한다.
위에 있는 영주가 미치면 아래 있는 종은 교활해진다."

그들 사이에는 더 이상 어떤 신뢰도 없으며 신하들은 그들의 주인에 대해 증오심을 품는다. 그러면 대신은 영주에게 충고하면서 그의 권력의 쇠퇴를 예언한다. 그러나 많은 중국의 이야기에서처럼 영주는 들으려 하지 않고 그를 비난하면서 직위에서 해임한다. 불만을 품은 그는 다른 영주인 티팡숨에게 가서 자신의 원래 영주를 살해한다.

"노새가 너무 무거운 짐을 지면 안장이 부서진다."

살해된 영주의 땅은 티팡숨의 영지에 병합되었지만 그 4분의 1은 그 대신에게 복종의 대가로 하사되었다. 그러나 이제 그가 악행을 할 차례이다. 그에게 하사된 '종'(그러나 이 문헌은 '종'의 땅이라고 말한다) 중에 냥 씨족의 남자와 뛴 씨족의 남자가 있었다. 그들은 대신에게 복속되었음에도 불구하고 원래 귀족이었다. 왜냐하면 그들은 유명한 씨족의 이름을 갖고 있고 토지를 소유하고 있기 때문이다. 어쨌든 냥 씨가 그의 임무를 수행할 때에 대신의 아내에 의해 모욕받았다.

"그녀는 건방지게 그를 모욕했다. 그녀는 음탕한 방식(?)으로 그에게 접근했다. 그녀는 그에게 자신의 음부를 내보였다."

'종' 냥씨는 그의 새 주인에게 직접적으로 불평하지 않고 주인의 주군인 티팡숨에게 호소했다. 그러나 주군은 그의 불평을 받아들이지 않았다. 주군은 대신을 다른 누구보다 높이 평가했고, 또한 그 부인은 무죄이며 지금 이상으로 행동할 권위를 갖고 있다고 선언했다. 그러자 '종' 냥씨는 낙심했고 불만을 품었다. 그럼으로써 상황의 변화를 야기할 수 있는 새로운 요소가 주어졌다.

티팡숨이 그의 권력을 와 씨와 센 씨라는 두 귀족에게 행사할 기회가 왔다. 그들은 서로 싸우다가 센 씨가 와 씨를 죽였다. 와의 형이 군주에게 살해자한테 어떠한 피의 대가를 줄 것인지를 물었을 때, 군주의 답은 명백히 어떤 대신에게 자문을 구한 후에 나온 듯하였고 그것은 매우 자의적이었다. 그는 센 씨가 대신이라고 대답했다(대신은 유덕자이다). "한 유덕한 사람이 덕 없는 사람을 죽였을 때, 그 사태는 살해로 끝난다." 와 씨는 낙담했고 불만스러웠다. 그럼으로써 상황을 혼란시킬 수 있는 잠재적인 두 번째 요소가 주어졌다.

'인간의 대가'의 관습은 근대 티벳에서 계속해서 실행되고 있었다. 그것은 친척들에게 의무적으로 부과되었던 그치지 않는 피의 보복을 중지시키려는 데 목적이 있다. 19세기에 리탕에서는 무장한 도적의 습격의 경우 죄 있는 자를 찾아 그를 죽였다. 만일 그가 생포되면 그의 동료가 그의 석방을 간청하게 된다. 그때 피해배상의 액수에 대해 거의 9대 1의 비율로 협상이 이루어지게 된다. 살인의 경우도 마찬가지이다. 이것을 '생명의 대가'라고 부른다. 따라서 살해가 수십 년 전이나 몇 세대 전에 일어났다고 해도 더 이상 약하지 않고 강해진 상대편이 생명의 대가를 요구할 때에는 배상금이 지급되어야 한다. 그렇지 않은 경우에는 복수심이 무기를 들도록 하고 전쟁은 결코 끝나지 않을 것이다. [190: 25b] 이러한 제도는 인문화하는 불교의 영향에 기인한다고 생각되었지만, 그렇지는 않다. 초기의 중국 사료는 생명의 대가가 강족의 호전적 기질과 관련이 있다는 사실을 이미 보고하고 있다. "그들은 폭력의 사용을 영웅적 용기로 간주한다. 사람이 살해되는 경우 그들은 살해된 자를 위해 배상금을 지불하고 그러면 더 이상의 처벌은 없다." 티송 데짼의 법전에서도 이 관습은 마찬가지로 정착되었다. 한 판본에 따르면 "살인의 경우 대가가 지급되어야 한다." 다른 판본에서는 '살인에는 법에 따라 대가와 배상금'[139: 230a]이라고 쓰여 있다.

우리의 원래 이야기로 돌아가 보자. 영주는 그의 대신에 의해 행해진 살인에 책임이 있다고 간주되었던 듯이 보인다. 이런 종류의 책임은 허구적인 친족의 결속을 전제한다. 두 불만에 가득 찬 자들은 서로 이해하게 되고 자신들의 영토로 되돌아 왔다. 그들은 새로운 주군으로서 당연히 왕에 대해 생각했다. 냥은 그의 의도를 은밀한 말로 표현했다.

강의 저 편에 아! 강의 저편에,
아! 야르강의 저편에
인간의 아들인
아! 또한 신의 아들이기도 한 사람이 살고 있다네.
모두가 기꺼이 복종하는 진실한 군주이며,
모두가 기꺼이 나르는 진실한 안장이라네.

두 번째 사람인 와는 다음과 같이 맹서했다. "당신이 말한 것보다 진실한 것은 없습니다. 나도 결코 이러한 불유쾌한 일을 경험해보지 못했기 때문에 당신과 다른 생각을 할 수가 없습니다." 그래서 그들은 왕에게 충성을(즉 그의 마음에 가까이 있기를) 맹서했다. 왕은 그들에게 필히 은혜를 베풀었을 것이다. 초기의 비문은 이에 대해 군주는 오랜 관습에 따라 '응유와 고기'로 만든 선물을 제공하며 '그의 마음에 가까이' 온 신하에게 은총을 베풀어야만 한다고 보고하고 있다. [94: I, 1.20]

이제 불만에 찬 그들의 복수가 왕을 이용하여 어떻게 준비되는지를 보게 된다. 두 사람은 각각 다른 사람들과 연합했다. 와는 외삼촌인 뇐에게 맹서하게 하고 만일 외삼촌이 죽는 경우 그의 아들에게 맹서하게 했다. 이들 친척은 그들의 영주 티팡숨의 시종에 속했다. 냥은 체퐁 출신의 한 남자를 맹서하게 했다. 그는 왕의 귀에 속삭여 왕에게 계획을 알렸다. 왕은 비록 그의 누이가 영주와 살고 있었지만 그 계획에 동의했다. 그들이 왕궁에서 맹서하고 공격계획을 준비하고 있을 때 왕이 죽었다. 그의 두 아들은 공모자인 여섯 사람에게 새로이 맹서하게 했고 냥, 쩨퐁, 와 씨족 출신의 사람들이 보충되었다. 그 후에 새 왕은 대군을 이끌고 출발했다. 영주의 성은 점령되고 그는 스스로 '파멸했다'. 그의 영토는 왕에게 귀속되었다. 냥과 와는 만족했다. "아! 진실한 군주의 종인 우리는 진정한 안장을 걸치고 탄다." 정복된 나라의 신하들은 그들 나름대로 왕을 찬송하고 그에게 '그의 통치는 하늘보다 높고 그의 갑옷은 산보다 단단하다'라는 통치에 따른 이름을 부여했다. 따라서 그는 남리 론짼으로 불리었다. 그리고 공모자들은 정복된 나라의 땅을 왕에게 바쳤고 그는 그들에 대한 포상으로 봉토를 나누어주었다. 최초로 서약했던 네 명의 음모자들은 토지와 1500명의 종(그들의 집과 가족도 함께)을 얻고 대신으로 임명되었다. 단지 맹서에만 참여했던 다른 사람들은 토지와 종을 얻지는 못했지만 왕의 시종으로 임명되었다. 왕의 위엄이 증대되고 사람을 끄는 중심점으로 되었을 때 많은 영주가 스스로 그에게 복속했다. 쿵 씨족의 한 남자가 짱포의 영주의 목을 베고 이 나라의 이만 가구를 왕에게 바쳤다. 왕은 그가 '자신의 마음에 가까이' 있는 것에 대한 포상으로써 그들을 다시 그에게 하사했다. 반면 왕의 국민에 속하는 동부의 닥포에서 반란이 일어났다. 한 장군이 그것을 진압하고 보상으로 세르쿵의 토지와 목초지를 받았다. 이 모든 것은 왕이 그의 신하들에게 제공하는 '기쁨의 축제'와 더불어 마무리되며, 그때 영웅적 행위는 노래 속에서 칭송된다.

이와 같이 제공된 봉사는 보상받는다. 비록 그것은 도덕적 의무이지만 그에 대한 군주의 보상과 배려는 대가로 생각되었다. 신하들은 종속관계를 인정하면서도 충성을 통해 얻은 이점은 세습되어야 한다고 보았다. 764년의 비문에서 대신 타라 루공은 선왕의 죽음의 원인을 제공했던 두 대신의 모반을 발견했고, 그의 아들인 티송 데짼의 진정한 종이 되었던 것을 과시했다. 왕은 따라서 타라 루공의 후손은 은으로 만든 휘장보다 낮은 위계에 결코 속하지 않을 것이고, 그들 중의 한 명은 왕의 가까운 신하가 될 것이며, 그들은 왕에 대한 반역을 제외하고는 어떤 잘못을 범해도 생명과 재산을 보존할 것임을 맹서했다. 상속자가 없을 경우에는 그들의 종과 토지, 가축은 왕에게 귀속되지 않고 가까운 친척에게 넘겨질 터였다. [93: 26-31]

초기 시대에 이것은 기사도 윤리에 근거한 봉건제라고 말할 수 있다. 가신은 '종'이고 말의 안장처럼 예속상태를 인정했다. 그러나 그의 주군은 '진정한' 주인, '진정한' 안장이어야 한다. 그렇지 않은 경우에 짐을 너무 실은 노새는 안장을 부숴 버린다. 특히 권력남용과 횡포에 대해서처럼 오만은 용납되지 않았다. 그것은 분명 하나의 이론이고 실제로 대신은 권력을 탈취하기 위해 종종 왕의 연소함을 이용했다. 한 예가 앞에서 보았던 가르족의 대신이다. 고대의 돈황의 연대기는 독의 사용과 모반을 곧잘 언급한다. 훨씬 후대에도 달라이 라마의 섭정과 권력분점의 현상이 다시 나타난다. 가르족의 대신이 왕의 조각상을 장막이 쳐진 마차에 싣고 돌아다니게 하여 송짼 감포 왕의 죽음을 오랫동안 비밀에 부쳤던 것처럼, [142: JA, 68a] 섭정 상개 갸초는 제5대 달라이 라마의 죽음을 비밀에 부치고 그의 이름으로 통치했다.

반면에 신하들이 왕의 권위를 인정했던 것은 고전적 연대기에 따르면 '왕이 그가 존경하는 수호신에게 제사지내기 위해 사원을 건립하고 국민들을 위해 평화를 정립하고 스스로 군대를 통솔하며 생명을 무릅쓰는'[183: 70] 의무를 갖고 있었기 때문이다. 신하들이 이러한 주군을 얼마나 갈망했는지는 랠파첸 왕의 대신의 경우에서 잘 드러난다. 그는 세금을 징수하기 위해 암도로 파견되었지만 스스로 왕조를 세웠다. 중국과 티벳으로부터 동시에 압력을 받고 있던 이 나라의 백성들은 그를 지도자로 옹립하고 그에게 금, 은, 비단, 말, 가축을 공물로 바쳤다. 따라서 그는 부유해지고 강성해졌다. 그는 나라의 주요 씨족 출신의 다섯 부인과 결혼했고 그럼으로써 그들과 연합했다. 그의 후계자는 1773년까지 이 지역을 다스렸다. 18세기에 차월(야르룽의 아래 지방) 출신의 린첸이 주변의 지방 호족을 모아 그들과 함께 몽골군을 격퇴했다. 이러한 영웅적 행위로 인해 그 지방의 호족들은 그를 지도자로 선택했다. [141: 120b. 암도 지방에서의 다른 권력 이동에 관해서는 Amdo chos 'byang p.100a 참조] 이런 과정은 어떻게 한 마을의 수장이 기간을 정해 뽑히고 그 후 종신직으로 선출되며, 마침내 그 권력이 세습되는가를 상기시켜준다.

티벳 사회는 물론 변화되어 왔지만 어떤 일정한 구조는 유지되어 왔다. 가장 중요한 단계는 10세기 말 왕조의 멸망과 일종의 교단 국가로까지 발전되었던 교단의 대두를 통해 특징지어진다. 그러나 단절은 결코 전체적이지 않았다. 수백 년이 흘러 18세기 실제적으로 중국의 속국으로 될 때까지 지방의 왕후들에 의해 지배되었던 독립된 소국들은 말할 나위도 없지만, 교단의 교주들도 영주의 생활을 영위하는 것 이상의 일을 하지 않았다. 그러나 교단은 매우 현저한 역할을 했기 때문에 그것은 독립적으로 검토되어야 한다.

교 단

티벳은 종종 신정국가로 묘사된다. 그것은 지난 수백 년 동안 중앙정부의 수장인 달라이 라마가 티벳의 보호신이며 그 동상이 수도 라사에서 있는 관세음보살의 간접적 화신인 한에 있어 정확하다. 이러한 것은 달라이 라마 이전 시기에도 있었다. 즉 관세음보살은 티벳을 최초로 통일했던 송짼 감포 왕으로 화현했었고, 왕은 사후 보살상으로 들어갔다고 한다. 따라서 교단국 가로서 언급하는 것이 보다 정확할 것이다. 왜냐하면 다른 교주들도-몇몇 은 화신이었고 나머지는 아님-티벳 전역이나 그 일부를 지배했기 때문이 다. 그러나 무엇보다 커다란 이유는 달라이 라마가 판첸 라마나 다른 화현 한 고승들과 마찬가지로 관세음보살의 직접적이고 항시 반복해서 나타나는 화신이 아니기 때문이다. 다른 모든 사람에게 있어서처럼 달라이 라마도 역 사적 인물이 다시 이 세상에 모습을 나타낸 것이다. 그는 전생의 일련의 화 신 속에서 실재하는 역사적 인물의 화현으로서, 따라서 이 계보는 역사적인 시점에서 출발해서 전설적 시대를 거쳐 신화적 신들의 세계에까지 연결되 는 것이다. 제1대 달라이 라마 게뒨 둡(1391~1474)은 이미 이 보살의 51번 째 화신이었다. 아티샤(11세기)의 제자인 돔뙨은 45번째 화신이었고, 우리 는 26번째 화신인 이도의 왕 게사르와 27번째 화신인 한 마리의 토씨를 전 설 속에서 발견할 수 있다. 물론 각각의 달라이 라마로서 현현하는 것은 관 세음보살이다. 이 교설은 설명하기 어렵지만, 티벳 문헌은 달라이 라마가 역사적 전임자의 화신이고 관세음보살의 직접적 화신은 아니라고 항시 강 조해서 말한다. 예를 들어 우리는 제6대가 제5대의 화신이라고 하는 설명을 듣지만, 시초에는 관세음은 티벳의 안녕을 위해 여러 번 태어나리라는 서원 을 했다는 이야기를 상기하게 된다. [162: ZA, 196; 181]

따라서 티벳은 라사의 중앙정부뿐 아니라 지방의 독립왕국에 관해서 말하더라도 하나의 교단국가이다. 모든 세속적 관리에 상응하는 교단의 관리가 병존한다. 어린 동생을 승려로 만드는 관습은 모든 차원에서 세속적 권력과 사원 사이에 밀접한 통제와 공동이익집단을 확보하게끔 했다. 사회 계층의 상층부에서 하층부에 이르기까지 중세의 유럽인에게 있어서처럼 모든 티벳인에게 스며든 깊고 진실한 신심에 대해서는 말할 나위도 없을 것이다.

인구통계는 사회에서 사원이 차지하는 위치에 대해 친절한 이해를 제공한다. 오늘날(1960년경)의 라사의 인구는 4만 명(반면 1910년 중국 자료에 따르면 5만 명을 헤아린다)[196: 上, 24]으로 평가되는 데 비해, 라사 근처의 3대 사원인 간댄, 세라, 데풍의 승려 수는 약 2만 명을 헤아린다(매우 대략적인 숫자이다. 19세기 말 세라사에는 7천에서 1만 명의 승려가 있었다고 하지만 1697년 그곳에는 2,850명이 있었다). 참도(인구 12,000명)에는 승려 수가 인구의 4분의 1을 차지했다고 한다. 제5대 달라이 라마가 실시한 1663년의 인구조사에는 50,900명의 승려가 있는 750개의 '도덕적으로 엄격한' 사원(대부분 겔룩파의 사원), 중간 정도의 계율의 엄격성을 요구하는 400개의 사원, 결혼한 승려와 남녀 요가행자의 사원 650개에 2만 명의 승려, 합해서 1,800개의 사원에 10만 명의 승려가 있었다. 그러나 1885년 무렵에는 1,026개의 겔룩파의 사원에 491,242명의 승려가 있었고, 다른 학파를 합치면 더욱 많을 것이다(합쳐서 2,500개의 사원과 76만 명의 승려 또는 인구의 5분의 1). 이런 추정을 절대적으로 신뢰할 수는 없을 것이다. 18세기 중국 자료에 따르면 이번원(理藩院: 몽골, 티벳 등 중국 변방을 관리함)의 등록부에는 강희제와 제6대 달라이 라마의 시기(1700년경)에 3,150개의 사원과 302,000명의 승려가 달라이 라마에 속하며, 327개의 사원과 13,700명의 승려가 판첸 라마에 속한다. 18세기에는 '홍모파'와 '황모파', 즉

비개혁파와 개혁파에 속하는 승려가 합해서 341,200명이었다. [195: 271b]

사원은 세금과 부역으로부터 면제되었기 때문에 독립적인 영주로서 간주될 수 있다. 왜냐하면 사원은 토지와 노비를 소유하고 그들로부터 세금과 부역을 제공받고 사법권 등의 모든 권력을 행사하기 때문이다. 어떤 사원은 종종 성채이다. 다른 영주들에게 있어서처럼 교역과 대금업을 통해 수입은 계속해서 증대되었다. 그들에게 특유한 수입의 원천을 덧붙이자면 개인의 요청에 따라 수행된 의례비용을 들 수가 있다. 전문가에 의해 관리되는 사원이 공동으로 그 수입을 받든지 또는 교주 내지 화신이 개인적으로 받는다. 귀족처럼 사원은 정부에 관리를 제공하고 사원의 고승들은 위계에 따라 칭호를 수여받는다. 반면에 사회계급은 사원 내에서도 유지되었다. 개인재산은 허용되었고 개인적 거래를 통해서나 의례를 수행함에 의해 받은 개인적 사례비에 의해 증가될 수 있다. 부유한 승려는 재산을 소유하고 가난한 승려를 하인으로 둔다. 사원 내의 다른 거처와 집은 가족이나 마을에 속한다. 어떤 집은 그곳에서 사는 승려의 가족에 속하고, 어떤 집은 특정한 지역 출신의 승려를 위해 준비된 것이다. 결혼을 허용한 비개혁 교단에 있어 결혼한 승려는 마을에 살며 그들 가족에 속한 밭을 경작한다. 다른 교단에서도 가난한 승려는 가끔 마을로 와서 농사짓는 일을 도와준다. 가문의 존속을 위해 필요한 경우 승려는 재가자의 신분으로 환속해서* 결혼할 수 있다는 것을 상기하기 바란다. 가난한 하층의 승려는 일반적으로 사원 내에서 높은 직위로 상승하는 데 필요한 오랜 교육을 감당할 수 없고 종종 문맹으로 남아 있게 된다. 사원에서 그들에게 부과되는 모든 종류의 의무(공동취사, 음악, 헌공의 준비 등) 이외에 그들은 세라

---

* 승려는 스승의 결정으로 사원을 나올 수 있었다.

와 같은 겔룩파의 대사원에 있어 승병이나 투사의 역할을 수행한다. 이들 승려는 규칙적 훈련(뛰어오르기, 봉술, 달리기 등)을 하고 겨루기를 하며 (종종 다수의 부하들과) 사원 간의 시합에 참여한다. 그들은 고승들이 여행할 때 그들의 경호원으로 봉사하거나 라사의 대기원제에서 사원의 관리에게 하인으로 봉사한다. 그 경우에 그들은 무력에 의지해 정치적 압력을 행사한다. 그들은 상당히 폐쇄적인 단체를 형성하며 특정한 관습을 통해 집단정신을 함양한다. 비록 그들은 다른 승려처럼 사원에 있을 때에는 머리를 삭발해야 하지만 사원 밖에서 머물 때에는 다른 머리 모양을 하고 다닌다. 즉 머리 중앙에는 삭발을 하지만 귀 주위로는 양의 뿔처럼 길고 꼬불꼬불한 머리스타일을 한다. 비상한 능력을 가진 유랑하는 탄트라 승려는 더 나은 부류로 간주된다. 만일 다시 사원에 들어간다고 하더라도 눈 밖에 나거나 처벌을 받아야만 하는 자들은 머리를 길러서 모양을 내고 내키는 대로 유랑하며 멋대로 생활한다. 그들에 대해서는 거의 알려지지 않았고, 그들의 역사는 더더욱 알려지지 않았다. 그러나 어떤 종류의 왜곡이나 기만에도 불구하고 우리는 그들 속에서 일본이나 중국에서 중요한 역할을 했었던 승병의 전통과 상식적 행위에 반해 행동하려는 경향을 인식할 수 있다. 정통파 교단(겔룩파)에서는 거의 중요하지 않지만 상식에 반해 행동하려는 경향은 비개혁파 교단의 추종자들에게서 발견할 수 있다.

이것이 넓게 말해 근대 시기의 상황이다. 그것의 유래는 불교를 국교로 공인했던 티송 데짼 왕의 시기로 되돌아간다.

한 연대기에 따르면 그 왕은 정실 이외의 왕비와 불교도인 대신의 아들들이 계를 받기를 원했다. 대신들은 만일 그들이 승려가 된다면 먹고 살 것이 없게 될 뿐 아니라 군역과 부역의 의무를 수행할 수 없기 때문에 법을 어기게 될 것이라고 반대했다. 왕은 그들을 숭배의 대상으로 만들 것이라고, 즉 그들에게 필요한 것을 공급할 것이라고 대답했다. 따라서 새롭게 건립된 삼예사의 사원장 예세 왕포는 금장을 두른 대신보다 더 높은 특권과 권력을 요구했다. 왕은 그의 요청을 받아들였고 그는 '귀족들의 앞자리'를 차지했다. 한편으로는 귀족인 냥과 덴카 씨족출신의 다른 승려들은 '대신'들과 '외삼촌'보다 더 높은 직위를 가진 신하로 임명되었다. [183: 51, 53-54] 왕의 진영에서의 알현식에서 영예로운 칭호를 가진 한 승려가 왕의 오른 편(상석) 단상에 앉았고 반면 대신들은 단상 아래에 앉았다. [147: ch. 981] 승려에 비해 그들의 위계가 낮다는 사실은 의심할 여지가 없었다. 예세 왕포는 다른 것을 참조할 필요 없이 단지 인도에서 볼 수 있는 방식을 모방했을 뿐이다. 인도에서 사원에 대한 기부가 면세라는 것은 법칙이었고 사원은 수천 명의 승려를 가진 대학도시(날란다 등)로서 존재했었다.

〈그림 9〉 승병. 팔에 두른 천이 염주로 고정되어 있다. 귀 주위로 틀어 올린 머리

삼예사에서 기부는 행정적 지위와 사원 내에서의 위치에 따라 위계적으로 평가되었다. 앞서 인용된 연대기에 의하면 사원장은 한 달에 70포대의 곡식을 받았고 교수는 35포대, 학생은 12포대를 받았다. 또는 사원장과 '종교의 영원한 후원처'(전체의 사원, 다른 연대기는 '사원과 불상을 위해'라고 기술)는 100가구를 자신의 하인으로 받았고, 각 승려는 3가구를 받았다. 이들 하인은 (그들의 토지를 포함해서) '신들의 영역'을 이루며, 왕이나 귀족의 힘에 종속되지 않고 교단에 종속한다.

　　다른 연대기는 보다 구체적인 목록을 제공한다. [183: 63; 142: JA, 122b] 사원의 영역에는 150인(또는 250인?)의 농부가 포함되어 있다. 사원장 각각은 매해 75포대의 대맥과 아홉 자의 천으로 만든 옷, 1100온스의 버터(의례용 등잔에 필요)와 네 묶음의 종이, 세 통의 먹과 필요한 만큼의 소금을 받는다. 그들 아래에 있는 (삼예 근처의) 침푸의 25인의 행자는 55포대의 대맥, 800온스의 버터, 안장달린 말과 여섯 자의 천으로 만든 옷을 받는다. 그보다 낮은 직급인 13인의 교수는 55포대의 대맥, 여섯 자의 옷, 800온스의 버터를 받는다. 마지막으로 일반 승려는 8포대의 대맥, 두 묶음의 종이와 한 통의 먹을 받고, 25인의 학생 각자는 25포대의 대맥과 세 자의 옷을 받는다.

　　이 시기의 몇몇 비문은 비록 왕통이 중단되었다 하더라도 '하인과 마을 등에 대한 권력은 지배자에게 양도되지도 위탁되지도 않았다'고 서술하고 있다. 기부에 대한 기록은 두 개의 사본으로 만들어져 다른 두 사원에서 보관된다. 사원에 대한 기부는 감소되지 않을 것이며, '사원의 재산을 이루는 종과 토지는 면세될 것이다.' [92: 60 (mTshur-phu 비문), 56(sKar-chung do, 149)] 랠파챈 왕(815~838)은 각 승려의 생활을 위해 그들에게 7가구의 하인을 주었다. [La dwags rgyal-rabs, ed. Francke, 31-34. 183: 74]

그 후부터 우리는 승려들이 대신이나 대사로서 그리고 중재자로서 정치적 역할을 하고 있음을 보게 된다. 랄파첸의 통치하에서 티벳과 중국 간의 821년에서 822년 사이의 평화는 양측의 승려들에 의해 중재되었다.

더욱이 특권은 재산에 관해서뿐 아니라 처벌 규정의 영역에 관해서도 해당된다. 비록 우리에게 알려져 있는 티송 데짼의 법전은 매우 빈약하고 또 후대의 역사가에 의해 작성된 것이지만 여기서 인용할 가치가 있다. 그 법전은 (승려에 관한) '종교법'과 모든 신하의 일반적 사항에 관련된 '왕법'을 구별한다. 여기에 어떤 설명도 없이 '칙령에 의한 법(?)'이 덧붙여진다. '종교법'에는 '사원의 규칙에 복종하는 계를 받은 승려'와 '탄트라 승려'가 엄격히 구분되고 있다.

"사원장은 승려들로부터 계율과 함께 서약을 받아야 한다. 승려는 삼장에 나오는 대로 행해야 한다. 목이 바를 때에 승려는 차와 '흰 것(우유)'을 마셔야 하고, 음식은 곡식과 당밀, 꿀, 응유를 취해야 한다. 의복으로 승려는 가사와 적삼을 입어야 한다. 거처로 승려는 사원에 거해야 하며, 술과 여인, 고기에 대한 욕망과 음식에 대한 과욕을 피해야 한다.

탄트라 수행자는 그들의 서약에 따라 탄트라 경전에 쓰여 있듯이 행해야 한다. 목이 마를 때에 그들은 술을 마실 수 있지만 승려에게 속한 것을 훔치면 안 된다. 음식으로 그들은 원하는 것을 먹을 수 있지만 향락의 독에 탐닉해서는 안 된다. 의복으로 그들은 탄트라 수행자의 백의, 적의, 흑의를 걸칠 수 있다. 거처로 그들은 명상의 가옥(신성의 창출을 목적으로 함)을 가질 수 있으며, 이 방법에 의해 선업을 증대시켜야 한다. 교의의 보호를 위해 명상에 전념해야 한다.

선업을 위해 승려는 '황색의' 경전축전을 행하고, 탄트라 수행자는 '탄트라적' 만달라 축전을 행해야 한다. '검은' 사람(재가신자)은 두 유형의 승려들 모두에게 보시해야 한다. 두 교설이 혼합되지 않도록 하고 각자는

자신의 교의를 보존하도록 해야 한다." [170: 114b]

'종교법'은 다음과 같이 규정한다. "사람들로부터 눈을 후벼내어서는 안 된다. 여인들로부터 코를 자르면 안 된다. 비난받은 자들이 살해되어서는 안 된다. 모든 국민은 군주의 말에 복종해야 하며, 군주와 백성은 승려를 존중하고 예경해야 한다." [183: 31] 그러나 다음과 같은 규정도 있다. "승려에게 손가락질을 하는 자는 그 손가락을 잘라야 한다. 곁눈질하는 자로부터 눈을 후벼내야 한다. [사원의 물건을] 도둑질하는 자는 (훔친 물건가의) 80배 보상의 규칙에 따라 배상해야 한다." [183: 76] 이 규정은 칙령에 반복되어 있다. 군주의 물건을 훔치면 100배 배상하고, 교단의 물건을 훔치면 80배 배상하고, 평인의 것을 훔치면 9배 배상한다. 사실 칙령의 규정은 매우 보존 상태가 나쁘고 종종 모순된다. 아래 문장은 칙령의 구절이다.

> "만일 어떤 사람이 나의 종교법에 규정된 대로 행동하지 않는다면, 그는 왕법에 의해 필히 (아래 경우에) 처벌받게 될 것이다.
> 승려가 사원장에 대해, 제자가 그의 (탄트라) 스승에 대해, 하인이 주인에 대해, 아들이 아비에 대해, 동생이 형에 대해, 부인이 지아비에 대해, 잘못 처신하거나 죽이거나 마치 적과 같이 행동한다면, 그가 누구이건 그는 화형에 처해지고 물속에 던져질 것이다."

애매모호한 점이 있지만 신체상의 처벌은 승려에게는 적용되지 않았던 듯하다. 그리고 만일 도둑질의 배상의 비율을 고려한다면 교단은 거의 군주와 대등한 단계에 있다.

박해에 관계없이 그리고 왕조의 멸망에도 불구하고, 사원은 특권을 보전했고 짧은 기간 내에 상당한 부를 모을 수 있었다. 앞에서 보았듯이 티벳의 서부와 동부에서 승려들은 보호자를 얻었다. 1250년경에 디궁사의 교주는 이란을 지배했던 몽골계 왕인 휠라유, 실론의 왕, 티라후티와 야체로부터 세 차계 기부를 받았다. 사캬파에게 티벳에 대한 통치권을 부여하면서 그 당시 몽골은 세금으로부터 면제된 3,000명의 타르칸, 즉 관리를 용인했을 뿐 아니라(쩰파는 2,000명의 면세된 타르칸을 얻었다), 그들의 사원에 대해서도 면세혜택을 주었다. 오늘날까지 부－자로 계승되는 사캬파의 재가관리는 타르칸이라는 칭호를 갖고 있다. 15세기 중반에 7대 카르마파의 교주도 티벳 각지의 9명의 왕과 외국(몬, 카슈미르, 네팔, 푸랑, 구게, 망월 등)의 왕들로부터 기부를 받았다. 모든 종교 지도자는 중국 궁정에 공물과 사절단을 파견하는 것에 열심이었는데, 그 수행원의 수가 수백 명이나 수천 명이 되었다. 그들은 귀중한 건물을 받고 교역에 몰두했는데, 중국 궁정이 그들 모두의 체재비용 일체를 부담하는 점에서 매우 수지맞는 장사였다. 그 비용이 너무 방대해서 중국은 사절단의 방문회수와 규모를 제한해야만 했다. 고승들은 제사(帝師)로서 원조부터 청조에 이르기까지(13～20세기) 영속적 거처를 중국에 갖고 있었고, 특권적 지위를 향유했다. 중국의 학자들은 이들 고승들의 사치와 폐해에 대해 항의했다.

따라서 대사원과 종교교단 사이에 끊임없는 반목이 대부분 경제적이고 정치적 이유에 기인하고 있음을 발견하는 것은 놀라운 일이 아니다. 몇몇 예외를 제외하고 그 반목들은 어떤 교리적 차이점을 내포하고 있지도 않다. 그것들은 종교전쟁이 아니라 교단의 교주 간의 권력투쟁이거나 토지 소유자 사이의 투쟁이었다. 1224～1228년 탁릉의 대사원의 건립 도중에 그 교단의 목수가 낙쇼(산림지대)에서 목재를 구하려고 했을 때, 이를 디궁파 승려들이 거부했다. 후에 목수들에게 벌채가 허용되었지만, 얼마 후에 이유를 알 수 없는 전쟁이 탁룽사와 디궁파 사이에 일어났다.

* * *

정치적이고 경제적인 동기 때문에 우리는 초연한 성자들이었던 고승들의 역할을 잊어서는 안 된다. 그들의 종교적, 도덕적 권위는 매우 컸기 때문에 그들은 서사시에서 종종 칭송된, 티벳 사회 내의 중요한 임무, 즉 중재자라는 임무를 위한 하나의 이상적 후보였다. 살인이나 가축의 도난, 종의 도주나 다른 논란거리가 생겨났을 때, 끝없는 복수를 피하기 위해 양측에서 중재자가 정해지고 그의 결정은 인정되었다. 그 대가로 그는 보시를 받았다.

1074년 무렵 콩포에서 큰 전쟁이 일어났을 때 토지신은 마 씨족의 최키세랍에게 중재를 위임했다. 그래서 그 성자는 전쟁터로 가서 9가지의 무서운 귀신으로 그들을 위협하고 토지신을 중재의 증인으로 부르면서 두 군대 사이에서 법의를 흔들었다. 정해진 시간에 격렬한 폭풍이 몰아닥쳤고 군인들은 전투를 그쳤다. [99: 874]

샹 린포체(Zhang Rinpoche)는 12세기 말에 티벳이 '법도 없고 조각조각 분열'되었음을 보고나서 산과 계곡 길을 그의 인장으로 새겨 넣고 무서운 의식을 행했다. 이것은 수렵과 노상강도를 금지하기 위한 것이었다. 그는 무장 세력을 비난하면서 협상을 호소했다. 갈등의 종식을 위한 모임에 참여했던 한 재가의 우두머리는 이 고승이 현출시킨 두려운 신 템촉의 얼굴을 보았다. [142: NA, 37a] 산과 강, 길에 종교적 인장을 찍음으로써 폭력을 금지하려는 절차는 빈번히 사용되었다. 길은 근대에 이르기까지 극히 불안했다. 13세기 초에 우리는 다른 성자가 산과 강, 하천에 '각인하고' 여행자를 위해 음식을 제공하는 일종의 구호소를 건축했던 것을 보게 된다. 그러한 구호소는 이미 두 세대 이전에도 존재했었다. 그곳에서 환자들을 돌보았다. [99: 986, 997]

15세기 중반에 7대 카르마파는 중재자로서 링 지방의 골육상잔(nang-dme)의 내분을 중지시켰다. 여기서 사용된 이 단어는 일반적으로 도덕적으로 엄격히 금지된 한 씨족 내의 갈등을 가리킨다. 그의 중재의 결과, 성자는 '성스러운 주민(사원에 소속된 종)'과 '세속적 주민(재가의 군주에 속한 주민)'을 그들의 처소로 되돌려 보냈다. 비슷하게 그는 링과 카톡 지방에서의 불교도와 뵌교 사제 사이의 전투도 포로를 감옥에서 석방시키고 평화를 강요함으로써 종식시켰다. 그는 과거에도 타찌엔루 지방의 종족 분쟁에 개입해서, 모든 '세속적' 주민과 '성스러운' 주민을 설법과 물질적 재화를 갖고 만족시켰다. 그는 골록족 사이의 전쟁을 중재함으로써 그들로부터 '통행세'와 선물을 받았다.

그러나 이들 성자의 초연함에도 불구하고 그들 스스로가 전쟁의 대상이 되는 것을 피할 수는 없었다. 왜냐하면 그러한 성자의 재산과 조정은 수입의 원천과 정치적 위엄을 의미했기 때문이다. 교주의 계승이 화신에 의해 결정되었을 때, 투쟁은 환생의 선택에 집중하게 되었다. 7대 달라이 라마가 이 경우에 해당된다. 중국 왕실은 어느 특정한 가문이 후보자를 독점하는 것을 방지하기 위해 후보선출을 여러 후보자 중에서 제비뽑기로 결정하자고 티벳 정부에 강요했다.

16세기에는 8대 카르마파의 추종자와 암도 출신의 다른 화신의 추종자 간에 싸움이 벌어졌다. 그것은 각각의 카르마파 화신의 정부를 구성했던 군영의 사령관들에 의해 벌어진 전쟁이었다. 8대 카르마파는 기적을 보임으로써 전쟁을 종식시키는 데 성공했다. 10대 카르마파는 골록족 출신이었다. 그 아이는 '홍모파' 카르마파의 진영으로 옮겨져 '홍모파' 카르마파 교주의 계를 받고 '흑모'의 위상을 수여받았다. 그때 그는 '사자좌'에 서서 흑모와 인장, 우산 등을 받았다. 그 진영은 어린 화신을 잡아두려고 했지만, 골록족, 특히 아이의 가족은 '재산의 손실을 두려워하며' 이를 거절했다. 왜냐하면 암도의 몽골계 왕인 콜로지가 어린 화신과 그의 아버지를 초대했기 때문이다. 훗날에 골록족은 다시 몽골인들이 홍모파 진영과 공모해서 10대 카르마파를 납치할 것을 두려워했다. 몇 년이 지난 후에 카르마파가 많은 여행을 하고 암도 왕의 초청과 운남 지방의 여행을 수락한 후에도, 골록족은 카르마파가 그들에 의해 억류될지를 걱정했고 '마치 적들에 대한 것처럼 크게 경계를 했다.' [142: PA, 195 이하, 223 이하; 132: 169-178]

그러므로 교단 공동체와 개개인의 화신 사이에 어떤 차이를 인정해야 한다. 전자는 모으려 하고 부와 정치권력을 축적하려는 경향이 있다. 후자는 구심적이고 원심적 의미에서 그것들을 순환시키는 하나의 요소이다. 모든 화신이 성자는 아니었고, 그들은 자신의 권력과 사원의 권력을 혼동했다. 그렇지만 다음과 같은 구별은 필요하다. 그 구별은 적어도 부분적으로 (방랑하는 요가행자 유형의) '탄트라 수행자'와 다른 종교적 삶의 추종자 간의 구별과도 상응한다. 이것은 위에서 요약했던 티송 데짼의 법전에서도 나타났다. 획득된 재산 상태와 특권의 유지를 위한 제도의 고착화로 특징지어진 근대 시기에서조차 '살아 있는 붓다들'이 사원과 대립해서 일 년에 한 번 그들의 재산의 반이나 되는 보시를 나누어주고, 그들이 속한 사원과 국가의 종교의례에 비용을 부담하고 있다는 사실이 보고되고 있다.

그러나 이미 초기 시기에 특히 방랑하는 요가행자 또는 선정수행자에게 있어 보다 큰 규모의 재산의 순환이 관찰되고 있다. 그 상황을 이해하기 위해서 우리는 티벳 불교가 인도인 스승으로부터 물려받은 두 가지 원리를 파악해야 한다. 첫 번째 원리는 복종으로서, 정신적 스승(구루 guru)에 대한 제자의 절대적 복종이다. 구루에 대해서는 뒤에서 다룰 것이다. 두 번째 원리는 모든 비법의 전수를 위해 항시 고액의 수업료를 지불해야만 한다는 것이다. 왜 인도인 스승이 그런 지불을 요구했는지는 우리의 관심이 아니다. 의심할 여지없이 그 하나의 이유는 탄트라 의례, 특히 만달라의 공헌을 위해 많은 양의 귀중한 재료가 필요하다는 점이다. 덧붙일 것은 서적과 비법전수를 찾으려는 티벳의 헌신적 인물들이 겪어야 했던 엄청난 어려움일 것이다. 인도로의 여행은 오랜 기일이 걸렸고 사본은 드물었으며, 스승들은 산재해 있었다. 동일한 상황이 곧 티벳에서도 일어났다. 새로운 교설을 배우거나 새로운 주석을 공부하려면 이곳저곳으로 스승을 찾아다녀야만 했다.

티벳의 연대기는 그들의 정신적 스승들이 책과 구전 전승을 찾아 인도로 출발하기 전에 많은 양의 금을 모으기 위해 얼마나 열심이었는가를 보여주는 기록으로 가득 차 있다. 장춥외가 투르크족 쾨룩에게 포로로 잡혀 있던 그의 삼촌인 예세외를 위한 보석금으로 모았던 많은 양의 돈은 삼촌의 조언에 따라 인도스승을 티벳으로 초청하는 데 사용되었다. 조금 뒤에 독미는 많은 돈을 얻었고 그것을 갖고 인도에서 가르침을 받을 수 있었다. 이것은 그에게 단지 부분적으로만 이루어졌다. 그는 나머지 가르침을 티벳에 있던 인도인 스승으로부터 많은 양의 현금을 주고 배웠고, 이를 통해 그는 이 전승에 있어 독점적 위치를 확보할 수 있었다. 따라서 독미가 그의 제자인 마르파에게 많은 선물을 요구했다는 것은 놀라운 일이 아니다.

마르파는 남부 티벳의 비옥한 땅인 로닥 지방에서 부유한 부모의 아들로 태어났다. 그들은 토지와 목초지를 갖고 있었다. 그는 격정적 성격의 소유자였기 때문에 그의 부모는 그를 라마 독미의 학교로 보냈다. 그들은 그에게 '가르침의 선물'로서 16회의 반야바라밀다경에 필요한 종이와 두 무리의 동물, 1온스의 금, 어느 정도의 은, 한 마리 말과 아카시아 나무로 만든 안장, 한 필의 비단을 주었다. 마르파는 스승 독미에게 종이와 두 무리의 동물을 주며 비법전수를 요청했다. 그러나 그는 단지 산스크리트와 인도방언 수업만을 3년 동안 배웠다. 만족하지 못한 그는 나이라트미야의 4종의 비법전수를 위해서는 각각 15마리의 야크 소가 필요할 것이며, 에카자티를 숭배할 허락을 얻기 위해서도 한 마리 소와 한 마리 양이 필요할 것이기 때문에 인도로 가는 것이 낫다고 생각했다. 그는 독미가 자신을 괴롭히지 않게 하기 위해 남아 있는 물건의 일부를 독미에게 주고 나머지는 금으로 바꾸었다. 그는 부모에게 가서 그의 재산과 토지, 집의 지분을 요구했다. 그의 부모와 형제는 동의했지만 그에게 자신들과 함께 머물도록 요구했다. 그러나 마르파는 거절하고, 자신의 몫을 받고 토지와 집을 제외한 모든 것을 바꾸어 18온스의 금을 만들었다. 그는 인도에서는 금을 갖고 있어야만 한다는 것을 알고 있었다. "만일 종교적 가르침을 위해 많은 돈이 없이 인도로 가려고 한다면 빈 대접에서 물을 마시려는 것과 같다." 인도에서 12년을 머무르는 동안 그는 여러 가르침을 배우는 데 모든 금을 다 썼다. 그는 조금 더 모으기 위해 티벳으로 돌아왔다. 그의 여행 동료이자 경쟁자인 뇨는 1온스의 금과 만달라 하나를 주면서 기이한 거래를 제안했다. "너는 모계의 스승이 되고, 나는 부계의 스승이 되자." 교설을 독점하려는 소망은 그를 잘못 인도하여 뇨는 마르파가 인도에서 가져온 진귀한 책들을 강에 던져버렸다.

　티벳으로 돌아왔을 때 마르파는 그의 씨족의 일원이며 북부(담)에서 유목종족의 우두머리였던 부유한 마르파 고렉의 초청을 받았다. 그는 많은 물품(말, 가축, 갑옷 등)과 18온스나 되는 많은 금을 받았다. 마르파는 병을 치료하고 비전을 주고 북부의 광산에서 일한 대가로 받은 금을 그것에 더했다. 로닥으로 돌아온 그는 원하는 모든 땅을 받았다. 매우 유명해지고 종에 둘러싸여 그는 여러 부인과 결혼해서 여러 아들을 낳았다. 마침내 그는 자신의 서원을 충족시킬 수 있었고 50온스의 금을 갖고 인도를 향해 재차 출발했다. 그의 전기[133: 3-5, 26]는 자연스레 그의 종교적 관심을 강조하고 있지만, 한 연대기가 적고 있듯이 "일상인의 눈으로 볼 때 그는 가족을 부양하고 이웃과 다투기도 하며 단지 농사와 건축에만 몰두했다." [99: 404] 그의 제자인 밀라 레파의 전기는 실제로 그가 농부와 다수의 목동에 둘러싸여 있었고 탁룽의 사람들이 위와 짱에서 오는 그의 제자를 공격해서 그가 선물을 받지 못하게 한다고 불평하면서 밀라 레파한테 마술로 그들에게 우박을 내리도록 요구하는 모습을 보여준다. 그는 또한 밀라 레파에게 성이나 방어용 탑을 세우도록 요구했다. 이 성은 9층 위로 12개의 기둥이 있는 복도로 둘러싸여 있는 벽과 예배소를 포함해야만 했다. 전기는 이것이 밀라의 죄를 정화하기 위해 그에게 부과된 하나의 시험이었다는 사실을 강조한다. 그렇지만 전기는 전략적 위치(계곡의 협로)에 성을 세우는 것이 하나의 방책이었음도 인정하고 있다. 그 위치는 마르파의 부계 친척들이 어떠한 성도 세우지 말자고 맹서했던 곳이지만, 마르파는 이 맹서에 따르지 않았던 것이다. 따라서 '사촌'들은 탑을 파괴하기 위해 무장한 남자들을 소집했지만 마르파는 마술로써 그들을 놀라게 하는 데 성공했다. 그들은 그에게 선물을 주고 그의 후원자와 종이 되었다.

매우 가난했던 밀라 레파는 숙식을 해결하기 위해 스승의 집에서 노동해야만 했다. 마르파는 그가 '비전전수의 대가'를 제공할 수 없었기 때문에 그가 비전전수에 참석하는 것을 반복해서 저지했다. 밀라 레파는 "어떤 길을 가든 선물을 얻는 것은 불가능하고 재산이 없다면 종교도 얻을 수 없다."라고 스스로에게 말하면서 절망에 빠져 자살하려고 했다. 그때 '몸과 말, 마음'의 총체적 선물로 그는 시련을 끝내고 비전을 전해 받은 되었다. 이미 반쯤 비전을 전해 받은 마르파의 또 다른 제자인 옥퇸은 스승에게 '특별히 심원한 가르침'을 청했다. 그 가르침은 '구전 전승의 사본'에서 유래한 것으로 열람이 금지된 채 인장으로 봉인된 것이다. 그것을 위해 그는 자신이 가진 안(보석, 비단 등)과 밖(가축)의 전 재산을 주어야만 했다. 그는 집에 남겨 두었던 늙고 발을 저는 염소도 가져와야 했다. 이것은 의심할 여지없이 하나의 상징적 선물이지만, 해체될 수 없는 개인적 유대에 대한 전적인 헌신의 원리는 남아 있다.

앞서 언급했던 무장 충돌의 중재자로 활약했던, 그들과 동시대인인 최키 세랍은 그의 스승인 담파의 가르침을 배운 후 집으로 가서 그의 소유와 종들을 포기하고 명상가가 되었다. 병자를 치료하기 위해 악귀를 굴복시킬 수 있었던 담파의 다른 제자는 매우 높은 사례금을 받고 거부가 되었다. 그는 토지와 영지를 사는 데 재산을 사용했다. 그는 기근 후에 구걸해서 먹고사는 부모와 형제를 그곳으로 데리고 왔고 동생을 결혼시켰다. 그는 치료의 대가로 받은 3온스의 금과 한 마리 종마를 스승에게 선물했다. 그의 전기는 중요한 항목을 덧붙이고 있다. 그가 스승에게 제공한 금은 윤좌(輪座)의 비용을 지불하기 위해 한 여신에 의해 운반되었다. 이들 '윤좌'는 일종의 의식으로써 남녀 명상자의 집단을 결합시키는 대향연으로 이루어져 있다.

요가행자는 부를 축적해서는 안 된다. 그는 돈을 얻으면 그것을 소비해야 한다. 그것이 최소한의 원칙이다. 14세기의 요가행자 삼탠 팰파(1291~1366)는 많은 제자를 두었고 식료품과 재산을 축적했다. "향유할 수 있는 재산이 그의 손에서 벗어나 있지 않았지만 그는 개인적으로 바늘과 실조차 소유하지 않았다. ······ 스승과 제자들은 탁발하면서 생활했고, 사원의 유지를 위해 [재산을 축적했지만] 담요 넓이의 땅조차 사유하지 않았다." [99: 884] 그러나 종종 선물이 대규모에 달할 때도 있었다. 명상가 게르 (1144~1204)는 요가행자인 그의 스승과 그의 처에게 50호의 가구, 반야경 사본, 말 세필을 포함해 103종의 다른 재산을 기증했다.

이 연대기는 무욕행이란 점에서 덜 현저한 다른 성자의 경우와 비교하여 삼텐이 성자라는 예로 이러한 경우를 강조하고 있는 듯하다. 그러나 비판되는 것이 허용되지 않은 사원의 재산과 개인적 재산 간의 구별이 있었던 것은 확실하다.

* * *

비록 어느 시대에도 소수이긴 하지만 종교적 인간들은 그들 종교의 명령을 진지하게 받아들여 그것을 실천으로 옮기고자 했다. 그들은 사회의 폐습을 비판하는 대변인이다. 이러한 비판은 자주 엄격한 어조로 표현되었고, 기존 학파에 반대하는 개혁파 교단에 의해 행해졌다. 우리는 이미 왕이며 승려였던 예세외(11세기)의 통렬한 비판에 대해 언급했다.

> "'해탈'(살해)의 (의식의) 성행 이후에 염소와 양들은 더 이상 평온하게 쉬지 못한다. (성적) '결합'(의식이) 성행한 후에 사람들은 근친관계를 불문하고 결합한다."

그의 비판은 계속된다.

"너희들 '시골의 사제' 탄트라 수행자여! 그대들의 수행은 다른 왕국에서 그것에 대해 듣는 다른 사람에게는 경이롭게 보일지는 몰라도, 너희들로 하여금 '우리는 붓다이다'라고 말하게 하는 그런 수행에 비해 카르마의 신이 보다 자비롭다. 너희들은 매나 늑대보다 더욱 고기를 탐하고, 당나귀와 황소보다 쾌락을 추구하며, 파괴된 집이나 시체의 가슴보다 더욱 분노에 차서 파괴한다. 너희들은 개나 돼지보다 더럽다. 똥과 오줌, 정액과 피를 순수한 신에게 바치는 너희는 부패한 시체의 연못에(지옥에) 태어나게 될 것이다. 얼마나 가여운 일인가!" [151: ed. Das II, 393＝목판본 248b]

훨씬 후대인 18세기에는 개혁파를 포함해 모든 교단에 대해 비판하는 연설집 한 권이 나타났다.

"오늘날 많은 승려는 입으로는 항시 종교를 떠들지만, 행동으로는 결코 종교를 생각하는 것처럼 보이지 않는다. 그들은 비만해지기를 바라고 고기, 술 등을 탐한다. …… 노래가 있는 곳, 이익이 남는 장사(기회), 또는 경기장이나 전쟁터라면 어디든지 그들은 기뻐하며 달려간다."

비판은 이어진다.

"자신이나 타인을 위한 희생의식을 거행할 기회가 있고 재가신자의 모임에 참석할 기회가 있다면 지금의 라마들은 조그마한 수치심도 없이 동물을 죽이고 고기와 피를 즐긴다." [158: 6b, 14b]

그렇지만 당시의 종교적 수행에 대한 이런 격렬한 비난의 목소리를 교단 외부의 일반인들은 거의 들을 기회가 없었다. 설교자는 알려지지 않았고 신앙심이 깊은 사람들도 여기에 동참하지 않았다. 그러나 일반인의 비판은 존재했고, 대부분 노래나 풍자 속에서 표현되었다. 티송 데짼의 법전은 "사람들은 티벳인이나 인도인 번역자 및 학자들에게 시구에 의해서조차 증오를 보여서는 안 된다."[139: 229a]라고 하는 기이한 조항을 포함하고 있다. 우리는 고대 티벳에서 수수께끼 같은 시와 노래로 스스로를 표현했던 음유시인과 비슷한 종교전문가가 존재했다는 사실을 보게 될 것이다. 따라서 암시적인 비판은 가능했다.

노래와 풍자의 습관을 간직, 발전시킨 이들 종교집단은 티벳 사회에 내재한 결함을 향해 주의를 돌리는 데 큰 역할을 했다. 그들은 비정통적 행동방식으로 특징지어지는, 유랑하는 가난한 요가행자들이다. 티벳 사회에서 그들은 '광인(狂人)'으로 알려졌는데, 이 말은 기행(奇行)과 신성한 영감 양자를 의미한다. 그들은 시와 노래, 춤을 애호하고, 이것들에 대해 부정할 수 없는 재능을 갖고 있었다. 그들은 웃음과 농담을 좋아했고 민중들과 섞여 그 일부가 되었다. 따라서 그들은 교단과 모든 종파를 포함해 사회의 악폐를 통렬히 비판했다.

위대한 성자이며 시인인 밀라 레파(1040~1123 또는 1052~1135)는 이미 민중의 노래를 모방하고 있었다. 그는 농담을 통해 악평을 얻었고 스스로 '미쳤다'고 했다. 그는 승려를 조롱하는 데 기쁨을 느꼈다. 다음과 같이 그는 교학자 내지 '이론가'에 대해 말하고 있다. "배를 자만심으로 채우고, 그대는 공성을 트림하며 시기심을 토해내고 있다. 그대는 타인에 대해 경멸의 방귀를 뀌고, 빈정거림을 방뇨하고 있다." [134a: 192a-196a]

우리는 이 유형에 속하는 다른 성자를 알고 있다. 그는 성 프란체스코와 초기의 그의 학파와 비교될 수 있다. 그들 중의 한 명인 둑파 퀸렉(16세기)에 대해 상세한 전기가 남겨져 있다. 이 성자는 성스러운 산의 축제에서 민중과 섞여 술을 마시며, 민중들의 노래 양식과 가사를 만들어내면서 그들과 함께 노래를 불렀다. 그는 기타를 벗 삼아 춤추면서 이 나라 저 나라를 유랑하며 다녔다. 그의 노래 속에서 우리는 당대의 모든 종교교단에 대한 비판의 목소리를 들을 수 있다. 그는 마치 어떤 명상적 내용도 없는 외적 행위인 것처럼 연출되는 기계적 의례수행(탈춤이나 '최'라는 무서운 연기)에 대해 항의했다. 그는 다른 악습도 비난하고 있다.

"'위대한 명상가'의 학교에서 각자는 그와 결부되어 있는 비디야(지혜를 상징하는 여성)를 가진다. 나는 요가행자로서 그것을 거부한다. 왜냐하면 나는 하루라도 가장이 되는 것을 두려워하기 때문이다." 그리고 "논리학의 학교에서 각자는 위로받을 수 있는 젊은 승려를 갖고 있다. 나는 요가행자로서 그것을 거부한다. 왜냐하면 나는 사정(射精)의 죄를 범하는 것을 두려워하기 때문이다." 또는 경제적 영역에 관해서도 언급한다. "나는 둑에 있는 절을 방문했다. 둑의 상부 지역에 있는 절에서 토지재산을 두고 내부의 싸움이 벌어졌다. 나는 요가행자로서 그것을 거부한다. 왜냐하면 나는 사촌형제(동일 씨족의 구성원) 간의 싸움을 선동하는 것을 두려워하기 때문이다." [131: 67a-b] 그가 자신의 가족에 의해 얼마나 나쁜 대접을 받았는지는 앞에서 보았다.

유럽의 상황과 유사하게, 승려의 성적 방탕이 그것에 관한 농담만큼이나 흔했다. 죄의 고백을 위한 가장 흔한 의식서는 '불륜' 또는 금지된 것으로서 간주된 성관계의 전체적 목록을 보여준다. 그것들 중에는 스승과 제자 간의 관계[182: 5b]도 있다. 근대 시기에 여행자는 종종 승려와 사원 밖에 거주하는 여인 간의 관계와 특히 사원 내부의 동성애에 대해 주목했다. 예상할 수 있듯이 후자는 앞서 논의했던 승병의 폐쇄적 집단 속에서 특히 빈번하다. 소년의 납치가 검술과 권술시합 때문일 수도 있다.

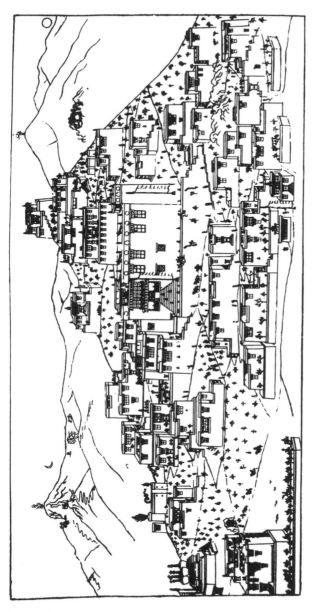

〈그림 10〉 1489년 건립된 사캬파 제2의 사원인 짼동 사원을 묘사하고 있다. 짼동 이란 이름은 '삼계에 대한 승리의 사원'을 의미한다.

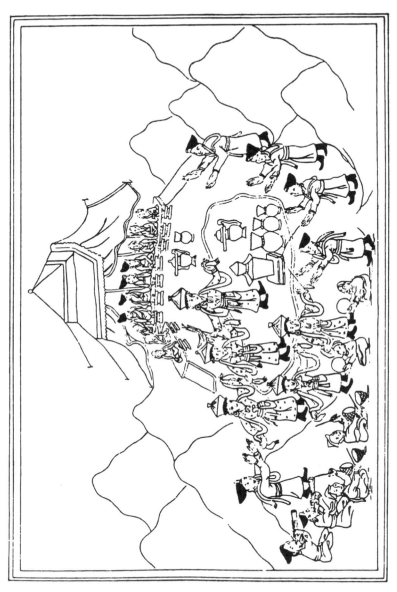

〈**그림 11**〉 신랑 측 중매인들의 춤. A. H. Franke, *Tibetische Hochzeitslieder*, p.229에
서 발췌

둑파 퀸렉이나 유명한 아쿠 퇸파와 같은 '미친' 성자들은 민중의 사랑 받는 영웅이 되었다. 그들은 비구와 비구니에 관한, 일반적으로 매우 조야한 많은 농담의 주인공이었다. 이 방식에 의해 민중적 양태로 사회적 폐해에 대한 이해를 표현할 수 있었다. 모두에게 알려진 유일한 민중의 작품인 서사시 게사르는 마찬가지로 해학으로 가득 차 있고 상류층과 교단의 폐해에 대해 말하고 있다. 비록 그 저자는 알려져 있지 않지만, 분명히 그는 노래하는 시인, 영감에 가득 찬 '미친' 시인 중 한 명이었을 것이다.

> "신과 같은 저 라마는 설법으로 가르친다. 그는 재물은 무상하며, 물거품이라고 말한다. 그는 삶이란 무상하며 섬광과 같은 유희라고 말한다. 그러나 그의 행동은 그의 말과는 다르다. 그는 만족하는가? 그것은 선물의 양에 달렸다. 그는 누군가에게서 잘못을 발견하는가? 그것은 그들이 아름다운지 혹은 추한지에 달렸다. 재산은 그를 위해 있다고 그는 생각한다. 그의 손은 탐욕이라는 끈으로 그것을 움켜잡고 있다.
> 뛰어난 군주는 법으로 가르친다. 그는 백성들을 행복하게 만들어야 한다고 말한다. 타인의 재산을 탐내서는 안 된다고 그는 말한다. 정직하지 않음은 법에 저촉된다고 말한다. 그러나 그의 행동은 그의 말과는 전혀 일치하지 않는다. 그는 백성을 가난과 기아로 괴롭힌다. 당신은 돈을 갖고 있는가? 그는 법전 속에서 처벌을 명시하고 있지만, 가장 많이 죄 지은 사람이 법을 피하기 위해서는 그에게 은밀히 귀중한 보물을 보내는 것으로 충분하다." [152b: II, 30]

머지않은 옛날, 라사에는 노래에 재능을 가진 유명한 광대가 있었다. 그는 일종의 설화를 퍼뜨리는 사람으로 처벌을 무릅쓰고 정치적 풍자를 감행했다. 그는 '아쿠 퇸파'라는 별명으로 불렸고, 따라서 위에서 논의했던 익살맞은 성자와 동일시되었다. 우리는 뒤에서 탈을 쓰고 춤추는 광대가 또한 기괴한 성자를 나타낸다는 것을 보게 될 것이다. 그러나 10세기까지의 중국이나 다른 곳에서처럼 웃기기도 하고 성스러운 성격을 가진 어떤 주목할 만한 개인은 해학을 통해 부패한 관습을 비판하는 데 전문화된 반면, 근대 티벳에서 그것은 '가르침의 파괴' 또는 '통치의 파괴'라는 이름하에서 매우 널리 퍼진 놀이가 되었다. 예를 들어 탈춤의 막간에 승려가 교단을 풍자하는(점쟁이가 거짓 예언을 하는 등) 단막극을 올린다. 손님 접대나 공원으로의 소풍에서 귀족들도 참석자와 친구들을 웃게 하기 위해 평민들과 동일한 짓을 하는 데 거리낌이 없다. 그러므로 이런 비판과 해학을 불신이나 반역의 표식으로 받아들이는 것은 잘못일 것이다. 그들은 단순히 즐겁게 만들고자 할 뿐이지 심원한 신심을 배제하는 것이 아니다. 그들은 사회의 구조를 의문시하는 것이 아니다. 그것은 언제나 인정되었다. 그들은 단지 우연한 변형으로 간주되는 특정한 경우를 문제시할 뿐이다. 급진적 변란이 숙고될 때, 그것은 더 나은 유토피아의 도래가 아니라 세계의 종말의 신호로서 받아들여졌다. 그러므로 뵌교도의 연대기는 왕후와 백성 간에, 주군과 신하 간에 어떤 구별도 없고, 종들이 권력을 잡고 주인을 지배하고, 승려는 장군이 되고 은둔해 사는 여인이 아이를 낳을 때가 세상의 종말이라고 묘사한다. [186: 133b, 135b]

교단의 정치적, 경제적 측면에 대한 고려 때문에 그것이 정신적 생활에서 수행했던 보다 중요한 역할을 망각해서는 안 된다. 실제적으로 모든 문화적 활동은, 적어도 왕조의 멸망 이후에는 교단의 영역 안에서 일어났다.

근대 시기에 사원은 고대 티벳에서 그러했듯이 아직도 인도방식(날란다, 비크라마쉴라)에 따른 사원대학이나 대학이었다. 종교와 철학 이외에 의학, 약학, 천문학, 점성술, 문법학, 운율학 등의 모든 전통적 학문뿐 아니라 회화와 조각 등의 예술도 여기에서 연구되었다. 마지막으로 중세유럽에서처럼 사원으로부터 사본과 목판의 인쇄본이 나왔고, 편집과 출판도 이루어졌다. 우리는 병원을 세운 승려도 보았다. 다른 승려들은 기술자였다. 유명한 성자 탕통(1400년 무렵)은 콩포와 로파 원주민이 사는 지역에서 철광산을 개발하고 철교를 건설했다.

사원의 활동은 일면 공부하고 일면 수행하는 두 측면으로 나눌 수 있다. 그것은 불교의 두 개의 근본 측면과 상응한다. 여기에 대해서는 뒤에서 논의할 것이다. 티송 데짼의 법전 조문에서 이미 보았듯이 경의 추종자와 탄트라의 추종자 간에 구별이 있었다. 근대 티벳에서 그것은 교단의 두 집단으로 어느 정도 구체화되었다. 연구는 개혁파 학파(겔룩파)로서, 그리고 수행은 '비개혁파(닝마파, 카규파 등)'로 나누어질 수 있다. 겔룩파가 탄트라를 등한시했다는 것은 아니며 그들은 현교뿐 아니라 밀교도 가르쳤다. 겔룩파 사원인 간댄은 두 개의 커다란 탄트라 학부를 갖고 있다. 역으로 불교철학과 모든 학문 분야에 정통한 대학자는 비개혁파 교단에서 나왔다. 그러나 전체적으로 이 구별은 유효하다. 겔룩파 교단에서 두 탄트라 학부는 이미 최고의 학위과정을 이수한 승려에게만 개방되어 있다.

교단의 두 유형에서 승려의 경력은 한 단계에서 다른 단계로 시험을 통해 올라가는 학생의 경우와 유사하다. '개혁파' 교단에서는 문헌의 지식과 논리학의 사용이 시험 분야로 되었다. 비개혁파 교단은 요가와 선정수행을 통해 획득되는 초자연적 능력에 초점을 두고 있다. 그러나 질문과 대답, 시험위원회와 학위의 수여로 이루어진 시험은 겔룩파의 전유물인 듯하다. 비개혁파에게는 개인적 비전의 전수가 보다 중요한 역할을 했었던 것으로 보인다(그것은 겔룩파 가르침의 탄트라 부분에서도 마찬가지이다).

이 구별은 사변과 변증법, 논리와 결합된 문헌에 의거한 가르침과 선정수행에 대응하는 은밀한 비전의 구전적 가르침이라는 구분에 의한 것이다. 이 구별이 '개혁파' 교단과 '비개혁파' 교단으로의 구분과 맞지 않는다는 것은 사실이다. 닝마파는 책에 대한 경멸과 학습의 무용성을 주장하는데 지치지 않았다. 그들은 그럼에도 방대한 문헌을 갖고 있다. 우리는 고대 시기로 되돌아감으로써 사원교육의 이중적 측면을 가장 잘 이해할 수 있다. 티송 데짼 치하에서 삼예사의 승려들에게 주었던 물건을 기억해보자. 승려는 매년 붓과 먹을 받았지만 '은둔자' 또는 선정수행승들은 그렇지 않았다.

근대 시기에 삼예와 가까운 닥포와 부탄에서 종이가 생산되었다. 고대에 종이(관목의 섬유질로 만듦)는 매우 드물거나 비쌌을 것이다. 돈황의 사본에서 티벳 문장은 한문경전 뒤에 심지어는 그런 문헌의 행간에 쓰였다. 11세기 후반에 소충바는 54명의 싯다의 계보를 다른 사람 소유의 반야경 여백에(아마 잘려진 부분에) 기록해야만 했다. 후에 그것을 어머니에게 맡겼을 때 그녀가 그것을 가족의 기록부로 이용했기 때문에 8대의 계보가 빠져 있다. [99: 878] 아마 이 시기에 중국에서 도입되었던 목판본으로의 인쇄는 거의 이용되지 않았을 것이다. 가르침은 구두로 행해졌으며, 그들은 망각되는 것을 방지하는 만트라(oṃ arapacana)를 획득하는 것에 커다란 가치를 두었다. 이 만트라의 도움으로 퇸미 삼보타는 송짼 감포왕이 말하는 것을 모두 종이에 기록할 수 있었고, 덴마 쩨망은 티송 데짼의 치하에서 삼예사에서 언설되었던 모든 것을 기록할 수 있었다. [167: I, 244b; 177: 116a(＝92a); 162: ZA, 33a] 우리 시대에도 학생들은 이 만트라를 학교에서 암송한다. 중국과 인도의 번역자들의 비범한 기억력은 기록에 남아 있다. 중요한 문헌은 구전된다고 알려진다.

티송 데짼과 랄파첸의 치하에서 행해진 대규모 번역 사업이 문자화되어야 했고 체계적 목록도 그 시기에 출현되었다는 것은 사실이다. 그렇지만 스승들은 일반적으로 은밀한 가르침을 구전에 의지했고, 스승과 제자를 개인적으로 연결시키는 구전 방식이 아닌 다른 방식으로 전승하는 것을 거부했다. 스승은 제자에게 많은 시험을 부과한 후에 제자가 만족스러우면 그에게 교의의 전수를 약속한다. "스승은 제자를 집에 데리고 가서 며칠간 귀에 대고 가르침을 설하여 그에게 모든 가르침을 전수한다." 다른 스승들도 비슷하게 행동한다. "귀를 대고 그들은 약 한 달간 함께 머물렀다." 이것이 12세기의 일이다.

11세기와 12세기의 다른 일화는 책을 경멸하는 교단에서조차 학습과 수행 간의 구별이 있었고 문자화된 기록이 나타났음을 보여준다. '최' 학파의 위대한 인도인 스승인 담파 상게(1117년 입적)에게 쿄 사캬 예세와 마라 세르포라는 두 티벳인 제자가 있었다. 후자는 구전된 은밀한 가르침을 포함하지 않은 여섯 개의 교설을 문자로 적었다. 계보가 끊어질 것을 두려워해서 쿄는 가르침을 쇠남 라마에게 전수했고, 그는 다시 6가지 중에서 4가지를 마칙 랍된마에게 전수했다. 마라는 처음에는 누구에게도 전하지 않았지만 늙어서 그것을 '혼자서 수행할 뿐 다른 사람에게 전수하지 말라'는 당부와 함께 제자인 '광인' 베레에게 전했다. 이것이 수행이다.

그러나 우리는 샤튄이라는 다른 스승을 보게 된다. 그는 한 학교(gra-sa)를 갖고 있었는데, 여기에 체튄과 푹튄이라는 두 교사가 있었다. 체튄이 병이 들고 '광인' 베레가 병자를 치유하는 '최'를 수행하고 있다고 들었을 때, 샤튄은 체튄에게 그에게 가서 처방을 요청하라고 권했다. 그러나 푹튄은 체튄이 '학습에 전념했기 때문에' 이들 '최' 처방을 얻지 못하겠지만, 반면 그는 은둔자로서 선정수행을 하고 있었기에 그것을 얻을 수 있을 것이라고 생각했다. 그래서 푹튄이 친구 체튄을 위해 가서 그것을 청하게 되었다. 베레는 처음에는 의아해했지만, 자신이 비전을 갖고 있다는 사실을 푹퇸이 알고 있다는 것에 놀랐고, 그래서 그가 그것을 진실로 수행할 수 있는지를 물었다. 그가 자신했을 때 베레는 그에게 구전으로 가르침과 설명을 하면서 6권의 교의서를 주었다. 푹퇸은 그 후 그것들을 수행하기 위해 떠났다. 먼저 그는 샤퇸에게 가서 그에게 6개 중에서 3개의 교의를 주고, 캄 지방에서 온 한 스승에게 6개 모두를 주었다. 후자의 '필사자'가 '그것들을 문자화했다.' 후에 다른 승려인 록 씨족의 세랍 외도 그 교의를 얻기를 원했다. 그는 요가행자의 필사자를 손님으로 초청했지만, 그는 더 이상 책을 갖고 있지 않았다(또는 주고자 하지 않았다). 록은 푹퇸에게 갔지만 단지 6개의 교의 중에서 하나를 받았을 뿐이다. 그는 물었다. "다른 교의는 없습니까?" 푹퇸은 대답했다. "있다. 하지만 나는 샤퇸에게 3개만 주었는데, 만일 다른 사람에게 모두를 주었다는 것을 그가 안다면 매우 불쾌해 할 것이다." 그렇다면 왜 그는 그 모두를 주지 않았을까? 왜냐하면 이것은 매우 심원한 가르침이기 때문이다. 학교를 가진 샤퇸은 많은 학생을 데리고 있는데 그들은 설명된 교의를 기록한다. 따라서 스승에게 헌신하지 않고 단지 책을 얻기 위해 학교로 온 학생들도 많을 것이다. 이것이 그가 전체의 교의를 주지 않았던 이유이다. 록이 그것들을 간청했고 그는 록이 받을 만하다고 인정했기 때문에 마침내 모든 6개의 교의와 구전의 가르침을 주었다. 여기에 구전의 가르침을 문자화하지 않는다는 하나의 조건이 있었다. [99: 997]

담파의 또 다른 제자인 소충바는 54인의 싯다의 가르침을 적을 수 있도록 요청했고 그 허락을 얻었다. 그때까지 문헌을(또 그와 함께 주어지는 구전의 교의를) 연구할 수 있기 전에 먼저 그런 문헌을 읽을 수 있는 '인가'와 '힘'을 얻는 것이 필요하다. 어떤 문헌은 비록 인쇄되었지만 아직도 말미에 봉인을 갖추고 있고 침묵을 요구하고 있다.

　선정 및 요가수행과 관련해 구전 전승의 중요성에도 불구하고 책과 책을 통한 가르침은 이들에게 중요한 역할을 했다. 우리는 앞에서 책과 가르침을 위해 얼마나 많은 금이나 재산이 필요했는지를 보았다. 중세 유럽에서처럼 이 대학에서 저 대학으로, 한 선생에서 다른 선생에게로 가야만 했다. 각자는 전문가였고, 어떤 사람은 그의 가르침을 일종의 독점으로서 은밀히 간직했다. 유럽과 같이 책의 희귀성이 여행을 떠난 또 다른 이유였다. 때론 스승의 발밑에 앉아 필기해야 했고, 이런 종류의 강의 노트는 출판되었다. 때로는 도서관에서 다른 책을 보기 위해 오랜 길을 여행할 경우도 있었다. 최근에 이르기까지 인도에서 소실된 산스크리트 사본이 사캬사에 보존되어 있었다. 아티샤로부터 유래하는 다른 사본들은 묶이고 봉인된 채 라뎅사에 소장되어 있었다. 과거에는 말할 나위도 없지만 오늘날에도 필사자란 직업은 필요불가결하다. 인쇄가 일반화되었다고 해도 책을 빌려 그것을 필사하는 것이 간편하고 비용도 적게 들었다. 따라서 우리는 원본과 필사본을 구별해야 한다. 필사된 문헌의 대다수는 단지 인쇄된 책의 필사본이다. 어떤 인쇄된 것을 얻기 위해서는 매우 멀리 있다고 해도 목판이 소장된 사원을 방문해야 한다. 종이와 먹을 확보하고 인쇄 작업에 동원된 승려에게 수고비를 지불하고 마지막으로 운송해줄 수 있는 대상을 찾아야 한다. 따라서 일반적으로 사본의 필사가 많이 행해졌다.

　필사자가 생략 표기를 채택하고, 많은 단어를 압축해 하나의 연자기호를 사용함에 따라 비슷한 조건하의 유럽에서 그러한 것처럼 많은 오류가 생겨났다. 따라서 간기(刊記)에는 책의 교정자의 이름뿐 아니라 필사자의 이름도 언급되어 있다. 필사와 인쇄 양자를 진행시킴으로써 종교적 공덕을 얻을 수 있다는 사실이 그것들을 촉진시켰다. 그러므로 우리는 종종 다른 글자체나 검은색이나 붉은색 먹으로 쓰이고, 어떤 경우는 검은색 내지 푸른색 종이 위에 금이나 은가루를 섞은 먹으로 쓰이고, 어떤 경우는 밝게 채색되어 있는 아름다운 사본을 발견하기도 하는 것이다. 이러한 이유 때문에 인쇄본에는 기증자의 이름이 쓰이고 인쇄에 필요한 금액이 기록되어 있다. 가끔 기증자에 대한 찬사는 그의 가족사 전체로까지 확대되기도 한다.

위에서 티벳 불교의 교의와 그것의 방대한 문헌에 관해 논의할 기회가 있을 것이다. 여기에서 오랜 역사를 가진 제도, 즉 법론에 대해 간략히 설명해보자. 사원생활이 고정적 성격을 갖게 되었던 근대 시기에 이들 논쟁은 겔룩파에, 그리고 그 교단 내에서도 철학파에 특유한 것이다. 그것은 본질적으로는 논리학이나 수사학에 대한 훈련 이상의 것은 아니다. 그러나 몇 가지 특성은 이 제도가 이전에는 다른 의례적 경기와 비슷하게 시합이나 결투의 성격을 가졌음을 보여준다.

대론은 학생 사이의 매일 매일의 훈련으로써 또는 스승과 학생 간의 시험으로써, 질의와 응답의 형태로 진행된다. 혼자 숙고하기 위해서도 사용될 수 있는 주장의 양태는 '차신의 체계의 확립', '타인의 체계의 부정', '논쟁의 포기'의 세 과정을 보여준다. 여기에서 논의자는 대론자가 미처 제기하지 않은 자신의 주장에 대한 반대론을 먼저 제시하는데, 이는 서로의 논쟁을 피하기 위해 앞서 제시하는 것이다. 한편, 모든 여행자에게 깊은 인상을 남겼던 것은 외적 형태이다. 질문을 던지는 자는 공격하는 자세로 서 있고, 상대자는 앉아서 대답한다. 질문자는 상대편을 당황시키기 위해서 규칙에 따른 몸짓을 하며 공격자세를 취한다. 즉 그는 어깨를 으쓱거리고 박수를 치며, 염주와 옷을 들어올린다. 그는 질문 중의 마지막 단어를 강조하면서 땅바닥을 발로 치고 소리를 지른다. 그는 바로 반론자의 코앞에서 오른손을 들어 왼손바닥에 친다. 질문받은 후보자는 일어설 수 있다.

그는 대답 대신에 질문을 던질 수 있다. 법론의 승리자는 상대방의 어깨 위에 타고 승리를 기린다. 때로 패배자를 모욕하기도 한다(시킴에서는 승리자는 네발로 기는 패배자의 등위에 타고 뒤꿈치로 몰아대면서 그를 달리게 한다). 이탈리아 선교사는 18세기 초 라사에서 이 광경을 목격하고 신기해했다.

현대의 티벳인들은 이런 행동들의 일부를 상징적으로 해석한다. 즉 논쟁을 할 때 우리는 지옥의 문을 닫고 그들을 해탈의 길로 인도함으로써 타인의 행복을 증진시킨다는 것이다. 그렇지만 논쟁에서의 격렬한 표현은 오늘날 남아 있는 것보다 더욱 거칠었을 것이다. 그래서 이 교단의 창립자인 쫑카파는 이 의식에 대해 다음과 같이 혐오감을 드러냈다. "그가 논리학부에 머물렀을 때, 그는 어느 누구도 달리기와 뛰기, 또는 타인에 대한 모욕적인 외침을 하지 않도록 했다." [99: 1075]

이러한 논쟁이 의례적 성격을 갖고 있다는 것은 의심할 여지가 없다. 이를 통해 그것은 다른 민중적인 종교의례와 관련될 수 있었다. 그것은 나무 근처의 공개된 장소에서(한 상세한 기술에 따르면 불상을 모신 사원 주위의 몇 그루 나무 근처에서)[82: 141-142] 벌어진다. 서사시는 중국과 링 지방의 라마 간의 종교적 논쟁을 묘사하고 있는데, 이것은 마술시합, 일대일 싸움, 말달리기, 주사위놀이, 활쏘기, 미의 경연 등의 일련의 시합으로 진행되고 있다.

비록 이런 논쟁이 지금은 하나의 단일한 집단 내의 훈련에 지나지 않지만 그것은 한때 진정한 적대감의 표현이었다. 18세기의 저술은 유가행파의 위대한 명상가와 비불교도 대표 간에 나무 아래에서 행해졌던 '논쟁'을 생생하게 묘사하고 있다. [158: 48a] 가끔 중세 유럽에서처럼 대가는 질문을 게시함으로써 도전받을 수 있다. 15세기 초에 5대 카르마파는 캄 지방

에서 질문을 게시했다. 위 지방의 어느 승려도 답할 수 없었고 카르마파는 승리했다. [99: 883]

〈그림 12〉 마당에서 시험과정으로써의 논쟁. 뒤에 있는 두 고승이 시험관이다. 서 있는 승려가 앞에 앉아 있는 응시자에게 질문한다.

1000년 무렵에 인도논리학 문헌이 티벳어로 번역되었고, 11세기에는 다양한 방식의 논쟁술이 수용되었다. 이 분야의 형성에 있어 주도적 역할을 했던 인물은 차파 최키 셍게(1109~1169)이다. 그 후에 사캬 판디타(13세기)가 나쁜 형태를 배제하고 좋은 형태를 수용했다. [151: 183] 논리학의 근원적 형태는 유명한 불교논리학자인 디그나가(Dignāga, 500년경)에 대한 후대의 전설 속에서 발견된다. 날란다사에서 행해진 '비불교도'와의 큰 논쟁에서 불교도들은 변증법에 매우 익숙한 브라만들과 대등한 위치에 있지 못했다. 이에 재능이 잘 알려진 디그나가가 초빙되었고, '비불교도'를 세 번 제압했다. 그는 각각의 반대론자들을 개별적으로 격파하면서 '그들을 불교의 가르침으로 이끌었다.' 이어지는 논쟁에서 한 브라만이 마술적 힘(mantra)을 사용했지만 문수보살이 디그나가를 도왔다. 그는 계속 승리를 했기 때문에 '논쟁의 황소'라는 별명을 얻었다.*

논쟁의 관습은 인도와 중국에 잘 알려져 있다. 그것은 종종 패배자의 죽음이나 추방을 수반하거나 또는 승리자의 교설을 받아들일 의무가 부과되기도 한다. 따라서 왕들도 이런 종류의 심판에 의지했다. 몽골왕이 사캬판디타를 초청한 것은 아마 인도인 비불교도와의 교리논쟁에서 승리했다는 그의 명성에 자극받아서였을 것이다. 몽골 황제는 이런 방식으로 네스토리안교도, 이슬람교도를 불교도는 도교도 혹은 불교도와 네스토리안교도를 비교했다. 카르마 팍파도 몽골 궁전에서 벌어진 도교도와 네스토리안교도와의 종교시합에 참여했다. 그러나 이들 속에서 이미 다른 요소가 보인다. 시합은 단순히 변론적인 것이 아니고 마술과 '기적'의 경쟁도 포함했다. 우리는 티송 데짼 왕이 어떤 교의를 티벳에서 공식적으로 후원해야 할지를 결정한 것이 중국인 승려와 인도인 승려 간의 이러한 종류의 시합이었음을 알고 있다. 중국 선종의 신봉자는 추방되었고 (티벳 연대기

---

* Tāranātha, Geschichte des Buddhismus in Indien (편집, 출판 A. Schiefner) St. Petersburg 1869: 102-105.

에 따르면) 폭력사태가 뒤를 이었다. 티송 데짼 왕은 불교도와 뵌교도 간의 싸움도 관장했다. 그 시합은 마술적인 것과 이론적인 면을 다 갖고 있었다. [183: 27]

논쟁은 대부분 여러 스승 간 경쟁의 결과였다. 푸르파 의례는 논쟁의 대상이었을 뿐 아니라 검은 마술을 동원한 치명적인 경기였다. 비불교도인 네팔인 스승 바로의 가르침에 빠져 있던 라 로짜와(1050~1110)는 이 방법으로 랑랍 지방(라닥)의 라마 장춥 도제, 퀸 씨족 출신의 사캬 로되에 대항했다. 후자는 이 의례가 사캬파에 전해지는 데 큰 역할을 했다. [294A: 22b, 40a]

다른 교리적 논쟁은 문자로 진행되었다. 사람은 이런 저런 학파나 이런 저런 저자를 받아들였거나, 또는 가슴을 찌르는 듯한 언어로 쓰인 책이나 비난하는 글로 공격에 응답했다. 닝마파 특히 족첸파는 위찬으로 간주된 탄트라에 의존하는 그들의 교의 때문에 첫 번째로 공격받았다(왕이며 승려였던 예세외는 11세기 초의 칙령에서 이를 명시했고, 그의 조카인 시바외는 1032년 칙령에서 동일한 행동을 했다). 따라서 닝마파는 이에 대한 반박문을 지었다. 14세기에 라트나 링파는 '비난에 대항해 사자후를 발하는' 불교사를 저술했다. [293] 16세기에 속족파는 11세기의 비난을 논박하는 매우 지적이고 정신적으로 풍부한 글을 지었고, [302] 다른 글에서 8대 카르마파 미쿄 도제(1507~1554)의 의도적으로 함정을 파놓은 질문에 답했다. 다른 논점에 대한 책들이 겔룩파 저자들에 의해 저술되었는데, 스승과 제자들은 서로 대립적 의견을 보이는 경우도 많았다.

짱포강과 키추강의 합류지점에 있는 캄파 파르찌 지역의 밭
Photo: 시킴의 S. K. H. Maharajkumar

갼체의 성 앞에 있는 밭
Photo: 시킴의 S. K. H. Maharajkumar

얌독 지역에 있는 롱 참파의 야크와 주민
Photo: 시킴의 S. K. H. Maharajkumar

얌독 지역에 있는 롱 추쩬에서 탈곡하는 모습
Photo: 시킴의 S. K. H. Maharajkumar

홍수에 의해 파괴된 시장 앞에 있는 간체의 성
Photo: 시킴의 S. K. H. Maharajkumar

퇴룽 계곡에 있는 디첸 마을의 집
Photo: 시킴의 S. K. H. Maharajkumar

1939년 라사평원에 설치된 달라이 라마 14세의 막사
Photo: H. Richardson

간댄寺에서 키추강의 계곡을 바라본 풍경
Photo: 파리의 Viollet 소장품

유목민
Photo: 파리의 Viollet 소장품

딸을 데리고 있는 티벳 노인
Photo: 1914년 Walter Stötzer

묀람 축제 시기의 포탈라 궁
Photo: H. Richardson

1949~1950년 사이의 따시룽포寺의 승려
Photo: Heinrich Harrer

라닥 지방 레에 있는 사원
Photo. C. Jest

라닥 지방의 틱제 사원
Photo. C. Jest

현재 라사의 조캉寺. 사원 주변의 역사적 건물들은 중국에 의해 철거되고 '중국적 양식'의 장소로 대체되었다.
Photo: 파리의 Viollet 소장품

라사 근처. 달라이 라마의 夏宮 노르부링카의 금으로 장식된 지붕에 있는 apsara 像
Photo: 파리의 Viollet 소장품

삼예사
Photo: H. Harrer

삼예寺(시킴 지방 강톡의 벽화)
Photo: R. A. Stein

라사의 조캉寺
Photo: 시킴의 S. K. H. Maharajkumar

케르의 탑
Photo: H. Richardson

포탈라 궁 맞은편 산에 있는 흰 돌로 쌓아올린 돌무더기
Photo: H. Harrer. Richtenstein 출판사

'바람의 말'(rlung-rta)이 그려진 깃발과 돌무더기
Photo: R. A. Stein

1416년 건립된 라사 북서부에 위치한 데풍 사원대학의 풍경
Photo: Viollet 소장품

북경에 있는 융호쿵寺의 의례
Photo: R. A. Stein

유랑하는 이야기꾼(ma-ni-pa)
Photo: R. A. Stein

무용수들
Photo: V. Sis J. Vaniš

소망을 낭송하는 이야기꾼과 야크탈춤
Photo: R. A. Stein

유랑하는 이야기꾼
Photo: A. Migot

유랑하는 배우들
Photo: 미상

연극 공연으로 이끄는 의례
Photo: 미상

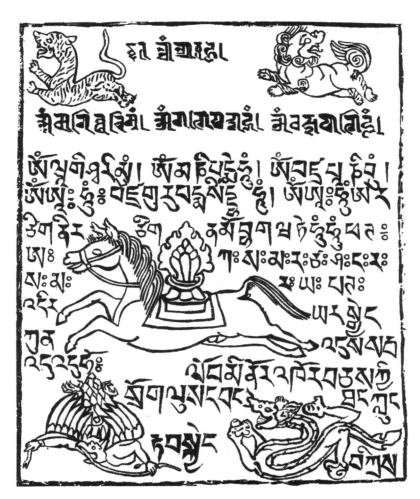

'바람의 말'
Schlagintweir에 따름

신년의례에 바치는 희생물로서 버터로 만든 양의 머리
Photo: R. A. Stein

갼체의 희생물
Photo: A. J. Hopkinson

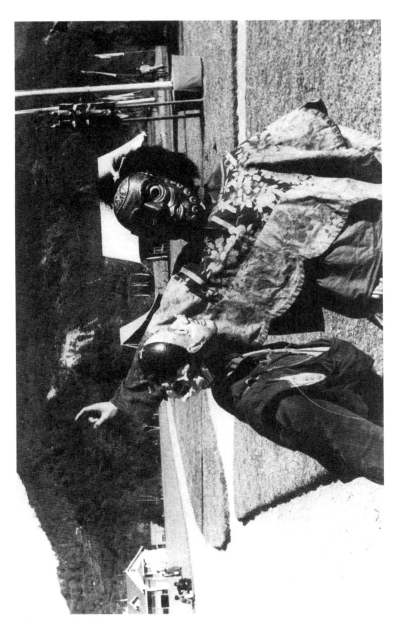

강톡 지방의 탈춤
Photo: R. A. Stein

경축일의 티벳부인
Photo: 파리의 Viollet 소장

서사시 게사르의 음유시인
Photo: 그리스의 S. K. H Peter 왕자

부탄의 기도용 바퀴
Photo: J. Perrin

작업하고 있는 화가
Photo: R. A. Stein

갼체 지방의 최데 사원에서 논쟁하고 있는 승려
오른편의 승려가 손뼉을 치면서 자신의 질문을 방금 끝냈다.
Photo: Leslie Weir

파드마삼바바(강톡)
Photo: R. A. Stein

밀라 레파(새 그림)
Stein 소장품

둑파 퀸렉(목판본)

강톡 지방의 (요가행자의 모습을 한 푸른 몸의) 라췬
Photo: R. A. Stein

데풍寺의 天王像
Photo: 시킴의 S. K. H. Maharajkumar

탈춤에서의 Mahākālā
Photo: 미상

의례의 대상
Photo: Musée Guimet

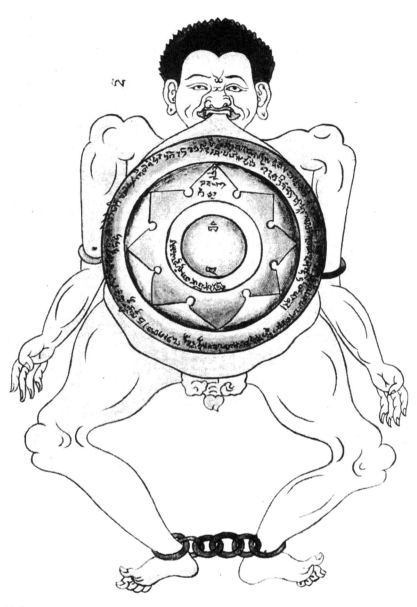

부적
Stein: 스타인 소장품

만달라
Photo: 미상

서원에 의해 성자에게 바쳐진 부조
Stein: 스타인 소장품

서원에 의해 성자에게 바쳐진 부조
Stein: 스타인 소장품

샴발라國
Photo: Musée Guimet

동부 티벳 간제의 'Cham 춤에서의 '토지신(ksitipati)'의 등장
Photo: André Mogot

많은 티벳인은 매일 성스러운 도시 라사를 외부순환로를 따라 순례한다. 그들은
여러 날에 걸쳐 오체투지를 한다.
Photo: Brooke-Dolan

최-의례를 준비하고 있는 밀교수행자. 그는 오른손으로 북을 쥐고 왼손으로 인간의 뼈로 만든 관악기를 쥐고 있다.
Photo: Alexander David-Néel, 1930년

어린 신참승려들
Photo: 파리의 Viollet 소장품

네충의 무당(국가 무당). 그는 1980년 사망했다.
Photo: 파리의 Viollet 소장품

1930년 달라이 라마 13세
Photo: Leslie Weir

라사의 조캉寺에 있는 송짼 감포 왕의 중국인 왕비
Photo: V. Sis, J. Vaniš

포탈라 궁에 있는 송짼 감포 왕의 네팔인 왕비
Hsi-tsang fo-chiao I-shu에 따름

포탈라 궁의 송짼 감포 왕
Hsi-tsang fo-chiao I-shu에 따름

조캉寺의 네 수호신장 중 하나
Hsi-tsang fo-chiao I-shu에 따름

조캉寺의 네 수호신장 중 하나
Hsi-tsang fo-chiao I-shu에 따름

세라寺에 있는 어느 라마의 초상
Hsi-tsang fo-chiao I-shu에 따름

시가쩨의 어느 라마의 초상
Hsi-tsang fo-chiao I-shu에 따름

4장

종교와 관습

4장

종교와 관습

티벳의 종교는 잘 알려져 있듯이 대승불교이다. 그리고 대승불교는 모든 제도와 전 주민에게 깊숙이 스며들어 있다. 티벳의 대승불교는 티벳 불교를 받아들였던 몽골과 시킴, 부탄을 제외하고 동아시아의 다른 대승불교와 구별되는 특유한 형태로 발전되어 왔다. 이 형태는 라마교라고도 불리는데 이것은 라마가 주도적 역할을 하기 때문이다. 라마(lama)라는 단어는 결코 모든 종교인을 지칭하는 것이 아니라 단지 스승(guru)만을 나타낸다. 실제로 라마의 역할은 교의와 관련해서 극히 중요하다는 점을 확인할 수 있다. 따라서 나는 라마교라는 명칭을 피할 필요성을 느끼지 않는다.

이 종교를 불완전하게라도 총체적으로 기술하는 것은 상당히 어려운 일이다. 그것은 매우 다양한 측면을 포함하고 있는 극히 복합적인 세계이다. 즉 변증법과 형이상학을 수반한 예리하고 심원한 철학과 명상기법, 정신생리학적 기능의 제어와 관련한 매우 고도한 심층심리학, 동시에 무수한 신들의 세계와 수많은 의례, 민속적 관습과 우주론적 사변, 점성술을 포함하고 있다. 티벳인들은 그들 종교의 이런 측면을 수천 권의 책으로 설명하고 있다. 그들의 관념체계의 기초가 인도에서부터(그리고 극히 일부는 중국에서부터) 유래하고 있다는 사실로 인해 문제는 더욱 복잡해진다.

이런 이유 때문에 나는 특히 중요하다고 생각되는 몇 가지 주제와 태도, 행동방식만을 단지 열거할 뿐이다.

완전한 기술은 지면상의 이유만으로도 가능하지 않다. 왜냐하면 티벳 문화에 기여한 다른 두 개의 종교도 소홀히 다룰 수 없기 때문이다. 이 두 개의 종교 중에서 첫 번째인 뵌교는 전승에 따르면 불교 이전부터 존재했다. 두 번째 종교는 토착적 전승에 속하는 관념과 관습의 총체로서, 그것은 하나의 종교임에 틀림없지만 어떤 제도나 교리, 사제도 갖지 않으며 이름조차 붙일 수 없다. 또한 불교가 도처에 침투해 있기 때문에 순수한 상태로 파악할 수 없다. 유럽에서 기독교가 그러한 것처럼 라마교는 토착적인, 즉 비불교적인 신앙체계에 중첩되어 있거나 병치되어 있다. 그럼에도 이 종교의 흔적들은 아직도 라마교 외피 아래에서 또 부분적으로 고대 문헌의 도움을 받아 색출해낼 수가 있다.

유럽인 저자들은 이 이름 없는 종교를 자주 뵌교와 혼동해서 양자를 '원시적'이라고 불렀다. 여기에는 티벳인 역사가들의 책임도 어느 정도 있다. 왜냐하면 그들에게 비불교적인 것 모두는 필연적으로 야만적이고 악마적이기 때문이다. 반면에 그들은 '신의 종교(lha chos)'와 '인간의 종교(mi chos)'를 구별함으로써 양자가 근본적으로 다르다는 사고를 보존하고 있다. 전자는 뵌교와 불교를 가리키며 후자로는 민속종교를 의미한다.

1. 라마교

주요 교리

아무리 이 과제가 어렵다고 해도 먼저 교리적인 기초를 설명해야 할 것이다.

라마교에는 여러 학파나 교단이 존재하지만 그 사상은 두 개의 인도불교학파에 의해 지배되고 있고 티벳에서도 공식적으로 인정되어 왔다. 그것들은 용수(龍樹, 2~3세기)의 중관학파(中觀學派)와 무착(無著, 4세기)의 유가행파(요가의 실천) 또는 유식학파(唯識學派)이다.

복잡한 상황을 단순화해서 이들 두 학파가 티벳에서 점하는 상대적 중요성을 알아보기 위해, 앞서 언급한 학문과 실천 양극단의 예를 관할하는 것은 매우 흥미로울 것이다. 중관학파는 '개혁적' 겔룩파에 의해 보다 중요시된 반면, 유식학파는 '고대의' 닝마파 및 이와 연관된 학파에서 중요시된 것으로 보인다. 겔룩파는 일견해서 철학(相)과 이론적 논의로써, 그리고 또 한 학파는 보다 명상수행과 심리적 체험으로 유형화된다. 그러나 중관학파는 직접적이고 빠른 깨달음(돈오頓悟, 또는 청정)을 인정하였으며, 반면 유가행파는 역으로 완성에 이르는 점진적 수행을 인정했고 철학에도 뛰어났다. 개혁의 두 주요 인물인 아티샤와 쫑카파는 이들 두 체계의 융합을 강조했다. 명상과 탄트라 의례가 겔룩파에게 결여되어 있지 않듯이, 닝마파에게도 이론적 연구는 낯선 것이 아니다.

두 학파가 관심을 가진 것은 현상을 초월한 본체의 본성이다. 나는 앞으로 이것을 편의상 '절대적인 것'이라 부를 것이다. 이것이 해탈을 얻기 위해 획득되어야 하는 것이다. 이성만으로는 절대적인 것에 도달할 수 없지만, 가상과 세간적 인식을 파괴함으로써 길을 마련할 수 있다. 그것은 부정적 측면을 가지고 있다. 반면 심리적 기법은 불가언설적인 내적 증득을 통해 목표로 인도할 수 있는 것으로, 이러한 증득은 논리적 사유에 의해 파악될 수 없지만 긍정적으로 체험될 수 있다.

두 학파에게 있어 현상세계를 구성하는 요소인 '사물(dharma)'은 아무리 미세하다고 해도 자체적 실재성을 가진 것이 아니다. 유일한 실재는 '절대적인 것'으로 정의될 수는 없지만, 언어에 의지해서 법성(法性), 공성(空性), 법계(法界),* 진여(眞如) 등으로 불린다. 양 학파에 있어 이 '절대적인 것'은 요가수행을 통해서만 얻어질 수 있다. 중관파는 '절대적인 것'은 존재와 비존재를 초월해 있으며, 따라서 이것에 관해 어떤 언명도 타당하지 않으며, 또 사물은 '공'하며 자기 자신의 본성을 갖지 않는다고 주장하는 부정적 접근방식을 보여준다. 반면 유가행파는 '절대적인 것'의 가장 근원적 실재성은 일체에 편재하는 심(citta)으로 특징지어지며, 어떤 것도 반사하지 않지만 자신의 빛만을 반사하는 순수하고 빛나는 거울과 같다고 말함으로써 긍정

---

* 철학적 문헌 속에서 자성(自性, svabhāva)은 진여(眞如, tathatā)의 동의어이다(D. T. Suzuki, Studies in the Laṅkāvatārasūtra, p.456). 유가행파에 있어 빈번히 '절대적인 것'에 대해 '사물의 진실한 존재' 또는 '원성실성(圓成實性)'이라고 언급된다(E. Lamotte, Le traité de la Grande de Sagesse, IV, 1976, p.1859). 원성실은 현상적인 것(saṃsāra)뿐 아니라 절대적인 것(nirvāṇa)에도 관련된 공성(空性, svabhāvakāya)이라고 불리는 하나의 '초월적' 상태가 계속 첨부되었다. 자성신을 어떤 전문가는 '절대적 존재의 신체(the Body of the Absolute Existence)'라고 번역하고 있다(E.Obermiller, The sublime science of the great vehicle of salvation, Acta Orientalia IX, 1931, p.109. 보성론(寶性論)에 따라 그렇게 번역함).
그 속에서 독립적이고 영원히 존재하는 어떤 긍정적인 것 또한 절대적인 것으로서의 하나의 실체를 인식한다면 잘못된 견해가 될 것이다. 그렇지만 이러한 이해는 거의 피할 수 없는 듯하며, 티벳에서는 조낭파(Jo-nang-pa, 14~17세기)에 의해 수용되었다. 그들은 겔룩파의 정치권력에 의해 금지되었다. (260: 153; 261: 453 이하, 261a, 목록).
철학이 아니라 명상과 의례가 문제될 경우 모든 학파 속에서 '자성'과 이에 상응하는 표현들은 일종의 성스러운 존재라는 방식으로 하나의 긍정적인 상태를 포함하고 있다. 그로부터 신을 불러오기 위해 공성을 작용시키려면, "śūnyatā-jñāna-vajra-svabāva-ātmako'ham (나는 공성의 인식인 금강의 자성을 본질로 한다)"라는 주문을 외운다.)

적 접근방식을 보여준다. 이 때문에 이 학파는 유심(唯心) 또는 유식(唯識) 학파라고도 불렸다. 심의 존재론적 측면 자체는 인식론적 측면을 통해 더욱 강화되었다. '사물들'의 현상세계는 잠재적인 내적인 알라야식(ālaya-vijñāna)* 이 작용하는 것으로서 유식인 것이다. '절대적인 것', 즉 식자체가 어떻게 식의 상대적인 것으로 진행되는지, 또는 양자의 관계는 어떤 것인지는 너무 복잡해서 여기서 설명될 수는 없지만, 어떤 점에서 양자는 동일한 것의 다른 측면이다. 구제의 조건인 '절대적인 것'을 회복하는 것은 심리현상의 심연에서 일어나는 사고(주관)와 생각의 대상(객관)이라는 이원성을 제거하는 명상에 의해 이루어진다. 이것이 '완전히 성취된 자성(원성실성)'으로 이끄는 '성취'인 것이다. 우리는 이들 용어를 명상과정 속에서 그리고 닝마파 주류교단을 언급할 때 다시 보게 될 것이다.

중관파는 비불교도로부터 스스로를 보호해야만 했다. 공성을 주장하면서도 그것은 일면(어떤 것도 존재하지 않으며, 신체가 소멸한 후 모든 것은 끝이라는 등의) 허무론으로 이끄는 단면론과 반면에 (아트만의 형태로서의 자아라는) 영원한 존재를 긍정하는 상주론이라는 두 극단 사이에서 중도를 지켜야 했다. 중도란 사물을 자체의 실재성이 없다고 하는 것 이외의 어떤 것도 단언하지 않는 것을 의미한다. 교묘한 해결책은 두 종류의 진리를 세우는 것이다. 하나는 궁극적 진리로 이 관점에서 '사물'(현상계)은 존재하지 않는다. 그것은 언설될 수 없고 사유를 초월한 '절대적인 것', 즉 '성자의 침묵'에 대응한다. 다른 하나는 세속적 진리로서, 현상의 상대적 실재성이다. 이 관점에서 '사물'은 존재한다. 환언하면 우리의 세계를 구성

---

* 비록 대부분의 저자가 두 입장을 혼동하고 있지만(예를 들어 S. B. Dasgupta, *An Introduction to Tantric Buddhism*, pp.13, 27, 78, 133) 우리는 인식론에 관한 유식성과 존재론에 관한 유심을 구별해야 할 것이다.

하는 요소는 내재적 실재성의 공이며 환영과 같다는 것이다. 그렇지만 환영 그 자체는 존재하며, 적어도 우리가 '절대적인 것'을 획득하지 못하는 한에 있어 현실적인 것으로서 나타난다('나타는 것은 자체적 존재의 공'). 우리의 세계는 환영과 같은 방식으로 존재한다. 눈병에 걸린 사람은 음식 중에 머리카락이 들어 있다고 본다. 음식에는 머리카락이 없지만 그러나 그의 환영은 현실적인 것이다. 그는 병이 나았을 때에만 이 사실을 깨달을 수 있다. 이 환영은 적절하지 않은 행동으로 이끌기 때문에 위험한 것이다. 머리카락을 보았을 때 그는 그것이 음식 속에 있는 한 먹지 않을 것이고 그것을 제거하려고 헛되이 노력할 것이다.

이 이론은 일반적인 신자에게 도덕과 종교적 행위를 유지할 수 있도록 만들기 때문에 중요하다. 과학적 법칙은 상대적 진리의 영역 속에서 계속 유효하기 때문에 업의 보답에 관한 일상적 불교개념들은 종교적 생활을 지배할 수 있는 것이다. 현상의 비실재성에 대한 체험을 통해 유도될 수 있는 사람들의 기괴한 행동(예컨대 배설물을 먹거나 살인하는 것 등)에 직면해서 '개혁파'들에게 강하게 부각된 측면이 이것이다.

라마교 사상의 다른 두 측면을 다루는 것도 의미가 깊을 것이다. 궁극적 진리는 실재하는 것 또는 '확정적 의미(了義)' (이하에서 각 경우에 티벳어의 의미를 번역했다)에 대응한다. 세속적 진리는 '해석되어야 할 의미(未了義)'에 대응한다. 이 '해석되어야 할 의미'에 대해서조차 티벳인은 통상적 행위와 비통상적 행위를 구분한다. 전자는 스승을 존경하고, (윤회의 순환 속에서) 인간의 몸을 받기가 얼마나 어려운가를 생각하며 삶은 무상하고 선업과 악업은 그 과보를 받는다고 믿는 재가신자의 행위이다. 후자는 붓다와 가르침, 승가에 귀의하고, 스스로 보리심을 일으키고, 참회를 통해 축적된 악업을 청정케 하고, '두 개의 자량(지의 자량과 공덕의 자량)'을 바치는 일반 승려의 행위이다. '확정된 의미'는 '구루' 요가를 통해 명상을 수행하는 사람들에게 허용되어 있다. 구루요가에 대해서는 후술할 것이다.

따라서 구도자는 의미에 의지하지 단어에 의지하지 말아야 하며, 가르침에 의지하지 사람에 의지하지 말아야 하며, 지에 의지하지 분별적 인식에 의지하지 말아야 하며, '확정된 의미'의 경에 의지하지 '해석되어야 할 의미'의 경에 의지하지 말아야 한다. 그러나 모든 사람이 이들 진리 모두 또는 그 하나라도 파지할 수 있는 것이 아니다. 정신적 능력의 다른 차원이 인정되었다.

사람은 세 범주로 구분되었다. 각각의 범주는 해탈로 이끄는 세 가지 수행도 또는 9종의 승(乘)의 분류를 취할 수 있다. 누구도 원칙상 최고의 깨달음으로부터 배제된 것이 아니다. 우리는 모두 안에 잠재적 상태 속에서 가능태로서의 불성을 갖고 있고, 원리상 그것을 깨달을 수 있다. "마음의 자체적 본성은 (일체처에서 누구에게나) 평등하지만, 그것의 모습은 다르다." [166: XIII장 181-192] 무수한 과거의 생사 후에 사람들은 그들의 발전 단계에 따라 상중하의 세 단계로 분류된 다른 지적 능력을 갖고 있다. 낮은 단계에 속하는 수행자에게 성문승과 독각(자신만을 위한 붓다)승, 보살승이 배당되었다. 이것들은 모두 역사적 붓다이신 석가모니에 의해 설해졌다.

다른 두 범주는 탄트라에 대응한다. 중간 단계는 아직 '외부적', 즉 비의적이 아니다. 그것은 크리야(kriyā) 탄트라, 우파야(upāya) 탄트라,* 요가(yoga)

---

* 산스크리트 문헌에 의거하고 있는 불교학자들은 그것들을 일반적으로 caryā-tantra라고 부르지만, 닝마파 등의 티벳 학파는 Upa-tantra 또는 Upāya-tantra를 선호한다(예를 들어 166, 13장; 142, Tha, 37b; 151, II, 384, 389). 이런 사용은 이미 800년 경 번역자 dPal-brtsege (북경판 Tanjur, No. 5843, p.128.2) 및 10세기의 돈황 사본에서 발견된다(J. Hackin, *Formulaire sanscrit-tibétain du Xesiàcle*, Paris 1924, p.31-32). H.V. Guenther에 따르면 (220, I: 284) 원 단어는 upāya(해탈을 위한 방편)가 아니라 ubhaya(양자)이다. 왜냐하면 이 탄트라는 의례와 명상 양자를 서로 결합하기 때문이다.

탄트라이다. 첫 번째 것은 히말라야에서 인간과 성스러운 '학문의 보지자'에게 계시되었다. 두 번째 것은 도솔천에 있는 신들에게 계시되었고, 세 번째 것은 33천과 색구경천(色究竟天)에 있는 신과 보살에게 계시되었다. 이것의 상대적으로 높은 위상에도 불구하고 '내적'이고 비의적인 것은 다만 세 번째 범주이다. 우리가 사용한 자료에 의하면 그것은 마하요가(mahāyoga, 大瑜伽), 아누요가(anuyoga, 수유가隨瑜伽), 아티요가(atiyoga, 무상유가無上瑜伽)로 이루어져 있다. 10번째 승이 때로 부가되거나 또는 세 개의 새로운 승의 계열이 부가되었다. 여기서 상세하게 논의할 수는 없지만, 상층과 중층의 승은 보살의 10지와 관련이 있다. 세 개의 중간 범주(크리야, 우파야, 요가)는 제3지, 제4지, 제5지 등의 보살에 대해 설해졌다. [166: XIII장; cf. 151, ed. Das, II, p.384＝목판본 243a.]

세계와 그 법칙을 인정하는 '세속적 진리'는 그것이 낮은 단계의 사람들에게 도덕적 행위를 권장하는 점에서 유용할 뿐만 아니라, 보살이 자비로움으로 현상적 세계 속에서 행동할 때 그의 활동의 장으로서도 필요하다. '절대적인 것', 즉 공성을 획득한 깨달은 성자는 그 상태에 머물러 있지 않고 중생을 돕기 위해 세속의 세계로 돌아온다.

그러나 어떤 사람에게는 현상세계의 인정이 성자로의 점차적이고 단계적인 수행도(람림 lam-rim)를 수반한 순수한 도덕적 행위의 의무를 지는 것인데 비해, 다른 사람에게는 사물이 공하고, 그것은 공성과 절대적 실재성에 지나지 않는다고 하는 발견은 절대적인 것과 상대적인 것의 동일시로, 상식적 규칙으로부터의 해방으로 이끈다. 그리고 이것은 빠르고 즉각적인 길이고 '심원한 가르침'이다. 절대적 실재에 주하는 성자에게 있어 열반과 윤회는 동일하다. 그에게는 선악의 구별도 있을 수 없다. 모든 것은 공한 것으로서 그들 간에 어떤 구별도 없다는 것을 쉽게 보여주기 위해서는 그는 관습에 반하는 모든 종류의 행위를 한다. '절대적인 것'을 얻기 위해서는 가장 중요한 장애, 즉 나와 나의 것이라는 잘못된 집착에 근거한 분별적 사고를 제거하는 것이 무엇보다 필요하다. 변증법은 관습적 관념의 파괴와 일상성으로부터의 이탈을 통해 이 목적에 도움이 될 수 있다. 그러나 이 기술은 한정적으로만 적용될 수 있을 뿐이다. 앞으로 다루게 될 신심과 같은 종교적 행위가 보다 효과적이다.

탄트라 불교는 한 걸음 더 나갔다. 그것은 티벳인이 불교를 찾아 인도로 갔을 때 그곳에서 번창했던 종교로서, 그 기술은 일반적으로 시바파의 탄트라 및 요가와 공유했다. 이 체계에서 '절대적인 것'은 두 개의 긍정적 특성을 포함한다. 그것은 논리적 증명에 종속되지 않으며, 심리학적 기능의 제어에 의해 통제된 심리적 선정체험 속에서 개현된다. 그것은 낙(樂) 또는 대락(大樂)과 비심(悲心)이다. 전자는 '절대적인 것' 속에 내재해 있다. 그러나 절대적인 것은 두 차원에서, 즉 부분적으로는 단일하고 부분적으로는 두 개의 상호 보충적 원리를 포함하는 것으로서 간주되고 있다. 단일자로 간주되었을 때 '절대적인 것'은—완전한 순수성, 법신, 진여로서—어머니이다. 그렇지만 다른 관점에서 수동적이고 여성적 원리인 반야가 현현하기 위해서는 능동적인 남성적 원리인 수단 또는 방편(upāya)이 필요하다. 방편의 활동영역은 현상세계이고, 그때 방편은 반야로부터 떨어져 있는 것이다. 그러나 그것의 대립적 성격이 신비적 합일로 이끄는 것이다 (이것은 시바교 탄트라와는 반대라는 사실에 주목해야 한다. 시바교 탄트라에서는 수동적 원리가 남성인 시바이고 능동적 원리는 여성인 샤크티이다. 그러나 거기에서도 시바는 샤크티를 통해 실현된다). 따라서 상징적 재현에서는 같은 단어인 '어머니(yum)'가 처 또는 정신적 반려자를 의미한다. 양자의 결합은 '대락'이나 '보리심'(이것은 종자의 심리적 대응물인

'정액'과 연결된다)을 일으킨다.

이 체계는 명상의 과정을 설명하거나 또는 역으로 그것에 의해 설명된다. 현상세계는 일종의 유용성을 가진다. 공성은 능동적인 대비 없이 존재할 수 없다. 절대적 실재는 현상세계가 없다면 어떤 의미도 갖지 못한다. 그러나 존재 그 자체는 절대적 실재인 공성 없이는 존재할 수 없다. 나타나는 세계는 신랑에게 비유된다. 그가 없다면 신부인 공성은 마치 죽은 것과 같이 될 것이다. 그러나 역으로 만일 신부가 한 순간이라도 신랑과 떨어진다면 그는 영원한 망집 속에 남게 될 것이다. 성자는 현상적 사물과 공성[273: 205, 주석 5 및 348을 참조]의 동시성을 증득한다.

따라서 명상은 공성과 현상세계 간의 끊이지 않고 시작 없는 상관관계를 추체험한다는 점에서 하나의 실현시키는 방법이다. 그것은 본질적으로 두 부분으로 이루어져 있다. 하나는 공성에서 출발하는 (심리적) '창출(utpannakrama 또는 utpattikrama, bskyed rim)'의 단계로 현상적 존재에 대응한다. 다른 하나는 '절대적인 것'의 단일체 속으로 회귀하는 또는 '완성(niṣpannakrama 또는 niṣpattikrama, rdzogs rim)'하는 단계이다. 단지 첫 단계만이 (상대적으로) 쉽게 이해될 수 있고 적어도 순수한 티벳 체계에서 수행될 수 있다. 두 번째 단계는 (특히 '호흡'과 성적 에너지와 관련하여) 정신생리학적 요가수행을 포함한다.

따라서 명상의 가치는 일종의 체험적 증명을 제공한다는 데 있다. 최고의 실재인 공성에 대해서뿐 아니라 공성의 심리적 창출에 불과한 현상세계의 본성에 대해서도 생생한 체험을 준다. 특히 공성이나 대락을 획득하는 두 번째 단계에서의 이 체험의 목적은 구제와 해탈이다. 그러나 그것은 ㅡ특히 첫 번째 단계에서의 심리적으로 현상세계를 창출함에 있어ㅡ초자연적 능력(siddhi, dngos grub)이라는 일종의 부산물 내지 부수효과도 가지고 있다.

그것들은 본질적인 것은 아니지만, 성자는 기적을 통하여 사람들을 개종시키기 위해, 불교를 사람이나 악신들로부터 보호하기 위해, 일반적으로 말해 '사람을 도와주기 위해' 사용할 수 있다. 왜냐하면 명상을 통한 공성의 실현은 자신에게뿐 아니라 타인에게도 이익을 가져오기 때문이다. 능동적인 대비에 의해 여기에서 생겨난 힘이 모든 중생을 위하여 사용되게 된다.

이러한 교리적 기반에서 출발해 논리적 결론으로 나아감에 있어 어떤 스승이나 학파가 매우 비관습적인 마술과 의례의 실천으로 인도될 수 있었다고 충분히 생각할 수 있다. 그러나 문제는 아티샤와 쫑카파와 같은 '개혁가'조차 이들 교리를 연구하고 인정했다는 점이다. 확실히 1748년 숨파 켄포와 같이 이들 교리에 대해 비판적 입장을 취한 위대한 겔룩파의 학자도 있었다. 그렇지만 그도 닝마파의 탄트라 설에 대한 그의 비판적 설명을 "제2대(1475~1542)와 제3대 달라이 라마(1542~1588)도 이 교설을 조금 연구했고 위대한 5대(1617~1682)는 (정치권력의 의미에서) '그가 모든 티벳의 라마가 되었다는 사실 때문에' [151: 388＝목판본 245a] 그것에 대해 특별히 관심을 가졌다."라는 언급으로 끝마쳐야 했다. 확실히 그의 전집에서 제2부는 닝마파 체계에 대한 연구에 배당되고 있다. 이 부분이 후대에 비밀로 되고 접근하기 어렵게 되었다는 것도 사실이다.

종교적 실천

우리는 이러한 것으로부터 나오는 라마교의 하나의 특징을 보게 된다. 라마교의 중심적인 종교적 활동에서 승려 및 은자는 중요하다. 그것은 일반 신자에게는 가까이 하기 어려운 것이다. 신자들은 다만 승려에게 의존하고 있을 뿐이다. 재가신자는 가끔 참관자로서의 역할을 제외하고는 의례와 종교적 일에 참여하지 않는다. 그들은 설법을 들을 기회도 없고 개인

〈**그림 13**〉 병의 형태로 결합된 여덟 개의 상서로운 표시는 의례용 물품에 새겨진 공통된 장식이다.

적인 기원도 행하지 않는다. 그들의 지적 능력은 그들로 하여금 '세속적 진리'를 벗어나지 못하도록 하기 때문에 그들은 단지 그들의 행동으로 내생에 가져올 결과가 개선되기를 바랄 뿐이다. 이것이 그들의 종교적 활동이 사원이나 라마 그리고 가난한 사람들에게 보시함에 의해, 불상 앞에 촛불을 밝힘에 의해, 성스러운 대상의 주위를 돌거나 순례함에 의해 그리고 축복을 내려달라고 라마에게 간청함에 의해 공덕을 축적하는 것으로 이루어지는 이유이다. 그들은 업과 과보의 법칙을 알고 있다. 업에 따라 지옥, 아귀, 축생, 아수라. 인, 천의 여섯 가지의 존재형태로 윤회하게 된다. 이런 재생의 영역이 '생명의 바퀴'라고 불리는 '존재자의 바퀴'에서 묘사되었는데, 이에 대한 그림은 도처에서 볼 수 있다. 지옥과 천벌과 사자의 심판은 지옥에 있었던 적이 있었지만 살아 돌아온 방랑하는 이야기꾼(15세기 이래 알려졌다)에 의해 통속화되었다. 몇몇 탈춤은 신자를 교화시키기 위해 죽음과 재생 사이의 중간단계(中有)에서 만나는 신들을 재현하고 있다.

재가신자와 문맹의 승려는 소위 대응하는 신을 축약한 주문인 만트라의 시각적인 재현이나 암송에 의지할 수 있다. 암송은 실제로 행해지거나 기계적 방법으로 일어나는데, 즉 손이나 물, 바람에 의해 바퀴를 굴리거나 상(像)을 주조하는 것으로 실행될 수 있다. 가장 유명한 것은 티벳의 수호신 관세음보살을 불러내기 위한 주문인 '옴 마니 반메 훔(oṁ maṇi padme hūṁ)'이다. 이것 이외에도 다른 주문이 있다. 탄트라의 불교에서 그런 주문은 신을 불러내고 체현시키는 힘을 가진 것으로 간주되는데, 만일 그것이 정확히 발음되고 적절한 명상에 의해 수반된다면 반자동적인 방식으로 작용하게 된다. 티벳 불교도의 다수에게 있어 암송에서 가장 중요한 것은 믿음이다. 그리고 이 믿음이 일종의 정신집중과 아집의 제거를 가능케 하는 것이다. 근대 티벳에서 이 주문을 말하고 쓰는 것은 대다수 불교인에게 하나의 표준이 되었지만, 이전(12세기)에 이 방식은 종교에서의 다른 모든 사항이 그러하듯 전문가의 소관사항이었다. 이 경우는 관세음보살의 비전(즉 티벳어로 주문을 암송하는 '힘')을 구비한 전문가인 마니파의 과제였다. 오늘날 마니파는 그림으로 일화를 보여주면서 교육적인 이야기를 암송하는 방랑의 이야기꾼이지만, 그들은 자신들의 비범한 능력을 보여주는 의례(가슴에 무거운 돌을 올려놓고 박살내기, 두 개의 칼 위에 누워 있기)를 행하기도 한다.

반면 종교적 힘이 필요할 때만다―병이나 악귀에 씌워 있을 때 치료나 축귀를 위해, 바르도의 상태에 있는 죽은 자를 돕기 위해, 결혼식이나 다른 의식에 행운이나 장수를 기원하기 위해, 가축과 곡물의 보호를 위해,

비나 우박을 내리게 하거나 그치게 하기 위해－일반 신자는 전문가에게 의지한다. 그리고 다른 작용도 있다. 몇 가지 신앙형태에 대해서는 후술할 것이다. 비록 모든 것이 충분히 라마교 속으로 통합되었지만 그것들은 특별히 불교라고 말할 수 없는 여러 특성을 갖고 있으며, 별도로 다루어질 것이다.

신심(信心)과 스승

일반 신자들이 가장 뛰어난 종교인과도 공유하는 하나의 종교적 행위가 있다. 그것은 신심으로서, 많은 문헌이 그것의 필요성을 강조한다. 신이 존재하지 않고, 또 다른 현상들처럼 마음에 의해 만들어진 것으로서의 모든 신의 환영적 성격에 비추어볼 때 이것은 처음에는 놀랍게 보일지도 모른다. 그러나 신심의 필요성에 대해서는 명확히 서술되었다. 제약되지 않은 믿음의 추진력에 의해서 우리는 아집으로부터 벗어날 수 있고 이 자아에 대한 환상을 제공하며 깨달음에 대한 가장 주요한 장애인 분별적 사고작용을 잠시나마 중지시킬 수 있는 것이다. 물론 사람은 이 추진력의 대상에 따라 구별할 수 있다. 상대적 실재의 세계에서 행동하는 모든 사람에게 있어 믿음은 붓다, 보살, 남신이나 여신 등의 '신적 존재'로 향할 수 있다. 도약대로 어떤 것이 사용되는지는 거의 문제가 되지 않는다. 신적 존재들은 공성, '절대적인 것'으로부터 방출되고 그것을 개별화된 형태 속으로 재현하는 심리적 투사에 지나지 않는다. 명상의 힘으로 그것들을 창출할 수 있지만, 그것은 어려운 과정이고 오랜 훈련의 결과인 것이다. 신심은 유사한 집중을 만들어냄으로써 그것을 대신할 수 있다. 그것은 집중적인 감정을 통해 신적 존재를 산출할 수 있고, 이 신적 존재는 명상을 통해 공성으로부터 생겨난 것처럼, 객관적으로 실재하고 힘을 가지게 될 수 있다. 믿음은 결코 하나의 신 또는 어떤 교리에 대한 맹목적 인정을 포함하지 않는다. 믿음을 나타내는 단어는 어원적으로 'dod pa(바라다, 어디에 묶여 있다)'와 관련이 있다. '믿음'은 신뢰와 사랑을 포함하는 것으로 이해될 수 있다.

제5대 달라이 라마는 포탈라 궁의 꼭대기에서 여신 타라(Tārā)가 규칙적으로 궁전을 의례적으로 순회하고 있는 것을 보았다고 한다. 이 순회는 티벳인 사이에서 흔한 공통적인 예배방식이었다. 어느 시각에 여신이 지나갔는지의 정확한 시간을 기록하고 나서 그는 조사하라는 명령을 내렸다. 그는 여신의 움직임이 가난한 늙은 노인의 움직임과 같음을 발견했다. 달라이 라마는 노인을 불러 그가 순회할 때 타라가 그와 동행하고 있는 것을 알고 있었는지를 물었다. 노인은 놀라워하며 알지 못했다고 대답했다. 더 질문을 하자 그는 타라의 경전을 암송했고 그것을 40년간 매일 순회하면서 규칙적으로 암송했다고 말했다. 노인은 그 경전을 암송해보라고 요청받았고 그것을 잘못 암송하고 있었음이 밝혀졌다. 그 후 그는 정확한 경전을 배우게 되었다. 그러나 노인이 그것을 배우고 그것을 다른 장소에서 암송하자마자 타라는 더 이상 나타나지 않았다. 그러자 그는 그가 이전에 외웠던 대로 경전을 암송해도 좋다는 허락을 받았고 그러자 타라는 이전처럼 다시 모습을 드러내었다. 달라이 라마는 다음과 같이 추론했다. 그가 잘못된 텍스트를 암송했을 때 그의 마음은 타라에 집중되어 있었고, 여신은 그를 축복하기 위해 나타났다. 하지만 그가 정확한 텍스트를 암송했을 때 그의 마음은 그것에 매여 있었다, 그것이 차이점이다.

어떤 초점이 사용되는가는 문제가 되지 않는다. 신심에서 나오는 집중은 신심의 대상인 신적 존재를 우리 앞에 창출하고 불러올 뿐 아니라 그 결과로서 자동적으로 자애라는 기쁨의 힘을 발생시킨다. 의지와 훈련에 의해 명상가는 동일한 방식으로 행하고 동일한 결과를 얻게 된다.

성자의 상태와 깨달음을 추구하는 헌신자에게 있어 신심은 마찬가지로 돈오적 통찰을 초래할 수 있다(이와 관련해 티벳에서 주목되어 왔던 중국 선의 교의의 흔적을 기억해야 한다). 그리고 우리가 아직 충분히 다루어보지 못한 탄트라 불교의 하나의 특성, 즉 감정의 활용도 추가될 수 있다. 명상수행이 함축하는 극한적인 훈련과 강철과 같은 의지에도 불구하고 우리는 그 전문가들이 신심의 충동과 즉각적 깨달음으로 일어난 감정에서 눈물을 흘리는 것을 종종 보게 된다. 이러한 감정의 폭발은 또 다른 격렬한 감정, 즉 분노 이후에 종종 일어난다.

신심의 충동은 특히 재가신자의 경우 당연히 신에게 향해지기도 한다. 그러나 깨달음의 도에 들어가는 사람에게 있어 신심의 대상은 무엇보다 라마 또는 정신적 스승(구루)이다. 왜냐하면 자신의 라마가 다른 모든 신보다 심지어 최고의 신보다 우월하다는 것은 라마교의 전형적 모습이기 때문이다(인도와 다른 나라의 종교도 또한 그러하다).

"자신의 스승의 머리털 한 개를 숭배하는 것이 삼세의 일체 제불을 숭배하는 것보다 더 커다란 공덕이다."라고 어떤 다키니(요정의 일종)가 감포파(1079~1153)에게 말하고 있다. 여기서 공덕이란 말은 그것에서 생겨난 이익, 유용함으로 이해되어야 한다. 다키니는 계속해서 그가 의심이나 분별적 사고를 해서는 안 된다고 말하고 있다. [142: NA, 286; cf. 30: 87-90] 왜냐하면 분별적 사고는 사유하는 '자아'의 관념을 유지하여 의심을 증대시키기 때문이다. 반면 의심하지 않는 신심은 그런 생각과 아집을 포기할 수 있게 하기 때문이다. 일체의 제불보다 우월하다는 라마의 지배적 위치는 겔룩파를 포함한 모든 학파에 공통된 것이다. '구루요가' 없이 '체험적 증득'은 일어날 수 없다. 제자는 라마가 그를 위해 선택한 보호신장을 불러낸다. 보호신장은 스승과 긴밀히 융합되어 있다. 뒤이어 그는 말하자면 보호신장을 흡수하고 있는 스승과 합치하게 되고, 스승으로부터 바라던 청정한 상태를 이끌어내는 것이다.

마르파에게 마지막 비밀을 전수할 수 있을지를 보기 위해 나로파는 마르파가 볼 수 있도록 그의 아홉 보호신장으로 변해 그의 앞에 나타났다. 나로파는 그에게 물었다. "너는 보호신장에게 예경하겠는가 아니면 너의 라마에게 예경하겠는가?" 마르파는 신들만을 보고 그들에게 예경했다. 나로파는 말했다. "라마가 없는 한 붓다라는 말조차 없다. 일천 겁의 붓다들도 라마에 의지해서 나타난다. …… 이들 신들은 단지 나의 형상에 지나지 않는다." 그때 보호신장들은 나로파의 가슴 속으로 용해되어 들어갔다. 이 잘못 때문에 마르파는 자손을 가질 수 없었다. [133: 50a.] 마르파가 밀라 레파를 제자로 받아들였을 때 마르파의 제자들은 신심에 가득 차 "이 라마는 (현실적으로 나타난) 붓다이다"라고 생각했다.

따라서 스승에 대한 제자의 절대적 복종이 요구되고 있다. 스승은 제자의 신심의 정도를 시험하기 위해 일련의 시험을 부과한다. 그들 사이의 결합은 이미 결정되었고 분해될 수 없다. 그 결합은 아버지의 아들에 대한 사랑과 신하의 왕에 대한 충성으로 묘사된다. 그것들을 표현하기 위해 사용된 용어는 부-자, 군-신이다. "그에게 너보다 더 사랑스럽고 더 마음에 가까운 제자는 없다."라고 정신적 어머니, 즉 스승의 부인은 밀라 레파에게 말했다. 두 번째 표현은 고대 문헌에서 나타나는 신하의 왕에 대한 충성을 보여줄 때 사용된 단어와 동일하다는 사실을 염두에 두어야 한다.

제자의 복종은 전체적이다. 그는 스승에게 그의 전 인격(몸과 말, 마음)과 전 재산을 바친다. 그 이후에 그는 스승에게 속하며, 스승만이 그를 해탈로 인도할 수 있다. 만일 다른 사람에게 배우려 한다면 스승이 그를 서원에서 풀어주어야 한다. 마르파가 밀라 레파에게 비전을 전수하기를 거부했기 때문에 마르파의 처는 남편의 편지로 위조해서 옥퇸에게 비전을 전수하라고 하는 명령을 내렸다. 그래서 밀라는 옥퇸의 지도하에 명상을 시작했다. 그렇지만 '마르파의 명령에 의해 풀어지지 않았기 때문에 어떤 신비적 경험도 생겨나지 않았다.' 마르파의 명령이 진실이라고 믿은 옥퇸은 놀랐다. "너는 신심을 갖고 나에게 왔다. 서원이 방해하지 않는 한 나의 (정신적) 계보에서 증득의 은혜를 이렇게 늦게까지 얻지 못한 사람은 아직 없다."

마르파가 제자인 밀라 레파에게 부과한 시험은 유명하다. 그는 밀라에게 무수한 무의미한 일을 강요했을 뿐 아니라 수천가지 방법으로 좌절시키고 때리고 모욕하고 창피를 주었고 그를 절망으로 몰고 갔다. 그러나 밀라의 신심은 이 모든 것을 이겨냈다. 그것은 무의식적이고 불합리하며 감정적이다. 밀라는 마르파가 있는지 모르고 마르파가 있는 들판으로 몸을 향했다. "내가 그를 보자마자 나는 그 순간 형언할 수 없는 기쁨의 상태에 들었습니다. 그러한 기쁨 속에서 이 세계의 동요하는 모습은 정지했습니다." (즉 현상의 공성과 기쁨인 '절대적인 것'으로 인도하는 법열의 상태). 후에 비전의 전수를 거절하는 스승의 가혹함 때문에 거의 절망에 빠졌을 때에도 그는 스승의 질문에 답하면서 '신심에 반하는 어떠한 역심'도 극복했다고 말했다. 마지막으로 모든 시험이 끝난 후에 스승이 그를 받아들이고 가르침을 약속했을 때 그의 마음은 너무 흥분해서. "그 순간 나는 이것이 꿈인가 생시인가를 생각했다. 만일 꿈이라면 결코 깨어나고 싶지 않았다. 헤아릴 수 없는 환희가 나를 채웠고, 나는 걷잡을 수 없는 기쁨에 눈물을 흘리면서 그에게 절했다."

말 카바쩬(12세기)은 스승인 담파 곰뵌을 모시면서 비슷한 경험을 했다.

하루는 스승이 밭 가장자리에서 한 승려에게 설법하는 것을 보았다. "신심이 그에게 솟아나고 그의 눈은 눈물로 가득 찼다. 놀라움으로 눈을 크게 뜨고 그의 마음은 (분별적) 사고로부터 벗어나게 되었다." 돌연한 충격에 의해 일어나는 이런 놀라운 상태 속에서 스승은 "마음을 내던져라."라고 말하고, 그때 즉각적으로 관조나 정신집중이 그에게 생겨나는 것이다. [99: 888]

성자의 높은 감정적 성향은 매우 명백하다. 마르파는 강하고 격정적인 사람이며 감정의 폭발에 몸을 맡기는 성격이었다. 그렇지만 그도 몰래 그의 제자의 헌신과 절망을 보며 눈물을 흘리곤 했다. '절대적인 것'에의 접근은 감정을 포함한 현상적인 것의 다양한 형태를 지워버리는 것이 아니다. 마지막으로 마르파는 그의 분노는 '세상사람'들의 그것과는 다른 것이며, 외관에도 불구하고 실상은 그는 '보리의 길을 걷고 있었다'고 말함으로써 그의 불친절한 태도를 설명하고 있다. 이것은 항시 제자를 시험하기 위해 짐짓 분노한 모습을 지었다는 것을 의미하지는 않는다. 그것도 타당하겠지만 마르파는 의심할 바 없이 쉽게 분노하는 성격이었다.

어떠한 종류의 감정이든 그것을 이용하려고 했던 것을 볼 수 있다. 소충바는 담파 곰뙨에게 온갖 방법으로 장난을 쳤다. 예를 들어 돌을 지고 산 위로 올라가 그것을 버리게 하는 것 등이다. 하루는 남이 보는 앞에서 담파가 도둑질을 했다고까지 비난했다. 격렬한 분노에 사로잡힌 제자는 칼을 빼 들고 스승을 향해 돌진했다. 문 뒤에 숨어서 스승은 "너의 마음은 분노 속에서 성취되었다. 그것을 보라."라고 말했다. 그러자 "이를 보았을 때 순수하고 완전한 이해, 즉 있는 그대로 사물을 보고 원래의 상태 속에서 사고의 본성을 이해하는 그러한 이해가 그의 속에 생겨났다. 그때 환희에 넘쳐 그는 자신의 옷깃을 잡고 춤을 추고 노래하기 시작했다." [99: 881]

의심할 여지없이 그의 제자의 성격을 고려하면서 (심리적 힘을 사용할 때에는 항시 그래야 하지만) 스승은 제자에게 분노를 일으키고 따라서 제자가 자신의 밖에서 그 모습을 투사하도록 했다. 그의 일상적(분별적)인 사고는 제거되었고 그에 따라 '절대적인 것'을 직접 파악하는 순수한 관조적 사유의 여지가 만들어졌다. 번역을 통해서는 이 문헌의 전체적 향기를 전할 수가 없다. 분노가 사고를 삼켜버리는 것을 묘사할 때 사용했던 '성취'란 말은 명상의 최종단계와 '절대적인 것'과의 융합을 나타내는 전문용어이다. 비록 그의 짧은 전기는 이 제자의 성격에 대해 언급하고 있지 않지만, 우리는 같은 집단에 속하는 다른 성자들이 그들의 나쁜 성격에 의해 주목받았음을 알고 있다. 티벳에 있어 '최(chod)'파의 여성시조인 랍된마의 아들인 둡베는 어려서부터 매우 격정적이었고 양을 훔치는 자였다. 그의 아들도 젊었을 때 싸움하느라 세월을 보냈다. 말 카바쩬(Mal Ka ba can)은 젊었을 때 '매우 품성이 좋지 않았다.' 마르파 역시 거칠고 격정적 성격의 소유자였으며, 젊었을 때 싸움하기를 좋아했다.

따라서 제자가 어떤 스승을 택하는가도 중요하다. 그의 입장에서 스승은 비전을 전수할 때 제자의 성격을 고려한다. 쉽게 행해지는 숫자에 의한 많은 감정의 분류 중에서 다섯 가지 감정(분노, 어리석음, 탐욕, 자만, 질투)이 선정되어, '절대적인 것'을 표상하는 원초의 5불(佛)과 그들에 대응하는 다섯 종성의 관정과 연결되었다. 사실상 감정들은 제불과 연결되는 것이 아니라, 마치 현상적인 것이 '절대적인 것' 속으로 용해되듯이, 제불의 불상과 동일시된다.

어떠한 현상적 측면에서부터 출발해도 그것에 대응하는 '절대적인 것'의 측면으로 진행할 수는 있다. 그 결과 자신의 성격에 따라 5종의 종성 중의 하나에 속할 필요가 있게 되고 또한 제신의 다양성도 나오게 된다. 만달라와 그 신들은 그들이 속하는 종성과 차이가 난다. 라마가 제자를 위해 선택한 보호신장은 제자의 지적, 정서적 경향에 따라 차이가 나며, 제자가 '절대적인 것'을 획득하는 것은 신과 라마가 융합됨에 의해서이다.

자신의 스승에 의해 전수된 비전은 하나의 특정한 명상을 실천할 수 있는 힘으로써, 이것은 명상에 대해 기술된 문헌을 읽을 수 있는 '전승' 및 공식적 계보와 함께 전해진다. 이에 보다 세심한 스승의 교육이 덧붙여질 수 있다. 그는 직접적 전승의 계보로부터 이 '힘'을 상속받았는데, 이 계보는 반드시 최고의 신을 시조로 하고 있다. 따라서 명상가는 그의 의례의 수행에 있어 이 계보를 불러내고 그가 행하는 일의 정당성을 확보하는 것을 잊어서는 안 된다.

명상과 의례

모든 경우를 위해 여러 목적을 가진 무수한 의례들이 전문가인 승려와 요가행자들에 의해 거행된다. 어떤 수준 아래에서는 이것들이 단순히 형식적이고 문헌의 암송이나 의례적 동작의 형식적 수행이라고 하는 점은 의심의 여지가 없다. 그러나 이들 의례서를 읽을 때 우리는 그것들이 대체로 명상의 외적 표현으로서의 의례에 수반되며, 명상으로부터 효과를 얻는다는 점을 발견하게 된다.

사실상 명상은 이 승려종교의 가장 본질적 요소이다. 사원은 거의 항상 깊은 산속에 명상처를 갖고 있다. 여기서 승려는 세간과 떨어져 일정 기간 동안 은거하며 지낸다. 이 은거는 며칠에서부터 몇 달, 또는 몇 년 동안(예를 들어 3년이나 12년) 지속할 수 있다. 심지어는 평생 동안일 수도 있다. 그 장소는 방 하나로 제한되거나 또는 한정된 공간 속에서 완전히 벽에 둘러싸여 햇빛도 없이 단지 작은 양의 음식이 드나들 수 있고 밖의 제자들과 교신할 수 있는 조그만 구멍을 가진 토굴일 수도 있다.

명상이 무엇으로 이루어져 있고 또 어떻게 진행되는가는 잘 알려져 있지 않다. 명상을 실천하는 수행자들은 말하기를 좋아하지 않는다. 그러나 문헌에 나와 있는 몇 가지 사항은 설명될 수 있다.

헤바즈라 탄트라나 비밀집회 탄트라와 같은 인도에서 유래한 라마교의 기본 전적은 항시 이 과정을 생기차제(utpattikrama)와 원만차제(niṣpattikrama)의 두 단계로 나눈다. 전자는 보다 쉽게 이해된다. 그것은 의식적으로 또 자발적으로 현상적 사물을 재산출하는 심리적 창출의 점진적 과정이다. 그것은 '절대적인 것', 본질, 절대적 인식을 상대적인 것, 현상, 분별적 인식으로 이행시키는 것이다. '공'으로부터 모든 속성을 가진 신이 심리적 창출을 통해 생겨나게 된다. 유럽의 독자들의 이해를 돕기 위해서 이 과정은 사유하는 신에 의한 세계의 창조와 비교될 수 있다. 단지 여기에는 신이 존재하지 않고 또 단일한 창조 내지 그 시초가 존재하지 않을 뿐이다. 이러한 명상의 목적은 현상세계의 환영적 성격에 대해 체험해보는 것뿐 아니라 그것으로부터 벗어나서 반대방향으로 나아감으로써 해탈을 얻으려는 것이다. 그 '창출', 즉 그것의 심적 산물을 파괴시킴에 의해 우리는 현상적인 것에서 본질적인 것으로 되돌아간다. 따라서 우리는 이 현상적인 것에 내재하는 속박(업 등)을 벗어던지고 공성이며 실재이고 기쁨인 '절대적인 것' 속으로 융합하고 재결합하게 된다.

두 번째 부분인 원만차제는 그다지 명확하게 설명되어 있지 않다. 그 이유는 다음과 같다. 이 단계에서 명상의 과정은 적어도 티벳에서는 요가의 정신생리학적 기술을 포함하고 있지만 문헌은 거의 이를 언급하고 있지 않다. 지금은 그것에 대해 약간의 정보를 주는 피상적 측면밖에 파악할 수 없을 것이다. 이 과정을 위해 사용된 단어는 성공, 완성, 충족, 완전 등의 관념을 함축하고 있다. 이 단어는 닝마파 교단 내의 족첸파 교단의 이름을 포괄한다. 즉 '대성원만'이라는 이름으로 이들은 불성의 상태 또는 '절대적인 것'과의 융합을 목적으로 한다. 앞서 언급했던 9종의 승(乘) 중에서 '산출'의 과정은 그들 중의 세 번째, 즉 아티요가에 배태되어 있다. [157: 26b] 그러나 우리는 이들 명상이 '고(古)'학파(닝마파)에 국한되어 있다고 생각해서는 안 된다. '개혁파'인 겔룩파의 창시자인 쫑카파의 주저는 두 부분으로 나누어져 있다. 가장 잘 알려진 부분인『보리도차제론』은 수행자를 능력에 따라 구분하고 있고, 단계적 수행도는 너무 많은 요구를 하지 말아야 할 사람에 대해, 즉 어떤 경우든 필요한 예비적인 준비를 한 사람에 대해 적합한 것으로 권하고 있다. 그러나 첫 번째 책의 마지막과 두 번째 책『비밀도차제론』에서 산출한 재융합의 과정이 설명되고 있다.

이제 '산출' 과정에 대해 논의해보자. 그것은 각각의 의례적 수행의 근거이다. 왜냐하면 의례는 어떤 효과를 갖기 위해서 집전자에게 가지(加持), 즉 실행력을 수여하는 적절한 신의 현존을 요구하기 때문이다. 이들 의례를 나타내는 용어(sādhana, grubthabs)는 종종 '강제'라고도 번역되었는데, 이 말은 마술이나 주술처럼 잘못된 인상을 준다. '환기'가 보다 정확한 번역일 것이다. 그렇지만 이 신이 한 번 존재의 영역으로 불러지게 되면 하나의 악마나 적의 혼을 '부르거나' 강제적으로 소환한다는 것은 사실이다.

(수습의 과정 'sgom-rim' 또는 상상의 과정 'dmigs-rim'이라고도 불리는) 심리적 생기의 의례는 인도 탄트라에서보다 티벳 불교에서 더욱 상세하게 분석되었다. 그것은 두세 단계를 포괄한다. 첫 번째로 '자신 내에서의 산출'이 있다. 여기서 명상자는 자신을 특정한 신이라고 상상한다. 그 후 뒤따르는 '자신의 면전에서의 산출'에서 그는 세계의 신의 궁전이라고 보면서 신을 자신의 앞에 투사한다. 이를 통해 신을 숭배할 수 있다. 마지막으로 '항아리 안에서의 산출'이 추가될 수 있다. 이때 신은 물질적 '용기(容

器)' 속으로 들어가게 되는데, 이 용기는 후에 사용될 수 있는 힘을 갖게 된다.

'자신 내에서의 산출' 이전에 모든 의례는 불가결의 준비과정과 함께 시작한다. 준비과정의 순서와 수, 유형은 각 학파와 의례의 목적에 따라 다양하지만, (종종 7지라고 불리는) 다음의 요소는 항시 발견된다. 의례에 생명력을 불어넣는 스승 계보의 언명; 모든 불보살에게 귀의; 깨달음에 도달하려는 서원과 자신의 공덕을 일체 중생의 해탈을 위해 사용하려는 서원이 새롭게 됨; 참회와 만달라에 의해 자신의 죄의 장애가 청정해짐.

이와 같이 준비한 후에 명상자는 먼저 '공'을 산출한다. 공으로부터 의례를 주관하는 신이 나오는데, 그는 보통 자신의 '종자' 음절(예를 들어 oṃ, āḥ, hūṃ, hri 등)로부터 전개된다. 다음으로 순간적 도약에 의해 명상자는 문제되고 있는 신과 동일시되게 된다. 의례를 효과적으로 만들고 또 그로 하여금 악마를 불러내게 하는[144: VI, 7a-b] 등은 바로 이러한 상태이다. 그때 그는 밝고 공하며 성스러운 신체(gsal stong lha sku)를 갖게 된다. 그는 그 신과 분리될 수 없이 융합되며, 그를 통해 그는 공성에 참여하게 된다. [138: 100b-101a] "나의 순수한 신체가 생기차제에서 신의 몸처럼 밝게 나타났다."라고 둑파 퀸렉은 말한다. [131: JA, 165b]

자신 속에서의 신의 산출과 더불어 그 신은 '절대적인 것' 또는 절대적 인식과 동일한 본원적 상태에서 '서원(samayai dam tshig)'의 형식으로 알려진 현상적 상태로 이행한다. 왜냐하면 바로 이러한 형태에서만 신은 모든 중생을 돕겠다는 그의 서원을 충족시킬 수 있게 현현할 수 있는 것이다. 명상자는 모든 다양한 부속물과 수행원을 수반하는 신들을 조금씩 모음으로써 이런 형태를 일으키는 것이다(이때 세밀한 부분에 이르기까지 정확한 상상력이 요청된다). 신을 조립하는 것은 외적으로 상응하는 도상

(圖像)을 암송하는 것에 필적하는데, 이것은 명상의 기초는 물론 회화 내지 조각에 있어 소묘의 기초로도 이용된다.

명상자가 이런 방식으로 신들을 '서원으로서의 형태'로 창출한 후에, 그는 절대적인 지혜의 형태(jñāna, ye-shes)로서 존재하는 '절대적인 것'의 영역인 신성한 상태를 떠나도록 신들을 초대한다. 그러면 신들은 그들의 '서원으로서의 형태'를 버린다. 신들의 현전은 명상자를 '은총(dbang)'과 축복(byinrlabs)'의 상태로 이끈다. 의례는 단지 그러한 합일의 상태 속에서 신의 현전을 통해 효력을 갖게 된다. 의례가 끝나면 명상자는 '智로서의 형태'를 풀어주고, 그것은 다시 '지의 영역'으로 돌아가게 된다. 이런 서술은 단지 축약적인 개관일 뿐이다.

역설적으로 이 순간에 신은 '실제로'ㅡ이 단어의 서구적 의미에서ㅡ현전하게 된다고 말할 수 있다. 그 증거로서 예를 들어 특정한 명상에 의한 소환 이후에 그림 속에서 재현된 신들은 걸어 나오고 걸어 다니고 그리고 그림 속으로 다시 들어간다고 서술되었다. 그때 그들의 옷과 소지품들이 그림 위에서 흐트러져 있었다고 한다. 삼예사의 고승 보디사트바의 삼매는 매우 강렬해서 그것은 모든 사람의 눈앞에 신 등이 '객관적으로' 나타나게끔 하였다. 그들의 상이 사원 밖으로 나와 그 주위를 걸어 다니고 다시 그들의 위치로 돌아갔다. [183: 47] 이것이 명상 중에서 자신의 신체를 끊어 그것을 중생에게 제공하는 '최'파의 의례 속에서 왜 자신 내에서의 창출'에 있는 동안 상상의 절단을 행하지 않는가의 이유이다. 그것은 그가 되려고 하는 신을 절단하는 일이 될 것이며 따라서 죄를 범하는 것이기 때문이다. 밀라 레파가 절망해서 자살하려고 했을 때 그것은 라마 옥튄이 그를 설득했던 방식이다. "라마는 나를 붙들고 눈물을 흘리면서 말했다. '대마술사여! 그렇게 하지 말라. 붓다의 가르침의 정수인 비밀스러운 만트라의 교설에 의하면 모든 감각기관을 포함해 우리의 신체는 신과 분리될 수 없는 것이다. 만일 우리가 올바른 때가 되기 전에 '전이'(한 생에서 다른 생으로 또는 정토로 옮아가는 것)를 한다면 우리는 신을 죽이는 죄를 범하게 된다. 따라서 자살보다 심중한 죄는 없는 것이다.'" 비슷하게 마르파의 아들은 죽어가면서 자신의 마음을 '전이'하는 순간에 합일의 체험을 했다. "나의 신체와 신체기관, 감각기관은 빛나게 되었고, 신과 여신의 성질을 갖추게 되었다." 그것은 그가 '산출차제'의 상태 속에 있었기 때문이라고 그는 말한다. 전이를 하려면 그는 '원만차제'의 상태 속으로 들어가야 했다. 왜냐하면 "만일 내가 '산출차제'의 상태 속에서 전이를 한다면 (즉 신체의 죽음을 함축한다), 나는 보호신장을 죽이는 죄를 범하게 된다." "이들 신이 그의 신체 속에서 너무 빛나게 현현했기 때문에 일반 사람도 신들을 볼 수 있었다."라고 그의 전기는 말하고 있다. [133: 88b-89a]

신의 현실적 현현이라는 이 원리의 예는 명상자의 신체 이외의 다른 사람의 신체 속에서 '자신을 위한 창조'를 적용시키는 것이다. 예를 들어 악마를 추방하는 공포에 찬 의례에서 과자 형태의 제물이 공격무기로서 악마에게 던져진다. 그렇지만 그것은 '축복'을 받았을 경우에만, 즉 신의 힘을 얻었을 때에만 효능이 있다. 작은 신의 그림이 막대기나 화살에 매여 과자 속으로 넣어진다. 명상을 통해 이 그림 속에서 신이 창출된다. 신의 현전은 용기로써의 그림에게 힘을 부여하며, 그 힘은 신이 비록 사라진다고 해도 작용하는 것이다. 따라서 신이 아직 그 속에 현전해 있을 때에는 과자로 만든 이 무기를 던지지 않도록 주의해야 한다. 과자는 막대기에서 그림을 제거한 후에야 비로소 던져지게 된다. 이런 외적 행동은 명상적 차원에서 '신의 소멸'(마치 무지개가 허공 속에 사라지듯이) 대응한다.

스스로 신이 되는 것으로 충분하지 않은가, 왜 자신의 면전에서 신은 투사하는 행위로 옮겨가야 하는가 하는 의문이 들지도 모른다. 후자는 의례 속에서 상세히 다루어졌고 그것의 본질적 부분으로 보인다. 한 문헌은 그 이유를 다음과 같이 설하고 있다. '자신 내에서의 창출'은 자신을 위해서 일어난다. '자신의 면전에서의 창출'은 타인의 행복을 위해 일어나며, '항아리 안에서의 창출'은 자타를 위해 일어난다. [138: 19a]

명상자는 도상에 따라 한 부분씩 신과 신의 부속물, 신들의 정토, 시자(侍者)와 종자(從子)를 조합하면서 항시 자신 앞에 신을 창출한다. 이것은 비할 바 없이 정교하고 어려운 훈련으로써, 그것들을 현전시키기 위해서는 비상한 집중력이 요구된다. 이 영상은 실제로 매우 강력해서 신과 그의 시자는 명상자와 독립해서 마치 현실에서 만나는 사람처럼 '객관적으로' 현전하는 것처럼 보인다. 그런 후에 그는 신에게 공양을 올리며 축복을 받는다. 또한 그는 신에게 의례의 목적인 강우, 축귀, 수명의 연장 등의 자비를 베풀어주도록 청한다. 의례가 마쳐지고 명상이 끝나면 영상이 사라진다. 그러나 일반적인 구제와 청정 및 종교적 공덕들은 남아 있게 된다. 명상자는 신이 어딘가에 존재하고 있고 오고 간다는 인상을 받는다.

한정된 목적하에서 행해지는 대부분의 의례의 경우 명상은 확실히 깊이 나아가지는 못할 것이다. 그러나 명상이 명상을 위해 정해진 과정 속에서 끝까지 이루어진다면 그것은 세계의 존재들의 실제적 경험으로 기능할 수 있다. 훈련이 성공적이라면 정신적으로 창출된 신은 그것을 산출한 자와는 독립해서 객관적으로 존재하는 것으로 나타난다. 그것은 보일 뿐 아니라 모든 감각을 통해서도 포착된다. 심지어 그것은 행동할 수도 있고 마치 다른 존재처럼 명상자에게 말을 건넬 수도 있다. 만일 명상자가 그 존재성을 믿는다면 그는 미치게 될 것이다. 그렇지만 그것은 실은 그 자신에 의해 산출되었고 자신 속으로 용해된다는 사실을 의식하고 있다면, 그는 현상계의 진정한 본질을 경험한 것은 아닐까? 마치 정신분열증 환자가 스스로의 상태를 의식하고 그 상태를 마음대로 조작하고 소멸시키는 것과 흡사하다.

그렇다면 원만차제에서는 무엇이 이루어지는가? (원만차제는 Anuyoga에 대응하며, 최종 단계인 Atiyoga는 족첸에 대응할 것이다.) 이 명상은 명상자를 실제로 '명(明)의 담지자(vidyādhara)'로 만들기 때문에 '원만'이라고 불린다. 이때 바람(prāṇa)이나 물방울(thig le)이라고 불리는 요가과정이 사용된다. 이들 과정은 명상자로 하여금 신체의 변화를 이끈다. 롱돌 다마(18c)에 있어 생기차제는 명상자를 성숙시키게 하며, 원만차제는 해탈시키게 하는 것이다. 쫑카파는 생기차제에서 증득한 신의 신체가 '만트라 신체'이며, 반면 원만차제에서 증득한 신체는 '지혜의 신체'라고 한다. [Lam rim, p.436a 457, 462] 두 종류 사이의 차이는 항시 명백하지는 않다. 따라서 여러 저자들이 어떤 경우에 동일한 단계인지 아니면 다른 단계인지 일치된 결론을 내리지 못하고 있다.

여기서 탄트라 불교의 요가의 원리에 대해 상론할 수는 없지만 몇 가지의 중심용어에 대해서는 언급할 필요가 있다. 인간이라고 하는 정신생리학적 실체 속에는 avadhūtī 또는 suṣumnā라고 하는 하나의 중심적 채널 혹은 동맥(어느 정도 척추와 혼동됨)이 지나가고, 그 좌우에 iḍā 또는 lalanā 및 piṅgalā 또는 rasanā라고 불리는 두 개의 동맥이 접하고 있다. 그것들은 6개의 차크라, 즉 머리끝에서 성기의 기층부에 이르기까지 신체 속에 위치한 정신생리학적 중심에 달라붙어 있다. 양 측면의 두 동맥은 일련의 보조적 쌍에 연결되어 있다. 즉 iḍā는 흰색, 달, 모음, 지혜, 정액에 상응하며, piṅgalā는 적색, 달, 태양, 자음, 방편, 피에 상응한다. 이 양자는 중앙의 채널에서 결합되어야 하며, 이 결합은 대락(大樂), '절대적인 것' 보리심에서 정점에 달한다. 결합 자체는 쌍운이라 알려져 있다. 이 체계는 명상의 기초로 사용된 신들을 소묘한 티벳 회화에서 상징적으로 보이고 있다. 주신의 상부에는 교접 중인 한 쌍의 신이, 좌우에는 흰 달과 붉은 태양이 그려져 있다.

융합의 과정은 때로 순수히 명상적이지만, 그것은 일반적으로 '바람'이나 '작은 물방울'을 중앙동맥 속에 일으키게 하는 기술을 수반한다. 이 과정은 혼자서 또는 여성 파트너와 함께 수행할 수 있다. '절대적인 것'의 증득과는 별도로 이 과정은 다양한 힘, 예를 들어 강력한 내부의 열(gtummo)을 일으킨다든가 또는 공중부양, 그리고 무엇보다 금강과 같이 파괴되지 않고, 결코 죽지 않고 따라서 신체의 버림이 없이도 '죽게'(즉, 정토에 들어가게) 하는 '무지개 신체'를 부여한다. 학파에 따라 무수한 변형이 있고 또 각기 다른 기법을 인정한다. 18세기의 어떤 저자는 6명의 스승에 의한 6종의 '원만차제' 방식을 개관하고 있다. 그들 중의 하나가 '나로파의 여섯 교의'이다. 열, 빛, 환신(幻身), 죽음과 재상 사이의 중간 단계, 마음의 전이, 방금 죽은 사체에로 전이하는 기법. [144: VI, 12a-b] 일반적으로 여섯 번째 교의는 꿈의 교의이며, 나로파의 목록 중의 마지막 항목은 하나의 본질적 사항으로서 부가되어 있다. '빛'의 기술은 의식이 있지만 분별적 사고로부터 벗어난 상태, 즉 명상을 잠자는 동안이나 심지어 죽은 후에도 지속시키려 하는 것이다. 잠의 경우 이 기술은 꿈을 감시하고 꿈을 유도하고 다음으로 그것을 소멸시키게 할 수 있으며, 앞서 언급한 광명의 상태 속에 머물러 있게 한다. 이 훈련의 목적은 연달아 일어나는 강렬한 빛의 순간을 포착함으로써 바르도 속으로 끌려들어가는 대신에 윤회의 바퀴로부터 벗어나기 위해 죽음의 순간에도 그러한 상태를 보존하려는 것이다.

황홀함과 탈춤

    그러한 기법은 명백히 엘리트들에 의해서만 수행되지만 그것들이 무수한 전기의 일화들에 의해 예시되는 한에 있어 재가신자의 종교적 생활을 풍부하게 할 수 있다. 그것들은 중생들의 이익을 위해 그들을 개종시켜 그들로 하여금 체험의 진실성이나 방법의 효과를 확신시키기 위해 기적을 일으키는 유명한 성자들에 대한 이야기이다. 만일 그것이 효과적이라면 그것은 신자들에게 신적인 것에 간접적으로 참여하도록 보장한다. 명상 속에서의 심리적 창출이 일반적으로 우리 세계의 창출이나 존재와 동일하기 때문에 그것들은 우리의 세계에 대한 유사물리적 영향이 없을 수 없다는 것을 기억해야 한다. 그 결과가 대상이나 담지자에게 남아 있는 초자연적인 힘이다. 라마가 그 힘을 받는 한에 있어 그는 그것을 신자의 머리를 만지는 들의 행동을 통해 전해줄 수 있다. 그는 또한 신들을 그린 탱화를 점안하기도 한다. 이때 이 그림의 뒤에 oṃ āḥ hūṃ이라는 한 음절의 진언 세 개(그리고 종종 라마의 손자국이나 발자국)를 적어둔다. 또는 불상 안에 '생명의 나무'라고 불리는 축이나 진언을 쓴 두루마리를 넣어둔다. 그것들은 신들의 '신체적 의지처'이다. 신자들은 그것들을 숭배한다. 그에게 있어 이것은 최고의 신들과 불보살들을 존경할 수 있는 유일한 외적 수단이다. 실제로 더 이상 인간이라는 담지자로서 나타나지 않는 출세간적인 신과, 모든 사람이 볼 수 있도록 직접적으로 인간적 존재로 나타나는 세간적인 신 사이에 구별이 이루어졌다.

    세간적 신은 '법의 보호자'이다. 따라서 그들은 여성의 영매 중에서 나타날 때에도 일반적으로 무섭고 무사적인 모습을 띠고 있다. 그들은 의식을 잃고 황홀경 속에 빠진 남녀 영매 속에 모습을 드러낸다. 그들의 자아는 해체되고 그들의 신체는 신에게 있어 하나의 의지처로서 사용된다. 신은 그를 채우고 그의 입을 빌려 말한다. 이 때문에 그런 영매는 '신체의 의지처로서 봉사하는 자' 또는 신 자신처럼 '불법의 보호자'라고 불린다. 그들은 신에 의해 선택되고 적절한 훈련을 받은 비구와 비구니이다. 각자는 어떤 특정한 신에 전문화되어 있다. 이런 현현의 유용성은 이 신의 입에서 예언을 얻을 가능성에 의존해 있다. 따라서 정부, 예를 들어 달라이라마의 정부는 페하르 신의 화현인 내충사의 유명한 영매를 고용하고 있다. 황홀한 상태가 진실이라는 것은 영매의 행동에서 증명된다. 그의 얼굴모습이 변화될 뿐 아니라—얼굴이 부풀어 오르고 붉게 변하고 눈은 충혈되고 혀는 두꺼워지며 축 늘어지는 등—그는 매우 무거운 투구를 쓰고 칼날 위에서 춤을 추는 등의 초자연적 능력을 연출한다. 그 상태 속에서 그는 말을 중얼거리는데, 그 말을 다른 승려가 듣고 해석하게 된다. 덧붙여 말하자면 그는 곡식의 알갱이를 축복하고 그것을 신자들에게 던진다. 신자들은 그것을 모음으로써 스스로를 현시한 성스러운 존재의 일부를 갖게되는 것이다.

다른 낮은 신들을 받아들이며, 라마승의 외양을 하고 있음에도 불구하고 민중들의 이름 없는 종교에 속하는 영매 전문가들도 있다. 그들은 어떤 경우에 의해 '선택되었고' 그때부터 그를 체현할 수 있게 된 목동들이다. 그들은 황홀경에 빠져 노래하지만, 그들은 단지 하늘의 신이나 지하의 신, 또는 토지의 신과 같은 지역적 신만을 현현할 수 있을 뿐이다. 그로부터 lha-pa, klu-pa 등의 그들 이름도 파생되었다. 기이하게도 그들은 서사시의 영웅을 화현하기도 했다. 적어도 18세기에는 그러했다. '영웅(dpa' bo)'이라고 불리는 유사한 영매가 그들과 경쟁하고 있으며, 그들과 서사시의 음유시인의 중간에 위치하고 있다. 그들의 이름은 불교에서 유래한 것이다. 이 말은 먼저 파드마삼바바가 주하는 낙원에 있는 무용수와 악공을 지시하고 있지만, 또한 곡예사와 운동경기자 또는 무사를 의미하기도 한다. 이 말은 가나차크라(gaṇacakra)라는 신비적 결합의식과 성적 결합의 탄트라 의례에서 유래하는데, 여기에서 '영웅'은 다키니의 남성 상대자이다.

순수한 음유시인도 시간적인 개념을 벗어난 영역에서 서사시의 영웅과 그 무대를 보기 위해, 또 그들을 노래 속에서 묘사하기 위해, 또는 그림으로써 이런 저런 영웅이 그들 속에 체현되어 그의 입을 통해 말하게 하기 위해 황홀경에 빠진다. 몇 가지 차이점에도 불구하고 이 과정은 티벳인에게 있어서 라마의 명상과 동일한 것이다. 후자의 경우 신은 '지혜의 신체'로부터, 즉 그의 본질적 상태로부터, 볼 수 있는 현상적 측면 ('서원' 형태)에 이르기까지 이동한다. 이것이 '인식이 내려오다' 또는 '떨어지다'라는 말 속에서 기술된 과정으로서, 그것이 의지체로서의 명상자에게 떨어지는 것을 함축하고 있다(기이하게도 '떨어지다'라는 단어는 산스크리트 avatāra에 대응한다). 라마교 또는 대중적 영매의 황홀경에서도 '신은 하강하다/떨어지다'이며, 그리고 황홀경 속에서의 음유시인에게도 '서사시는 하강하다/떨어지다'이다. 역으로 황홀경이 지니고 신이 떠났을 때(무지개처럼) '서사시의 신은 용해되었다'고 말해진다. 여기서 신이 명상을 통해 공으로 사라지는 것을 나타내는 같은 단어가 사용되었다. 그뿐만 아니라 '생기의 과정'에서 신을 만들어내기 위해 도상의 염송이 필요하듯이, 음유시인도 황홀경에 빠지고 자신 속에서 영웅을 불러일으키기 위해 자신을 청정케 하여 기도와 영웅의 일대사의 염송을 시작한다. 그러나 대표적 영웅인 게사르는 이런 방식으로 현현하지 않는다. 삶의 마지막 단계에서 붓다가 됨으로써 그는 세계를 초월했고 더 이상 영매에게 하강하지 않는다. 그는 신상(神像)의 형태로 숭배될 뿐이다.

그러나 이제 라마교적인 현현에 한정해 서술해보자. 비록 의례가 신을 명상을 통해 현전시키고 현현시켜야 하지만 신은 성자의 생애 이야기를 제외하면 아직 세속인의 눈에는 보이지 않는다. 그렇지만 부분적으로는 재가신자를 교육시키고 부분적으로는 가면이 신에게 자신을 드러내기에 보다 편리하기 때문에 탈춤이 발명되고 대중 앞에서 공연되었다. 이것은 무언극적 의례라고 부를 수 있는 것으로서 여기서 명상 속에서 소환된 신은 동시에 탈을 쓴 배우들에 의해 연기된다. 각본은 이를 보았던 승려들에게 귀속되는데, 그들 중에서 가장 유명한 사람이 구루 최왕(1212~1273)이다.

티송 데짼의 시대에 삼예에서는 불상과 함께 탈도 숭배되었다. 그것은 단지 어떤 신이 아니라 '불법의 보호자'[183: 36 이하; 179: 85]를 대표한다. 이것은 우연이 아니다. 왜냐하면 탈은 신들로 하여금 나타나는 것을 용이하게 한다는 점에서 영매와 공통점을 갖고 있다. '불법의 보호자' 페하르는 그의 사원에 보존되어 있는 하나의 탈과 밀접히 연관되어 있다. 사캬 판디타와 팍파가 사캬의 고룸사에 있는 탈과 매우 닮은 한 젊은 승려를 만났을 때 그들은 사캬파의 '법의 보호자'인 구르기 괸포가 이 남자로 환생했다고 생각했다. [154: 17a] '날 수 있는 검은 것'이라는 이름을 가진 이 탈은 19세기에도 같은 사원에서 보존되고 있었고 '경이로운 현현의 네 가지 기초'의 하나로서 숭배되었다. [33: 63a] 그것이 나타내는 신은 사캬파에서 숭배된 특별한 형태의 마하칼라(대흑천大黑天)로서 탈춤 속에서도 중심인물이다. 같은 신이 예세 괸포의 형태로도 나타난다. 15세[기 말에 7대 카르마파가 뫼파탕에서 '검은 Sumbha'로 알려진 이 예세 괸포의 탈을 보았을 때 그는 실제로 괸포의 모습을 보았다. [142: PA, 128a]

따라서 탈은 보호신의 현전을 이끌어 들인다. 탈춤 속에서 마하칼라는 이런 저런 형태로 주신의 임무를 충족시킨다. 이들 춤에서의 제의집행자들을 가리키면서 둑파 퀸렉은 '그들은 스스로를 마하칼라의 신체라고 말한다.'[131: KA, 56a]고 언급하고 있다. 비록 학파에 따라 춤의 양식과 등장하는 신이 다르지만 그것은 악을 몰아내기 위해 주로 행해진다. 벌거벗고 추한, 묶인 채 누워 있는(반죽이나 종이, 또는 가죽으로 만든) liṅga라는 이름의 작은 인형은 악, 적, 악마를 나타내며, 주신에 의해 찔리고 그의 시종(사슴)에 의해 조각난다. 사원 내에서의 선행(先行) 의례는 악마나 적의 '혼'을 인형 속에 집어넣었다. 그러나 이러한 처형을 의미하는 단어는 '해방'이다. 그것은 어떤 탄트라 교단에서 (예를 들어 11세기의 '강도승려'에 있어) 서사시의 영웅이나 신 또는 '마술사'에 의해 악마가 살해되는 것처럼, 의례적 살해를 의미하는 티벳 탄트라의 일상용어이다. 왜냐하면 그들은 단지 신체와 이 '영혼'의 악마적 부분만을 죽일 뿐이다. 그러나 동시에 그들은 건전한 부분인 식(vijñāna)을 '천국'에 보냄으로써 그것을 '해방'시킨다. [113: 21-25] 이러한 결정적 행위는 한 번은 주신의 역할을 하는 탈춤 배우에 의해 다른 한 번은 실제적 의례집행자에 의해 이중으로 연기된다. 의례집행자와 그의 보조자는 탈을 쓰지 않은 유일한 사람이다. 실제로 그들은 탈의 형태로 현전하고 있는 신을 불러낸다. 그들은 넓은 검은 모자를 쓰고 생생한 인간의 머리와 마른 해골로 치장한 옷을 입고 있다. 여행자들은 그들을 자의적으로 '마술사'나 뵌교의 사제로 불렀지만, 실상 그들은 고행을 위해 즐겨 묘지를 찾는 만트라 전문가로서의 의례집행자이다.

이 볼거리는 보통 이틀 동안 진행된다. 그것은 보통 취악대의 반주를 동반하는데, 그것은 때로는 느리고 장중하며 때로는 활기 있고 빠르게 춤추는 배우의 발에 맞추어 연주된다. 적의 '해방'이라는 결정적 순간의 전후에 신들은 이런 방식으로 관중의 곁을 지나간다. 그렇지만 놀랍게도 이렇게 많은 신에 의해 군중들이 느낄 수도 있는 공포는 어릿광대들의 등장으로 풀어진다. 그들은 자신들이 야기하는 웃음을 통해 안도감을 만들어 낸다. 이들 어릿광대도 탈을 쓰고 있지만 이 경우 그들의 기능은 배우를 인도의 성자로서 가장하는 것이다. 이들 성자는 숭배되고 있지만, 검은 얼굴과 말아 올린 듯한 머리털을 한 그들의 기괴한 외국풍의 모습은 티벳인에게 웃음을 선사한다. 그렇지만 일천 번이나 자유로이 즉흥적 연기를 하면서 그들은 탄트라 의례집행자의 모든 의례행위를—가장 진지한 것조차—흉내 내고 있다.

언제 그리고 어떻게 이 탈춤이 도입되었는지는 알려져 있지 않다. 관찰되고 기술된 탈춤은 여러 학파(닝마파, 카규파, 겔룩파, 사캬파, 뵌교)[244]에서 나타나고, 지역(티벳, 몽골, 부탄, 시킴, 네팔)에 따라 양식과 표현 등에서 차이가 난다. 의례와 묘사된 신들도 당연히 차이를 보인다. 인형으로 묘사된 악의 담지자(악마 루드라)의 '해방'은 찌름에 의해 이루어지는데, 이것은 헤루카의 형태를 한, 분노에 찬 신(Phur pa)을 묘사하고 있다. 이의례는 적어도 10세기에 연원하는 여러 탄트라에 이미 기술되어 있다. 그것은 유명한 비밀집회 탄트라(8세기나 그 이전)에서 유래를 찾을 수 있다. 이러한 탈춤의 다른 요소, 즉 '해방'의 선행적 의례 또는 땅의 '소유', 즉 성스러운 장소를 금강저를 갖고 감싸는 것도 마찬가지로 이미 초기 탄트라(8세기)에서 찾을 수 있다. 그것은 'Vajra 춤'이라고 불리는 (탈 없는) 춤을 포함한다. 이런 모든 의례는 인도에 기원을 두고 있다.

'해방(살해)'과 (성적)'결합'의 의례 및 특정한 탈춤은 비밀로 간직되어야 할 탄트라의 집단적 의례의 구성 부분이다. 그러한 의례를 공개적으로 행하고 또 단어 그대로의 의미에서 실천하는 것은 티벳에서 11세기 이래 행해져 왔다. 왜냐하면 그것은 당시 격렬한 비판의 대상이었기 때문이다.

닝마파의 견해에 따르면(이미 돈황의 문서에서 발견되는 설명)[206a]

파드마삼바바의 푸르바 의례는 삼예사의 낙성식을 기념하여 '대지의 해 방'을 위하여 인도에서 도입되었다고 한다. 그것으로부터 시작해서 닝마 파의 사자상승의 전승이(11~17세기) 이어온다. 이 전승 중의 몇몇 스승은 탈춤에 대한 상세한 안내서를 지었다. 가장 중요한 전승 중의 몇몇 스승은 탈춤에 대한 상세한 안내서를 지었다. 가장 중요한 전승은 파드마 삼바바 로부터 시작해서 사캬사를 창건하고 그곳에 근거한 퇸 씨족의 라마에게 전해진다. 이 학파에서 탈춤과 푸르파의 전통은 특히 두드러졌다. 이 학파 의 위대한 교주였던 사캬 판디타와 팍파(13세기)는 그 기원을 탐구하는 데 큰 기여를 했다. 또한 카르마 카귀파도 춤의 전승과 형성에 크게 기여 했다. 마지막으로 닝마파 교리에 크게 영향을 받은 겔룩파의 제5대 달라 이 라마는 1652년 탈춤에 대한 저술을 함으로써 이 전통이 확립되는 데 기여했다. [244]

2. 무명(無名)의 종교 – 전통

기독교 선교사들이 유럽의 축제와 성스러운 장소, 인물들을 수용하고 변용시켰던 것처럼 라마교는 불교나 인도의 탄트라에서 많은 낯선 요소를 받아들이고, 그것을 그들의 권위에 의탁해서 불교라는 옷을 입혔다. 이 점에서 라마교는 불교가 인도에서 행했던 것 이상으로 나아가지는 않았다. 불교는 인도에서 인도인뿐 아니라 외부 민족의 민간전승을 포함해 다른 종교의 신들과 수행법을 수용했었다.

그러나 티벳의 라마교에 흡수된 모든 비불교적 요소가 토착민의 것이라고 생각하는 것은 잘못일 것이다. 티벳인의 역사가들 자신도 두 가지를 끊임없이 혼합함으로써 이 문제를 모호하게 만들었다. 두 가지란 첫째 뵌교가 불교 이전에 티벳에 존재했었다는 사실과 둘째 불교에 앞서는 모든 것이 자연히 '야만적'이고, 비문명화된 것이고, 암흑기에 속한다는 판단이다. 그러므로 뵌교를 티벳의 원시종교로 간주하는 경향이 있었던 초기 유럽학자들의 결론은 지나치게 단순화된 것이다. '원시적'인 것을 '야만적'인 것과 동일시하여 라마교에 존재하는 놀라게 하고 비틀리고 마귀적 또는 영매적인 것처럼 보이는 모든 것이 뵌교에 속하고 원시적인 것으로 조급하게 간주될 수 있다. 이런 태도로부터 한 걸음 나아간다면 이것들을 '샤머니즘'으로서 기술하게 될 것이다. 그렇지만 사실은 보다 복잡하다. 라마교의 어떤 요소가 특별히 불교적 요소이며 어느 것이 외부요소인지, 어떤 것이 원래 뵌교에 속하고 어떤 것이 그렇지 않은지를 판단하는 것은 불가능하다. 뵌교에 관해서는 후에 언급하겠지만, 왕의 불신에도 불구하고 티벳에 소개된 인도의 탄트라가 이미 동물의 희생의례를 포함해 무수한 두려운 의례들과 신들을 포괄하고 있다는 점은 지적되어야 할 것이다.

'인간의 종교': 노래와 전설

본교에 주로 의지하는 사람을 포함해 티벳의 후대 역사가들은 불교 도입 이전의 냐트리 왕과 푸데 쿵겔의 전설적 시기 동안에 그리고 송짼 감포 왕 이전까지 "왕국은 뵌교 사제와 이야기꾼, 노래하는 사람들에 의해 보호(통치)되었다."라고 말한다. 이들 중에서 단지 뵌교 사제만이 기억되는데, 왜냐하면 그들은 다른 전문가들보다 잘 알려져 있기 때문이다. 다른 전문가도 종교적 성격을 가졌음에 틀림없고, 뵌교 사제와 유사한 기능을 했을 것이다. 첫 번째 유형의 전문가는 이야기꾼이며 두 번째 유형의 전문가는 수수께끼 또는 계보를 노래하는 음송자였을 것이다. 이들 양자는 무엇보다 불교를 가리켰던 '신의 종교'에 대비되어 '인간의 종교'로 알려진 것을 대표했을 것이다. '인간의 종교'라는 명칭으로 남아 있는 몇몇 예들은 단순히 씨족의 노인들로부터 전해 내려오는 삶의 지혜를 가리킨다. 그것들은 항시 은유와 관용구, 교훈의 사용으로 특징지어지는 시구의 형태로 표현되어 있다. 이런 '인간의 종교'는 위대한 종교의 준비과정으로 여겨졌다. "신의 종교(불교)는 인간의 종교의 영역에 의지하면서 그곳에서 과실처럼 자라난다."라고 한 연대기는 말하고 있다. [139: 245a] 이 점에서 티벳에서 포교를 했던 사람들은 용수의 정책을 따르고 있다. 용수는 민중 이야기를 장려했고, 스스로 그것을 지었고, 티벳에서 빈번히 읽히고 인용되고 있는 격언집을 편집한 것으로 알려져 있다. "인간의 관습이 잘 준수될 때 신들의 나라는 곧 도래할 것이다. 신들과 인산 사이에 사다리를 놓는다면 해탈의 피안은 손닿을 곳에 있다." [Tanjur, 北京版, No. 5820, p.2.4 (mi-yi chos-lugs)]*

---

* 용수는 그의 저술인 『修身論生者義育滴』(No. 5822m p.9.2)에서 불교의 쇠퇴를 언급하고

그렇지만 '인간의 종교'가 원래의 종교적 의미에서 사용되기도 한다. 지역적인 토지의 신을 부르는 경우 토착신들의 명칭이 부분적으로 보존되어 있고 또 초기양식의 노래가 보존되어 있는데, 여기서 어떤 특정한 신은 '인간의 종교'에서는 이러저러한 이름으로 불리는 데 비해 '신의 종교(불교)'에서는 다른 이름을 갖고 있다고 말해진다. 예를 들어 이런 의례 중의 하나는 신성한 산 넨첸탕하가 '인간의 종교'에서는 '야수르'라고 불리는 데 비해 '신의 종교'에서는 '판차시카'라고 불린다고 말한다. 사실상 돈황의 고문서 중에서 야수르라는 이름은 신화적, 전설적 설명과 점술서 속에 언급된다. [84: 570; 118: 93; 140] 티벳인들이 오늘날까지 그것을 뵌교에 귀속시키지 않고 토착적이라고 평가될 수 있는 무명의 종교에 귀속시키는 것은 주목할 만하다.

돈황의 문서와 고대의 비문에서 '인간의 종교'에 대해서는 언급이 없고 '좋은' 종교나 풍습 또는 gtsug-lag(주로 간단히 gtsug)이라 불리는 전승복합체에 대해서 언급하고 있다. 지나간 세대의 인간의 종교에 대해, 즉 좋은 전승에 대해 말하고 있다. [118: 46, 10] 왕조 시기의 비불교적 종교를 gtsug으로 부르자는 제안이 있었다. [240과 211. 이 책의 저자들은 gtsug이 모든 종교적 사유를 포괄하며, 또한 왕국의 기초로서도 기능했던 완전히 조직화된 종교라고 생각한다] 그렇지만 그 당시 gtsug이란 단어는 두 가지

있다. 그는 인간의 종교를 상찬하며 '白法' (dkar po'i chos, 즉 불교)을 지키지 않는 사람을 유덕자로 만들려고 생각하고 있다. 그의 저작이 티벳어로 번역된 시기는 약 800년경이다. 돈황에서 나온 이 시기의 한 사본은 불교를 도입한 왕들을 칭송하고 있다. 선량한 풍속대로 살아가는 그들의 백성은 '신들의 종교'와 '인간의 종교'를 동시에 존중할 수 있다. 다른 사본(63, No. 992)에서 한 승려는 만일 양자를 결합시킨다면 일체를 완성시킬 수 있다고 설명하고 있다. 다른 사본(63, No. 2111, 1283)에서 순수한 도덕적인 규범이 인간의 종교로 불렸다. 16종의 도덕적 규범(mi-chos)이 티벳 왕에게 보내는 승려 Śrīghoṣa의 편지 속에서 인용되고 있다(8세기 말, 280: 142). Buddhuguhya도 같은 왕에게 보내는 편지에서 마찬가지로 mi-chos (삶의 지혜)와 lha chos(불교)를 언급하고 있다.

방식으로 사용되었던 듯하다. 이 단어는 정치적 교묘함, 통치술, 제도와 윤리적 규칙의 교묘함을 나타내는데, 이 모든 것은 (후대 문헌에서 mi-chos처럼) 특히 송짼 감포 왕을 가리킨다. 그래서 그는 현명함이라는 별칭을 갖게 되었을 것이다. [6: 114] 동일한 단어 gtsug lag은 다른 경우 불교문헌, 논서, 중국전통 및 다른 교리를 가리킨다. [2장 p.67 주석 참조]

고대 자료에 의거한 14세기의 연대기는 '인간의 종교'가 왕의 선정의 신호라고 말한다. 9가지 인간의 종교의 기본 형태는 사자의 몸을 모범으로 해서 제시되었다. 오른발은 세계가 어떻게 존재하게 되었는지의 방식을 암송하는 것이고, 왼발은 중생이 나타나게 된 양태를 설명하는 것이다. 등은 땅의 구분과 관련되며, 오른손은 왕조의 계보를 말해주고, 왼손은 신하의 계보를 말해준다. 중지는 (불교)교설이 출현하게 된 방식을 설명하고, 목은 각 군주가 다스리는 부족이나 마을에 관련된다. 머리는 부계와 모계의 씨족을 헤아리고, 꼬리는 상징적으로 암시하면서 부르는 환희의 노래이다. [139: 279b; 244a (XV장)]

'이야기'는 분명히 '인간의 종교'를 이루는 것으로서 기술된 설화적 자료의 한 요소이다. 극히 신뢰할 만한 한 역사가는 마상의 이야기를 예로 든다. [142: JA, 8b] 이 이야기는 사캬의 귀족과 다른 귀족가문이 그들로부터 나왔다고 주장하는 아홉 마상 씨족(신의 일종)의 기원을 논하고 있다. 이전에는 독립적으로 유포되었지만, 그것은 인도의 베탈라(Vetāla) 이야기 모음집에 기초해서 라마교의 이야기 모음집 속으로 통합되었다. 그렇지만 이제 그 주제 중의 몇 가지가 서사시에서도 발견된다. 인간과 소의 교접에서 태어난 황소머리를 한 '우유의 왕' 마상은 신과 악마와의 싸움에서 신의 편에 가담해 싸웠고, 그 보답으로서 하늘의 아들을 통치자로서 지상으로 보내도 좋다는 허락을 받았다. 따라서 17세기의 저술[156: MA,114a]이 티벳인의 조상에 대한 전설적인 설명을 '인간의 종교'로서 기술하는 것은 놀라운 일이 아니다. 매우 초기의 연대기는 불전의 번역이 티송 데짼 왕의 치세에서 완성되었을 때, "대신 괴가 말했다. 전하께서는 신의 종교를 전파했습니다. 이제 전하께서는 인간에게 '인간의 종교'의 이야기로 무엇을 주시겠습니까? 그러자 그들은 왕조의 계보, 종족의 지역적 분류, 종교지도자와 삼보에 대한 존경의 표시와 숭배, 이야기와 역사적 사건, 덕과 칙령을 받았다."라고 전한다. [183: 53]

서사시와 랑 씨족의 계보는 그들 설명의 원천으로서 세계와 중생의 창조에 대한 저작들을 인용하고 있는데, 그 저작들의 제목이 매우 의미심장하다. 서사시에서 국가의 지배자와 영웅들은 '어머니'의 책이나 '조상'의 책을 가짐으로써 모든 것을 알게 된다. 이러한 책은 신성한 것이기 때문에 그 위에서 서약이 이루어지고, 또 세계와 씨족의 유래는 물론 예언의 형태로 그들의 미래사 전체를 설명해준다. 이런 저술 가운데 『세계의 신체의 대해부』란 제목을 갖고 있다. 이 책은 알로부터 유래한 씨족의 기원을 다루고 있다. 오늘날 이 책은 뵌교도 문헌의 일부이지만, 서사시는 뵌교에 대해서는 한 마디도 하지 않고, 알로부터 유래한 씨족이라는 주제로 기술하고 있다. 같은 이야기가 랑 씨족의 계보의 서두를 이루고 있다. '왕가의 계보'의 간단한 인용 후에 서술되는 것이 바로 '신하의 계보'이다. 이것들이 '인간의 종교'의 아홉 가지 주제 중의 두 가지임을 기억해야 한다. [114: 437-466; 271A: 90-96]

하나의 알이 5원소의 정수로서 출현한다. 알의 바깥 껍질로부터 하늘신의 흰 바위(티벳어에서 남성)가 생겨났고, 내부의 액체로부터 조개의 흰 호수(티벳어에서 여성)가 형성되었다. 그리고 중앙의 점액으로부터 모든 존재가 태어났다. 알의 부드러운 부분은 18개의 알로 되었는데, 그중의 중앙에 있는 하나(또는 여섯)가 조개에서 나온 알이다. 그것이 수족과 감관은 없지만 사고기능을 가진, 형태가 없는 인간이다. 그의 소원에 따라 감각기관이 생겨나게 되었고 그는 한 젊은이가 되어 예뮌 왕 또는 상포 붐티 왕으로 된다. 그는 왕비로부터 한 아들을 얻었다. 몇 세대 후에 신들의 세대가 되고, 그 신의 하나인 오데 궁갤은 다른 문헌에서는 하늘에서 하강한 왕조의 조상으로 간주되고 있다. 두 세대 후의 팅게에 이르러 대제국(티벳, 호르, 중국)들의 선조의 시대를 만나게 되고, 또 초기의 씨족의 시대도 접하게 된다. 그 하나가 랑의 씨족이다. [157: 167a]

이 이야기의 시작은 매우 복잡하고 뵌교도의 창조신화와 유사하다. 외국의 영향, 특히 인도와 이란 또는 중국의 영향이 매우 강하다. 12세기 디궁 출신의 한 학자에 따르면[157: 168b(295: I권 p.154, 204, 250-252에 인용됨)] 알로부터의 우주창조를 설하는, 이 뵌교의 연대기는 인도의 이교도(브라만교도)들의 신앙이었다. 사실상 그 설화는 마하바라타에서 발견되고 있다. 계보의 남은 부분은 다른 계보전설처럼 혼란스럽고 나쁘게 보존되어 있으며, 모든 것은 동일한 양식으로 구성되어 있다. 따라서 조상전설은 귀족가문에게는 마치 문장(紋章)과 같은 역할을 했음을 알 수 있다. 그 가문들은 그들이 신으로부터 유래했다고 주장하며 또 유명한 조상과 자신의 가문을 연결시키려고 시도했기 때문에, 서로 다투었을 수도 있을 것이다. 토지의 신을 숭배하는 축제에서 여러 경기가 벌어질 때 이 전설이 낭송되었기 때문에, 그것들에서 변이점과 차이가 보인다는 것은 공통적이었다. 적어도 14세기부터 지금까지 전승되어온, 경마시합을 할 때의 낭송에서 씨족과 가문은 찬가와 찬사를 통해 칭송되었다. [139: 230a] 서사시에 보존되어 왔던 알 전설의 하나의 변형에 의하면 두 마리의 새가 등장한다. 이 새의 둥지에 18개의 알이 있었는데 그중 여섯은 하얗고, 여섯은 노랗고, 여섯은 푸르렀다(이 색들은 세계와 그 세계에 거주하는 신들의 세 가지 계위를 상징한다). 중간의 여섯 개의 알로부터 인간이 태어났다. 그때 세 명의 대장장이 신이 출현했는데 그들은 각기 하늘(흰색), 지상(노란색), 지하(푸른색)의 신의 세 왕국에 속하고 있다. 이들 세 개에 더해 중간 영역에서 온 인간 대장장이가 있었다. 아마 그들은 알을 어느 방식으로든 가공하는 임무를 맡았을 것이다. 그렇지만 여기서 이야기는 중단되고 다른 이야기의 주제로 돌아간다.

역사학자가 고대의 이야기꾼을 뵌교의 사제와 같은 수준에서 '왕국의 보호자'로서 간주했을 때, 그 이유는 기원전설의 바른 음송이 세계와 사회의 질서 유지에 필요한 종교적 행위였기 때문이다. 제3유형의 전문가로 알려진 '수수께끼의 음송자'도 유사한 임무를 가졌을 것이다. 매우 박식한 역사가는 그들의 문체의 예를 보여준다. 그것들은 수수께끼이다. 그러나 이 단어의 어원은 세계의 창조 및 인간과 신들의 계보를 다루는 문답형식의 노래라는 사실을 암시한다. 서사시에서 이들 노래의 전문가는 성스러운 장소의 축제에 속하는 경주를 하는 동안에 노래를 부르는데, 경주의 목적은 승리자를 제국의 왕으로 선택하려는 것이다.

서사시에서 알의 조상 전설은 링 지방의 소년과 중국 소녀 사이의 번갈아 하는 노래를 주제로 한다. '변재의 입' 또는 '변설의 혀'라는 이름의 링의 소년은 소녀를 붙잡아 만일 그녀가 그의 질문에 답하지 못한다면 돌려보내지 않겠다고 위협한다. 수수께끼 시합에 이어 힘쓰기, 마술, 환술, 달리기, 주사위놀이와 궁술 등 일련의 시합이 계속되었다. 여러 판본의 존재와 그것의 단편적 성격은 동일한 이야기가 매번 다른 경쟁자에 의해 그들의 입장에서 이러저러한 조상과 연결시키기 위해 달리 이야기되고 있다는 사실로부터 설명될 수 있다. 또한 그것은 낭송자로 하여금 그의 주제를 각색하도록 하는 시적 영감에 의해서도 설명될 수 있다. 이야기의 주제와 일련의 상투적 표현은 일정하지만 자유로운 즉흥성은 낭송자의 재능에 달려 있는 것이다.

근대 시기에 신화적 문제나 거주공간의 기원에 관련된 그러한 소년과 소녀 간에 번갈아 하는 노래는 주로 신년축제에서 연주되었다. 그러나 그것들은 또한 결혼의례의 일부를 이룬다. 신랑을 대표하는 소년들이 신부의 집을 방문한다. 그 소년들은 라닥에서 '구매자'로 불린다. 일군의 소녀가 문을 가로막고 그녀들의 노래 질문에 대해 소년들이 노래로 대답할 때에만 문을 열어준다. 이 노래는 은유와 수수께끼의 표현으로 가득 차 있고, 이 세계에 대해 알려진 모든 것이 그 주제가 된다. 오랫동안 노래를 교환하는 과정에서 신부 쪽이 다음과 같은 말로 상대편에게 도전한다. [36: 48-50; 티벳 문헌 14-15]

"너희들은 진실한 말(주술적 힘을 가진 서원의 말)에 따라서 왔다고 주장한다.
[우리에게 말해다오]
누가 야생 야크의 불을 잡아 포획했는가?
누가 호랑이를 손으로 잡았는가?
누가 그물로 물을 잡았는가?
누가 모래로 성을 쌓았는가?
누가 칼로 물을 쳐서 상처를 입혔는가?
어느 새가 새끼를 낳을 수 있는가?
어느 짐승이 알을 낳을 수 있는가?
누가 바위 위를 달리는 꿩의 발자국을 쫓고 있는가?
누가 석반석 위에서 외투를 깁고 있는가?

누가 우리의 도전을 받아들여 우리를 인정하는가?"

답은 다음과 같다.

"야생 야크의 뿔을 잡아 포획한 사람은 막첸 람파이다.
손으로 호랑이를 잡은 사람은 사야 페초이다.
그물로 물을 잡은 자는 야크샤 송톡이다.
모래로 성을 쌓은 자는 카라쿳티 새이다.
칼로 물을 쳐서 상처를 입힌 자는 물 자체밖에는 없다.
새끼를 낳을 수 있는 새는 박쥐이다.
알을 낳을 수 있는 짐승은 족제비이다.
바위 위를 달리는 꿩의 발자국을 쫓는 자는 풀밖에는 없다.
석반석 위에서 외투를 깁고 있는 자는 비쇼카라(신들의 직공)이다.
너희들이 도전을 받아들이고 너희들을 인정한 것은 우리들이다. 우리의
답은 멋지지 않은가?"

신부 측은 이어 묻는다.

"너희들은 어제 왔기에 성으로 왔었다.
세 가지 성에 대해 말해보라.
세 가지 공간에 대해 말해보라
세 가지 호수에 대해 말해보라
세 가지 나라에 대해 말해보라! 모두 좋은가?"

소년들은 대답한다.

"우리는 어제 왔기에 성으로 왔었다.

쿤룽 닐카르, 독모 세마카르, 마상 딜부카르, 이것이 세 가지 성이다.

하늘의 무궁한 공간, 법의 무애한 공간, 부의 무한한 공간, 이것이 세 가지 공간이다.

헤엄치는 호수 마팜, 오염된 호수 라악, 조개의 호수 고모, 이것이 세 가지 호수이다.

신들의 도솔천, 인간들의 남방부주, 용들의 안아바타프타(Anavatapta), 이것이 세 나라이다."

이들 노래는 전부 인용할 가치가 있지만 그럴 지면이 부족하다. 그것은 20세기 초에 수집되었고, 그 속에서 당연히 라마교의 일반적 관념과 몇몇 뵌교의 요소, 서사시의 전통과 민중적 관념이 섞여 있다. 노래는 세계의 세 가지 계층과 그 각각의 층에 거하는 신들, 여러 다른 자연의 영역과 그것을 대표하는 동물(빙하의 흰 사자 등), 4천왕과 사방을 지배하는 4인의 전설적 왕을 다루고 있다. 이 노래는 근대적인 외양에도 불구하고 고대의 수수께끼 노래들이 어떠했는지에 대한 이해를 제공한다.

당시의 이야기와 노래는 뵌교의 의례처럼 그것들의 종교적 힘을 통해 '왕국을 보호'하고 있다고 생각되었다. 그것들은 선인들의 예지를 표현하며 그들의 진실성 때문에 세계와 사회의 질서, 집단과 자연환경의 구조에 타당성을 부여한다. 결혼 축가는 '진리의 말'을 암시하는 것으로 시작하는데 이 말은 불교용어이지만 일상에서는 주술적 힘을 가진 서원이나 증언을 의미한다(주문의 말: '~처럼 진실하다' 또는 '만일 내가 말한 것이 사실이 아니라면 처벌되어도 좋다'). 정확한 낭송은 주문과 라마교의 의례에서처럼 서사시에서도 마찬가지로 중요했다. 서사시와 노래, 경마시합 때의 이야기, 추수 때 벌어지는 연극은 토지의 신(산신)을 즐겁게 하고 신과 축제에 참석한 인간 사이에 공동체 의식을 낳는다.

의례에 타당성을 부여하기 위해서는 각각의 이야기 속에서 이러저러한 제도의 근원으로 돌아가는 것이 본질적이다. 이 이야기는 절대적으로 진실이어야만 한다. 이것은 라마교의 의례에서도 마찬가지인데 각각의 의례를 정당화하는 근원과 신비적 사건을 항시 언급하고 있다. 이런 이야기가 의례 속에서 항시 극적이고 잘 다듬어진 문학적 표현을 통해 시적인 작품으로써 서술되는 것은 기이한 점이다. 서사시에서 음유시인의 모자의 근원과 상징적 설명, 또는 영웅의 말과 칼에 대해 많은 시적인 이야기가 나온다. 결혼식의 노래는 결혼의 유래와 옷, 모자, '행운의 양'을 찬양하고 있다. 말경주의 찬가는 경주의 유래와 거기에 참석한 씨족의 유래를 찬양하고 있다. 이런 이야기는 gtam dpe라고 불리는데 이 단어의 두 번째 글자는 예문, 은유, 교훈, 이야기, 책의 의미를 갖고 있다. 대담에서 선인들의 '말씀'이 권위로서 인용된다. '인간의 종교'를 기술할 때 사자의 신체 각 부분이 다른 유형의 전승을 위한 은유나 예문으로 사용되었다. 우리는 근원적 시기의 선행하는 사건과 예문을 따름으로써 세계의 질서 속에서 우리의 위치를 확보하고 그럼으로써 그것을 유지하는 데 도움이 된다.

예를 들어 행운을 비는 의례(giyang'gug)를 보자. 여기에서는 리본이 달린 화살과 거울, '행운의 가방'이 사용된다. "행운의 가방의 소재는 양모이다. 아버지는 하늘의 양인 '붉은 빛을 띤 흰 색'이었고 어머니는 지상의 '붉은 양'이었다. 그 둘이 합쳐져 아들을 낳았다. 5종의 양들이 존재하게 되었다." 또는 높은 곳에서 행할 때 달콤한 냄새의 연기구름을 내는 범향(梵香)에 관한 의식서가 있다. "상(bsangs)의 노래여! 오! 상의 유래여, 이것은 어디서 유래했는가? 상의 유래, 그것은 하늘로부터 왔다. 그것은 하늘에 울려 퍼지는 천둥을 아버지로 가지며, 지상을 꿰뚫고 지나가는 번개를 어머니로 갖는다. 그들의 아들인 야생마는 빙하의 정수이며, 바다의 포 말이며, 청록색의 호수 마팜의 거품이고, 최고 약의 효능이다." [172: lhan thabs, 2b; 176: 11a]

이것들은 불교 저자들도 보존할 필요성을 느꼈던 초기의 시가단편이다. 돈황의 문서에서 이러한 유형의 초기문헌이 많이 있는데, 그중에서 기원 에 대한 이야기는 풍부하게 보인다. 그것들은 예를 들면 야크와 말이 반목 과 결별, 그리고 말이 하늘에서 인간의 땅으로 떨어지는 것을 다루고 있 다. 다른 신화는 죽음의 기원과 장례식에 필요한 부장품의 기원을 설명하 고 있다. 이 이야기는 다양한 판본으로 남아 있고 상이한 변명의 예를 보 여준다. [118; 240: 358-365; 274] 안타깝게도 이 문헌의 고풍스러운 언어가 번역하는 데 어려움을 준다.

서약과 분묘

티벳의 연대기는 초기의 종교에 대해 거의 언급하지 않기 때문에 당의 역사가들의 언급에서 얻을 것이 무엇인지를 알아야 한다. 그들은 안타깝 게도 종교에 큰 관심을 보이지 않고 있거나 그것의 현상을 조금 전해줄 뿐이다. 그들이 거의 언급하지 않는 것이 9세기로서 이때 불교는 이미 도 입되어 전통 종교와 병존하고 있었다. 중국사가에 따르면 티벳인은 악마 에 대해 많은 중요성을 부여하고 있었고 주술사와 주술을 믿고 있었다. 그 들은 긴 뿔이 달린 야생의 양(양과 토지의 신 양자를 의미하는 티벳어 gnyan으로 추정)을 신으로 숭배했다. 그들은 붓다의 가르침을 좋아했고 주문을 외웠다. [197a; 197b]

822년 중국과 티벳 간에 평화협정의 서약이 이루어졌을 때, 삼보와 불 교의 성자들 그리고 일월성신이 서약의 증인으로서 불리고, 희생의례가 거행되었다. 그 문서는 대신의 직위를 가진 한 승려에 의해 낭독되었고, 그는 낭독 후에 스스로 불상 앞에서 의식을 행하면서 다른 사람들로 하여금 희생된 동물의 피를 입술에 대도록 했다. 756년 중국의 수도에서 행해진 다른 서약의 경우에 티벳인들은 서약 시에 입술에 희생된 동물의 피를 대는 것은 동의했지만 이를 불교사원 안에서 행하는 것은 거부했다. 중국 측의 비공식적 문서에 의하면 티벳인은 서약을 맺은 두 협정에 신상을 가지고 왔다. 이 신상은 불교사원에 모셔졌다. [202: 981권, 9a; 204, 續輯 6: 5a, 불상도 '신'이라고 불릴 수 있다]

마시는 물에 대해서도 주문을 외운 후 마시곤 했다. 이런 관습은 라마교의 전통 속에 보존되었다. 의례의 집행자는 '서약을 통해' 낮은 신을 '구속'하고 이를 통해 그 신은 그의 가신이나 신하가 된다. [170: 104a＝번역은 119: 244] 우리는 이미 티벳인들이 왕과 신하 사이의 충성의 약속을 재확인하기 위해 매년 소규모의 서약을 하고 매 3년마다 큰 규모로 서약했음을 보았다. 그때 주술사는 (사람, 말, 당나귀, 암소, 원숭이, 양, 개의) 희생제의를 행하고, 만일 누가 서약을 위반한다면 같은 운명에 빠질 것임을 서약하는 주문을 외운다. 중국의 연대기는 증인으로 불려진 신은 천신과 지신, 보다 구체적으로 말하면 하늘, 땅, 산과 강, 태양과 달, 별이다. 730년의 서약을 기술한 티벳의 문헌은 천신과 용, 지신을 증인으로 부르고 있다. [183: 74] 그리고 822년의 서약의 문헌은 일월성신을 증인으로 부른다. 서약을 확인하기 위한 희생제의의 관습은 캄 지방에서 오늘날까지 잔존해 있다고 한다. [Chandra Das, Tibetan-English Dictionary, p.244b] '하늘은 그 것을 알고 있다'라는 증인을 부르는 주문도 역시 남아 있다. 캄과 시킴 지방에서 보고되고 있는 바, 서약 시 돌을 세우는 근대적 관습은 돈황의 초기 연대기에서 이미 언급되었다. [6: 109; 147: 25b; 183: 74. 또한 63: No.

992, p.4, No. 1134, 90-91(mna'-mtho bchad)] 7세기로 연대가 매겨지는 마지막 경우에 왕은 그의 충성스러운 신하의 묘 앞에 비석을 세우고 백 마리의 말을 제물로 바치면서 서약을 했다. 이 비석 위에 아마도 상호 충성의 서약문이 새겨 있었을 것이다. 고대 왕들의 묘가 있는 총개에는 티송 데짼의 비문이 새겨진 석주 위에 해와 달을 나타내는 것으로 보이는 두 개의 원반이 있다. 같은 장소에 있는 티송 데짼의 비문을 가진 석주는 卍 자형의 표시와 인간의 얼굴 모습이 있다. 라닥과 라훌 지방에서 죽은 자를 추모하기 위해—인간의 얼굴 모습을 한—돌을 세웠다. [35: 187]

따라서 초기의 입석은 때때로 인간의 모습을 하고 있었기에 희생제의의 증인으로 또는 묘의 수호자로 묘사되고 있는 것은 가능한 일이다. 몽골에 있는 터키풍의 묘에는 타격받아 죽은 적을 묘사하는 그러한 종류의 돌이 알려져 있다. 티벳에는 5~6명의 '공동운명체'로서의 친구가 그들의 주군의 묘에 순장된다는 것을 상기하기 바란다. 티벳 문헌에서는 '묘의 수호자'가 마치 죽은 자처럼 행동하고 있고 그를 대신하는 것으로 기술되어 있는 반면, 초기의 중국 문헌은 만일 무사가 전투에서 사망하면 그의 옆에 한 남자가 배치되어 있다고 말하고 있다. 그 남자는 죽은 자에게 던져진 물음에 답하고 죽은 자를 대신해 옷과 먹을 것을 받는다. [大平廣記 권 480, 24a-b] 동넨 데루 왕의 묘에는 왕의 조상과 함께 세 명의 신하가 순장되었다. [122: 2; 177: 77a-b. 돈황 문서에 나타나는 의례에서도(118, IV장; 224: 374; 272: 170) 사자의 묘사가 나타난다] 근대 티벳에서 죽은 자의 탈을 쓴 사람이 그의 옷을 입고 생과 사 사이의 49일간의 중간 기간 동안 공양을 받는다.

고대 티벳에서 묘는 돌을 쌓아놓은 것으로 편평한 지붕이 있는 사각형의 형태였다. 묘의 상부에는 총(塚)이 축조되었고 거기에 여러 나무를 심어 사원이나 희생 장소의 역할을 했다. 증인의 역할을 하는 돌(오늘날의 돌을 쌓아놓은 제단의 일종) 이외에 서약에 참여한 자는 후에 자신의 무덤의 기초로서 사용되게 될 흰 돌을 가진다. 당의 역사가에 따르면 전쟁에서 죽은-즉 영예롭게 죽은-사람의 묘는 흰 흙으로 주위를 둘러 다른 묘와 구별한다고 한다. 다른 역사가에 의하면 묘 주위에 설치된 붉은색 지붕 위에 무인의 용맹을 상징하는 백호의 그림이 그려져 있다고 한다. [197b: 권 216A, 1b; 권 216B; 202: 권 961, 15b]

송짼 감포로부터 티송 데짼에 이르기까지의 티벳의 위대한 왕들의 묘는 후대의 연대기에 기술되어 있다. 야룽 지방의 총게에서 확인되고 조사된 그것들은 사각형이나 원형의 큰 총(塚)이다. 각각의 묘는 명칭을 갖고 있는데 이 명칭은 각 왕 이름의 구성요소로 이루어져 있다. [224: 380-397. 여기에 '산-하늘'(gung-ri, mu-ri), '산-신', '하늘-gtsug'(lha-ri, gtsug-nam, 'phul-ri gtsug-snang) 등의 이름이 보인다. 왕의 이름에 사용되는 gtsug이란 단어의 사용에 관해서는 이 책 p.271 참조] 많은 보물이 그 속에 함께 부장되었지만, 9세기경에 묘는 공개되고 약탈당했을 것이다. 고대의 왕들은 아마 중국의 대규모의 왕릉에 영향을 받은 것으로 보인다. 장례식에는 정교한 의례가 수반되었다. 그것은 뵌교 사제에 의해 거행되었는데 후에 상술할 것이다. 앞에서 최초의 신화적 왕이 죽었을 때 허공 속으로 사라졌고 어떤 묘도 지상에 남기지 않았다고 언급했다. 분묘를 하는 관습은 후대에 디굼 왕이 하늘로 돌아갈 능력을 잃었을 때 외국의 뵌교 사제에 의해 도입되었다고 한다. 이 관습은 이 계보의 마지막 왕인 외숭에 이르기까지 지속되었다가 중지되었다. 이때가 바로 분묘들이 약탈된 시기이다.

매장은 대답하기 곤란한 문제를 제기한다. 전승은 단지 왕들의 묘에 대해서만 언급하는 것처럼 보인다. 근대 티벳에서 죽은 자는 매장되지 않고,

들판에 놓아 독수리나 개의 먹이가 되었다. 성자나 교단의 위대한 인물은 화장되거나 미라로 만들어졌다. 반면 도둑들의 시체는 강에 던져졌다. 그렇지만 매장풍습은 12세기에도 지속되고 있었다. [99: 458] 조장(鳥葬)의 풍습은 원래 이란의 영향이다. 그곳에서 독수리가 시체를 먹는 파르제 교도의 '침묵의 탑'은 널리 알려져 있다. 알렉산더 대왕의 시기에 이 풍습은 박트리 지방의 탁실라와 인더스강의 하구에서 유행하고 있었고 주로 파르티아 인에 의해 행해졌다. 언제 어떻게 이 풍습이 티벳에 수용되었는지는 알려지지 않았다. 당의 역사서는 현재 티벳에 알려져 있는 세 종류의 장례 방식(화장, 조장, 수장)을 인도에서 유래한 것으로 기술하고 있지만, [202: 권 961, 2a. Altheim, Alexandre et l'Asie, Paris 1954, p.94, 98, 283 참조] 이 문제는 아직 결론이 나지 않았다.

구전 정보에 의하면 근대의 뵌교도는(적어도 캄 지방에서는) 죽은 자들(대부분 먼저 화장한 후에) 담으로 둘러싸여 있는 가족묘에 묻는다. 물품(옷 등)은 묘 속에 부장된다. 매년 고인에게 제사가 올려진다. 11세기 초에 왕－승려인 예세외는 '묘에 제사지내는 것'이 소홀히 되고 있다고 비난했다. [302: I, 441] 고대의 뵌교도에게 제사는 동물의 희생을 포함하고 있었다. 라마교의 영향하에 있던 14세기에도 죽은 자의 가족은 동물을 희생시켜 제사에 바쳤다. [32: 169, 195]

거주환경

왕들의 무덤은 왕조가 유래했던 곳에 위치하고 있다. 무덤들은 흔히 '산'으로 묘사되었다. '하늘과 접하고 하늘과 비슷하기 때문에' 그것들은 '왕조를 증대시킨다(즉 왕조의 발전을 촉진한다).' [187: II, 62s-b] 다른 곳에서 산은 사다리 또는 최초의 조상이 하늘에서 땅으로 내려오기 위해 사용했었던 '무(dmu)' 줄과 비교되었다. 최초의 왕들은 지상에 어떤 무덤도 갖지 않았다. 즉 그들은 '하늘에 무덤'을 갖고 있었다. 왜냐하면 그들은 무지개의 일종인 '무' 줄을 타고 하늘에서 용해되기 때문이다. 후대의 왕들의 무덤은 하늘에서 산의 경사면을 따라 평지에 이르는 자연적으로 이루어진 계단에 따라 연속해서 만들어졌다. 18세기의 어떤 저자에 의하면 초기 왕들의 무덤과 궁전은 디굼 왕 이래 '무' 줄이 끊어진 후에도 '무의 방식에 따라' 축조되었다고 한다. 왜냐하면 이들 모든 왕은 뵌교도였기 때문이다. [159: 132a, 142b] 송짼 감포 왕의 무덤 역시 '갈색의 무 산(살색은 무의 색이다)'이라고 불렸다. 그 이유는 분명히 이 왕이 빛 속에서 용해되어 티벳의 보호신인 관세음보살상 속으로 들어갔기 때문일 것이다. 산과 무덤은 성격상 유비적이다. 파수꾼이나 석상이 역사적 왕의 무덤을 지키고 있는 반면, 최초의 왕궁인 융부라강의 능지기는 성스러운 산 샴포 강짼이었다. [177: 77a] 이 산은 의심할 여지없이 최초의 왕이 하강했던 성스러운 산 야르하샴포와 같은 산일 것이다.

성스러운 산은 '국토의 신' 또는 '땅의 주인'이다. 산은 때로는 '하늘의 기둥'으로, 때로는 '땅의 말뚝'으로 간주되었다. 무덤이나 사원의 근처에 세워진 기둥도 같은 기능을 가졌을 것이다. 티송의 무덤은 '고정시키게 하는 말뚝'이라는 칭호를 얻었다. 그것은 땅 속에 파묻혀 있기 때문에 보이지 않았다. 비슷한 유형의 말뚝이 삼예사에 있었다. 사원의 낙성식 때에 땅에 파묻혀진 이 '땅의 말뚝'은 그것이 땅에서 완전히 사라질 때에 세상의 종말을 예고할 것이다. 이에 반해 라사의 사원 속에는 두 개의 돌이 있다. 하나는 긴 것으로 '하늘의 기둥'이고, 다른 하나는 짧은 것으로 '땅의 배꼽'이다. [184: 27; 122: 5; 160: 13b]

성스러운 산들은 또한 전쟁의 신이다. 그들은 '지도자' 또는 '왕'을 뜻하는 용어로 불렸으며, 죽은 용감한 영웅으로 여겨졌다. 다소 역사적인 왕의 하나는 lHa Tho-tho ri gnyan btsan(신, 경계석, 성스러운 산, 권력자)라는 의미심장한 명칭을 갖고 있다. 왕과 같이 서사시의 영웅은 '하늘의 기둥'으로, 그의 제국은 '땅의 배꼽'으로 불렸다. 그는 3중의 세계를 자신 속에 결합시킨다. 근세기에 티벳에서 신을 공경하기 위해 세워진 돌은 따라서 세계의 3중 색과 연결되었다. 서사시의 전설적 시기에 제단은 흑색과 적색, 흰색으로 쌓아올린 세 바위로 이루어져 있다. 가끔 이런 방식으로 쌓아올리는 대신에 여러 개의 돌이 옆으로 일렬로 놓여 있기도 한다. 이때 이들 각각은 하나의 신의 위계에 바쳐져 있고 상응하는 색깔로 칠해져 있다. 실질적으로는 (왕에게 바쳐진) 적색 돌이 가장 일반적으로 사용되었던 것으로 보인다. 이것은 토지신의 좌석으로서 마을의 중앙에 세워졌다. [124: 115-119, 156 및 표 X, XI]

'하늘의 기둥, 땅의 말뚝'이란 표현은 그 위에 집이 세워져 있는 토지신을 묘사하기도 한다. 이것은 놀라운 일이 아니다. 왜냐하면 인간의 신체와 같이 우주를 묘사하는 것은 집을 모범으로 하여 형성되었기 때문이다. 인간의 신체와 집, 거주환경은 하나가 다른 것 속에 깃들여 있지만 동일한 가치를 가진 소우주이다. 그것들은 닫히고 완성된 세계로서 그것만이 개인이나 인간집단(가족, 마을, 공동체)에게 의미 있는 것이다. 이것을 종교로 채울 때, 개인이나 집단은 스스로를 확인하며 자신의 존재를 느끼는 것이다. 거대한 세계, 즉 대우주는 이 닫힌 거주공간의 세계의 연장 내지 투사일 뿐이다. 만일 이 세계가 관념적 중심을 갖고 있다면 그것은 그 자신의 세계 속에서 각각의 중심으로서만 살아 있는 현실이다. 이것이 입석이 세계의 이상적인 축이나 땅의 배꼽을 상징할 때조차 소유의 증거나 표시로서의 의미를 잃지 않는 이유이다. 그리고 세계의 중심 속에서의 집단 내지 지도자의 이러한 자기 확인은 빈번히 하늘에 의해 상징화된, 고결함과 상승, 고양된 느낌과 힘으로 표현되는 호전적인 승리의 분위기 속에서 이루어진다. '토(tho)'는 '기록부'와 '경계석'을 의미하지만, 티벳인은 동음이의(同音異義)로 인해 이 말을 '높은(mtho)'으로 듣는다. 국가권력을 상징하는 것은 '강력한 투구(dburmog btsan)' 또는 '높은 머리(dbu 'phangs mtho)'이다. 따라서 높음의 숭배는 지붕이나 준령 또는 모자 위에 놓인 돌, 나뭇가지, 깃발에 의해 표시되었다.

길이 나 있는 모든 준령 위로 여행하는 사람들은 크고 높게 쌓아올린 돌, 특히 흰 돌을 보게 된다. [156: MVā, 46a] 이 돌무더기에 막대기가 꽂혀 있고, 이것으로부터 끈이 나무나 바위에 매어져 있다. 여기에 천이나 종이로 만든 깃발이 있는데, 그 깃발에는 주문이 새겨 있거나 '바람의 말(rlung rta)'이 그려져 있다. 원래는 나무로 만든 무기의 모사품, 특히 창과 화살이 이 돌무더기에 첨가되어 있었을 것이다. 돌무더기나 제단을 만들 때처럼 종종 목양 혹은 산양의 뿔이나 머리가 그곳에 놓여 있다. 준령을 통과하는 행인은 돌무더기에 돌 하나를 올려놓거나, 돌이 없을 때에는 뼈, 천, 모포의 타래, 머리털을 올려놓고 큰 소리로 "(하늘의) 신들은 승리자이며 악귀는 정복된다. 키-키, 소-소"라고 외친다. 끝 무렵의 고함은 전쟁 때의 절규이다. 이것은 신의 호전적 성격에 의해 그리고 힘들고 전략적인 장소를 통과한다는 생각에 의해 설명된다. 바로 이런 이유 때문에 나루터나 다리 등의 다른 건널목도 비슷한 방식, 끈에 매단 천으로 표시되었다.

이들 돌무더기는 '무사의 성(정확히는 군신의 성)'이라고 불린다. 여기에서는 신을 칭송하고 신을 증인으로 삼는 찬가가 불린다. 돌무더기는 또한 '영주의 성'이라고도 불린다. 그러나 가장 일반적 명칭은 라쩨(la-btsas, la-rdzas)로서, '통행세(lam lái sgo khral)' 또는 '도로의 경계석(lam tho)'

〈그림 14〉 자신의 작은 탑이 있는 성스러운 산. 중앙에 있는 것이 무서운 신의 작은 탑으로 신의 얼굴이 그려져 있다. 그 앞에서 분향의 공양이 행하여진다. 설산(雪山)은 사자에 의해, 호수는 보석과 황금의 눈을 가진 물고기에 의해 상징되었다. 동굴 속에 명상자가 있다.

[149, 131: 80a]으로 해석된다. 단언할 수는 없지만 돌무더기는 무덤의 관념과 결부되어 있을 것이다. 흰 돌은 서약을 맺을 때 하나의 역할을 할 뿐 아니라 왕이나 전쟁에서 죽은 무사의 무덤에서도 사용되었다는 사실을 떠올릴 수 있을 것이다. 서사시에서 흰 돌은 시체를 묻을 때 사용되었음을 보게 된다. [152b: III, 53b]

돌무더기는 산의 군신을 상징한다. 따라서 그것은 가능한 한 산 정상에 세워졌다. 포탈라 궁의 동굴에서 방문자들은 포탈라 궁의 토대가 되는 '붉은 산'이라는 언덕의 '라쩨'를 볼 수 있다. 그러한 돌무더기는 당연히 인적이 닿을 수 있는 구릉에서 발견된다. 근본적인 것은 높이와 상승의 관념이다. 실제상의 높이는 문제가 되지 않는다. 돌무더기와 성산에 속하는 신들, 즉 봉우리 신, 토지 신, 남성의 신, 군신들은 사람의 머리와 어깨, 투구와 지붕을 관장하고 있다. 집의 지붕에서 돌로 만든 제단과 깃발, 나뭇가지, 동물의 뿔, 작은 화로가 발견되는데, 이 화로 속에서 이 신들을 연기로 존경하기 위해 두송(杜松)의 가지가 태워진다. 토지신 또는 토지의 주인이 반드시 산은 아니다. 산이 없을 때에는 평지나 나무, 지형학적 특징물이 토지신이 되기도 한다. 조르게 니마(암도 지방)의 마을에는 단지 사람의 키 높이의 흙과 풀로 덮인 언덕이 세 개가 있다. 사람들은 그 앞에 엎드려 분향 공양을 올린다. 하나의 언덕은 공동체의 우두머리에 속하고, 다른 하나는 라마에게, 다른 하나는 주민 전부에게 속한다. [62: 56]

두송의 가지를 태우며 신을 부르는 분향의 형태로써의 공양은 토지신에 특유한 것이다. 고대 종교의 양식과 신들이 의례 속에 가장 잘 보존되어 있다. 왕이 없던 부족의 족장이나 장로가 하늘의 신에게 왕을 청했던 것도 토지신으로서의 성산에 대한 바로 이런 종류의 공양을 통해서이다. 그 후에 신의 아들이 하늘이나 산에서 하강해서 최초의 왕이 되었다. 이것은 서사시의 영웅에게 있어서도 마찬가지이다. 여기 또한 어느 나라에도 왕이 없었다. 천신으로 하여금 그의 아들 중의 하나를 지방으로 내려 보내도록 만든 것은 바로 장로들이 올린 분향 공양에서 나온 연기기둥이었다. 그가 바로 영웅으로서 이 나라의 미래의 왕이다. 그의 어머니의 남편에 지나지 않는, 지상의 아버지를 제외하더라도 영웅은 인드라 또는 흰 브라마와 지방의 성산이라는 두 초자연적 아버지를 갖고 있다. 따라서 성산은 씨족계보의 선조와 매우 밀접히 연관되기 때문에 '조상'이라는 이름으로 존경받는다. 성산은 최초의 돌무더기처럼 세계가 창조될 때 유래했으며, 그리고 서사시 속의 장로처럼 모든 것을 아는 외부세계의 관리자로서, '세 세대의 사람들 중에서 노인이며, 세 세대의 신들 중에서 늙은 신이며, 세계가 창조될 때 생겨난 세계의 시초인 오래된 설산(雪山)이다." [114: 465]

세부적으로는 각기 다르지만 구조상 동일한, 무수한 전승이 거주공간의 창조와 최초의 지배자 내지 선조의 도래에 관련되어 있다는 것은 놀라운 일이 아니다. 사람들은 전체로서의 우주의 창조에 대해서는—그들은 이를 불교의 우주론으로부터 빌려왔는데—많은 관심을 갖고 있지 않았고, 단지 그들이 사는 거주영역이라는 소세계에 대해 관심을 가졌다. 각각의 씨족이나 귀족가문은 그들이 귀족임을 증명해주는 자신들의 족보와 씨족의 문장을 갖고 있고, 각각의 작은 지방은 자신의 성산을 갖고 있다. 분향 공양에 대해 설하는 책들은 민족적, 지리적 명칭을 보여주는 목록을 포함하고 있다. 그 목록은 지방이나 거주 중심지, 그곳의 산과 강, 다른 주목할 만한 지리적 특성 및 씨족과 부족에 대한 묘사를 제공해준다.

이들 기원전설은 결코 통일되지도 체계화되지도 않았다. 여기에는 이유가 있다. 즉 어떤 제도적 교단도 존재하지 않았고 승려들은 권위를 갖고 그것을 체계화하지도 않았다. 그렇지만 대종교는 그것을 받아들여 자신들에게 적합하게 변화시켰다. 그것들에 대해 우리가 아는 모든 정보는 라마교나 뵌교로부터 온 것이다. 큰 씨족의 족보와 서사시는 그것에 관한 매우 상이한 변형을 보여주고 있다.

뵌교도의 분향의례가 16세기의 '광인' 성자이며 시인인 둑파 퀸렉에 의해 인용되었다. "이전에 세계가 만들어졌을 때에 돌무더기는 흰 빙하 위에 쌓여 있었다. 그것은 인간을 수호하는 신들의 길 표식이다. …… 후대에 사람들은 그것을 자신들의 나라나 마을에 만들었다. 이것이 강력한 국토신들의 길 표식이다." 이 설명의 모든 항목은 불교적으로 해석되어 있지만, 그중에서 하늘의 신들과 지하의 신들, 중간계의 신들의 부름과 함께 사방, 천정(天頂), 천저(天底)에 관한 언급에 주목해야 한다. [131: 80a-b]

불교적으로 변용된 유사한 의례는 기원신화를 고대 인도의 정형구와 동화시키면서 토지신의 호전적 성격을 잘 보여준다. 우리가 여기서 다룰 전형적인 작품은 '왕을 찬양하는 신들의 상(bsangs)'이란 제목을 갖고 있으며, 여기서 문제되는 이 신화는 전쟁의 신에게 바쳐진 한 장에서 나타난다. 수메루 산으로 끝을 맺는 불교 우주론을 반복한 후에 인드라 신은 그 산 위에 있고 아수라들의 두목은 산의 아래에 거주하는 것으로 묘사되고 있다. 아수라들은 산의 정상에서 자라나는 나무열매를 탐냈다. 그래서 신과 아수라 사이에 전쟁이 벌어졌다. 아침에는 아수라들이 이겼지만 오후에는 신들이 이겼다. 신들이 최종적으로 승리한 것은 바즈라파니가 신들에게 전쟁의 신이 필요하다는 것을 지적한 후에 그들에게 전쟁의 신과 무기를 마련해주었기 때문이다. "하늘의 흰색이 만들어졌고, 땅의 푸른색이 만들어졌다. 그 후에 흰 빙하와 바다가 만들어졌다. 바다 한가운데 아홉 개의 가죽가방이 생겨났다. 이들 가방이 열리고 대장장이에 의해 만들어지지 않은 아홉 개의 무기가 저절로 생겨났다." 그것들에게 이름이 붙여졌다. "그 후에 중간적 창조의 단계에서 만들어진 세계를 위한 아홉 개의 공격용 무기가 발명되었다." 그것의 이름이 나열되고 있다. "마지막 창조의 단계에서 할아버지는 천둥과 번개를 수반한 밝게 빛나는 구름이며, 아버지는 천신, 번개를 치게 하는 야만인이며, 어머니는 보호여신, 바다의 조개, 지하의 여신이다. 그들의 자녀로서 세계의 아홉 군신이 나왔다." 그들의 이름이 이어진다. 그들을 숭배하여 인드라는 승리했다. 희생의례에서 이 무기들은 그들의 '의지처'로서 사용되었다. 이것들은 나무로 모방되어 돌무더기 속에 꽂혀 있다.

이 돌무더기의 신화적 선례가 의례서 속에 언급되고 있다. 그것은 세계의 창조로부터 나온 돌무더기이다. 그것은 수메루 산과 동일시되어 국토신이라고 말해진다. 그것은 네 가지 상징적 동물에 의해 사방으로 둘러싸여 있다. 즉 동쪽에는 흰 암사자, 남쪽에는 청룡, 서쪽에는 호랑이, 북쪽에는 야생의 야크이다. 이들 동물은 하나의 차이점(야크 대신에 가루다라는)을 빼고는 관습적으로 높은 준령과 돌무더기에 매여져 있는 '바람의 말' 그림에서의 사방에 나타난다. 그러나 흰 가루다 (둥꿍 카르마) 새가 둥지를 틀고 있는 곧은 나무가 세계의 중신, 즉 신화적 산의 정상에 심어져 있다. 이 서사시에서 가루다 새는 영웅의 투구 꼭대기를 수호하는 보호신이다.

천신과 아수라 사이의 전쟁이라는 인도적 주제는 불교의례에서 여러 형태의 비슷한 티벳인의 주제로 대체되었다. 서사시에서 아침에 한 편이 이기고 밤에는 다른 편이 이기는 그러한 싸움은 산의 모습을 한 신과 악마 사이에서 일어났다. 양자는 희고 검은 색깔을 가진 두 마리 야크나 새의 모습을 취하고 있다. 그러나 흰 신이나 흰 야크, 흰 새가 검은 악마나 검은 야크, 검은 새에 대해 결정적으로 승리하게 되는 것은 그 지방의 장로인 영웅의 개입을 통해서이다. 영웅은 검은 악마나 야크, 새를 죽이고, (산신인 동시에 하늘의 신이기도 한) 신은 그 보답으로써 그의 아들 중에서 한 명을 인간의 통치자로서 지상으로 보내겠다고 영웅에게 약속한다. 그전에는 인간에게는 통치자가 없었다.

다른 전설은 정복된 악마를 살해되어 조각조각 난 동물로 묘사한다. 그의 몸의 각 부분은 거주영역이나 통치자의 궁전, 또는 세계의 대응 부분이 된다. 가장 널리 퍼진 이미지는 거북이로서, 그것은 점에서 사용되기 때문에 중국이나 인도에서 유래했을 것이다. 그렇지만 서사시의 전승과 같은 다른 전승에 따르면 거주영역은 악마의 조각난 신체, 즉 반추동물이나 거북이, 또는 우유를 마시고 인육을 먹는 호랑이나 사자의 조각으로부터 나왔다. 각각의 차이점은 씨족들에게 특유한 것으로, 그 씨족의 기원은 그러한 동물로부터 나온 그들의 땅의 창조와 연결되어 있다.

다른 각도에서 보면 환경이나 성스러운 장소는 신(산, 바위, 나무)과 여신(호수, 혹호, 강)의 두 요소를 포함하고 있다. 양자는 결혼한다. 그들은 때로 영웅이나 왕의 초자연적 부모와 혼동되기도 했다. 여기서 산은 하늘과 천신을, 호수는 지하세계와 그곳의 신을 나타낸다. 몇몇 전설이 이런 방식으로 두 토착신 (대부분 두 산) 간의 혼인관계를 언급하는 반면 다른 전설은 두 성스러운 산 사이의 전쟁과 투쟁에 대해 보고하고 있다. 어떤 일정한 영역에서 거주하는 집단은 그들의 정체성을 조상과 성스러운 장소에서 확인한다.

성산의 호전적 성격과 씨족 및 그 조상들과의 관련성은 산신제에서 잘 표현되고 있다. 라마교의 탈춤을 행하는 과정에서 일반적으로 산을 위해 행해지는 막간극이 있다. 그것은 두 그룹으로 나뉘어 교대로 노래하는, 탈을 쓰지 않은 무사의 춤으로 이루어진다. 그들의 노래는 왕조의 계보나 귀족가문의 계보 및 그 선조를 찬양하고 있다. 또 다른 축제인 '상(bsangs)'은 모든 그룹이 성산에 모이는 것으로 이루어져 있다. 이때 경마와 노래경연, 궁술시합이 열린다. 승리자와 경주마는 찬송되며 패배자에게는 조롱이 기다리고 있다.

이상이 부족이나 촌락 집단이 거주하는 소우주의 주요 종교적 측면이다. 가족이라는 작은 단위는 집이라는 유사한 작은 세계를 점하고 있다. 집이라는 이 한정된 공간은 그것이 대우주와 인간의 신체 양자의 상징과 표상의 원천이었다는 점에서 더욱 중요하고 또 종교적 정서로 채워져 있다. 만일 성산이 세계의 중심기둥, 즉 하늘의 기둥이고 땅의 말뚝이라면, 이들 두 개의 표현은 집이나 천막으로부터 빌려온 것으로, 집의 '지신(地神)'과 동의어이다. 천막의 중심에는 화덕이 있고 그 옆에 기둥이 있다. 화덕에서 피어난 연기는 중심부 오른쪽에 있는 지붕의 구멍을 통해 배출된다. 집 안에서 그것은 한 층에서 다른 층으로 연결되는 문으로서도 사용된다. 그것은 한 나무의 몸통에 발판으로 여러 곳을 파 놓은 사다리로 닿게 된다. 이 사다리는 일반적으로 약간의 경사각을 가진 채 거의 수직으로 밖을 향해 세워져 있다. 그것은 이동시킬 수 있다. 공격받을 때 그것은 층에서 층으로 빼내어 적의 접근을 방해하며, 많은 층을 갖고 있는 고층의 방어탑의 경우 그것은 매우 유용하다. [R.A. Stein, L'habitat, le monde et le corps humain ···, in *Journal Asiatique*, 1957: 54-60]

세계와 그리고 부분적으로 인간의 신체는 이런 모델에 따라 파악되었다. 하늘과 지하세계는 고대 중국과 중국－티벳 접경의 원주민, 북아시아에 널리 퍼져 있던 도식에 따라 여러 층을 갖고 있다고 여겨졌는데, 일반적으로는 상하 9단으로 또는 위는 9단, 아래는 7단으로 파악되었다. 또는 하늘은 13단을 갖고 있다고 간주되기도 했다. 이것은 전형적인 뵌교의 관념이지만 하나의 전체를 표시하기 위해 이런 숫자(3 또는 9)를 사용하는 것은 매우 흔한 것이었다. 이 단계는 '하늘의 문'과 '땅의 문'을 통해 도달될 수 있다. 전자는 채광과 연기배출을 위해 천정에 뚫려 있는 구멍이고, 후자는 화로이다. 일종의 무지개 색깔로 빛나는 기둥으로 여겨지는 '무－사다리'나 '무－줄'을 타고 사람이 하늘에서 떨어지고 다시 그곳으로 돌아간다. 그것은 때로는 '바람(숨) 사다리'라고 불렸고, 때로는 하늘의 기둥으로서 선조나 왕이 그곳으로부터 하강하는 산과 동일시되었다. [152b: III, 107a] (지붕이나 산 위로) 높이 올라가는 분향의 연기는 하늘의 문을 열게 한다.

하늘을 땅과 연결하는 사다리나 밧줄의 이름은 ─ 우리가 뒤에서 보게 되듯이 사람의 머리와 연결되는데 ─ 천계의 하나에 거하는 신의 범주로부터 따온 것이다. 그들과 관련된 것이 '차(phya)'로서, 두 용어는 하늘이나 천신을 의미하는 강족의 말에서 유래한 것이다. 강족의 말에서 줄은 종종 '차─줄'이라 불리고 최초의 왕의 조상이 된 천신은 때로는 '무'로 때로는 '차'로 불린다.

'무'와 '차'의 친연성은 이미 돈황 문서에서 증명되었는데, '차'의 사신이 어떻게 어려운 길을 지나 '무'에게 복종하는지를 기술하고 있다. 그것은 왕이 없는 인간을 위해 그가 왕으로 되도록 청하기 위해서이다. 그의 부탁이 받아들여지기 위해서 그는 '무'의 최고의 신*에게 의례적 희생물을 갖고 와야만 했다(동일한 테마가 게사르 서사시의 서두에도 나온다. 그곳에서도 영웅은 천상의 아버지를 가졌고 하늘에서 내려왔다. 또한 그는 쿠라라고 불리는 성산을 아버지로 두고 있다). 후대의 다양한 의례는 '무'와 '차', '쭉(gtsug)'에 의해 형성된 삼위일체를 연주한다. [178: 6; 156: 권 E, 두 상 의례; 264: 334-335; 297: 35b; 57: 99; 84: 324-325; 231a: 주 81] 세 번째 표현도 이미 초기 문헌에 나오는데, 여기서 그것은 주로 성산이며 신적 왕인 '차'와 결합되어 나온다. 그렇지만 그것은 어떤 신적 존재의 범주도 표시하고 있지는 않는다고 보인다. '쭉'이란 말은 '높이, 고양' 등의 의미론적 영역을 포괄하고 있다. 이 말은 어떤 때는 성산을 어떤 때는 머리

---

* 115: 57-62; 240: 305(dmu, 또는 mu로도 쓰임). mu와 phya의 두 단어는 씨족의 명칭이기도 하다. 9세기 이래 phya는 수공업자, 장인을 의미했다(Mahāvyutpatti). 12세기에 유명한 디궁파의 학자는 phya 속에서 뵌교 신도를 보았다. 그는 뵌교를 시바교의 이슈바라와 동일시했다. 14세기에 sGam bu phya는 세계를 보존하는 존재로서 대자재천과 동일시되었다.

정수리를 나타내기도 한다. 후에 우리는 개인의 종교적 위상을 다룰 때에 이 말을 다시 만나게 될 것이다.

앞에서 우리는 왕의 조상이 어떻게 하늘로부터 산으로 하강했는지를 보았다. 부계는 '차-신'에 의해(또는 신적 본성을 가진 최초의 인간에 의해) 대표되고 모계는 '무'에 의해 대표된다. 다른 모든 유명한 귀족가문은 비슷한 전승을 갖고 있다. 그들은 때로는 파생된 지파로서 왕가 전승의 개인에게 속하기도 했고, 때로는 특별한 족보에 속한다고 주장하기도 했다. 카락 뇌 가문은 흰 새를 신적인 조상으로 가지고 있는데, 그는 통치자를 구하려는 인간의 소망에 응해 산으로 하강했었다. 그는 '무-신부'와 결혼했다. 쿵 가문(후대의 사캬파)도 무-신부와 결혼한 후에 인간의 통치자가 되었던 세 천상의 형제 중 한 명으로부터 유래했다. 왕조의 전통에서처럼 최초의 조상은 여섯이나 일곱 명의 형제집단에 속해 있었고, 그들 중에서 그는 중간이거나 막내였다.

이들 신화의 단편은 현존하는 문헌 속에서는 단지 집의 건축에 대한 암시만을 포함하고 있을 뿐이다. 그렇지만 은유는 예언의 언어 속에서의 도식적 형태나 또는 악한 영향을 차단하고 좋은 영향을 끌어들이려는 의도를 가진 어떤 특정한 의례 속에 보존되어 있다. 예언 속에서 무-줄은 '하늘로 올라가는 밧줄' 및 그것의 도움으로 얻어지는 신탁과 동일시되었다. 의례 속에서 '하늘의 문'은 양의 두개골로, '땅의 문'은 개의 두개골로 상징된다. 어떤 경우에 거주처를 세우기 위해서 '하늘의 문'을 열고 '땅의 말뚝'을 박아 좋은 기운을 받는 것이 필요하다. 악귀에 의해 위협받거나 어떤 사람에게 해를 입히려고 할 때에는 반대로 하늘의 문을 닫고 밧줄을 끊고 땅에 고정된 말뚝을 뽑아버려야 한다. [156: Waṁ, 280b] 이미 돈황의 고대 문서에서의 장례 의식과 예언 안내서에서 '팽팽하게 뻗친 하늘의 무-줄은 끊어지지 않을 것'이라고 인간에게 약속하고 있거나, 반대로 '멀리서 흰 무-줄을 끊을 것'이라고 위협하고 있다. [63: No. 1043 및 1194] 뵌교의 용어에서 "무-줄을 묶다"라고 하는 것은 예언 행위와 행운을 불러오는 것을 나타낸다. 반면 전문어인 '차'는 일반적으로 예언과 행운, 모든 종류의 부의 정수를 의미한다.

한 해의 축제

고대 티벳에 일 년의 축제 주기가 어떠했는지에 관해서는 알려지지 않았다. 그렇지만 적어도 여름과 겨울에 '쿠라(sku bla)' 숭배가 이루어졌다는 사실은 알려져 있다. [240: 304] 문헌에서 말해지고 있는 근대 시기나 그 이전의 축제는 거의 모두가 불교적이라고 한다. 쫑카파에 의해 제도화된 신년 초하루의 대기원제나 넷째 달 초파일과 그 달 15일의 탄생제와 열반제, 일곱째 달 10일의 파드마삼바바 탄생제, 아홉째 달 22일의 신의 나라로부터 붓다의 귀환제, 열째 달 25일의 쫑카파 열반제 등이 그것이다. 그렇지만 약간의 비불교적 요소도 보존되고 있으며 이것들에 관해 여기에서 언급할 것이다.

고대 중국의 저자들은 매년 또는 매 3년마다 거행되는, 희생의례를 수반한 새로운 서약식이 어떤 특정한 날과 특정 장소에서 일어나는지에 대해 유감스럽게도 전해주지 않는다. 의례는 의심할 여지없이 신화적 시기에 정해진 질서, 즉 조상의 기원과 그가 권력을 잡았던 장소와 관련되어 있을 것이다. 근대 시기에 관찰된 축제에서 이러한 과거의 환기는 대부분 겨울과 여름이라는 한 해의 두 결정적 시기에, 특히 신년에 성스러운 장소에서 거행되었다.

앞에서 언급했듯이 신년의 날짜는 여러 차례 변화되었다. 몇 세기 이전부터 현재에 이르기까지 공식적으로는 몽골의 지배 시기에 도입된 것으로 추정되는 중국의 역법(曆法)이 사용되었다. 이러한 '왕의 신년'은 정월의 시작을 결정한다(보통 2월). 그러나 옛날의 '농부의 신년'은 특히 티벳의 주변 지역(라닥, 시킴)에 존속하고 있었다. 그것은 어느 정도 열 번째 달의 말이나 열한 번째 달 초의 동지와 연결되어 있다. 이때는 추수가 끝난 지 두 달이 되고 야크고기와 양고기가 저장된 지 6개월이 지날 무렵이다. 고대 중국인에 따르면 티벳에서 한 해의 시작을 결정하는 것은 추수이다.

'농부의 신년'은 오늘날 시골이나 시가쩨에서처럼 농지를 가진 사람들에 의해 경축되고 있다. 그것은 주목할 만한 관습으로 특징지어진다. 며칠 동안 하인들은 일하지 않고 좋은 옷을 입고 그들의 주인에 의해 잘 대접받는다. 주인은 그들에게 선물을 주고 진수성찬을 마련해준다. 고대 중국의 축제인 대나(大儺)에서처럼 불안정한 기간을 표시하거나 지나간 해로부터 새해에로의 이행을 표시하기 위해 세상은 위아래가 바뀐 채 거꾸로 있는 것이다. 우주적 기간인 겁의 주기 속에서 현재의 시기의 종말은 사회의 확립된 구조의 역전으로서, 특히 노비가 그들의 주인을 지배하고 있는 것으로 표현되고 있다는 사실을 기억하면 좋을 것이다.

신년은 아시아나 비아시아권의 문화권에서처럼 티벳에서도 중요한 위치를 차지한다. 그것은 이행의 시기를 표시한다. 악덕과 낡은 공덕을 닦고 축출하는 의례 후에 심기일전의 느낌과 미래를 위한 보증으로 특징지어지는 새로운 시기가 시작된다. 그것과 보다 덜 구별되기는 하지만 한여름에도 그것에 대응하는 기간이 존재한다. 그렇지만 축제는 지역과 사회집단에 따라 각각 상이한 형태를 취한다. 지방과 수도의 차이가 특히 구별되었다. 신년에 라사에서 어떻게 축제가 벌어졌는지는 18세기 중국인의 저술 및 동시대의 이탈리아 선교사의 다음과 같은 설명에서 찾아볼 수 있다.

〈**그림 15**〉 삼보에 바쳐진 5종의 공물. 제단에는 아래로부터 차례대로 등, 물잔, 곡식이 담겨진 주발이 있다. 상단에 향과 꽃이 의식용의 과자를 담은 상 위에 있다.

상인들은 삼일 동안 철시하고 차와 술, 과일을 선물로 교환한다. 이 날 (정월 초하루)에 달라이 라마는 포탈라 궁의 정상에서 연회를 개최한다. 그는 중국인 관리들과 티벳인 관리들을 그곳으로 모이게 하여 음료를 제공하고 전쟁무용*을 관람한다. (무용을 위해) 10명의 젊은 소년들이 선발된다. 그들은 현란하게 채색된 비단옷을 입고 머리에 면으로 된 두건을 쓰고 발에는 작은 방울을 달고 손에는 창을 들고 있다. 그들 앞에는 마찬가지로 옷을 입은 10명의 고수가 있다. 소년들은 고수에게 얼굴

---

* [S. Hummel, Boy dances at the New year's festival in Lhasa, *East and West*, XII. 1, 1961; XIII. 1, 1962 및 XV. 1-2, 1962-1965와 비교할 것. 같은 잡지 XXIV. 3-4, 1974 참조]

을 향하고 북의 장단에 맞추어 춤을 춘다. 다음 날에는 '끈 위로 날아가기'란 연극이 벌어진다. 그것은 짱 지방의 티벳인이 행하던 하나의 부역이다. 수십 창(chang) 길이 (약 22~27m)의 가죽들이 포탈라 궁의 꼭대기에 매여 있다(언덕의 기슭에 이르기까지). 연기자는 원숭이처럼 그것을 타고 올라간다. 그곳에서 팔과 발을 펼치고 가슴은 나무판자에 대고, 마치 화살이 활줄을 떠난 것처럼, 마치 물로 하강하는 백조처럼. 줄을 타고 아래로 급강하한다. 이것은 의심할 여지없이 줄의 곡예이다.*

그 후에 정해진 날에 대소사(大昭寺; 라사에 있는 큰 사찰)에서 모든 승원의 라마들이 모인다. 달라이 라마는 대초사의 불상에 예배하기 위해 포탈라 궁에서 내려와서 단상에 올라 대승경 하나를 설한다. 이것은 '왕궁의 정원을 개방함'이라고 불린다. 여러 곳에서 모여든 티벳인들이 그곳으로 운집한다. 그들은 달라이 라마 앞에 무릎을 꿇고 가져온 금과 진주, 보석을 바친다. 그것을 받을 때면 달라이 라마는 그들의 머리를 지팡이로 세 번 두드리거나 또는 손으로 쓰다듬는다. 그들은 '살아계신 붓다'가 (자신들에게) 행운을 내려 준다고 믿는다.

정월 보름에는 대소사에 여러 층 높이의 목조대가 설치되고 수천 개의 등이 그곳에 매달리게 된다. 또한 그곳에는 버터와 밀가루로 만든, 유명한 사람이나 용, 뱀, 새와 짐승들의 조상들이 갖가지로 채색되어 치장되어 있다.** (이 연극은) 밤을 새고 동틀 때까지 공연된다. 그때 하늘이 구름에 덮여 있는지 또는 맑은지, 비나 눈이 오는지 또는 등이 밝게 비치는지 그렇지 않은지에 따라 다음 해의 수확이 예언된다. 18일에는 기병과 보병을 합쳐 삼천 명의 군인이 모인다. 그들은 무장을 하고 무기를 들고 세 번 대소사를 돈 후에 청록교의 남쪽에 있는 장소로 가서 대포를

---

* 예술작품은 8: 127; 129: 397-398 및 128: 505; 304: 18a에 묘사되어 있다. 이것은 또환 시 가쩨에서 10월 25일 쫑카파의 열반제일에 거행된다(L. A. Waddel, *Journey to Lhasa and Central Tibet*, p.77-78). 또한 카슈미르와 라닥에서도 열린다.

** 이것은 34: 269-290에 사진과 더불어 상세하게 묘사되고 있다. 사진은 J. F. Rock, *The National Geographic Magazine*, LIV, 5, 1928sus 11월호.

쏜다. 그럼으로써 악귀가 퇴치된다고 한다. 이런 행사가 진행되는 동안에 소머리 산에 검은 천막이 설치되고 그 속에 한 마리 양이 묶인다. 모든 사람은 그 양이 총탄에 맞아 죽지 않기를 빈다. 왜냐하면 그렇게 되는 것은 매우 불길한 것을 의미하기 때문이다. 이 연극이 끝나면 군인들에게 포상하고 승려들의 경전낭송을 보답하기 위해, 금, 은, 자수를 놓은 비단, 차, 옷감 등을 가지고 온다. 이런 과정에서 보통 은화 360냥이 소비된다.

이삼일 후에 대신들과 장군들, 라마들은 각각 소년들을 선발해서 그들을 세라사의 동쪽에서 포탈라 궁에 이르는 약 30리 길을 넘게 달리는 말경주에 보낸다. 승리자는 찬미된다. 또한 벌거벗은 어린 소년들이 포탈라 궁의 서쪽에서 라사의 동쪽에 이르는 약 10리 길의 달리기에 보내진다. 관중들은 늦게 달리는 소년의 긴장을 풀어주기 위해 그들의 머리에 물을 부어준다……

30일 후에는 독경 후에 뤼공 겔포(대체 악마)가 퇴치된다. 한 라마가 달라이 라마의 역할을, 그리고 민중 중의 한 남자가 얼굴에 반쯤 희고 반쯤 검은 분장을 하고 악마의 왕 역할을 한다. 악마의 왕 역은 이 역할을 매년 정규적으로 하겠다고 동의한 일군의 사람들에 의해 수행된다. 이전의 여러 날 동안 그 남자는 이집 저집 돌면서 기부금을 모금한다. 그렇게 함으로써 그는 기부자를 대신하여 불행을 퇴치하는 것이다. 따라서 티벳인들은 앞을 다투어 그에게 돈을 준다. (30일에) 그는 달라이 라마로 분장한 사람의 앞에 나타나 그의 다섯 가지 심신의 구성요소(五蘊)가 공하지 않으며 그의 유입물(漏, 존재에 집착하는 것으로 윤회의 원인)은 아직 적정(寂靜)하게 되지 않았다고 (즉, 아직 아라한이 되지 못했다고) 말하면서 그를 모욕한다. 달라이 라마(역)는 논증으로써 그를 논파한다. 이와 같이 양자는 서로의 종교적 힘을 보여준다. 그 후에 각자는 호두만한 주사위를 끄집어낸다. 달라이 라마(역)는 그의 주사위를 세 번 던지고 매번 승리한다. 악마의 왕도 마찬가지로 던지지만 매번 패한다.

이것은 왜냐하면 주사위의 여섯 면이 모두 같은 색이기 때문이다. 이런 주사위 시합에 티벳 왕의 윗 항렬(섭정)의 가문(외가)에 속하는 몇몇 소년 소녀들이 참석해야만 한다. 그들은 좋은 옷을 입고 손에 부채를 들고 달라이 라마(역) 옆에 일종의 증인으로서 앉아 있다. 악마의 왕은 놀라 달아나고 재가자와 출가자들의 집단은 화살과 총, 대포를 쏘면서 그를 쫓아간다. 그 전에 먼저 강의 건너편에 있는 악마머리의 산(분명 앞에서 언급한 천막이 쳐 있는 소머리 산과 같은 산일 것이다)에 천막이 설치되어 있다. 악마의 왕이 그곳으로 도망가면 그를 대포로 쏜다. 그는 계속 도망쳐야 하고 1년 후에야 비로소 다시 티벳으로 되돌아올 수 있다.[*]

추방되는 희생양의 도움으로 낡은 덕들을 제거하고 또 해가 바뀌는 기간에 그 희생양과 경쟁을 함으로써 통치권을 유지하게 된다. 다른 곳에서도 신년을 맞이하여 세계의 창조를 주제로 남녀 사이에 춤과 노래 이어 부르기 등의 경연이 열린다. 그리고 줄 타고 내려오는 곡예를 할 때에도 곡예사와 관중 간에 노래가 교환된다. (시가쩨의 경우) 그 노래에서는 자유로운 재담을 덧붙여 전신과 지신들이 언급된다. 이들 세계의 여러 층에 사는 신들은 무아지경 상태에서 노래 부르는 민간의 영매 속에 거한다.

어떤 전담자들은 신년에 재담의 형태로 세계의 창조를 노래하고 행복을 빈다. 그들은 탈을 쓰고 있으며 '흰 악마'라고 불린다. 그들은 어떤 때

---

[*] 189: 7장 17b; 198: 4장 14a; 96: 209-212. 18-20세기의 다른 중국 문헌들은 퇴치의례를 '악마의 왕인 소를 때리기'라고 부른다. 실제로 이 의례는 2월 하순에 거행되었다고 하지만 (304: 22a-b 및 M. A. Macdonald가 조사한 여러 문헌 참조), 많은 근대 시기의 관찰자들은 그것을 정월 하순의 축제와 혼동하고 있다. 이 축제는 5대 달라이 라마 또는 그의 섭정에 의해 도입되었다. 옛 관습과 관련해 13대 달라이 라마는 제2의 '애체 악마의 왕'을 첨가했다 (242: 156-157). 첫 번째 악마의 왕은 삼예에서, 두 번째 것은 펜뵐에서 퇴치되었다. A. David-Neel, Le Bouc Emissaire, Mercure de France (1924년 12월 15일 자); 128: 512; 227a.

〈그림 16〉 연극, 신년의식 또는 중요한 사건을 위해 사용되는 '행운의 공양물'. 술을 담은 병과 잔이 있고 술의 거품이 보인다. 뒤로 곡식으로 치장한 밀가루 그릇이 있고, 아래에는 보물과 보석, 상아, 은화, 직물, 모피가 있다.

에는-희생양처럼-반쯤 희고 반쯤 검은 얼굴을 하고 있고 어릿광대와 비슷하게 뾰족한 모자를 쓰고 있으며, 어떤 때에는 염소수염이 달린, 삼각형의 흰 가면을 쓰고 있다. 자주 그들은 '사냥꾼'과 유사한, 해와 달이 달린,

감청색의 삼각형 가면을 빌려 쓰기도 하는데, 이 가면은 요가행자를 나타내며, 연극 속에서 이야기꾼이나 익살꾼이 쓰는 것이다. 성스러우면서도 익살스러운 이 이중적 성격의 인물에 관해서는 후에 다시 언급할 것이다. 그들은 낡은 해에서 새로운 해에로의 전환이라는 교차하는 시기에 어울린다. 이 시기에 인간과 신, 살아 있는 자와 죽은 자는 경쟁하고 놀이하기 위해 모이고 서로 대립한다. 그들은 어떤 때에는 '사냥꾼'이나 '흰 악마'의 가면을 쓴 인물이고, 어떤 때에는 죽은 자를 나타내기 위해 얼굴을 재와 회색의 흙으로 문지른 인물이다. 어떤 때에는 그는 춤을 추면서 한 마리의 암사자, 두 마리의 사자, 또는 두 마리 야크를 이끄는 작은 방울들에 싸인 목동의 얼굴을 하고 있다. 이들 야크는 성스러운 산의 신들을 묘사하고 사자 또는 청옥색의 갈기를 가진 흰 암사자는 빙하를 상징한다. 그들의 '우유'는 빙하의 물로써 장수의 수단이다.

이들 의례와 주연 속에 모든 종류의 문화현상과 민간전승의 특징이 혼합되어 있기 때문에 그것들을 여기서 상세히 논구하는 것은 불가능하다. 그렇지만 초기부터 비불교적인 순수 티벳적 요소들이 낯선 근원에서 유래했다는 것을 보여주고 있다는 사실을 도출하는 것이 필요하다. 벌거벗은 소년들이 경주를 하고 한 겨울에 찬물을 뒤집어쓰는 기이한 관습은 이란의 신년풍습을 연상시킨다. 그것은 8세기 이전에 사자춤과 함께 사마르칸드와 투르케스탄을 통해 중국에 전래되었다. 그 목적은 추위를 물리치려는 데 있었다. 사자춤은 중국과 일본, 베트남에서 보존되고 있다. 그렇지만 티벳과 일본에서는 그것이 벌거벗은 소년들의 달리기와 병행해서 행해졌다. 눈의 사자 또는 빙하의 사자는 티벳에서 특별한 역할을 한다. 그것은 국가의 상징으로서 지폐와 티벳의 국기, 달라이 라마의 문장(紋章)에 나타나 있다. 그것은 국가 번영의 상징이다. 이미 밀라 레파는 그것을 민중적 영감을 노래한 시 속에서 찬탄하고 있다. '인간의 종교'의 전체적 전통은 앞에서 보았듯이 사자의 신체 각 부분과 관련되고 있다. 고대의 전통은 라사에 위치한 대소사의 입구 아래에 새겨져 있는 기묘한 일련의 사자상의 의미를 설명해주는 것처럼 보인다.

티벳에는 사자가 존재하지 않는다. 사자는 그곳에서 단지 전설적인 동물로서만 알려져 있다. 그것이 민중화된 이유는 분명 인도의 영향이지만 신년축제는 이란적 영향도 있었음을 보여준다.

신년축제의 특징적 성격의 대부분은 지역에 따라 한여름(다섯째 달부터 일곱째 달)에 이르기까지 벌어지는 시기적으로 확정되지 않은 다른 축제 속에도 보인다. 여기에서도 대규모 집회가 열리며, 신과 인간이 서로 섞이고, 거주공간의 창조와 조상의 계보가 찬양되며, 그룹으로 나뉘어 다양한 종류의 시합(노래 시합, 달리기 등)이 이루어지고 있다. 그리고 성스러운 것은 항시 놀이와 재담을 수반하며 이루어진다. 전투적 분위기는 국토와 인간의 보호신장의 존재를 연상시킨다. 마지막으로 재미있는 유희, 특히 연극의 공연은 토지의 신을 기쁘게 하여 마을에 풍성한 수확을 주는 것이다.

위에서 인용한 18세기의 세시력(歲時歷)에 따르면 "여섯째 달의 30일에 영매는 신들을 체화하기 위해 (자신 속에) 강림시킨다. 반면 남자나 여인 등의 재가신자들은 좋은 옷을 입고 치장을 하고 노래를 부르거나 또는 일대일 겨루기나 '바뀐 장대(?)'와 같은 놀이를 즐긴다. 일곱째 달 15일에 한 감독관이 농사짓는 일을 점검하도록 위임받는다. 토지의 주인들은 그의 방문에 따라 나선다. 그들은 평야와 교외로 나가는 길을 따라 검과 활, 화살과 깃발을 운반한다. 그들이 농지를 점검하는 동안 그들은 추수를 축하하기 위해 음주와 활쏘기를 행한다. 이 (축제) 후에 비로소 사람들은 수확을 한다. 일곱째 달과 여덟째 달 사이에 강을 따라 천막이 설치되고 남녀 모두 함께 목욕한다.

신년에 달라이 라마를 위해 거행된 연극은 여섯째 달 말에 다시 반복된다. 그것은 다른 곳, 예를 들어 바탕에서는 일곱째 달 말의 수확 직전에 거행된다. 사람들은 토지의 신에게 수확을 감사드린다. 다른 문헌에 따르면[24: 60, 권 V, 1. p.61] 바탕에서 연극은 추수 이후인 여덟째 달에 거행된다. 같은 시기에 사람들은 야외로 간다. 여기서 소년들과 소녀들은 두 집단으로 나누어져 고대로 노래를 부르고 놀이를 하는데, 여기에서 혼인의 예언이 얻어지기도 한다.

한 해의 끝은 예상하듯이 악귀의 추방으로 특징지어진다. 라사에서 희생양의 추방과 라마교적인 탈춤이 둘째 달 말에 거행되는 반면에 축귀의 식을 포함하는 다른 탈춤은 신년 전에 거행된다. 시킴 지방에서는 성스러운 산을 숭배하는 찬가와 지배가문의 조상에 대한 찬가를 수반하는 전쟁춤이 라마교 의례의 막간에 행해진다. 의심할 여지없이 다른 민속의례가 존재했을 것이지만, 그것들은 지금까지 전해오고 있지는 않다. 유일한 예외는 라닥 지방에 알려진 것이다. 칼라쩨에서는 (농부들의 신년의 전날인) 열두 번째 달 30일 밤에 몇몇 사람이 검정 칠을 하고 밀짚모자를 쓰고 '바바(baba)'들로 분장을 한다. 그들에게 세 개의 춤이 바쳐지고 바바들은 나무로 커다란 불을 지핀다. 아침이 되면 그들은 돌무더기라고 여겨지는 토지신의 제단으로 가서 공양물을 올린다. 농부들은 그들을 연회에 초대한다. 열한 번째 달의 3일에 일곱 차례의 달리기 시합이 열린다. 그러면 사람들은 지붕에 올라가 제물을 갖고 좋은 해가 오기를 빌며 총포를 쏜다. 7일 밤에 3인의 가면을 쓴 사람들이 춤을 춘다. 그중에서 두 사람은 할아버지와 할머니로 불린다(셋째 사람이 누구인지는 알려지지 않았다). 춤은 세 사람을 쫓아버리는 것으로 끝난다. 그렇지만 사람들이 축제하기 위해 마을로 돌아올 때면 그들은 할아버지와 할머니를 호위하며 돌아온다(역시 셋째 사람이 어떻게 되었는지는 알려지지 않았다). 소년, 소녀들은 행복을 비는 춤을 추며, 바바들은 군중들의 고함과 포성 속에서 반죽으로 만든 희생물 모양의 과자를 멀리 가져가 버린다. 그런 연후에 몸을 씻고 좋은 옷을 입는다. 새해가 밝아온다. [36: 28-31]

불완전하게 보존되었거나 불완전하게 고찰된 이 의례에 대한 설명은 단지 낡은 해를 보내고, 확정되지 않은 그 시기를 경연들로 나타내고, 정점에서 새 시절을 맞이한다는 정도로만 남아 있다. 아마 세 명의 가면을 쓴 인물은 티벳의 화덕에 보이는 세 개의 돌과 관련이 있을 것이다. 화덕은 가옥의 토지신으로서 성스러운 것이다.

개인의 위상

우리는 최초의 신화적 왕이 천계의 어떤 층으로부터 하강했고 무 또는 차와 연결되어 있었던 신들이었다고 기억하고 있다. 뵌교도의 성스러운 보호자인 셴랍 미보도 같은 기원에서 나왔고 동일한 계보에 속하고 있다. 하늘로부터의 하강은 무−줄이나 무−사다리를 통해 일어났고, 이것들은 때로는 바람기둥이나 연기기둥, 빛기둥으로 이해되었거나 또는 '장소의 주인'인 성스러운 산과 동일시되었다. 왕들이 세계의 중심에 있는 나라의 지배자가 된 이후에도 무−끈은 결코 왕들을 떠나지 않았다. 그것은 그들 머리의 왕관이나 투구에 부착되어 있었다. 왕은 '높은 우두머리', '강력한 투구', '하늘의 기둥'으로서 하늘과 인간, 땅을 연결시켜주는 존재로 구현되었고 이런 방식으로 그들의 지배권과 권력을 강화시켰다. 생애의 끝에서 그들의 몸은 빛 속에 용해되어 무−끈을 타고 하늘로 올라간다. 따라서 왕들은 사체를 남기지 않았고 어떠한 무덤도 지상에 남기지 않았다. 다른 말로 하면 그들은 '무의 방식에 따라' 무덤과 성을 갖고 있었다. 그렇지만 어느 날 이 끈이 잘려지게 되었다. 디굼 왕이 그의 신하 중의 한 명과 결투를 벌이고 있을 때 그는 부주의하게 칼을 휘둘러서 투구에 부착되어 있던 자신의 무-끈을 잘라 버렸다. 그 이후부터 하늘로 되돌아간 무-끈은 '신들의 다리(橋)'가 되었다. [177: 57b] 그때 이후로 왕이 죽자 무덤이 필요해졌다. 그러나 뵌교의 연대기에 따르면 끈의 절단은 결코 일회적이고 결정적인 과거사가 아니라 세계의 종말기인 오탁악세(五濁惡世)에 인간을 기다리는 불행이다. "차-끈과 무-끈은 하늘의 신들에 의해 철저하게 절단될 것이다." [186: 135a]

디굼 왕의 사건은 후대의 왕들이 그들의 신적 본성에도 불구하고 사체를 지상에 남기고 무덤을 필요로 하는 이유를 설명해주기 위한 하나의 신화적 선례일 뿐이다. 이것은 인간이 그때부터 영원히 무-끈과 단절되고 그것의 이익으로부터 격리되었음을 의미하는 것은 아니다. 뵌교의 사제와 주술(서사시에 나오는 뮌의 싱티 왕처럼)에 능한 비불교도 왕 및 성자들은 무-끈을 타고 하늘로 오를 능력을 갖고 있었다. 필멸의 평범한 사람들 또한 배제된 것은 아니지만, 그런 내세를 얻기 위해서는 점복의례나 장례의식이 필요했다. 고대 시기에 왕권지배는 하늘에서 성산으로 하강했던 신적 조상에 연결되어 있음을 앞에서 언급했다. 이들 신적 존재에게는 무엇보다 무와 차가 중요하다. 그것들은 왕의 생명을 보호하며 그의 지배권을 보장한다. 그것들은 '영혼' 또는 '왕으로서의 신'의 형태로 그의 몸속에 거하는 것으로 보인다. 자주 성산과 조상신과 연결되었던 쭉(tsug)이란 단어는 일반적으로 '몸의 꼭대기'(정수리 등)를 의미한다. 그곳으로부터 무-끈이 나온다. 뵌교도의 샹슝 언어에서 이 끈은 '무쭉'이라 불리며, 확장된 의미에서 이 말은 '움직일 수 없는', '변화되지 않는', '적절한'을 의미한다. [275: 246-247] 고대 문헌에서 바로 이 '변화하지 않은 쪽'이란 표현이 성산, 왕의 '강력한 투구', 왕의 '좋은 관습' 및 왕이 인간의 지배자가 된 신이라는 사실을 나타내기 위해 사용되었다. [6: 119; 6: 113; 254: 31; 240: 320] 왕의 투구는 강력하고 왕의 꼭대기는 움직일 수 없기 때문에 왕은 쪽(견고한)과 짼(btsan, 강력한)으로 조합된 이름을 갖고 있다.* 따라서 고대의 왕에 관한 문헌에는 왕은 '크고', '견고하고', '높고', '영원한' 지배권을 갖고 있다고 묘사되었다. 그 지배권은 '결코 이전하거나 변화하지 않는다.' 또는 그의 성스러운 몸은 '장수'하며 그의 지배권은 영원하다고 묘사되기도 한다. 앞에서 설명되었듯이 전쟁의 신이며 통치권의 보호자인 성스러운 산의 찬미 속에서 그것은 '움직이지 않고 변화되지 않는'다고 기술되기도 한다. 이런 단일체 속에 속해 있는 고대의 '영혼'은 왕으로서의 신으로, 즉 성산과 조상으로 되었으며, 당연히 호전적 측면을 보존하고 있다.

고대 문헌(8~10세기)에서 기술된 것과 후대 문헌의 기술 사이에는 어떤 차이도 없다. 고대 문헌 속에서 위대한 성산인 야르하삼포, 오데궁갤, 탕하야수르와 커다란 야르모탕 평원의 이름이 발견된다. 이곳에서 우리들은 라마교 문헌에서 만나게 되는 신들을 나타내는 주요 범주, 즉 '전쟁의 신', '왕으로서의 신', '부엌의 신', '길의 신', '토지의 신', '생명력의 신', '남성의 신' 및 하늘의 정령, 물의 정령 등의 다양한 정령과 수많은 낮은 위계의 신과 여신 등을 만나게 된다. 이들에게 되돌아가서 이런 주목할 만한 전승의 지속성을 환기해보자.

---

* Khri lde gtsug brtan(704~755), Khri gtsug lde btsan(815~836). lde라는 단어는 신의 범주를 나타낸다. 동일한 구성요소가 산으로서 파악된 왕의 묘명에도 보인다.

거주공간의 소우주에서 상산이나 토지의 신이 무-사다리와 융합되고 인간의 몸이라는 다른 소우주도 동일한 모델에 따라 파악되고 있다. 인간은 다섯 또는 여섯 보호신장을 갖고 있다. 그들 중의 하나가 토지의 신이다. 그는 기대에 맞게 무-끈이 시작되는 몸의 꼭대기에 거한다. 어깨에는 전쟁의 신과 남성의 신이 거한다. 디굼이 그의 무-끈을 절단했던 것은 바로 그가 머리에 천을 두르고 여우와 개의 시체를 그의 어깨에 올려놓는 잘못을 저질렀기 때문이다. [142: JA 7b. S. Hummel, Die Gottheiten der Schulter in Tibet(Rivista degli Studi Orientali, XXXIV, 1959). 124: 63; 113: 17-20]

이들 신에 대해 기록하고 있는 후대의 저자들은 물론 이들 신의 목록에 대해 상이한 정보를 주며, 또 그들이 몸의 어느 곳에 거하는가에 관해서도 일치하지 않는다. 그렇지만 신들은 관련된 사람이 태어나는 순간과 동시에 태어난다. 우리는 남성의 신과 여성의 신, 외삼촌의 신, 생명력의 신, 전쟁의 신과 토지의 신에 대해 알고 있다.

집의 지붕 위에 돌을 쌓아올린 두 개의 제단은 남성의 신과 여성의 신을 묘사한다. 그 옆에 세워져 있는 깃발은 전쟁의 신이다. 이들 세 신이 '꼭대기의 신'이다. 지붕 위에서 그들을 공양하는 것은 '키-키, 소-소'라는 승리의 고함, 분향의 공양, 무지개를 상징하는 5색의 줄로 치장하는 것, '바람의 말'과 같은, 산이나 고개에 있는 돌무더기에 대한 공양과 동일하다.

"남성의 신에 의해서 남자가 증가하며 많은 후손을 갖게 된다. 여성의 신에 의해서 자매가 증가하며 여성에 속한 재산이 늘어나게 된다. 외삼촌의 신에 의해서 타인과 좋은 관계를 가질 수 있으며 번창하게 된다. 전쟁의 신에 의해서 많은 재산을 갖게 되고 적이 드물게 된다. 생명력의 신에 의해서 장수와 강한 생명력을 얻게 된다." [187: II, 8b(=322b); 124: 34, 70;

또한 '바람의 말'의 그림에는 사람의 생일을 보여주는 간지(干支)와 '생명력과 신체, 권력이 상현달처럼 증대되기를' 또는 '이러저러한 해에 태어난 사람의 재산과 노복이 바람의 말처럼 증대되기를' 또는 '생명력과 종교적 공덕, 명성이 증대되기를 그리고 신이 승리하기를' 바라는 기원문이 쓰여 있다.

따라서 '바람의 말'은 강하게 되고 유명하게 된 한 사람의 생명력의 모든 측면을 묘사한다. '상승'은 실제로 친근한 무-끈의 도움으로 일어난다. 뛰어난 전쟁의 신이 된 서사시의 영웅 게사르의 숭배에 있어 '바람의 말'은 전쟁의 신에게 특유한 깃발의 형태를 갖고 있으며, 일반적으로 바람의 말과 같은 상징을 지니고 있다. 그것을 작용케 하기 위해 깃발에 전쟁의 신에게 바쳐진 '무-끈을 잡아 당겨라'라는 정형구가 쓰여 있다. 이런 행동은 세계의 중심에서 왕의 승리와 동일한 것을 의미한다. 이것은 공간적 확인으로 시간 속에서 존속의 확실성과 병행하는 것이다. "'바람의 말'의 영광된 깃발의 주인이며, 전쟁의 신 중에서 대왕이며, 악마자의 퇴치자이며, 인간 중의 최고이신 게사르여! 숭배를 받으시고 상찬을 받으시오. 위대하고 강한 분이여! 강력한 남성의 신이시여! 하늘에 바람의 기둥을 세우시고 장수의 무-끈을 잡아당기시오. 위대함과 힘에 있어 비교할 수 없는 장엄한 영광의 천둥이 삼계의 정상에 울려 퍼지기를! 우리에게 세계가 노예로서 종속되기를!" 생명의 증대가 끈의 연장으로서 파악되고 있다는 것을 아래의 다른 기도문은 보여준다. "무-끈이 늘어나서 길어지기를!" [173: NA, 28b, 35a-b; 저자 불명의 두 책장으로 이루어진, Kha 'dzin이라 불리는 짧은 기도문] 이것은 분명 하늘에 도달하려는 사람의 기원일 것이다.

혼과 생명

'바람의 말'에서 바람은 중국인의 기(氣) 내지 인도인의 프라나(prāṇa)와 유사한 하나의 생명력이다. 그것은 사람이 숨 쉬는 공기이기도 하고 몸 안의 미세한 흐름이기도 하다. 그것은 통제될 수 있으며, 인도의 요가나 중국의 도가에서 발견될 수 있는 호흡법 및 명상법의 도움을 받아 이용할 수 있다.

'바람의 말'과 '보호신장'에 관련된 문헌은 모두 후대의 것이며, 이런 관념들이 오래되었고 티벳인에게 본래적인 것이었는지는 알려지지 않았다. 비록 그렇다고 해도 하나의 절충이 이루어졌을 것이고 이것이 흥미로운 것이다. 라마교에서 사체를 남기지 않거나 무지개의 신체 속에서 천국으로 들어가는 성자의 최후의 해탈과정은 신화적 왕들이 무-끈 속에서 용해되는 방식과 동일하다. 적어도 절충주의는 11세기에 시작된 것으로 보인다. 왜냐하면 밀라 레파는 이미 '해탈을 위한 끈의 절단'에 대해 언급하고 있기 때문이다. [134a: 324a] 요가를 수행하고 티벳으로 왔던 사람들이 티벳 고유의 표상과 관념을 사용했는지 또는 티벳인이 그들의 고대의 신화적 관념들을 이런 기술의 관점에서 해석했는지는 확실하지 않다. 그렇지만 지붕 위의 구멍이라는 티벳의 은유법이 동아시아와 북아시아에 알려진 것이라는 사실은 확인할 수 있다. 즉 이 구멍을 통해 영혼은 5색의 실로서의 무지개를 타고 탈출하는 것이다. 분명히 밀교적인 나가르주나로부터 유명한 대성취자(틸로파, 나로파, 인드라부티와 자호르의 왕인 그의 아버지)에 이르기까지 많은 인도 밀교행자는 불멸의 '무지개 신체'를 획득했다고 알려져 있다. 확실히 신체적으로 마술적 힘을 가진 자는 '(욕계의 신처럼) 신체를 버리지 않고도 무지개 신체를 얻는다' [149: 830, rig 'dzin 항] (이것은 물질적 신체와 liṅgaśarīra로 불리는 심리적 신체 사이의 하나의 미세질료적 신체이지만 무지개의 비유를 포함하지는 않는다). 그렇지만 무-끈이라는 티벳인의 관념은 그것과 무관하거나 또는 단지 우연적으로 대응할 뿐이다.

신화적 왕들이 어떻게 무-끈을 타고 하늘에 올라갔는지의 방법은 종종 언급되었지만 그중에서도 특히 두 개의 문헌이 이를 상세히 기술하고 있는데, 여기서 그 행위는 특정한 요가과정에 정확히 대응되고 있다. 뵌교의 연대기에 의하면 초기의 왕들은 "모두 정수리에 빛으로 이루어진 황색(또는 갈색)의 미세한 끈인 (mu tsug이라고도 불리는) 무-끈을 갖고 있었다. 죽을 때 그들은 (마치 무지개처럼) 발끝에서부터 용해되기 시작해서 정수리에 있는 무-끈으로 들어간다. 빛으로 이루어진 무-끈은 다시금 하늘로 사라진다." 매우 유사한 변형(18세기의 사냥 세쩬의 몽골판)이 이것을 명확히 표현하고 있다. "이 세상을 떠날 때가 되면 그것은 발로부터 위쪽으로 용해되기 시작한다. 그래서 그들의 머리에서 나오는 성스러운 끈이라고 하는 빛의 길을 따라 그들은 지상을 떠나 하늘의 무지개가 된다. 그들의 시신은 신의 땅에서 onggon(성자, 선조, 분묘)이 된다." [178: 27 및 Schmidt (ed.), Saghang Setsan, *Geschichte der Ost-mongolen*, Leibzig 1829, p.22]

군신이나 남성의 신은 일반적인 필멸자들을 위해 '바람의 말'을 통해 무-끈을 위로 잡아당김으로써 이 과정을 반복해야만 한다. 발에서 시작해서 정수리까지 상승하는, 고대의 왕들을 투명하게 신의 예로 덧붙이는 것이 앞에서 서술한 '원만차제'의 요가테크닉에 대응하고 있다는 것은 기이한 일이다. '물방울', '알(卵)', 또는 보리심의 상승은 실제로 성기로부터 시작해서 심리적 중추의 세 개의 '대나무 마디'를 거쳐 정수리에 이르기까지 중앙동맥 속에서 이루어진다. 문헌은 동시에 신화적 왕들에서처럼 발로부터 시작해 상승하는 '바람', '바람의 신', 또는 빛에 대해 언급하고 있다. [168: 24-26; 155: 7b. 도가에서 踵에 의한 호흡법(장자 VI, 1) 참조] 이러한 노력의 결과가 무지개 신체이고, (의식원리로서의) 영혼의 하늘로의 전생(轉生)이다. 이런 변화에 대해 언급하는 주목할 만한 비유가 있다. 어떤 문헌은 '자신의 신체를 버림이 없이 청정한 영역으로 들어감'이라고 하며, 밀라 레파의 전기는 '열린 하늘빛을 통해 날아가는 새처럼'이라고 이를 구체화시킨다. '하늘의 문을 열음'이라고 불리는 일군의 안내서가 이 전생의 과정을 서술하고 있다. 그중에서 빛으로 이루어진 영혼이 마치 발사된 화살처럼 하늘의 '지붕구멍'을 통해 멀리 숙련된 전문가에게 있어서만 행해졌다. 보통 죽은 자에게 라마는 그의 정수리에 구멍을 열어서 이동을 성취시킨다. 서사시에서 영웅은 이런 방식으로 패배한 악마를 죽인다. 탈춤에 있어 제식을 집행하는 승려는 반죽으로 만든 인형 속에 숨은 적에게 이러한 행동을 수행한다.

라마교는 [티벳 고유의] 옛 관념과 [인도에서 유래한] 요가테크닉 사이에 주제적 관련성을 의식하고 자신의 절충주의 속에서 이를 융합시켰다. 서사시에서 히말라야에 사는 뵌교도와 유사한 비불교도인 나무 뮌족의 싱티 왕은 '바람의 계단'이나 그의 궁전위에 펼쳐져 있는 '악마의 무-끈'에 대한 지배력을 갖고 있다. 그는 게사르에 의해 위협받고 성이 포위되었을 때 탈출했다. "싱티는 있는 힘을 다해 그의 수호신들에게 기도를 드렸다. 그러자 하늘의 절대 궁전의 정상(法性)에서 악마가 두려워할 만한 무-사다리가 내려왔다. 싱티 왕은 자신의 몸 안에 있는 세 개의 차크라(심리적 중심체)를 회전시켜 매력적이고 광채가 나는 영웅적 자태로 변했다. 그는 사다리를 타고 하늘로 올라갔다." 그러나 게사르가 천막에서부터 무지개 빛을 내뿜으며 날개 달린 말을 타고 그를 추적했다(즉 그는 적과 동일한 기술을 사용했다.) 싱티 왕은 '무-사다리의 30번째 단에서' 그에게 화살을 쏘았다. [152b: III, 107a; Lho Gling 사본, G Tucci, p.275b-276b]

　라마교의 문헌은 인도 불교문헌에서의 영혼과 개아(個我)의 부정에 충실하면서 해탈이나 '전생(轉生)에 관해 말할 때에 단지 인식요소(識)로서만 언급하고 있다. 그렇지만 라마교 문헌들도 혼이나 생명원리의 승인을 전제하는 다른 전통적 관념을 용인하고 있다. 그것들은 어떤 때는 '생명'이나 생명력(srog), 혼(bla)을 동치하고 있고, 어떤 때는 심리적 요소인 의식이 혼의 대응물로 되고 있다. 그렇지만 일반적으로 bla라는 단어가 어느 정도 신체와 관련된, 특히 호흡과 관련된 혼을 위해 사용되고 있는 반면 생명력은 피와 연결되어 있다. 많은 저자는 bla를 중국인들이 말하는 상위의 혼(魂)과 비교하고 있다. 이 혼도 마찬가지로 호흡과 관련된 것이다. [113: 8-10, 33-36]

　혼은 중국이나 동아시아의 다른 문화에서처럼 예를 들어 큰 공포에 빠졌을 경우 신체를 떠나 떠돌아다닐 수 있다. 그러면 인간은 병이 나게 되고, 그것을 고치기 위해 '초혼'의식이 거행되어야 한다. 주술적 행위에 의해 적의 혼이 강제로 불리게 되기도 한다. 이 혼은 몸 안에 거하는데, 이 관념을 체계화시킨 어떤 라마교의 저자에 따르면 매월 정기적으로 장소를 바꾼다. 기이하게도 영혼의 거처는 칼라차크라에 의거한 체계에 따르면 매월 음력 30일과 초하루에는 (남자는 왼쪽 발, 여자는 오른쪽 발) 표면의 중앙에 있다. 이후 그것은 매일 문자의 형태를 띠고 상승하여, 보름과 16일에는 정수리에 거하고 그 이후에 다시 처음 위치로 되돌아간다. [187: II, 213a] 이 움직임은 '바람의 말'에서 표현되어 있는바, (달이 점차 커가듯이) 생명력의 증대를 기원하는 것과 일치하고 있다. 따라서 이것은 명백한 신격화로써 발로부터 정수리로 상승하는 길을 따르고 있다.

　신체가 죽더라도 혼은 무덤이나 그 밖의 곳에서 존속한다. 돈황에서 나온 고대 문헌 속에서 혼의 집과 무덤에서 혼이 앉아 있는 좌석에 관해 언급되고 있다. 또한 근대 시기의 문헌에서도 혼의 집에 대해 말하고 있다. 어느 이야기 속에서 죽은 남자의 혼은 아직 살아 있는 그의 애인을 방문한다. [64: 359; Ro sgrung, 제3화 (ed. & trans.A. W. Macdonald, 241, 1. p.61, 65)] 고대 티벳에서는 죽은 무사에게 질문이 던져졌고 누군가가 그를 대신해서 대답하고 있음을 기억하기 바란다. 근대기의 티벳에서 죽은 자는 그림을 통해 대변되며, 중간존재(中有) 동안에 공양을 받는다. 이러한 관념과 관습을 용인하는 라마교에서 혼은 일종의 생명요소이며, 이에 반해 식은 업에 종속되고 중간존재와 지옥의 재판, 재생을 겪는다.

일련의 관념 속에서 혼(bla)은 거의 신(lha)과 구별되지 않는다. 티벳인들은 동일하게 발음되는 이 두 용어를 자주 혼동했다(dgra-bla는 dgra-lha처럼 쓰이며, 초기의 sku-bla는 후대의 sku-lha에 상응한다).* 인간의 보호신장, 특히 전쟁의 신과 남성의 신이 몸 안에 거처를 갖고 있고 몸과 함께 태어나고, 또한 몸의 외부에도 돌, 깃발, 나무 등의 대상을 통해 나타나며, 거주 공간(집이나 나라 등)의 보호신장과 동일하듯이, 생명요소인 bla는 몸 안과 몸 밖의 대상 속에 동시에 거처를 갖고 있다. 그러한 대상은 '외적혼' 또는 한 개인 내지 집단, 나라의 '생명의 거처'이다.

어떤 가족에게 9명의 아들이 있고, 같은 수의 혼의 말, 혼의 소, 혼의 새가 있는데 이들 모두는 아들들과 같은 해에 태어난 것들이다. 아들들은 이들 이외에도 9개의 혼의 나무와 9개의 혼의 호수를 갖고 있다. 그들의 가계가 존속하는 한 그들은 살아 있다. 그러나 한 가계가 소멸한다면 대응

---

* Kathog 출신의 닝마파의 유명한 학자인 Tshe-dbang nor-bu(1698~1755)는 왕조 시대의 비문을 옮겨 적을 때, 캄 지방의 토지신인 dgra-bla 의례 및 라닥 지방의 '세 sku-bla 형제' 의례를 다루고 있다.

하는 나무와 호수도 메말라 간다. 라마교의 스승은 혼의 산을 갖고 있었다. 사람이 그곳에 묘를 쓴다면 그에게 병이 생겨난다. 라마교에서는 (보살과 같은) 위대한 '신들' 조차 자신들의 외적인 '생명'이나 '혼'을 갖고 있다. 라사에 있는 세 개의 언덕 중에서 착포리는 금강수보살의 혼의 산이고, 봉바리는 문수보살의 혼의 산이며, 포탈라 궁이 세워져 있는 마르포리는 관세음보살의 혼의 산이다(그들의 티벳의 세 보호신장이다). [181: 93a-b, 98b; 99: 624; 160: 18b-19a] 그 이외에도 라사에 세워져 있다. 이 경우에 사용된 '생명수'라는 표현은 탑이나 조상(彫像)을 지탱하는 중심축을 의미한다. 이 중심축은 탑과 조상에게 생명을 부여하고 활력을 주는 것이다.

때로는 동일한 인물이나 공동체도 여러 개의 외적인 '혼'이나 '생명'을 가질 수 있다. 서사시에서 호르족의 '생명'은 한 조각의 철 또는 흰 돌이다. 이 종족은 또한 혼의 나무와 혼의 물고기를 갖고 있다. 만일 호르족을 쳐부수려면 철을 망치질하고 나무를 베어 버려야만 한다. 아타라모를 이기기 위해 게사르는 그들의 검은 호수를 건조하게 만들었고 그들의 생명의 나무를 베어버렸다. 그렇지만 그들은 다른 하나의 '생명의 거처' 또는 혼을 검은 양 속에 갖고 있었기 때문에 살아남을 수 있었다. [152c: 10b] 그러한 생명의 외적 거처는 당연히 은닉되고 비밀에 부쳐졌다. 이야기와 서사시에서 이런 비밀이 폭로되었을 때에 비로소 영웅은 악마나 거인을 제압할 수 있었다. 외부의 혼은 자연물(나무, 바위, 호수, 산, 샘물 등)의 형태를 제외하면 보통 가공물이나 귀중품으로, 이것은 겹겹이 잠겨진 용기 속에 보관되어 은닉처로 운반된다. 때로는 '생명의 터키석'이 가족의 보물로 언급되고 있는데, 이것에 가족의 생명과 재산이 달려 있다고 보았다. 혼의 동물은 종종 귀금속으로 세공된 동물모형을 하고 있다.

이런 모든 '혼의 거처'는 신이 머무는 동물이나 대상 혹은 신 자체와 거의 구별되지 않는다. 한 개인의 혼의 나무 또는 생명의 나무는 숭배되고 따라서 베어지면 안 되는 성스러운 나무들이나 신성한 나무들과 동일하다. 유일한 차이는 성스러움의 정도와 강도에 있다. 그 나무는 어떤 경우에는 단지 홀로 서 있는 나무이거나 어떤 경우에는 성스러운 숲이기도 하다. [99: 980] 호수와 바위 또는 산에서도 마찬가지이다. 국토의 신과 전쟁의 신은 자연적인 장소에 있을 뿐 아니라 인체 중에도 있다. 그들은 종종 죽은 선왕이나 영웅, 무사로서, 그들의 혼이 공덕으로 인해 상찬되고 살아 있고 보호신장으로 되는 것으로 여겨졌다. 따라서 보호신장은 외부의 혼과 마찬가지로 살아 있는 듯한 동물모습이나 또는 인공적으로 만든 동물형상을 하고 있다. 게사르와 동시에 태어난 그의 보호신장들과 그의 형제, 자매들은 흰 독수리, 붉은 호랑이, 푸른 뱀, 새−소녀이며, 그 이외에도 머리가 아홉 개 달린 검은 뱀과 흰 까마귀(?), 세 마리의 철(鐵) 매, 붉은 구리 암캐, 푸른 암늑대이다.

3. 뵌 교

이 종교의 역사와 특징은 적어도 고대 시기와 관련해서는 거의 알려지지 않았고 매우 불확실하다. 이미 설명했던 것처럼 비록 그것이 불교의 도입 이전에 티벳에 존재한 것이 확실하다고 해도 이 사실은 뵌교가 유일한 종교였다는 것을 의미하지는 않으며 더욱이 원시적인 종교였음을 의미하지는 않는다. 이 주제와 관련한 문헌들에 두 종류가 있다. 하나는 상당히 후대(12세기 이후)의 라마교와 뵌교의 문헌들로서 그것들은 주로 신앙과 관련된 관념들에 대해 도식적이고 역사적이며 앞뒤 문맥이 맞지 않으며 당파적 성격의 개관 내지 전망을 제시하고 있다. 다른 하나는 9~10세기나 혹은 그보다 조금 더 이전으로 거슬러 올라가는 돈황 문서로서 체계적 설명은 제공하지 않지만 단편적 기술은 발견된다. 비록 그 문서들이 더 오래되었다고 해도 그것들은 절충주의 체계가 이미 형성된 시기에 연원하는 것이다. 이 문서들 속에서 발견되는 연대기는 불교적인 관념에 대한 간접적인 언급이 이미 내포되고 있고, 또 종종 의례에 대해서 말하고 있을 때조차도 뵌교에 관한 언급은 찾을 수 없다. 후기의 연대기를 믿는다면(전승이 상당히 충실하게 전해지고 있다고 믿을 근거들이 있다) 뵌교는 종교적인 생활에서 하나의 구성요소에 불과했고, 뵌교도들은 고대 티벳에서 단지 하나의 사제 범주에 지나지 않았다. 그것 이외에도 동급의, 설화와 수수께끼의 주연인, 이야기하는 자와 노래하는 자들이 있었고, '인간의 종교'가 있었다. 그 상황은 중국에서의 도교가 그 자체의 체계를 넘어 종교적 기법과 비조직화되고 비정합적인 민담의 전승들을 수용하고 또 자신에게 귀속시키는 경향을 가지고 있다는 점에서 도교와 비교될 수 있을 것이다. 우리는 이미 가장 오래된 문헌 속에서 뵌교와 뵌교도들은 토착적인 종교에 속하는 것으로 간주될 수 있는 전설과 신들과 결부되어 있으며, 특히 그것들은 강족(羌族)의 신앙 관념과 언어적인 자료 속에서 설명될 수 있다는 것을 알 수 있다. 일일이 구분 짓는 것은 매우 까다로운 문제이기 때문에, 이하의 기술에서는 뵌교라는 주제 아래에서 현저히 뵌교도로서 기술할 수 있는 것에 국한해서 설명할 것이다.

티벳 토착의 뵌교도와 외래적 뵌교도

후대의 뵌교도의 연대기[178: 9]는 티벳이 처음에는 Bod 대신에 Bon으로 불렸다고 주장한다. 그것은 의심할 여지없이 뵌교를 국교로 서술하려는 목적에서 나온 가설일 뿐이다. 그러나 Bon과 Bod 사이의 혼용은 티벳어의 규칙과 정확히 합치하며, 그런 형태는 실제로 고대의 문헌에서 증명되고 있다. 이 말은 또한 중국인으로 하여금 티벳의 이름(Bod)을 번(藩, 고음에 따르면 B'iwan)으로 음사하게 만들었을 것이다. 이런 가설에 따르면 하늘로부터 내려온 첫 티벳 왕을 영접했던 뵌교 사제들은 바로 토착 뵌교도였을 것이다. 이 이야기의 설명에 의하면 성스러운 산을 숭배하기 위해 그곳에 있었던 그들은 목동이나 소국의 군주, 현자와 여러 씨족의 대표자였다. 따라서 가장 믿을 만한 후대의 연대기는 여러 지역과 씨족, 예를 들어 세(se)족, 마(rma)국, 촉라(chogla)국, 샹숑(zhang zhung)국 및 체미(tshemi)족의 뵌교 사제들을 열거한다. [142: Ja, 6b, 10b] 그러나 이런 이름들 중의 하나인 샹숑은 다른 나라를 가리킨다. 체미족의 '센(shen)'이 존재했고, 그들이 뵌교 사제와 동일시되는 것처럼 설명되고 있다는 사실을 안다면 놀라움은 커질 것이다. 토토리 왕의 치세에서 왕의 개인적인 센은 무 씨족의 뵌교 사제였다. 차티 왕의 치세에서 하늘의 보니교 사제는 위대한 센이었다. 이들 별칭들은 그들의 부족이나 영토, 또는 그들의 종교적인 전문영역을 구체화시켜 표현한다. 신들의, 사람들의, 말들의, 마술의, 하늘의, 창조된 세상의, 그리고 부계 씨족의 뵌교 사제들이 존재한다. 또한 예언의, 현세의, 마술의, 창조된 세상의, 무덤의 셴들이 존재하고 있다. 그래서 돈황에서 나온 중국어-티벳어의 사전이 뵌교 사제를 시쿵(shih kung), 즉 '마법사'로 번역한 것은 이상한 일이 아니다.* 고대의 문서들은 이런 명칭을 확인시켜 준다. 그것들은 긴 목록을 보여주는데, 그 안에는 실제의 국가들이 신화적 국가들과 구분 없이 병행해 나열되어 있고 또 각각의 국가는 그들 자신의 뵌교 사제나 셴을 전문가로서 갖고 있다. 보다 후대의 연대기에 의하면 왕에 봉사하는 뵌교 사제들은 관리로서 다른 관리처럼 직급을 갖고 있었다. 왕의 주치의들은 '(성스러운) 신체의 셴(sku gshen)'으로 불리고, 조언자는 '대신−셴(gshen blon)'으로 불리고, 삼계의 기원을 아는 사람은 '아버지−귀인(pha jo)'으로 불렸다. [186: 61b] 그들은 이야기꾼과 음송자들과 함께 통치하거나 지배권을 수호했다. 그러나 그들은 단지 표면적으로만 단일체였을 뿐이며, 전문가들의 각 영역은 분명 자신의 역사를 갖고 있었다. 우리는 이미 이러한 역사가 연원하는 시기를 결정하기 어렵다는 것을 알고 있지만, 여기에 여러 잡다한 요소가 결집되어 있다는 사실은 남아 있다.

다양한 씨족과 지역의 뵌교 사제들에 의해 환영받았던 최초의 왕 냐티는 이미 숨파 국의 한 뵌교 사제를 복속시켰다고 한다. 이 시기에 '신들의 종교', 즉 뵌교가 출현했다고 한다. 다음 단계는 디굼 왕과 그의 세 아들, 특히 차티의 시기이다. 디굼 치하에서 뵌교도들은 타직(이란)과 아자스족(Azhas, 코코노르 영역의 터키−몽골족)으로부터 초청되었는데, 그들의 전

---

*   F. W. Thomas, A Tibeto-Chinese Word and Phrase-book, *Bulletin of the School of Oriental and African Studies*, London 1948.

공 분야는 '살아 있는 자들을 위해서는 신들을 경배하고 죽은 자를 위해서는 악귀를 제압하는 것'이었다. 그것은 주로 서쪽에서 온 외래적 뵌교였다. 두 번째 명칭인 Azha는 사실 혼란에 기인한 것일 것이다. 신뢰할 만한 자료에 따르면 아자라고 불리는 비불교도인 뵌교 사제가 그때 초청되었는데, 그는 인도와 이란의 국경에 위치한 구르나바트라 지역에서 왔다.[*] 이것 이외에도 체 씨족의 계보전승은 왕 아자를 포함하는데, 그는 이란의 왕들과 샹슝에 정착했던 터키-몽골계의 후예이다. 전승에 따르면 뵌교의 중요한 전문영역의 기원은 남서쪽, 즉 인도와 이란의 영향이 만났던 지역에 위치한다. 구르나바트라 출신의 비불교도인 뵌교 사제는 '하늘을 날면서 입으로 그의 예지를 입증하는 제시를 말했다. …… 그는 짐승의 시체를 자르는 것처럼 쉽게 돌을 자르고, 악귀에게 고기와 술을 공양물로 바쳤다.' 왕은 그를 자신의 사제로 임명했고 그에게 직책의 상징으로서 터키석으로 만든 만(卍)자와 호랑이 가죽, 칼을 하사하면서 많은 권력을 위임했다. 이 뵌교 사제는 아마 요가행자였을 것이다.

당시 티벳과 카슈미르 사이에 전쟁이 일어나 티벳이 승리했다고 한다. 하지만 카슈미르의 한 남자가 디굼의 죽음을 예언했는데 디굼이라는 이름은 '검에 의해 죽는'이라는 의미이다. 디굼이 (짱 지방의) 롱암 출신의 말을 치는 목동의 우두머리에 의해 마법적인 싸움에서 살해되고 왕의 '무-줄'이 잘려졌을 때, 처음으로 땅에 무덤을 축조할 필요성이 생겨났다. 그러므로 샹슝과 드루샤로부터 온 센들에 의해 도입되었던 '무덤의 뵌교'는

---

[*] 142: JA, 6a, 7a; 177: 57b; 121: 656. (14세기?) Ne'u Paṇḍita의 연대기는 약간의 차이를 보여준다. 'O-ste sPu-rgyal(디굼의 아들)의 시기에 "Sog-po(인도의 몽골)와 타직의 경계에 위치한 Ghurna-patna의 땅으로부터 gShegs-po-che로 알려진 사람이 도착했다. 그는 승론학파 출신의 무용수의 모습을 한 뵌교 사제였다(mu-stegs Bye-brag-pa las / gar-pa'i snang bon-po). 그는 살아 있는 자를 위해 신에게 기도하고 죽은 자를 위해 악마를 길들인다."

이 시기에 연원한 것이라 한다. 다른 문헌에 따르면 티벳의 뵌교 사제들은 검으로 살해하는 의례를 몰랐고 이 결점을 개선하기 위해 외국으로부터, 즉 카체(카슈미르)와 드루샤(길기트), 샹슝으로부터 각각 뵌교 사제들을 초청했다고 한다. 첫 번째 뵌교 사제는 화덕과 불의 신에 대한 의례에 기초했다. 그는 북을 타고 하늘을 날 수 있었고 피를 흘리게 하고 새의 깃털로 쇠를 자를 수 있었다고 한다. 두 번째 뵌교 사제는 끈과 그의 입을 통해 계시되는 신의 판결(이 특별한 방식은 돈황 문서 속에서 이미 남자 뵌교도와 여자 뵌교도에게 귀속되고 있다). 그리고 견갑골이라는 세 가지 방식에 의해 예언하는 전문가였다. 마지막으로 세 번째 뵌교 사제는, 찾고 있었던 장례 의례, 특히 칼을 다루는 능숙함과 죽은 자를 불러내는 기술을 알고 있었다고 한다. [141: 1b; 157: 165 이하; 63, No. 992] 분명 그것은 죽은 자의 혼을 내쫓거나 달래주는 것이다. 디굼 왕의 살해 후에 그의 '칼의 혼'은 자신의 집으로 돌아갔고 그의 부인과 관계를 가져 아들을 낳았다. [186: 39a] 의례는 의심할 바 없이 몽마(夢魔)의 출현을 막기 위해 필요했다.

티벳 전승에 따르면 이런 개혁은 뵌교의 제2기, 즉 '방향을 전환한 뵌교'의 시작으로 간주된다. 뵌교 역사의 '시대 구분'을 인식했던 12세기의 위대한 교학자인 디굼파는 그것이 철학적인 체계로서의 뵌교의 시작이었으며 이런 사실은 비불교적인 시바교 교리의 영향에서 기인되었다고 여긴다. 그것은 단지 하나의 견해에 불과하지만 어떤 확실한 근거를 갖고 있다. 이 저자에게 있어 첫 번째 시기는 '계시된 뵌교'의 단계였는데, 그는 그것이 토토리 왕의 전임자까지 지속된다고 본다. 16세기의 유명한 역사가에 의하면 이런 악마숭배에 의해 특징지어지는 '계시된 뵌교'는 비로소 디굼 왕 이후 새로운 시기로 접어들었다. 이 시기에 '하늘의 뵌교'의 위대한 센의 출현과 첫 번째 뵌교의 논서가 나왔다. 전체적인 체계는 다음과 같이 기원했다고 한다. 중앙 티벳(암쇠 'am shod 지방)의 윈 지역에서 센 씨족의 12살 또는 13살 난 사내아이가 당나귀의 귀를 가졌다. 악마는 그를 납치해서 12년 내지 13년 동안 티벳 전역을 떠돌아다니게 했다. 그가 사람들에게로 되돌아왔을 때 그는 여러 악마의 이름과 그들이 사는 곳을 알고 있었다. 그는 당나귀의 귀를 숨기기 위해 양털로 만든 모자를 썼다. [142: Ja, 8b; 157: 165 (디궁파는 반복해서 말한다.)] 이 모자는 실제로 뵌교 사제를 구별하는 표식이며, 이 전설은 그것을 설명하기 위해 이용된다. 이 전설은 다시 한번 서방의 영향을 보여주는데, 왜냐하면 그것은 부루샤느키의 언어(길기트, 고대 브루샤)로 번안되어 잘 알려져 있던 미다스 왕의 테마를 포함하고 있기 때문이다. 이러한 당나귀 귀를 가진 조상에 의거하는 뵌교 사제들은 아래의 의례에 전문화되었다고 한다. '그들은 아래로는 악마를 길들이고, 위로는 초기의 신 또는 나이 많은 신(의심할 여지없이 조상신)을 숭배하고, 중간으로는 오염된 화덕을 정화한다.'

그때부터 모든 뵌교 사제는 북과 심벌즈를 갖고 다니며, 하늘에 사슴을 달리게 하거나 북에 올라타거나 하는 등의 다양한 환술에 뛰어났다고 한다. 동시에 그들은 네 범주로 분류된다. 현세의 센은 양모 모자를 쓰고 행운과 부의 증가를 기원하는 의식을 거행했다. 주술의 센은 악마를 잡기 위해 다양한 색깔의 양모로 만든 실을 사용해서 타래를 만들고 오류의 원인을 분산시킨다. 점술의 센은 실을 사용하여 미래의 길흉을 예언한다. 마지막으로 무덤의 센은 무기들은 가졌고 산 자와 죽은 자의 수를 세는 일을 한다. 이들 네 종류의 전문가는 '원인의 뵌교'를 구성한다. 동시에 또 고대 왕들의 시대 이래로 구제와 정토왕생을 목적으로 하는 아주 정교한 체계(주로 잘 알려진 대종교들에서 유래된)로 구성된 '결과들의 뵌교'도 발전되어온 것으로 추정된다. 그것의 기원은 비불교적이며 뵌교의 관념과 혼합된 문헌을 감춘 후에 나중에 티벳인들이 '발견'하도록 했던, 푸른 옷을 입은 인도의 학자에게 소급된다. 이것은 다만 한 저자의 견해일 뿐이지만 그러나 마음에 새길 만한 가치가 있다. 세 번째 시기는, 위의 12세기 역사가에 따르면 티송 데짼 왕의 치하에서의 뵌교 박해와 함께 시작되었다. 그 단계는 뵌교의 용어들이 불교의 용어에 체계적이고 전면적으로 동화되는 것으로 특징지어진다. 뵌교의 이러한 절충적 형태는 오늘날까지 유지되어 왔으며, 그들의 수많은 문헌과 수도원과 함께, 닝마파와 매우 유사한, 일종의 변형된 라마교의 한 학파로 보인다. 후에 그것에 대해 다시 언급할 것이다.

이제 다시 한번 고대 시기로 돌아가 보자. 전설 시기를 떠나 최초의 역사적 왕들의 시대에 접근할 때, 외국의 뵌교 사제들이 계속해서 커다란 역할을 하고 있음을 보게 된다. 송짼 감포 왕의 증조부인 동옌 데루 왕은 병을 치료하기 위해 아자 국에서 한 명의 의사와 숨파 국에서 한 명의 뵌교 사제를 초청했다. 그 뵌교 사제의 어머니는 중국인이었다. 송짼 감포 왕은 비록 불교의 수호자이긴 했지만 라사에 있는 그의 사원에 '이야기꾼과 음송자' 및 뵌교 사제들의 전승에서 묘사된 장면들, 예를 들어 하늘을 나는 사슴의 모습과 같은 그림이 그려져 있었다고 한다. [141: 13b, 27a; 142: Ja, 11a, 44a-b] 그때 그림들은 『소의 유방』이라고 불리는 모음집에 수록되어 있다. '소의 유방'이란 표현은 먼저는 뵌교의 신화들과 후에는 라마교의 교화용 이야기나 의례의 모음집을 기술하는 데 사용되었다. 다른 문헌에서는 송짼 감포 왕이 불교를 토착적 관념들과 의례에 순응시켜 전파하기 위해 노력했지만 결코 뵌교를 경시하지는 않았다고 말하고 있다. 그는 샹슝에서 라뎀이라는 뵌교 사제를 데려와서 그를 티벳의 뵌교도를 위한 학교인 아바 남세에 보냈다고 한다. 그곳에서 뵌교 사제는 병자를 위해 예언하거나 신에게 기도하거나 뵌교의 수행법을 수행하거나 축귀하는 데 전념해야만 했다. 한 사람이 다른 사람을 이런 방식으로 가르친 뒤에, 분명 외래적 형태보다는 보다 티벳적인 형태로 적용시킴으로써 뵌교는 확산되었을 것이다. [167: 244b] 그 후에 단절이 있게 된다. 뵌교도의 패배로 끝난 불교도와 뵌교도 사이의 경쟁 이후에 티송 데짼 왕은 뵌교를 '비불교적인 종교'라고 선언하면서 뵌교의 사제들을 추방하고 그것을 삼예사에서 금지하기로 결정했다. 그렇지만 그들은 어떤 특별한 기술들을 실행할 권리를 가지고 있었고 위와 짱 지방에 자리를 잡았다. 매우 초기의 연대기에 따르면 뵌교 사제가 펜윌(라사의 북서쪽)에서 죽은 자를 위한 의례를 거행하는 동안 스스로 악마가 되어버린 사건이 일어났다. 그들의 기술적인 실패는 그들이 주술을 행하지 못하도록 하는 금지규정을 초래했다. [170: LXVII장, 114b; 183: 28] 샹슝 지방과 체미 씨족의 뵌교 사제들은 그때부터 (악마가 일으키는) 어떤 '장애'로부터 군주의 신체를 벗어나게 하는 것이 필요할 경우에만 악마에 대항하는 특정한 뵌교의 의례를 행해야 한다고 하는 명령을 받았다. 마침내 죽은 자를 위하여 말들이 희생되어도 된다고 규정되었지만, 말고기는 실제로 먹어서는 안 되며 뵌교의 책은 물에 던져지거나 검은 탑 아래에 파묻도록 명해졌다. 이 연대기의 사본들이 말의 희생제와 관련된 구절에서 하나의 부정어를 잊어버렸다는 것은 가능할 것이다. 아마도 이 칙령은 불교도와 뵌교 사제들의 속죄의 의식에서처럼 희생을 행할 때에는 실존하는 말을 (반죽으로 만든) 동물상으로 대체할 의무를 포함했을 것이다. 그렇지만 어떤 저자들에 따르면 맹서를 할 때에는 실제 말의 희생이 오늘날까지 존속되어 왔다.

매우 초기에 이미 티벳에 그 모습을 드러낸 외래적 뵌교를 티벳의 고유한 뵌교와 구분하는 것은 어려운 일이다. 그들은 종종 (하늘에서 말처럼 타고 다니던)북을 치며 푸른 옷을 입은 무당으로 묘사된다. 이하에서 보게 되듯이 돈황의 고대 중국의 문헌과 티벳 자료는 그들을 액막이를 통해 병자를 치료하고, 장례식이나 서약식에서 의례를 집행하는 사제나 마술사로 보도록 한다. 말을 타듯이 북에 걸터앉아 공중을 나는 능력은 분명 무당의 특징이지만, 그것은 11세기에도 여전히 의례적 살해의식을 수행하던 인도의 밀교수행자에게서도 발견된다. 밀교수행자들도 푸른 망토를 걸쳤는데, 그것은 티벳에 뵌교의 한 형태를 도입했던 인도인 학자의 옷이었다. 불교 전승에 따르면, 아쇼카 왕의 시대에 감옥에서 죄인을 고문하고 처형하던 간수는 밀교행자와 닝마파 교도처럼 푸른 옷을 입고 장발을 했다.*

　여하튼 놀라운 사실은 불교도와 뵌교도의 전승이 모두 뵌교의 외래기원을 강조한다는 것이다. 그리고 그곳을 이란과 인도의 경계인 티벳의 서남부에 위치시키고 있다. 뵌교의 창시자이며 '센 계보의 사람'이라는 뜻을 가진 센랍 미보는 윌모 룽링에서 태어났다고 전해지는데, 이 지역은 항시 샹슝 지방이나 또는 타직(이란) 지역을 가리켰다. 물론 어떤 연대기에는 이곳이 중앙 티벳에 위치하고 있다고 진술하기도 하지만, 이 성자의 전설은 단지 미다스 테마의 변형이라는 점을 이미 언급했다. 당나귀 귀를 모자와 특별한 터번 아래 감추는 것은 특수한 형태의 머리장식에 대한 설명으로써 고안되었음에 틀림없다. 그것은 오늘날까지 서사시의 음유시인이 쓰고 있는 세 개의 꼭지가 있는 승려의 고깔과 유사할 것이다. 불경과 범어 제목을 모방하고 있는 동화된 뵌교의 성스러운 책이 번역되었던 외국어들은 샹슝 지방과 드루샤의 언어였다. 비록 다양한 티벳－버마어에 의존하

---

* 　141: 48a; 103: 216; 15: 49; S.C. Das, Dictionary, 'sham thabs sngon po can＝tīrthika' 항을 볼 것. 그리고 아쇼카 왕에 관해서는 Divyāvadāna, XXVIII장 (E. Burnouf, Introduction à l'histoire du Bouddhisme indien, I, Paris 1848, p.416-417).

고 있는 단어들이 인식될 수 있다고 해도 이 외국어의 제목은 단지 경건한 재구성에 지나지 않는다. 뵌교를 서부에 있는 외국과 연결시키려는 노력은 남아 있다. 따라서 적어도 체계화된 뵌교에 관한 한 이란의 영향, 마니교의 영향, 영지주의의 영향까지도 고려된다. 예를 들어 뵌교에 있어 빛의 발산이 중요한 역할을 한다. 그렇지만 이 점에 있어서는 인도는 이란이나 길기트만큼 기여했을 수 있다.

앞에서 설명했듯이 인도인에게 신성한 산인 카일라사를 포함하고 있는 샹슝 지방이 초기에 이미 힌두교적으로 각인된 종교를 가졌을 것이라는 개연성이 있다. 이 상황은 상당히 오랫동안 지속되었을 것이다. 힌두교도인 카불의 왕은 실제로 950년경(세 개의 머리가 달린) 카슈미르 양식의 비슈누 상을 소유했다. 그는 그 상을 보타(티벳)의 왕으로부터 받았다고 주장하고 있는데, 보타의 왕은 그것을 카일라사에서 얻었다고 한다. [39: 37] 이것은 뵌교가 라마교가 시도하기 이전부터 인도-이란적 요소를 동화함으로써, 이제까지 인정된 것보다 티벳에서의 불교의 수용에 더 기여했다는 사실을 의미한다.

고대의 의례

우리가 가지고 있는 가장 오래된 자료인 돈황 문서에 의지한다면, 비록 그 문서는 뵌교가 이미 불교와 접촉하고 있었던 시기로부터 유래한다고 해도, 뵌교도가 센과 구별되었음을 확인할 수 있다.

한 장편설화[65; 118: 4장]는 티벳의 영주국이나 신들의 땅의 하나에 거주하는 어떤 사람들의 모험에 대해 하나씩 설하고 있다. 그 모험담은 결혼과 수렵에 관한 이야기로서, 많은 이야기에 공통된 테마는 일반적으로 한 여성이 모든 종류의 신과 악마를 포함한 구혼자들로부터 구애받아서 결국 그들 중의 한 명과 결혼해야 된다는 것이다. 그녀는 일반적으로 불행하며, 많은 경우 독을 사용해 복수한다. 곧잘 불행한 사고가 일어나거나 누군가가 중독된다. 여자 영웅이 병에 걸리게 되면, 흰 산(티벳에서 남성을 뜻함), 즉 양지 언덕에서 온 흰 터번을 두른 수백의 센(shen)들이 모이고, 검은 산(티벳에서 여성을 뜻함), 즉 음지 언덕에서 온 모자를 쓴 수백의 센들이 모인다. 그렇지만 그들이 점을 쳐서 그 예언(점괘)을 읽는다고 해도, 그 병의 물리적 성질을 알 수도 없고 그 수수께끼를 풀 수도 없다. 그때 한 뵌교 사제가 예기치 않게 나타난다. 그는 얼음으로 입의 더러움을 씻고, 호수에서 손을 씻는다. 그리고 점을 쳐서 점괘를 읽고, 병의 물리적 성질을 발견하고 종창(腫脹)의 수수께끼를 푼다. 그는 어떻게 수렵 도중에 병이 일어났는지를 (하늘과 별, 해, 달, 구름, 무지개를 통해서) 설명한다. (문안이 매우 모호하지만) 마침내 환자는 치료된다. 언제나 뵌교 사제는 그 설화가 만들어진 지역 출신이다. 어떤 경우에 그곳은 (sMra처럼) 실재하는 지역이고, 어떤 경우는 (dmu－신의 나라, 즉 하늘처럼) 신화적인 지역이다. 병은 지하의 물밑에 사는 신이 나타나거나 악마가 들려 야기된다. 그 병은 어떤 특정한 의례를 거행함으로써 치료된다. 이야기에서 각각의 지방들은 차례대로 먼저 무능한 센에서 시작해서 그 다음으로 뵌교 사제에 의한 병의 발견과 치유를 따르고 있다. 언제나 마술적인 치료 방법은 각각 관련된 지방의 이름으로 불리며, 그때마다 그와 관련된 이야기가 의례의 효과를 설명하고 정당화하고, 그것에 권위를 부여하거나 보증하는 예화로써 거론된다.

이 설화에서 센과 뵌교 사제 사이의 대립이 어떤 것이었는지는 말하기는 어렵다. 이 설화의 목적은 분명 센을 낮추고 뵌교 사제를 찬미하려는 것이다. 그러나 같은 두루마리 책에서 여러 지방의 성스러운 산(신)과 통치자들에게 헌정된, 아주 짧은 일화를 담고 있는 두 개의 다른 계통의 설화가 이 설화에 이어지고 있는데, 그들은 병이 들면 매번 여러 종류의 새나 동물로 의례를 행하는 지방의 센에 의해 치료된다.

이런 문헌이 치료방법을 설명하는 전설들을 제공하는 반면에 다른 문헌들은[64: 63, No. 1042] 우리에게 장례의식을 상세히 보여준다. 여기에서 뵌교 사제와 센은 나란히 제사를 주관한다. 앞서 이미 기록된 것처럼 센은 모든 계층(가족 등)에 속한다. 그들은 제주를 따르고, 공양을 올리고, 뵌교 사제들과 함께 특정한 장례도구를 받는다. 이 도구는 죽은 이의 혼을 나타내는 인형, 의미가 불명한 의례상의 물건, 말, 야크, 보석, 악기 및 다른 것들이다. 그렇지만 그들은 직접적으로 시신을 만지지는 않는다. 이를 위해서는 다른 전문가가 있다. 명시되지는 않았지만 뵌교 사제가 그 밖의 다른 모든 일을 처리했다고 여겨진다. 실제로 사자를 위한 대체물이 존재한다. 그 대체물은 양으로서, 그 신체의 여러 부분은 보석과 귀금속으로 치장된다. 또한 희생용 동물, 특히 말과 묘 속에 부장되는 많은 물건 및 주술적 공예품이 있는데, 그것들은 악마를 달래거나 몰아내기 위한 것이다. 피에 젖은 제물을 제외한 대부분의 요소는 오늘날까지 불교의례와 뵌교 의례에서 보존되어 왔다.

이런 장례절차가 순수하게 의례적으로 이해되고 특히 수행되어야 할 몸동작의 순서와 세밀한 규정의 준수가 강조하고 있다는 사실은 주목할 만한 점이다. 그 의례를 주관하는 사람에게 있어 어떠한 무아지경의 흔적도 찾을 수 없다.

이들 의례는 돈황 문서의 시기 이후 불교도에 의해 부분적으로는 비판되었고 부분적으로는 수용되었다. 그것들은 노래로 부르는 이야기와 공양을 포함하고 있다. 그 의례에서 동물들, 특히 양과 말, 야크가 혼의 동반자로 일컬어진다. 그 동물들은 분명 희생되었을 것이다. 그들은 사자를 도와 '기쁨의 땅'이라고 불리는 죽은 자의 영역으로 가는 힘든 길을 통과하도록 도와준다. 병에 걸렸을 때 의례가 신도들에게 건강을 회복하도록 할 뿐 아니라 이전보다 더욱 좋은 상태를 보장하는 것처럼 장례의례는 사자를 '살아 있게 만드는' 것을 목적으로 한다. 의례의 설명 속에서 보고되는 한 신화적 모범 사례가 성공을 보증한다. 그러한 이야기에서 뵌교 사제가 등장한다. 그들 중의 한 명인 센랍 미보는 후대의 체계화 된 뵌교에서 그들의 초대 조사가 되었다. 후대의 모음집[163] 속에서 그들의 전승은 치료와 생자의 세계로 환귀하는 사자의 이야기를 보존하고 있다. [272 및 274 (센랍에 관해서는 p.501, 520, 522); 211]

대략 200년 후에도 그 상황은 비슷하다. 이것은 뵌교의 의례를 즐겨 모방했던 밀라 레파의 전기와 노래에서 보이는 뵌교 사제들에 대한 묘사와 상당히 비슷하다. [134a: 113 이하; 56: 279 이하] 한 부자가 병이 들었을 때 그는 의사와 '의례의 전문가'라는 특징적인 직함을 가진 뵌교 사제에 의해서 치료받는다. 뵌교 사제의 치료의례는 백 마리의 야크와 백 마리의 염소, 백 마리의 양을 희생물로 바치고, 마귀를 퇴치하려는 의도로 고안된 구조물을 짓고, 노래를 부르는 것이다. 우리에게 이 의례는 단지 밀라 레파의 모방을 통해서만 알려지는데, 그는 이 의례를 불교적 의미로 편입시켜 사용하고 있다. 그럼에도 대강의 윤곽은 재구성될 수 있다. 먼저 세상의 시작, 성곽, 부모, 아들과 딸, 형제자매, 재난, 악마 및 여러 질병에 관해 말하기 시작한다. 그리고 치료방법으로 넘어간다. 다음으로 점에 대해 말하는데 이것은 11세기에는 완전히 중국화되었다. 아궁이가 더럽고, 따라서 '사람의 신'이 하늘로 사라지고, 토지의 신과 전쟁의 신이 떠나갔다면, 그것은 좋지 않은 계시이다. 이들 보호신이 부재하기 때문에 모든 종류의 악마가 해를 끼칠 수 있는 것이다. 그런 계시가 있은 후에 뵌교 사제는 새벽에 '신을 위한 양탄자'를 깔고 인형과 함께 실로 만든 타래를 속죄물로 준비한다. 그는 찬가를 읊고 처음 딴 과일을 바치면서 '남성의 신'에게 사죄를 드리고 '토지의 신'에게 변명의 말을 올리며 '나쁜 조짐' 속에 박는다. 그는 다양한 의례와 주술적 공작물(십자형의 색실과 사슴뿔, 리본으로 장식된 활 등)을 갖고 여러 악귀를 제압한다. 이런 방식으로 그는 나쁜 조짐들은 피하고 그것을 상서로운 것으로 전환시킨다. 병자는 치료가 되면 감사의 표시로 성찬을 제공한다. 그는 '남성의 신'에게 한 마리의 야크를, '전쟁 신'에게 한 마리의 양을, '생명력의 신'에게 한 마리의 염소를 바치기 위해 그들을 산으로 몰고 간다. 평지에서 그는 손님들을 모으고, 버터로 여성의 유방 형태를 만들고, 이를 신(부엌?)에게 바친다. 그리고 그는 도처에 리본으로 장식된 화살을 걸어 두고 점쟁이의 머리에 터번을 두르게 하고, 뵌교 사제를 종마에 태운다. 그러면 도축자가 야크와 양, 염소를 죽인다. 그는 그 동물을 '생명의 구멍(심장)을 열고' 생명의 동맥을 절단하고 가죽을 벗기고 토막 낸다. 다른 뵌교 사제들은 그 고기 조각들을 그릇에 담아 세 개의 바위로 만든 아궁이에서 요리한다. 초대받은 손님들에게는 성찬이 마련된다. 상품질의 고기는 (뵌교 사제와 의사를 포함한) 특별한 범주의 손님들에게 제공되고, 약간 작은 중등급의 고기는 일반 손님들에게 돌아간다. 모든 사람에게 술이 제공되고, 초대자와 쾌유된 병자는 감사의 노래를 부른다.

밀라 레파의 전기[134a: 312-313]에 포함되어 있는 또 다른 에피소드는 뵌교 사제가 죽은 자를 불러서 그들에게 길 안내를 했다는 것을 보여준다. 뵌교도 마을의 한 부자가 밀라 레파를 깊이 믿었다. 그는 밀라 레파에게 그의 재산의 일부를 주도록 유언장을 작성했다. 그럼으로써 그가 죽었을 때 밀라가 극락으로 가는 길을 인도해주기를 바랐다. 뵌교 사제들이 장례식을 거행할 때 마을 사람들의 적의에도 불구하고 밀라 레파는 초대받았다. 뵌교도들의 집단에서 죽은 자는 푸른색의 털외투를 입고 술을 마시는 것으로 여겨진다. 뵌교 사제들은 죽은 자를 그들의 종교의 힘을 통해 실제적으로 초혼할 수 있다고 자랑했다. 그러나 밀라 레파는 그들이 소위 사자의 현전이라고 부르는 것이 실은 뵌교 사제가 부리는 악마일 뿐이라는 사실을 폭로했고 그것을 증명했다. 그가 푸른 옷을 입은 사자를 대낮에 대로에서 뒤쫓아서 본모습인 늑대의 모습을 얻게 만들었기 때문이다. 그때 밀라 레파는 뵌교 사제들에게 "그대들은 '옥졸(gshed ma, 혼을 탈취하는 악마)'에게 길을 보여주지만, 나는 죽은 자에게 길을 보여준다."라고 말했다. 그리고 그는 죽은 자가 마른 똥 속에 사는 벌레로 재생했음을 눈앞에 보여주면서, 그를 자신에게로 불렀다. 그 벌레는 밀라 레파의 무릎으로 도망왔고, 밀라는 그에게 '거주처를 바꾸는(전이, 'pho ba 및 gnas pa)' 기술을 가르쳐 주었다. 그러자 그 벌레는 죽고 그의 시체에서는 빛이 방사되어, 밀라 레파의 가슴으로 들어갔고, 다시 가슴에서 나와 구제의 길로 그를 이끌어준 밀라 레파에게 감사하면서 하늘 높이 상승했다.

티쏭 데짼 왕의 치하에서 뵌교의 금지와 뵌교 사제들의 추방에도 불구하고, 그들은 국경 지역에서 계속 존속했고, 라마교의 지도자들에 의해 시작된 뵌교의 개조와 순응이 행해졌다. 전설에 따르면 밀라 레파는 카일라사 산에서 한 뵌교 사제를 굴복시켰다고 한다. 그는 명상하기 위해 그 산에 갔는데 그 뵌교 사제는 그 산이 뵌교도의 것이라고 주장했다. 마술과 운동, 정신적 능력의 세 영역에서 경연이 벌어졌다. 시합은 목적지였던 산의 꼭대기 주위를 달리는 것으로 끝났다. 그 뵌교 사제는 푸른 옷을 입고, 북을 타고 작은 북을 치면서 도착했다.

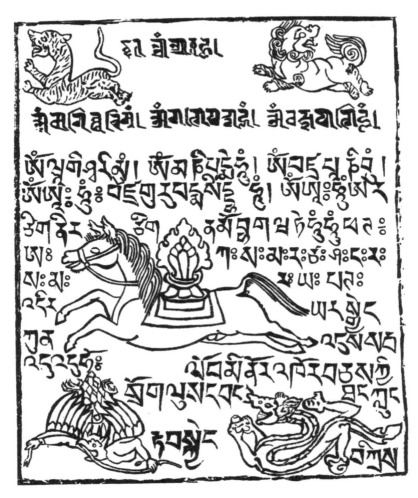

〈그림 17〉 '바람의 말' Schlagintweit에 따름

동화된 뵌교

　뵌교와 라마교가 마술과 환술의 경쟁에서 이런 방식으로 대립했지만

그들은 인접학파로서 그렇게 처신했을 뿐이다. 오래 전부터 양측의 동화

가 이루어졌다. 고대의 문헌에서 열거된 뵌교의 모든 전문영역, 즉 실로

만든 타래, 산 제물, 대체 입상 및 의례에서의 희생은 라마교에 의해 접수되었고, '주술사'나 밀교행자에 의해 수행되었다. 그 과정은 뵌교 사제라는 말이 '밀교 주술사(이 말은 밀교행자를 지시하는 말인 'dbon-po: 조카'와 자주 혼동되었다)'와 동의어가 될 정도로 그렇게 진행되었다. 그렇기 때문에 유럽인 여행자들은 특히 동부 티벳에서 dbon-po라는 말이 단어의 시원적 의미에서 뵌교 사제와 관련이 있으며, 그 말은 비개혁적인 라마교의 학파인 닝마파에 있어 '주술사'나 밀교행자와 관련이 있다고 믿었다. 티벳 역사가들은 본래의 순수한 뵌교 사제뿐 아니라 다른 '주술사'들도 뵌교 사제로 간주했다. 그들의 설명에 따르면 뵌교의 교의를 요약, 편집하기 위해 이란, 인도, 중국, 티벳 출신의 학자와 주술사들이 쟝 지방에 있는 뵌교의 비밀동굴에 함께 모였다. [157: 8장 끝부분] 편집자들은 중국의 도교도를 뵌교도라는 명칭으로 부르는 습관을 갖고 있었다.

뵌교도들도 불교의 모방정책을 받아들였다. 그들이 만든 경전모음집(경전과 논서)은 외국어로부터 번역되었다고 한다. 그들은 닝마파와 같이 9승(乘)을 갖고 있으며, 자신들의 사원을 갖고 있으며, 또한 철학과 수행의 전문용어를 라마교에 의거해서 발전시켰다. 다만 성스러운 장소를 순례할 때에 라마교도가 시계방향에 따라 도는 반면에 그들은 반대방향으로 돈다(그들의 卍자 표시도 마찬가지로 라마교의 표시와는 반대이다). '옴 마니 반메훔(oṃ maṇi padme hūṃ)'이라고 말하는 대신에 그들은 '옴 마트리 무예 살레 두(oṃ matri muye sale 'du)'라고 암송한다(이 문장은 뵌교도의 샹슝 지방의 말로 '어머니의 구제, 빛나는 영역'을 뜻한다. 밀교에서도 자주 어머니-영역은 최고원리로 여겨지고 있다). 뵌교 사원은 라마교 승단의 강화된 위세에도 불구하고 도처에 건립되었고, 특히 동부 티벳과 북부 네팔에서 오늘날까지 존속하고 있다. 뵌교는 지난 일천여 년 동안 자신들의 성스러운 장소와 신자집단, 종교적 저술가와 전법자도 갖고 있었다. 전법자는 중국과 티벳의 국경지대에 사는 모소 씨족, 나키 씨족과 같은 여러 씨족의 원주민을 많이 개종시켰다. 그들에게는 초기적인 뵌교가 나타나는 것이 아니라 라마교(닝마파와 족첸파)에 의해 동화된 형태의 뵌교가 나타난다. 뵌교도는 그들이 이들 학파에게 생명을 주었다고 확신하고 있다. 근래에 주요한 저술들이 그들의 문헌의 풍부함을 발견하고 그들의 교리와 의례에 대한 접근을 용이하게 만들었다. [230-232, 235-236]

* * *

체계화되고 동화된 뵌교의 신앙적 관념은 전문술어를 제외하면 닝마파와 동일하다. 그 이외의 관념들은 대부분 앞에서 언급했던 이름 없는 종교와 동일하다. 그 이외의 관념들은 대부분 앞에서 언급했던 이름 없는 종교와 용해되었다. 그것은 종종 인정되고 있듯이 뵌교가 이들 토착종교를 대표하기 때문에 그런 것인지 또는 뵌교도가 토착종교에 연관될 필요성을 느꼈고 거기에 첨부되었기 때문인지는 현재의 시점에서 결정적 답변을 제시하기는 불가능하다.

후대의 라마교와 뵌교의 전거에서 보이는 지상의 뵌교 초대 조사는 센랍 미보이다(그의 이름은 이미 의례의 전문가로서 여러 번 언급되었다). 그의 생애는 한 뵌교 경전[37]에서 설명되고 있는데, 이 책의 저작 연대는 불확실하다(아마 그 일부는 11세기로 올라갈 것이다[231: 177]). 그의 생애 중 몇몇 단계는 붓다의 생애에 따라 구성되었고, 다른 단계는 파드마삼바바의 전설[57: 77-90; 208: 34-40]과 게사르 서사시 속에서 발견된다.

라마교 저술가들은 뵌교도가 '하늘을 사랑하며' 그 결과 그곳에 거주하는 무-신과 차-신을 흠모한다고 생각한다. 따라서 그들은 신으로서 하늘에서 하강했던 최초의 티벳 왕 냐티의 전설을 뵌교의 전설로서 간주한다. 뵌교 문헌은 실제로 라마교의 전승과 동일한 기원설화를 제공하고 있다. 이 문헌은 불교에 동화된 후대의 뵌교 문헌으로서, 우리가 아는 유일한 것이다. 최초의 부부인 상포와 추참은 랑 가문의 족보에 있는 것과 동일하다. 모든 씨족의 전승에서와 같이 뵌교 조사의 가계는 '빛의 신'으로부터, 특히 제9단계와 제10단계의 무로부터 유래하는데, 그들의 공통 명칭은 하늘의 9단계를 연상시킨다. 이 계보는 티벳 뵌교의 창시자이며 보호자인 센랍 미보에서 정점에 달한다. 다른 변형된 이야기에 따르면 그 계보는 인드라로 소급되며 마하삼마타(Mahāsammata) 왕에서 정점에 달한다. [178: 19-20, 23]

10세기의 유명한 불경번역자인 린첸 상포는 구게 지방(고대의 상슝)에 거주했던 뵌교도 가문 출신이다. 그의 가문은 센의 한 계역에 속하며, 그 계역은 신들의 여섯 계열 중 하나로부터 유래했다. 반면 모계 쪽으로 그의 가문은 지하의 신과 연관이 있었다. [120: II, 56-56; Thupstan Palden, *An Introduction of History, Monasteries Castles and Buddhism in Ladakh*, Leh 1976(티벳어), p.56]

다른 뵌교의 우주창조론[301]은 최초의 부부인 창파(브라마)와 추참(chu lcam)을 존재와 비존재, 빛과 어둠의 대립에 따라 배치한다. 최초의 부부는 아홉 아들과 아홉 딸을 가졌다. 아홉 형제는 아홉 명의 여인을 만들어 그들과 결합했고 아홉 자매는 아홉 명의 남자를 만들어 그들과 결합했다. 악의 측면에서 여덟 명의 형제와 여덟 자매가 있고, 그들로부터 신들과 악마들이 생겨났다. 그렇지만 조직화된 뵌교의 성전은 여러 생명체의 기원과 같은 다른 많은 창조신화를 포함하고 있다.

센랍 미보의 탄생과 생애의 이야기는 뵌교 경전의 내용을 이룬다. 이 이야기는 붓다의 전기를 모방했다. 경이로운 수태는 흰색과 적색의 두 광선이 각각 부친과 모친의 정수리로 들어가 일어났다. 화살의 형태를 한 흰색의 빛은 남성적 요소(정액)를 나타내며, 나선형태의 적색의 빛은 여성적 요소(피)를 나타낸다. 이 이외에 수태나 태아의 발생에 관한 사고방식은 라마교와 인도의학의 관념과 일치하고 있다.

그러나 이 수태에 관해 라마교의 다른 전승도 있다. [139: 22장] 최초에 한 사람의 왕과 여자 조상 부부가 있었는데, 그들은 '아홉 형제와 아홉 자매'라고 알려졌다. 그들로부터 모든 종류의 창조의 다양성이 생겨났다. 그 직후에 센랍은 오색 광선의 형태로 색구경천(色究竟天)의 궁전으로부터 하강했다. 그는 한 그루의 버드나무나 포플러나무 근처에 내려왔다. 나무의 꼭대기에 푸른 뻐꾸기가 앉아 있었는데 그 새는 다른 모습을 한 자신이었다. 새는 하늘 여왕의 정수리에 앉았다. 세 번 날개를 저었을 때 흰색과 적색의 두 광선이 성기로부터 방사되어 정수리를 지나 어머니의 몸 안으로 들어갔다. 태어날 때부터 그는 뻐꾸기와 같은 목소리를 갖고 있었다.

라마교로부터 수용한 일반적 전승에 따르면 이 하늘의 여왕은 최초의 왕 냐티의 선조이다. 푸(sPu)국의 여왕으로서 그녀는 선조의 푸데 궁갤을 넘어 티벳 왕조의 신화적 왕가의 계보와 성산 오데 궁갤과 연결된다. 이 산은 어떤 하늘의 왕과 융합되고 있다.

다양한 전설은 뵌교도들이 '하늘을 사랑했다'는 것을 이런 방식으로 확인시켜준다. 그러나 이는 단지 그들이 원주민 사이에 성행하고 있던 관념을 수용했다는 것을 의미할 뿐이다. 다른 한편으로 하늘에서 하강한 센랍의 전설을 담고 있는 매우 고대의 문헌은 뵌교의 신앙관념에 의하면 최초의 티벳 왕이 지하의 용신으로부터 유래했다고 말하고 있다. [139: 10장,

223b, 234a] 가장 널리 퍼진 뵌교도의 저술은 『용의 설전집』(Klu 'bum)[163: 13장, 101-102]이라는 제목을 갖고 있다. 라마교도 이 책을 조금 삭제한 후 사용하고 있는데, 이 책에서는 제목에서 유추할 수 있듯이 주로 사람이 거주하는 지역에 출몰하는 토지의 신, 특히 지하 물 세계의 신에 관한 이야기를 다루고 있다. 동일한 유형의 다른 이야기는 무수하게 변형되어 설해지고 있다. 집의 건축과 토지경작 등의 '문명화'의 작업으로 방해받은 신들은 병을 발생시킨다. 뵌교 사제만이 이 질병의 원인을 발견하고 그들의 실타래와 입상을 이용해서 병을 퇴치할 수 있다. 이 모음집에 나오는 무수한 이야기가 앞서 분석했듯이 돈황에서 나온 어떤 특정한 문서의 모범에 따라 대부분 구성되었다는 것은 주목할 만한 일이다. 그것들은 부분적으로 오래된 어휘를 보존하고 있다. 고대의 문서에서처럼 이 이야기에서 전문가(뵌교 치료사)들은 이런 능력을 지녔다고 이야기되지, 어떤 사건의 참여자로서 이야기되지는 않는다. 그들이 없다면 이 이야기는 이해될 수 없을 것이다. 뵌교 사제는 일반적인 신앙 관념 속에 스스로를 삽입하며 그들의 예술을 전설적인 모범을 갖고 정당화시킨다. 반면 새로운 이야기의 특이함은 지하세계의 용신이 행하는 지배적 역할에 놓여 있다.

정형화된 방법을 명백히 하기 위해서는 다음과 같은 하나의 예로 충분할 것이다. 어떤 땅에 어떤 왕이 살았다. 양자는 모든 면에서 변형되고 있다. 이 왕은 매우 경이로운 존재이기 때문에 모든 창조된 세계(의 신들 속)에서 '창조된 세계의 질서부여자'로 되었다. 그는 한 여성과 결혼했다. 어느 날 푸른 뱀이 나타나서 물레방아를 건드리고는 사라졌다. '질서부여자'는 한 전문가와 '사려 깊은 소년'에게 그 이유를 물었다. 후자는 보석과 약(뱀을 위한 공양물로서, 실제 용신을 위한 전형적인 공양물이다)을 물방아에 던져야 된다고 말했다. 그 후에 부부는 경작을 했다. 그러자 용신이 마멋의 모습으로 나타났다. 남자는 그를 죽이려고 했지만 그는 사라졌다. 뵌교 사제가 그는 신이라고 설명했다. 그 직후에 부부는 병이 들었다. 뵌교 사제는 점을 치고 의례(일종의 예방책)를 거행했지만, 병의 원인인 그 신의 이름을 발견할 수가 없었다. 그래서 의사와 상담하고 처방전을 받았지만 그것도 효력이 없었다. 마침내 그 남자는 '세계의 경이로운 여왕'이며 '하늘의 흰 여인'에게 문의했다. 그녀는 그 질문을 다시 '하늘의 왕'에게 물었다. 이 두 신의 이름은 서사시와 다른 전설 속에서도 찾을 수 있다. 하늘의 왕은 마술의 거울을 보고 병의 원인을 발견했다. 병의 원인은 경작으로서 이것이 용신을 노하게 만든 것이다. 그렇지만 그에게는 치료약이 없었다. 그 남자는 '사려 깊은 소년'에게 문의했고, 그 소년은 센랍에게 도움을 청했다. 마침내 센랍은 병의 원인을 알려주었을 뿐 아니라 치료약도 주었다. 용신에게로 힘이 되돌아가야 했다. 그것을 위해 거행된 의례들은 라마교에서와 동일하고, 용신에 대한 인도적 관념에 의존하고 있다.

토지의 신이 분노한 이유는 항시 동일하다. 일반적인 기술에 따라[163: 12장, 38b(북경판 p.62a)] 그 이유를 다음과 같이 요약할 수 있다.

'창조된 세계의 신'인 팅게 왕자가 그 땅을 소유하고 그것을 여러 지역으로 분할했을 때, 또 센랍의 스승인 예켄 왕이 그 땅을 위해 한 사람의 '질서부여자(최초의 군주)'를 선발했을 때, (토지의 신들은) 분쟁과 증오를 일으켰는데, 그 이유는 다음과 같다. (이 질서부여자가) 신들이 거주하곤 하는 성스러운 돌을 지렛대로 부수어 그것을 성을 쌓는 데 사용했기 때문에, 그는 돌의 신의 증오를 받았다. 그가 집을 짓기 위해 도끼를 갖고 성스러운 나무를 잘랐기 때문에 그는 나무의 신의 증오를 받았다. 그가 작은 오두막을 짓기 위해 성스러운 관목(또는 성스러운 풀)을 베었기 때문에 그는 관목의 신의 증오를 받았다(이 신은 이미 돈황 문서에서 언급되고 있다[63: No. 1060, 57줄]). 그가 성을 짓기 위해 괭이를 갖고 지하에 흙을 파내었기 때문에 토지의 신과 영토의 신의 증오를 받았다. 그가 천막을 만들기 위해 땅의 주인인 검은 야크의 털을 깎았기 때문에 그는 '문지기'인 장소의 신의 증오를 받았다. 그가 땅에 쑥을 이용하고 생산지로 만들었기 때문에 싸움이 일어났다. 만일 내가 '땅에 쑥을 이용하라'고 말한다면, 이는 탑과 암자(뵌교의 작은 예배당)를 세우고 장소의 중앙에 '압박'을 가하는 것이며, 그럼으로써 장소의 신과 지하의 신, 토지의 신과 싸움이 일어남을 뜻한다. 만일 내가 '땅을 생산지로 만들어라'고 말한다면, 이는 땅의 저수지(연못)로부터 지면이 패고 따라서 물이 흘러들어오고 이를 통해 분쟁이 일어남을 의미한다. 저수지를 막고 (물을) 수로로 끌어들이기 위해 땅을 이용하였기 때문에 분쟁이 일어나는 것이다. 땅이 파헤쳐지고 그 속에 '창(연기를 빼기 위해 지붕에 나 있는 구멍)'이 만들어졌기 때문에, 또 땅이 걸려지고 조각나기 때문에 싸움이 일어난다. 싸움은 (질서부여자가) 용의 성스러운 궁전 위에 묘를 축조했을 때, 더러운 항아리로 성스러운 샘에서 물을 길어 왔을 때, 묘를 용의 몸 위에 만들었을 대, 용의 몸 위에 나무더미를 쌓고 화장을 했을 때, 겨자씨를 마술 화살로 쏘고 피가 젖은 대상을 마술 무기로써 던졌을 때, 그리고 마지막으로 세 가지 경우, 즉 (오염된) 부뚜막, (오염된) 불, (성스러운 장소에서) 금지된 성행위를 했을 때 일어난다.

이런 위배 항목의 목록은 여러 다양한 이야기의 요약이다. 지금 위에서는 하나의 예를 제시하고 있지만 그것은 가능한 여러 경우 중의 하나의 사건과 결부되어 있다. 항시 최초의 '거주자' 내지 땅의 소유자는 환경의 다양한 물리적 특성으로 묘사되고 이상화되고 있는 신들이다. 그들은 새로운 도래자이며 도구를 사용하는 인간의 활동에 의해 압박된다. 항시 그들은 인간에게 병을 일으켜서 인간에게 복수한다. 그러면 항시 인간은 병의 원인을 발견하고 치료법을 가르쳐 줄 수 있는 전문가를 찾는다. 이들 이야기는 전문가들의 명성에 대해 말하고 있다. 왜냐하면 그들은 액막이의 효과를 증명해주기 때문이다. 고대 문서에서처럼 성공적인 전문가와 효력이 없는 전문가가 구별되고 있는 사실은 응당 주목받아야 한다.

여기서 언급되고 있는 '인간'은 현존의 인간을 나타내지 않는다. 그는 신과 인간의 특성을 동시에 가진 존재로서 현존의 인간에 선행하는 유형이다. 그는 인간의 선조일 뿐 아니라 거주공간을 만든 자이며 구축한 자이다. 그를 묘사하는 단어(skos, bskos-mkhan)는 고대 문헌에서 발견될 수 있듯이 차(phya, 또는 phya-mkhan)와 동일한 의미를 갖고 있다. 두 단어(skos, phya)를 보존하고 있는 후대의 전승에서 그는 점을 치고 미래를 아는 점쟁이를 가리키는 동시에 건축가, 수공업자를 나타낸다. [276a 및 245a]

인간이 거주공간을 점유한다는 이야기가 구체적인 것에 비해 뵌교의 작품이 보여주는 우주발생론이 추상적이라는 사실은 매우 기이한 일이다. 중국에서처럼 티벳인은 무엇보다 세계가 무엇으로 구축되었는가에 관심을 갖고 있었지 세계의 창조에 대해서는 관심을 갖지 않았다고 말할 수 있을 것이다. 뵌교가 그와 경쟁하고 있는 불교라는 위대한 종교처럼 우주발생론을 갖고 있어야만 한다고 느꼈을 때, 뵌교는 그것을 발견할 수 있었을 것이지만 그들은 자신들의 외래적 기원을 숨겼을 것이다. 이 작품은 우주발생론에 관한 상당히 많은 양의 독립된 변형태를 포함하고 있다.

신체도 실재성도 없는 세계에서 기적적인(마술적인) 한 인간이 존재와 비존재 사이에서 나타나 스스로를 '창조자, 존재하는 것의 지배자'라고 불렀다. 그 당시에는 계절도 없었고 기후현상도 없었다. 숲이 자연적으로도 생겨났지만 그 속에 동물들은 없었다. 낮과 밤의 구별도 없었고, 하늘의 신들이나 지하의 신과 악마들도 힘이 없었다. 따라서 어떤 질병도 존재하지 않았다.

이런 '자연적인 삼계의 발생'에서 뵌교도 자발적으로 생겨났다. 희고 검은 두 개의 빛이 나타났다. 그 빛들은 희고 검은 겨자가 되었다. 다음으로 검은 인간이 만들어져 나왔다. 그의 이름은 '검은 지옥(dmyal ba nag po)'이다. 그는 악한 짓은 무엇이나 했다. 그는 낮과 밤의 차이를 만들었고 천둥과 번개를 떨어뜨렸으며, 질병을 퍼뜨렸고, 새를 죽이기 위해 매를 보냈고, 동물을 죽이기 위해 늑대를, 가축을 죽이기 위해 인간을, 물고기를 죽이기 위해 수달을, 인간을 죽이기 위해 악마를 보냈다. 그는 혼돈과 싸움, 전쟁을 만들었다. 그는 모든 것에 대립했으며, 비존재(med pa)를 체화했다. [동일한 유형의 뵌교 신화에 관해서는 231: 193-195 참조]

그 후에 빛에 둘러싸인 흰 인간이 출현했다. 그는 스스로를 '존재자를 사랑하는 주인'이라고 불렀다. 그는 태양에게 부드러운 따뜻함을 부여했고, 새로이 태양과 달의 동일성을 무효화시켰으며, 별에게 질서를 부여했고 간략히 말해 모든 세계를 행복하게 했다. 그러나 그는 한 채의 집을 건축하려고 했다. 그가 땅을 팠을 때 그는 지하의 신을 다치게 했고, 그 때문에 위에서 본 바와 비슷한 이야기가 나오게 된다.

독자들은 이 이야기가 선과 악이라는 두 개의 근본원리로부터 거주공간의 구비라는 구체적 경우로 이행하는 서투른 기술방식임을 눈치챘을 것이다. 뵌교의 전집은 무수한 다른 변형물과 우주론적 설화들을 포함하고 있는데, 이것들은 외국의 영향을 명백히 보여준다.

만들어지지 않은 존재자로부터 흰 빛이 나오고 이것으로부터 완벽하게 빛나는 알이 나온다. 그 알로부터 한 인간이 출생한다. 그가 '질서부여자(bskos mkhan)'이다. 그는 우주를 지배하고 시간의 흐름을 규제한다.

혹은 일련의 다양한 요소(불교 우주론에서의 차크라, 즉 물, 불, 바람 등)가 연속해 일어나고 마지막으로 금으로 된 거북이가 생겨난다. 거북이는 각기 다른 색을 한 여섯 개의 알을 낳았는데, 그 각각의 알이 용의 여섯 계급의 시조이다. 최후에 공(空)에서 태어났고 '세계를 배열하는 여인'이라고 불리는 용의 여왕이 세계를 자신의 몸으로부터 창조해낸다. 그녀의 정수리는 하늘이 되고 오른쪽 눈은 달이 되고 왼쪽 눈은 태양이 되었다. 그녀가 눈을 뜰 때가 낮이고 눈을 감을 때가 밤이다. 그녀의 목소리는 천둥이며 그녀의 혀는 번개이다. 이것은 아마 중국의 반고설화의 변형일 것이다.

이들 이야기로부터 마니교도나 영지주의자의 영향을 이끌어낼 수 있을 것이고 이는 매우 개연적이다. 그렇지만 (비존재＞존재＞알＞세계라고 하는) 이런 유형의 우주론은 이미 매우 초기의 특정한 인도문헌(제의서와 우파니샤드)에서 발견될 수 있다는 사실도 덧붙여야 할 것이다.

미술과 문학

5장
미술과 문학

1. 문 학

문학적인 창작물은 풍부하고도 다양하다. 그것의 다양한 장르는 사회의 주요한 구분과 상응한다. 문학은 문자적 형태로써만 아니라 구전전통 속에서도 존재하고 있다. 따라서 그것이 어떻게 표현되는지에 대한 관념을 얻기 위해 몇몇 단어들을 언어적으로 고찰하는 것이 필요하다.

표현수단

티벳어는 구조와 어휘에서 버마어 및 히말라야와 중국－티벳의 국경 지역에 사는 소수의 인종집단이 사용하는 티벳－버마어족의 다른 언어들과 관련이 있다. 그 어휘의 일부는 또한 고대 중국의 어휘들과 유사하다. 티벳어는 단음절의 언어이며 7세기 이래로 인도 문자의 도움으로 표기되어 왔다. 이 문자에서 한 음절로 이루어진 '단어'는 더 이상 분리할 수 없는 어근(자음+모음 또는 자음+모음+자음)을 나타내며, 많은 경우 어근에 하나 혹은 여러 개의 접두사와 접미사가 붙여진다. 철자법이 확립되었을 때 한 단어를 이루는 각각의 자모들이 실제로 발음이 되었는지, 혹은 특정한 자모들이 동음이의어를 구분할 목적으로 첨가되었는지는 알려져 있지 않다. 하나의 동일한 단어가 여러 가지 다른 의미를 가지는 경우는 말할 필요도 없고, 심지어 접두사와 접미사를 가진 단어들이라도 철자와 발음에서는 동일하지만 의미상으로는 구별되기도 한다. 이것은 번역자들이 특히 오래된 문헌들을 다룰 때, 그들의 주저함과 당혹감을 설명해준다. 번역자가 의지할 수 있는 것은 단지 문맥과 이 언어가 두 개나 세 개의 단어로 구성된 표현을 선호한다는 사실뿐이다. 이때 한 단어가 다른 단어의 의미와 문법적 기능을 정확히 부여한다.

티벳 문자의 고안자에 의해 확립된 철자법과 현재 통용되는 티벳 중심부의 방언(특히 공식적인 라사어) 사이의 차이는 크다. 언어가 사용되면서 접두사와 접미사는 모두 발음되지 않았고 대신 억양으로 나타냈으며, 어떤 자음과 모음들은 소리의 변화를 겪었다. 따라서 'ü(위)'는 dbus로 씌어졌고 'nê(네)'는 gnas로, 'chang(장)'은 byang으로 'trhi(티)'는 khri 등으로 철자되었다. 암도나 라닥과 같은 주변부에 인접한 지역의 방언들에서 발음은 고전적인 철자법과 가장 유사하지만, 그것과 일치하지는 않는다. 따라서 철자법이 실제로 그것을 제작했던 시대의 발음을 반영하는지에 대해 의심을 갖게 한다. 우리가 가진 최초의 믿을 만한 문서는 의심할 여지없이 문자가 제작된 시대로부터 1∼2세기 후대의 것이다. 그 속에서는 철자법에 있어 혼란스러운 불일치가 인정된다. 같은 단어가 몇 줄 아래에 여러 가지 다른 방식으로 쓰여 있다. 그 때문에 번역이 얼마나 난해하게 되었는지는 말할 나위도 없을 것이다. 더욱이 이들 문헌이 사전에 수록되지 않은 고대의 어휘를 포함하고 있고 또 아직 연구되지 않은 아주 특이한 구문을 갖고 있기 때문에 번역은 곤란에 부딪힌다. 시간의 반대편인 현대에서 살아있는 방언들과 그것으로 표현된 구전문학도 마찬가지로 접하기 어렵다. 대체로 방언들은 거의 연구되어 있지 않으며 그 어휘는 라사방언을 제외하면 대부분 알려져 있지 않다. 대략 20여 년 전부터 외국에서 구어체 티벳어 수업이 개설되었고, 티벳인 망명자를 만날 가능성이 많기 때문에 외국인이 티벳어를 구사하는 것도 드문 일이 아니게 되었다.

뛰어난 원주민 정보원의 도움으로 구전 문학의 일부(서사시와 전설, 특히 Ro sgrung이라는 시체의 전설)가 녹음될 수 있었다. 그렇지만 이들 자료는 아직 검증되고 있지는 않다. 구전 문학이나 민속 문학은 오늘날까지 단지 작은 양의 사본만이 알려져 있을 뿐이며, 그 사본에는 철자의 오류가 아주 많다.

비록 우리가 가진 증거의 대부분이 기록되었다고 해도, 이것은 문학적 창작이 오로지 문자의 형태로서만 존속하고 있다는 것을 말하는 것이 아니다. 역으로 문학적 창작은 빈번히 구어로 행해졌으며, 그것에 대해 우리가 아는 지식도 단지 그것에 대한 어느 정도의 충실한 반영일 뿐이다. 교육이 성직자의 전유물이었다는 사실 때문에 이들의 문학도 항시 성직자들에 의해서만 문자화될 수 있었다. 승려들은 엄밀하게 구전의 원천을 고수하려고 노력하였지만 그들의 개입이 그것을 경직시키고 변형시켰을 것이다. 그렇지만 우리는 많은 경우 구어적 창작이 선행하며, 구어가 문학적 형성에 끼친 중대한 기여를 간과해서는 안 된다. 이런 관찰은 단지 서사시 및 전설과 노래(특히 설화와 수수께끼)를 포함한 고대와 현대의 기록들에만 타당한 것은 아니다.

전기문학의 많은 곳에서 구어로 직접적 화법이 제시되고 있을 뿐 아니라, 특정한 문학의 전 영역(특정한 전기문학과 희곡 등)이 비록 문학적이고 문자화되었기는 해도 해설 부분에서는 구어에 매우 가까운 어투로 쓰여 있다. 한편 역사적이고 철학적 문헌은 저자에 의해 제자들에게 직접 구술되었던 것으로 보인다. 그러므로 동일하게 발성되기 때문에 생겨나는 오류가 빈번히 나타난다. 따라서 한 명 내지 여러 명의 교정자가 필요하게 되고 그들은 문자화된 작품을 다시 읽어서 오류를 교정해야만 했다.

작품의 전승에 대한 상황도 고려되어야만 할 것이다. 정확히 암송해야 하는 엄격한 의무에도 불구하고 그리고 티벳인들의 놀라운 기억력에도 불구하고 구전 전승은 변형과 여러 상이한 판본들을 초래할 수밖에 없었다. 문자를 통한 전승에서는 앞서 논의했듯이 문헌의 반복된 필사라는 어떤 상황들이 부가되게 된다. 인쇄체와 구별되는 필기체의 사용 및 여러 단어를 축약 형태로 생략하는 습관은, 필사자가 문헌에 대한 이해 없이 단지 기계적으로 작업한 경우, 전승의 불확실함을 가중시키는 데 기여했다.

문학의 장르

티벳의 문헌은 매우 방대해서 우리는 아직 그것에 대한 완전한 목록을 가질 수 없다. 그것은 대략 토착적인 것과 수입된 것의 두 부분으로 나날 수 있다. 한편으로 두 종류의 방대한 불전인 칸규르(bKa'-'gyur, 經律)와 텐규르(bsTan-'gyur, 論疏)가 있다. 전자는 붓다의 말씀으로 여겨지는 문헌이며 후자는 주석서와 논서, 의례와 노래 등을 포괄하고 있다. 이들 문헌들은 거의 모두 산스크리트로부터 번역되었고, 어휘에 관해서뿐 아니라 구문론에서도 산스크리트 원전에 따라 만들어진 인공적 언어로 저술되어 있다. 다루어진 주제는 문법학이나 운율학, 점성술 및 의학 등의 전통적 학문에 대한 몇몇 논서를 제외하고는 명백히 거의 다수가 종교적이고 철학적인 것들이다. 따라서 여기에서는 특별하게 티벳적인 것을 갖고 있지 않은 문헌들을 다룰 필요는 없을 것이다. 그것에 대한 정확한 목록이 매우 초기(800년)에 만들어졌고, 불전을 형성하는 작품들이 13세기에 처음으로 수집된 후에, 그 후에 부퇸(Bu ston)과 다른 저자들에 의해 대략 14세기 중반에 다시 한번 정리되었다는 사실을 지적하는 것으로 충분할 것이다. 18세기부터 (나르탕, 데르게, 초네, 북경의) 여러 사원에서 무수한 판본들이 제작되었다. 일반적으로 칸루르는 100권 또는 108권, 텐루르는 225권에 이르며 이 둘은 합쳐서 4,569편의 작품을 포함하고 있다.

우리가 지적했듯이, 뵌교도들도 자신들의 칸루르(175권)와 텐루르(131권)를 갖고 있다. 칸루르와 텐루르에서 제외되었거나 또는 보다 후대에 만들어지고 알려진 작품들도 마찬가지로 대규모 총서로 간행되었다. 예를 들어 닝마파의 '고대 탄트라전집(rNying-ma rgyud-'bum)'과 '발견된 문헌 모음집(Rin-chen gter-mdzod)'이 그것이다. 모음집을 만드는 일은 다른 영역으로 퍼져나갔다. 모든 위대한 라마교의 저자들은 그들의 '전집(gsung-'bum)'을 가지고 있었다. 다른 거대한 모음집처럼 그것은 포함된 각 작품의 위치를 나타내는 목차를 항시 갖고 있다.

이들 저자들은 다작의 학자들이었고, 그들의 학식은 백과사전적이었다. 그들은 무엇보다 철학과 종교, 윤리학에 대해 저술했다. 철학과 종교의 영역에서는 주로 경전들에 대한 주석의 형태로 나타났지만 티벳인들은 매우 빨리 수많은 독창적인 철학적 논서와 새로운 의례서를 저작했다. 그렇지만 이들 저자들은 또한 역사적인 저작, 문법과 운율학 논서, 산스크리트-티벳어 사전 내지 전문술어를 해설하거나 옛날 어휘를 해설하는 사전, 연대기적 측정에 대한 논문들, 점성학, 복점술과 의학, 서지학, 지리학적인 묘사와 순례자를 위한 안내서, 실제적 또는 신화적 여행에 대한 설명, 통치술에 대한 논문, 다양한 기술(농업, 조각상, 항아리, 차 만들기 등)에 대해 저술하는 데 전념하기로 했다. 또한 높은 신분의 성직자들이 동료들이나 왕에게 보낸 편지 모음집도 있으며, 마지막으로 특정한 스승들의 가르침이나 강의에서 말한 것의 기록들도 발견된다.

이런 문헌들은 분명히 문학이라기보다는 학문이라는 특성을 갖고 있으며, 여기서 그것들을 상세히 다루는 것은 불가능하다. 그렇지만 이 사실이 글쓰기 기법과 시적인 창조성이 결여되었다는 것을 의미하지는 않는다. 이것은 이미 수많은 교화용 전설에서 나타난다. 어떤 특정한 의례라도 박진감 넘치는 극적인 창작물이다. 반면 연대기와 전기와 같은 많은 작품은 인도의 수식적 표현을 모방한 화려한 미사여구의 문체로 쓰여 있다. 비록 이 문체가 확실히 과장된 인상을 주고 또 장황한 어조와 긴 문장들이 번역자를 낙담시키기는 하지만, 그 문체의 세련성은 의심할 여지없이 티벳인들에 의해 높이 평가되었다.

우리는 가요나 시가(mgur), 찬가들과 운문의 기도문 모음집, 그리고 희곡과 소설적으로 쓰인 전기, 서사시와 특히 설화 모음집을 원래의 의미에서 문학이라고 여긴다. 그러나 이런 모든 형식의 문학은, 우리가 순수히 세속적인 문학이라고 간주하는 것들을 포함해서, 종교적이고 심지어 성직자적인 분위기에 젖은 승려들의 작품이라는 사실을 덧붙여야만 한다. 이것은 적어도 12세기 이전으로 거슬러 올라가지 않는, 오늘날 널리 알려진 작품들에 해당된다. 11세기 초에 밀폐된 채 돈황의 동굴에 남아 있던 수천 개의 필사본들의 경우는 그렇지 않다.

이런 필사본들 속에서 산스크리트로부터 번역된 불전 문헌들이 발견되는데, 이들은 라마야나(Rāmayāna)의 번역 내지 각색, 중국의 편년사에 따라 매년 기록된 연대기, 수많은 노래와 조상들의 전설을 담은 서사시적 형식의 다른 연대기들, 뵌교의 의례서, 점성술에 대한 책, 의학적 도상, 수많은 행정적, 상업적, 법률적 문서(편지와 계약서 등), 시가나 격언 형식의 도덕적 잠언, 중국과 인도 이야기들의 개작, 중국 고전의 번역과 개작, 중국-티벳어의 대조어휘집, 그리고 마지막으로 티벳 문자로 쓰인 외국어

(중국어, 터키어) 문헌들이다.

고대의 시

돈황 문헌들의 언어는 매우 오래되었고 또 아직 거의 알려져 있지 않기 때문에 그것의 번역은 종종 신뢰할 수 없거나 잠정적일 수밖에 없다. 시나 노래, 또는 매우 독특한 종류의 산문의 경우, 만일 그것이 활발한 운율이나 강렬한 생명력, 의성어의 사용을 통해 특징지어지는 한, 번역은 거의 불가능하다. 그것들의 아름다움은 리듬과 구조에 있다. 왜냐하면 압운이나 두운법과 같은 다른 시적 전통의 관습적인 장치들이 없기 때문이다. 현대의 서양 언어로는 이 리듬을 맞출 수가 없다. 왜냐하면 적은 음절로는 의미를 표현할 수가 없기 때문이다. 더욱이 시와 산문에서 음절은 중복되기 일쑤이며 또는 마치 의성어처럼 의미 없이 음절이 삽입되기도 했는데, 그것들은 어떤 소리의 묘사에 한정된 것이 아니라 어떤 특정한 상황이나 측면을 알아보게끔 사용된 것이다. 이런 표현양식은 고대 중국의 창화가 (唱和歌, 詩經)의 표현양식과 유사하다. 티벳에서 그것은 오늘날까지 서사시나 낮은 위계의 신에게 바치는 의례서에 보존되어 왔다. 이 표현형식은 매번 감정에 호소하거나 극적인 상황을 보여주는데, 변덕스러운 리듬에 의해 특징지어진다.

이런 시적 표현형식에 대해 이제까지 어떤 체계적인 연구도 행해진 적이 없었다. 또 특정의 표현은 특정의 상황을 보여주기 위해 사용되고 있지만 어떤 관념의 연상에서 그러한가에 대해서는 알려지지 않았다. 그것들은 고대의 사본 속에서는 더욱 불명확한 반면에, 서사시에서는 문맥 덕분에 보다 잘 확립되어 있다. 예를 들어 kyi-li-li는 한 여인을 훔쳐볼 때 또는 무지개나 번개에 사용되며, kyu-ru-ru는 웃음과 노래에 사용된다. khyi-li-li

는 폭풍과 산더미 같은 파도에, khra-la-la는 발굽소리에, tha-ra-ra는 '구름' 같이 모인 전사들과 검은 독에, me-re-re는 밀집한 군중과 대양, 별(분명 별들의 무더기일 것이다) 등에 사용된다. [이것은 111 및 225에 나열되어 있다.]

　고대의 문헌들에 있어－그것은 현대의 분향의식 속에 잔존해 있는데－빠른 장단단격(dactylic)의 운율은 분리형 조사 ni를 통해 박자가 부여된다. 이 조사는 논리적인 주어를 강하게 강조하기 위해 각 시구의 동일한 장소에서 일반적으로 반복되는 일종의 정지이다. 이 조사가 중국의 고대시가(초사楚辭)에 나오는 어조사 '혜(兮)'처럼 사용되고 있는 것은 매우 기묘한 일이다. 이런 시의 리듬은 춤의 스텝에 동반되는 노래를 암시한다. 그것을 현대 티벳의 원무 속에서 발견하려고 하는 시도도 행해졌는데, 이 춤에서 무용수들은 －∪∪－∪∪ 리듬에 발을 구르며 원을 빙빙 돈다. 다른 한편으로 많은 경우에 짝을 이루는 두 개의 시구를 대구(對句)로 만드는 법은 앞서 고대의 수수께끼와 근대의 결혼식 때 부르는 노래에서 알려진 주고받는 노래를 연상시킨다.

　대구의 원칙은 아주 강력하기 때문에 같은 문장이 종종 한 번은 별명을 사용해서, 다른 한 번은 고유한 명칭을 사용해 반복되기도 한다.

　　"그는 적의 심장을 잘라내었다.
　　그는 야생의 야크 카르바의 심장을 잘라내었다.
　　친척을 위하여 그는 복수했다.
　　그의 형제인 Yidkyi Dangcham을 위해 그는 복수했다."

이것으로 충분치 않을 때면 이름－일반적으로 의미를 가지며 최소한 부분적으로 별칭으로부터 형성되는―을 두 부분으로 나누고 각 부분을 다른 문장에 배당시킨다. 그러므로 큥포 씨족의 대신 풍제 수제에 대해 다음과 같이 말해졌다. 마치 두 사람인 것처럼 "큥포 풍제는 수제가 충성스럽다고 제안했다." 가르 씨족의 대신인 짼냐 돔부에 대해서도 다음과 같이 말해진다. "대신 짼냐는 두구국으로 갔다. 돔부는 티쇼(코코노르) (호숫가의) 시장을 방문했다."

물론 이런 구조는 이미지나 생각을 연관시키거나 대비시키기 위해 주로 사용된다. 이렇게 강조형 조사 ni와 함께 구성된 두 문장은 다음과 같이 읽힌다. 이 ni를 음절수에 따라 우리말 '오' 또는 '오오'로 번역한다.

> "큰 입을 가지고, 오, 풀을 그는 먹는다.
> 큰 입을 가지고, 오, 물을 마신다."

> "만약 그가 산다면, 오, 광활한 나라에,
> 만일 그가 죽는다면, 오오, 광활한 무덤에!"
> [6: pp.106, 15; 118: 텍스트 I A, II. 78, 84, 86]

그리고 이제 이 시들의 몇몇 예를 보자. 번역에서는 장단단의 운율을 포기할 수밖에 없지만, 가능한 한 비슷한 운율과 문장구조를 유지하려고 했다.

> '더 가까이, 오오, 보다 더 가까이,
> 야르파는, 오, 하늘 가까이 있구나,
> 하늘의 별들이여, 오, si-li-li.

더 가까이, 오오, 보다 더 가까이,
라카르는, 오, 바위 가까이 있구나,
바위의 별들이여, 오, si-li-li.

두르바는, 오, 강 가까이,
물결을 타는 수달이여, 오, pyo-la-la,
넨카르는, 오, 대지 가까이.

모든 종류의 열매는, 오, si-li-li,
말토는, 오, 룸 가까이,
얼음과 같은 바람이여, 오, spu-ru-ru.'
[6: p.166의 아래]

이 노래들은 의심할 여지없이 일련의 격언과 은유를 사용하여 잘 알려진 주제와 상투적 표현을 상황에 맞게 변형시켜 어느 정도 즉흥적으로 만들어진 것이다. 이 노래들은 한 사람이 다른 사람에 대해 스스로를 칭송하고 찬미하고 과시하는 것에 대해 응수할 때에 지어진 것이지만, 그때의 분위기가 문체에 남아 있는 것이다. 아주 오래된 연대기에서 9세기 초의 삼예사에서 대신회의가 있었을 때 "각자는 그곳에서 자신의 위대함과 자부심을 노래했다."라고 보고하고 있듯이, [183: 49] 그때에 도전과 응답의 기회가 있었다. 조롱과 비웃음이 공손함과 충성의 찬가를 대신하기도 했다. 돈황 문서는 다음과 같이 말하고 있다.

"사람들의 우두머리, 오, 강력한 왕이여,
연록의 향쑥보다, 오, 사랑스러운 분이여,
동물들의 우두머리, 오오, 종마여,

양털(?)보다, 오, 가볍구나.
외국인, 오, 터키인과 중국인이여,
금덩이보다, 오, 무겁구나.”
[63, No. 1196]

경구나 임기응변의 재치, 기민함, 은근하고 간접적인 방식으로 진실을 말하거나 넌지시 비난하는 기술이 이런 시작(詩作)에서 큰 역할을 한다. 고대의 돈황의 연대기는 어떻게 하나의 같은 주제가 노래하는 자의 성격과 지위에 따라 다른 두 가지 방식으로 연속적으로 다루어질 수 있는가를 보여준다. 앞서 언급했듯이 이 장면은 왕이 어떤 신하들과 동맹관계를 갱신한 후에 승리했을 때이다.

“그때 왕이며 군주는 그의 신하(가신)들에게 축하연회를 베풀었다. 이에 큥포 풍제는 다음과 같은 가사를 담은 노래를 불렀다.

‘몬 땅에서, 오오, 유일한 호랑이,
오, 그것을 죽인 이는 수쩨였네……
왕의 손으로 시체를 넘기고
로녝(의 땅을), 오, 하사받았도다.

짱의 요새, 오오, 위로,
하얀 배를 가진 독수리가 날아오르네,
수쩨였다네, 오, 그것을 죽인 이는.
왕의 손에, 그는 날개를 바치고
로녝(의 땅을), 오, 하사받았도다.

옛날, 오, 옛적에
티제, 오, 설산으로부터,
야생 당나귀와, 오, 수사슴이, 질주했다네,
질주했다네, 오오, 샹포산으로.
오늘날, 오, 그리고 앞으로도
샹포에서, 오, 신의 발치에,
야생 당나귀와 수사슴은 더위를 두려워하지 않네.
야생 당나귀와 수사슴이 두려워한다면
티제의 눈(雪)이 그들에게 힘을 주련만.

옛날, 오, 옛적에
마팜에서, 오, 호숫가에서
오리들과, 오오, 거위들이 날아올랐네,
날아올랐네, 오오, 단코 호수로.

요즈음, 오, 그리고 앞으로도
단코, 오, 신의 호수에서,
오리들과 거위들은 더위를 두려워하지 않네.
오리들과 거위들이 두려워한다면,
마팜의 호수에서 힘을 주련만,
펜 땅을 얻어 로넥은 더 커졌고,
펜과 함께 세쿵의 초석이 세워졌도다.
(왕은) 전에는 힘이 없었지만,
이제 그의 눈은 머나먼 저편을 보네.
그 분은 처음에는 ― ― ―(?),
마지막에는 야크에 에워싸였네.
수쩨여, 오, 그는 보상받았도다.

그것이 그의 노래였다. 그러자 왕은 생각했다. "나는 누군가가 로넥 출신의 대신에게 답하길 바란다." 그렇지만 누구도 대답하지 않았다. 그곳에 왕의 개인 시종이자 옥새를 담당하고 있던 샹낭이 있었다. (왕은) 그에게 말했다. "그대, 나의 마음에서 가장 가까운 (충실한) 신하의 아들이여, 그대가 노래하지 않겠는가?" 그리고 그는 명령을 내렸다. "샹낭으로 하여금 말하게 하라!" 그러자 샹낭은 노래했다.

"호! 옛날, 오, 옛적에,
강을, 오오, 넘고 넘어,
야르강을, 오오, 넘어
구티. 오, 오만한 군주가
근육을 조각내었네.
조각을 먼지로 만들었네.

키 강에서, 오, 누가 물고기를 잡았는가?
그는, 오, 치짭 팡토레였네.
룸에서, 오오, 누가 물을 잘랐는가?
그는, 오, 쨍쿠 묀토레였네.

방벽과, 오, 댐을 그가 만들었다네,
땅을, 오, 그가 나누었다네.
그는 팡슘, 오, 된포식이라네.

탕라 산의 봉우리가 잘려나갔고,
샴포의 농작물은 늘어났다네.
유나의 요새가 함락되었을 때,

칭가 성은 더욱 커졌다네.
전에도, 오, 이미 컸지만
이제는 하늘까지 닿는구나.

넥포의 꼭대기가 잘려나갔고,
야르모, 오, 농노를 받아들였네.
전에도, 오, 이미 위대했지만,
이제는 그는 경계를 모르는구나.

펜 땅을 얻었을 때 로넥은 더 커졌고,
펜에 의해 동통은 세워졌도다.
(왕은) 전에는 약했지만,
이제 그의 눈은 머나먼 저편을 보네.

옛날, 오, 옛적에,
포마의 야생 야크가 살해되었네.
남쪽 지방의 나무인 대나무가 그를 정복하였네.
그러나 철이 그것을 찢어 놓을 때까지
대나무 자체는 결코 뚫을 수 없네. (화살에 대한 비유)
독수리(깃털)는 그것을 장식할 수 없고,
야생 야크는 그것을 맞을 수 없다.

염소의 나라, 오, 넥포를 넘어
승리자는 고슴도치 콤쩨이구나.
그러나 비늘이 그를 찌르기 전까지,
근육은 뚫어지지 않네.
만약 누군가가 근육을 당기지 않았다면,

콤쩨 혼자로는 충분하지 않으리라."

이와 같이 그는 노래했다. 왕은 이 언사를 기뻐하며, 냥의 샹낭을 그의 대신으로 임명했다. 그리고 왕은 그에게 대신으로서 울기 푹부충이라는 이름을 하사했다." [6: 107-108]*

만약 첫 번째 노래가 왕을 불쾌하게 만든 것처럼 보인다면, 그 이유는 분명 그 노래가 어떤 가신들과 그들의 공적을 지나치게 고양했기 때문이다. 만일 왕이 두 번째 노래를 선호했다면, 그 이유는 왕을 더 많이 칭송했기 때문이다. 물론 그 암시들은 우리에게 불명료하지만 그러나 이것들은 장르의 좋은 예를 알게 해준다. 이러한 인상을 강화시켜주는 다른 예들은 더 이상 제시하지 않을 것이다. 음의 유사함과 리듬의 미묘함이 전달되기는 어렵다고 해도, 우리는 적어도 어떻게 사고가 표현되는가에 관한 관념을 가질 수 있을 것이다. 고대인들의 지혜, 격언적인 연설방식, 그리고 무엇보다도 풍부한 은유가 큰 역할을 한다. 이런 은유는 일반적으로 수수께끼 같은 암시를 위해 사용되며, 이런 암시는 수수께끼 음송자의 전통으로 환원된다고 추정할 수 있다.

은유와 격언의 동일한 기술은 의심할 여지없이 후에 '인간의 종교'라는 이름으로 알려진, 고대의 전통의 일부라고 할 수 있는 격언집 속에서 나타난다. 앞에서 읽은 운문형태의 시와는 달리 이 격언들은 산문으로 저술되어 있다. 다음의 것은 돈황 사본들 속에 보존되어 있는 작품의 발췌이다. 이 작품은 '숨파족의 어머니인 책, 격언들은 미래 세대를 위한 모범으로

---

* 다양한 번역이 제시되고 있다(240: 240-246; 284). 이 번역은 불확실하고, 단지 문체에 대한 관념을 제시하는 데 주안을 두었다.

남겨진 것'[63: No. 992; 118: 109-110]으로서 110개의 격언으로 이루어졌다. 종종 하나의 생각이 두 개의 병렬 문장 속에서 표현되어 있으며, 이때 두 번째 문장은 비유적 소묘로서 첫 번째 문장을 이해하기 쉽게 만든다.

"(1) 현자의 마음. 심지어 하늘에서도 문자들이 나타난다. (그것은) 말이 빨리 달리는 것(과 같다). 심연이나 절벽에 매달려 있을지라도 그것은 지속한다."

"(4) 현자. 만일 그를 오랫동안 방문한다면 그의 우정을 얻게 된다. (그는) 황금 막대(와 같다). 길어진다면 그것은 무거워진다."

"(5) 아이들을 낳을 뿐 그들을 가르치지 않는 것은 그들을 우둔하게 만드는 원천이다. 그들의 삶은 아무런 의미도 없으며 그것은 음식과 의복의 낭비일 뿐이다."

"(15) 약한 사람의 입에서 나온 악언은 결국은 그 자신을 해친다. 불은 처음에 나무의 한 구멍에서 시작하지만 결국은 나무를 태운다."

"(30) 나쁜 감시견은 마을 전체를 감시한다. 나쁜 여자는 가족과 친구들조차 분열시킨다."

"(34) 현자와 빠른 말은 나타났을 때 저절로 유명하게 된다. 여자와 귀중한 터키옥은 집에 숨겨져 있을 때 존경받는다."

"(53) 현자가 현자를 칭찬할 때 하늘에 솟은 탑의 기둥(처럼 스스로를 높이며), 비천한 자들이 비천한 자들을 험담할 때 땅의 9층 아래(로 떨어지는 것과 같다.)"

이들 문헌은 고대로부터 유래되었지만 이미 중국과 불교 속에서 발견될 수 있는 윤리적 관념에 의해 채색되고 있다. 그러나 문체적 관점에서 또 비유의 사용방식에서 말하면 그것은 불교적인 요소들에 점차 더 동화되어 갔음에도 불구하고, 순수히 티벳적인 양상을 오늘날까지 유지, 보존하고 있다.

새로운 길

5음절 내지 6음절의 장단단격 행은 물론 돈황 문서에서 사용되었던 유일한 운율은 아니다. 그러나 그것은 명백하게 가장 자주 쓰이는 전형적으로 티벳적인 운율이다. 그 이외의 운율은 산발적으로만 나타나며 어떤 확정된 규칙이 없다.

일단 이런 기록을 떠나 전통적인 문학으로 주의를 돌리게 되면, 커다란 변화가 확인될 수 있다. 인도에서 기원한 학문적인 운율이 장단단격을 대신했다. 그것들은 이미 라마야나에 대한 초기의 번역에서 나타난다. 나는 여기에서 이들 복잡하고 상당히 무미건조한 운율학에 시간을 소비하지는 않을 것이다. 7, 8, 9, 10, 11 또는 17 음절의 행을 가진 시가 있지만, 가장 흔한 형식은 시인 밀라 레파로부터 서사시와 민속적인 결혼식의 노래에 이르기까지 장단격이다. 예를 들면 아래와 같다.

$$(\stackrel{-}{\smile}\stackrel{-}{\smile}\stackrel{-}{\smile}\stackrel{-}{\smile}-)$$

고대의 운율에서 근대의 운율로의 변천과정은 토지의 신을 공경하는 찬가(bsang) 속에서 추적될 수 있다. 왜냐하면 그 찬가는 고대 시가의 양식과 분위기를 가장 잘 보존하고 있기 때문이다. 이 변화를 초래하는 데에는 고대 문헌들 속에 지시대명사(de)를 삽입하는 것으로 충분하다. 조사 ni에 의해 두드러진 휴지사는 보존되었고, 때로 고유명사의 중간에 삽입되어 그것을 두 부분으로 분리시키기도 한다.

"이 야르하, 오, 샴포산이여. 이 오데, 오, 궁갤이여……
세루로부터, 오, 독의 호수로부터, 톤다, 오, 검은 호수로부터"

이와 같이 근대 기도서 중 하나는 말한다. 돈황 필사본 중에서 유사한 의례서에 다음과 같이 쓰여 있다.

"땅으로부터, 오, 한가운데, 성스러운 신들이, 오, 우리에게 신호를 보내네." [176: 13a; 1: 446]

이제 장단격이 장단단격을 대신했다. 때때로 단음절의 단어가 시구의 앞에 놓이고, 그러면 그것은 필요한 박자의 수로 세어지지 않는다(예를 들어 영탄사 '아!'를 의미하는 kye 또는 의미상의 주어). 이러한 과정은 이미 돈황 사본에서 발견할 수 있으며, 그 하나의 예를 이미 앞에서 지적했다. 여기에서 밀라 레파로부터의 예를 보자.

"노래여! 만약 내가 새로이 그것을 노래하지 않는다면,
그 의미는 가슴속으로 전해지지 않으리."

밀라 레파는 그의 운율에서의 모범과 그의 노래의 종교적인 주제를 인도 탄트라 수행자들의 신비적인 노래(doha)의 티벳어 번역에서부터 취했다. 그러나 그를 그의 학파(카규파)의 다른 위대한 종교시인으로부터 구별시키고, 또 그를 가장 위대한 시인들 중의 한 명으로 만들고 그렇게 대중적으로 만들어준 것은 그가 이 외국의 모범을 티벳의 토착적인 노래로 개작하고 적합하게 만들었기 때문이다. 그것은 확실히 개인적인 선호라고도 보이지만, 동시에 이런 방식으로 불교적인 사고를 민속노래로 지음으로써 그것을 대중화하고 보다 친숙하게 만들려는 의도를 갖고 그렇게 한 것이다. 농경기에 행해지는 은유적인 노래 시합에서 우리는 그가 농부를 위한

노래를 만드는 것을 발견한다. [134a: 87b-88a] 이미 그가 뵌교 사제의 의례용 노래를 모방했다는 것을 지적했다. 밀라 레파의 노래에서 근대 시기의 민속노래에 특징적으로 나타나는 각각의 자연 영역에 표준적인 동물들이 나타난다. 즉 빙하에 사는 청색의 갈기를 가진 하얀 암사자, 바위 위에 사는 '조류들의 왕'인 독수리, 숲 속에 사는 '금빛 눈의 물고기'가 그것이다. [134a: 297, 308, 333] 동시에 밀라 레파는 오늘날까지 민속음악과 서사시, 희곡에서 사용되는 다른 양식적 수단을 모두 사용한다. 이들 양식적 수단의 다수, 특히 묘사적인 3음절과 은유, 별칭은 이미 돈황 사본에서 발견된다. 그럼으로써 밀라 레파는 전환점에 서서 고대에서 근대에로의 전환을 원활하게 했다. 여기서는 비록 그것들의 의미와 시적 감흥을 동시에 제공하기가 불가능 하지만 그의 문체를 보여주기 위해 그의 노래에서 두 작품을 발췌했다. [134a: 4-5]

"위에는 남쪽의 구름이 맴돌고 (khor-ma-khor)
아래에는 맑은 시내가 찰랑거리네 (gya-ma-gyu)
둘 사이로 독수리가 치솟아 오르고 (lang-ma-ling)
모든 종류의 풀이 섞여 있구나 (ban-ma-bun)
나무들은 춤추듯이 흔들리고 (shigs-se-shigs)
꿀벌들은 노래하누나, khor-ro-ro,
꽃들은 향기롭고, chi-li-li,
새들은 지저귀네, kyur-ru-ru."

．　．　．　．　．　．　．　．　．　．　．

"네 명의 악마를 정복한 분이신 아버지,

번역자 마르파여, 존경을!
나 자신에 대해서는 말할 것이 없다네.
나는 실은 하얀 빙산 속 암사자의 아들이라오.
내 어머니의 자궁에서
이미 완전한 '세 가지의 힘'으로서 형성되었네.
어린 시절 내내 둥지 속에 누워 있었고
유년 시절에는 둥지로 가는 문을 지키고 있었다네.
그러나 내가 어른이 된 이후로는 빙산 위를 걷고 있으며.
폭풍 속에서도 동요되지 않고
깊은 심연도 나를 두렵게 하지 못한다네.

나에 대해서는 말할 어떤 것도 없다네.
나는 (실로) 새들의 왕인 독수리의 아들이라네.
알 속에서 이미 나의 두 날개는 완전히 펼쳐져 있었네.
어린 시절 내내 나는 둥지네 누워 있었고
소년시절에는 둥지로 가는 문을 지켰다오.
그러나 완전히 성장한 독수리가 되자.
나는 하늘 꼭대기로 날아올랐다네.
끝없는 하늘에서도 동요되지 않고
좁은 땅에서도 두려워하지 않는다네.

나에 대해서는 말할 어떤 것도 없다네.
나는 (실로) '흔들리는 파도'인 위대한 물고기의 아들이라네.
내 어머니의 자궁에서 이미 나의 '황금빛 눈'은 형성되었네.
어린 시절 내내 난 둥지에 누워 있었고
소년시절에는 항상 여울의 입구에서 헤엄쳤다오
마침내 커다란 물고기로 자라나서 나는 대양을 누비고 다닌다네.

깊은 물속에서도 동요되지 않고,
어부의 그물도 나를 놀라게 하지 못한다네.

나 자신에 대해서는 말할 어떤 것도 없다네.
나는 직접적으로 전승하는 스승의 아들이라네.
나의 어머니의 자궁에서 이미 내게 믿음이 생겨났고
소년시절에 가르침을 배우면서 지냈다네.
마침내 위대한 명상자로 성장하여
나는 산 위의 암자를 찾는다네.
악마의 앞에서도 동요되지 않고,
그들의 환영(幻影)도 나를 두렵게 하지 못한다네."

이 시는 매우 길며, 그리고 이 발췌문으로 충분할 것이다. 다음으로, 내가 언급했던 다른 표현양식을 간략히 탐색해야 할 것이다. 어떤 것들은 밀라 레파의 노래에서는 보이지 않지만, 그의 스승인 마르파 및 특히 또 다른 위대한 성자 시인인 둑파 퀸렉(16세기 초)에게서는 발견된다. [273]

연극에서처럼 서사시에서 산문으로 쓰인 해설 부분은 아주 짧고 빨리 음송된다. 그것은 단지 주요한 부분을 묘사하는 노래로 이어주기 위해 사용된다. 그러한 노래들은 흔히 이중창이다. 따라서 주창자는 "만일 당신이 저를 모르신다면, 저는 아무개입니다" 등의 정형구를 갖고 자신들을 소개한다. 그래서 사건이 일어난 장소와 개인적인 이름으로 여겨지는 투구, 칼과 말 등의 모든 것이 소개된다. 이 정형구는 거의 대부분 "제 말을 잘 들으세요."라는 다른 전형적인 구절과 함께 사용된다. 이때 양자는 도전과 대결을 연상시키는 분위기를 불러일으킨다. 밀라 레파 역시 그것을 사용한다. [134a: 72a]

"허허, 그 놈 참 잘 생겼구나,
이해하려는 자는 이것을 들어보게!
내가 어떤 사람인지, 자네는 나를 아는가?
그대는 내가 어떤 사람인지 모르는가?
궁탕에서 온 밀라 레파가 바로 나일세."

그리고 서사시에서처럼 이 노래들은 보통 "만약 그대가 이 노래를 이해한다면, 좋네. 그렇지 않다면, 그대에게는 참으로 안 된 일이네."라는 상투적인 표현으로 끝난다. 다음과 같이 밀라 레파는 그의 노래의 말미에서 말한다. [134a: 120]

"만약 그대가 이 노래를 이해한다면, 이 한 번으로 그대는 얻었구나.
만일 그대가 아무것도 이해하지 못한다면, 나는 떠날 수밖에 없구나."

그리고 그의 전기는 '이것이 논쟁의 노래'라고 부언한다. 불행하게도 의미와 운율을 함께 보존하기는 불가능하다. 만일 양자를 함께 간직하면서 단어의 순서에 대한 관념을 전달해주고자 한다면 다음과 같은 번역의 경우를 상정할 수 있을 것이다.

"이 노래를 그대가 아는가? 그러면 한 번에 얻었네.
모른다면, 수행자는 다른 곳으로 간다네."
lu-de she-na lan-cig thob
ma-she-nal-djor yül-la shü
⌐ ∪ ⌐ ∪ ⌐ ∪ —

위대한 시인이 공통적으로 가진 두 번째 특징은 드라마에서처럼 서사시에서 말하지 않고 작은 목소리로 노래하는 일종의 선율이 노래의 도입부가 되는 것이다. 밀라 레파에게는 이런 예가 전혀 발견되지 않지만, 그가 속한 학파의 다른 시인들에게서 그런 예들이 보인다. 즉 a-la-la 또는 shō-ni la-yi sho-o la-yisho-o, la-yo la-mo lā-yō-ya의 언사이다. 서사시에서 "이 노래는 tha-la tha-la la-mo la-ling이고 저것은 tha-la la-mo la-la"라고 말해진다. [137: 81a; 137a: 88b; 131: 118a＝273: 279; 152: 필사본 Hor, Kalimpong, p.13a]

이것들은 시이긴 하지만, 노래를 위해 규정되었다는 것은 분명하다. 그래서 때때로－서사시에서는 거의 항상－노래를 따라서 부를 수 있는 잘 알려진 곡조가 제시된다. 마르파는 서사시에서도 발견되는 곡조인 '큰 독수리의 날개를 활짝 펴고 난다'의 곡조에 따라 또는 '장엄한 폭포'의 곡조에 맞춰 노래했었다. 이것은 고대에 실제로 불려진 곡조들이다. 연대기는 곡조의 이름을 나열하고 있는데, 이 곡조에 따라 9세기에 있었던 삼예사의 대축제 때에 즉흥적으로 지어진 시들이 노래되었다. [137a: 35b, 46a; 179: 91a; 177: XI 장; 68: 130-133]

마지막으로 이런 요소들에 대해 별칭이 첨부되어야만 한다. 별칭의 사용도 고대로까지 소급되며, 시인 성자들을 통해서 서사시, 연극, 그리고 오늘날의 노래에까지 존속되어온 것이다. 매우 일찍부터 예를 들어 밀라 레파의 시에서 구름을 '물을 머금은 자'로 부르는 것과 같은 몇몇 인도의 별칭이 통용되기 시작했다. 그러나 그것들은 무수히 많았지만 대부분이 단지 학식 있는 저자들의 산문이나 화려한 시에 사용될 뿐이다. 여기서 이들 문헌에 대해 논의하지는 않을 것이다. 왜냐하면 비록 박학한 티벳인들에게 인기가 있었다고 해도 그것은 티벳적인 것을 보여주지 못하며 단지 인도적 문체의 적용일 뿐이기 때문이다. 반면 순수한 티벳적 별칭은 매우 특징적이다. 그것들은 의심할 여지없이 노래 불려진 '수수께끼'의 문체와 관련이 있다. 그것들은 공손함에서건 또는 종교적인 이유에서건, 사물이나 존재를 그들의 실제적 또는 통상적인 이름으로 부르지 않으려는 태도로부터 설명될 수 있을 것이다. 민요와 탄트라 행자의 신비적인 노래에 의해 영감을 얻은 시인 성자들은 그것에 틀림없이 관심을 가졌을 것이다. 이런 탄트라의 노래들에서는 어떤 종류의 현실을 은폐하기 위하여 감추어진 수수께끼 같은 언어인 '의도를 가진 언어'나 '다키니의 비밀스러운 언어'가 사용되었다. 티벳의 시가에서 주제에 대해 어떤 정서적 느낌을 표현하는 두 종류의 별칭들이 있다. 하나는 번역될 수 있지만 다른 하나는 사전적으로 알려진 어떤 의미도 갖지 않으며 따라서 은어나 비밀스러운 언어이다. 첫 번째 범주에는, 예를 들어 하늘을 '푸른 것'(a-sngon)으로, 땅이나 좌석을 '네모난 것'(gru-bzhi)으로, 땅을 '좁은 것'(dog-mo)으로, 야생마를 '흰 주둥이'로, 독수리를 '흰 가슴'으로, 젊 사자를 '세 배의 힘'으로, 호랑이나 힘센 남자의 몸을 '여섯 겹의 웃음' 등으로 기술한다. 이런 별칭들은 때때로 동격으로서 일상용어를 동반하기도 하지만, 종종 언급된 대상을 단독으로 지시하기도 한다. 이런 비유적 언어에 무지한 자는 무엇이 지시되고 있는지를 전혀 알 수가 없다. 물론 이것은 번역될 수 없는 다른 별칭들에서도 타당하다. 즉 방언이나 외국에서 유래한 단어의 경우 그 의미가 소실되었거나 또는 그것들이 어떤 의미도 가지지 않고 순전히 처음부터 의성어였기 때문에 그럴 수도 있다. 아래에 몇 가지 예가 있다. tshe-tshe는 염소를, bre-se는 야생 야크를, sa-le는 암 야크를, mdo-ba 또는 'do-ba는 훌륭한 말(서사시의 경우; 그렇지만 돈황 문서에서는 이 단어는 말뿐 아니라 야크에게도 사용된다)을, de-bo는 수탉을, co-rong은 당나귀를 나타낸다.

〈그림 18〉 '장수(長壽)의 여섯 동반자': 봉헌하는 노인, 학, 소나무, 바위, 폭포, 사슴

동화의 과제

그 후에 대해서 알아보자. 민중들은 분명히 예전처럼 노래하는 전통과 논쟁적 전통, 특히 대립하는 집단들이 참여하여 큰 축제에서 시합을 하는 전통을 계속해서 발전시켜 왔지만, 그것들은 근대 시대를 제외하고는 순전히 구전으로 전승되었기 때문에 민속의 문헌은 알려지지 않고 있다. 기록되어 전승된 유일한 고대의 시들은 교육이 승려계급에게 한정되어 있었기 때문에 승려들의 작품이다.

이제 이런 승려들의 다수는 불교를 사람들에게 전파시키는 최선의 방법은 불교를 시뿐 아니라 산문이라는 민중의 문학 속으로 통합시키는 것이라고 생각했다. 이미 고대의 왕들조차 그 속에 새로운 종교의 관념을 쏟아 부을 소위 하나의 주형으로 사용하기 위하여 토착 전통을 보존하려는 노력을 기울여 왔다. 돈황 사본(Pelliot 239)에서 뵌교의 의례는 공덕의 회향에 관해 하나의 불교적 해석을 받는다. [272. 뵌교의 예는 mDzod phug (301), 주석 p.7에 나온다.]

우리는 번갈아 불리는 노래들과 수수께끼들이 어떻게 전달되었는지에 대해 어떤 정보도 갖고 있지 않다. 단지 그것들의 흔적은 결혼식에서의 노래와 응답가 속에서 살아남았음을 확인할 뿐이다. 그것들은 은유와 별칭의 사용을 통해, 또 완곡한 표현에서, 운율적인 교차에서 그리고 자신을 소개할 때의 상투적인 문구에 남아 있다고 인정될 수 있을 것이다. 앞서 설명했듯이 시인 성자들은 그들의 별칭을 탄트라의 노래에 담긴 비밀스러운 어법과 결합시켰을 것이다. 승려였던 서사시와 희곡 노래의 저자들이 불교의 가르침을 널리 공개적으로 이용할 수 있는 문학작품들 속으로 삽입시키기 위해 토착적인 몸짓과 표현들을 상징적으로 해석할 기회를 잡았다는 사실은 분명하다. 동일한 하나의 단어(brda)가 '표시'와 '몸짓', '상징', '단어'를 의미한다. 따라서 상징적인 설명에서 이 단어는 '표시'라는 단어와 대등하게 쓰인다. 산토끼가 요가행자로서 소개되고 있는 카르마파의 노래는 다음과 같이 말하고 있다. [132: 213b]

"그가 두 개의 긴 귀를 가지고 있다는 사실은 방편과 지혜가 신비적으로 결합한 모습이며, 그가 해탈의 길로 들어섰다는 표시(또는 상징)라네."

'표시'라는 단어를 함께 사용하고 있는 동일한 상징적인 설명이 서사시에서는 긴 당나귀 귀를 가진 방랑시인의 모자에 적용된다. 밀라 레파는 가의 모자와 지팡이를 유사한 방식으로 설명한다. 또한 그는 동일한 비유를 자연적인 이미지에 적용시킨다.

  "티제여, 멀리 알려진 설산이여,
  그 봉우리는 눈으로 덮여 있구나. 이것은
  붓다의 가르침이 희기 때문이네."

  노래와 춤이 특히 애용되었던 동일한 카규파 계열의 또 다른 시인인 고모파는 비슷한 방식으로 짱포강을 건너는 나룻배의 이미지를 보여준다.

  설화문학과 격언문학 속에서 불교화의 과정은 보다 잘 추적될 수 있다. 고대 왕들 치하에서 채집한 설화모음집과 노래모음집 및 소묘모음집의 편찬이 이루어졌다. 이들 모음집은 의문의 여지없이 승려들이 인도의 이야기들을 그 속에 삽입할 수 있는 틀을 제공하는 데 기여했을 것이다. 오래

〈그림 19〉 짱포강의 나룻배. 말 머리와 깃발로 장식된 뱃머리

된 설화에서 전해진 일화와 도덕적 격언들로 이루어진 교화용 문학이 11세기에 생겨났는데, 이것은 고대의 모음집들과 같이『송아지의 그릇』, 즉『소의 유방』이라는 이름을 갖고 있었다. 14세기에 한 의학 전문 모음집은 파드마삼바바의 저작으로 알려졌다. [139: 259b＝445a] 일상적 삶을 위한 여러 소규모 의례가 다른 모음집으로 편찬되었다. [필사본 Pan-chen Na-bza' pa chen-pos mdzad-pa'i Be'u-bum blo-rmongs gsal-byed] 그 제목으로부터 '우둔한 마음을 맑게 함'이라는 그 기능이 분명히 드러난다.

그것은 또한 바이쉬라바나신에 대해서도 말하고 있는데, 이 신의 기원이 설명되고 있다. [162: YA, 7b-8a] 아마도 이 작품은 바이쉬라바나와 페하르 간의 싸움을 다룬 서사시의 양식과 관련이 있을 것이다. [121: 735] 그렇지만 이 유명한 설화 모음집은 카담파의 문학으로, 여기서 이야기의 교훈적 기능은 '마음의 정화'와 관련되어 있다. '마음의 정화'란 자신 속에 보리심을 일으키기 위해 의도된 하나의 훈련을 말한다. 카담파의 창시자인 아티샤(982～1054, 1042년부터 티벳에 거주)는『25종의(귀신, 영혼) 설화』라는 인도의 모음집이 퍼지도록 장려했다. 이 모음집의 이야기 틀은 많은 불교 문학 작품(희곡 등)의 저자라고 전통적으로 믿어지는 (탄트라적인) 용수에게 주된 역할을 부여함으로써 브라만적인 이야기에서 불교적인 이야기로 (아마도 이미 인도에서?) 각색되었다. 그 후 수백 년 동안 인도 전설은 점차 티벳 전설에 의해 대체되게 되었다. 오늘날 몽골이나 티벳의 판본에서 세 번째의 설화를 이루는 토착적인 마상(Masang) 설화는 일찍부터 독립적 형태로 존재했었다. [Ro-sgrung, 원본과 번역은 241; 171: KHA, 397, XX장; 142: JA, 8b-9a] 까담파의 후계자들은 계속하여 문학작품을 창작했다. 11세기에 포토파는 그의 격언집('비유형태의 가르침')을 저술했다. 이 짧은 저서에 수많은 주석이 행해졌는데 이 주석들은 '구술적 전통'에 의존하면서 이야기들을 암시하고 있다. 12세기 초에 상 파짭 니마닥은 인도의 논서들을 번역, 각색했다. 반면 그의 제자 세우 강파는 오늘날 희곡이 된 설화를 번역했다. 같은 시기에 포토파의 제자인 돌파는 커다란 영향을 미쳤던 『푸른 소의 유방』을 지었다. 본생담 유형의 이야기는 유명한 카담파의 작품[171] 속에서 발견되는데, 이 작품은 아티샤와 그의 제자인 돔퇸(13세기 말, 14세기 초)의 생애와 가르침을 담고 있다. 또한 다른 불교학파들도 전설의 배포에 기여했다. 12세기에 디궁파는 그의 견해가 다른 동시대인과 차이가 나는 경우 그 교리적 문제를 명료하게 보여주거나 정당화시키기 위해[295] 많은 전설을 사용했다. 13세기에 '은닉된 경전의 발견자'로서 유명한 닝마파의 성자 구루 최왕(1212~1273)은 젊은 시절에 노래와 춤에 대한 논서 및 왕가의 계보와 데 씨족의 조상전설을 배웠다. [162: Ra, 2a-b; 162: ZA, 3b-4a; 142: THA, 55] 그는 또한 방랑하는 이야기꾼을 위한 전설과 탈춤의 각본도 저술했다고 인정된다.

거의 비슷한 시기에 사캬 판디타(1182~1251)는 운문으로 된 도덕적인 격언집을 저술했는데, 이 책은 다른 사람들에 의해 모방되었고 몽골어로 번역되었다. 이 격언집에 수반되는 주석에서는 시에서 단지 암시만 되어 있는 설화와 일화를 상세히 제시하고 있다. 티벳에 널리 퍼져 있고 즐겨 인용되는 이 작품의 저자는 시인이라기보다는 학자이며, 특히 철저히 인도 전통에 영향을 받았기 때문에 민속적인 전통에 훨씬 가까이 있는 카르마파와 카규파 시인들의 작품과는 다른 격조를 가지고 있다. [164(=11: 212a)]

"(29) 칭찬에 의해 기뻐하지도 않고
모욕적인 말에도 슬퍼하지 않으며,

그가 아는 것에 잘 머무는 자,
그는 성자이고, 이것이 그 표시이다."

"(30) 노력을 통해 실행된 위대한 사람의 충고는
사악한 이에 의해 한 순간에 파괴되네.
일 년 동안 경작된 밭을
우박은 한 순간에 쓸모없게 만드네."

"(37) 악을 행하는 무리들은 자신의 결함을
어떤 다른 이에게로 돌리네.
똥 속에 쳐 넣었던 자신의 부리를
까마귀는 깨끗한 것에 닦는다네."

　운율은 항시 장단격으로, 3.5음보의 7마디이며, 이 시는 네 개의 행으로
이루어진다. 운율과 내용면에서 사캬 판디타의 양식은 9세기경에 티벳어
로 번역되었던 용수의 시집을 따랐다. [10] 이러한 도덕적인 시의 장르는
예를 들어 9대 판첸 라마(1882~1937)의 『물의 논서』와 11대 달라이 라마
(1838~1855)의 『새와 원숭이의 이야기』에서 보존되었고 발전되었다. 그
렇지만 마지막으로 언급된 작품 속에서 시는 여러 참여자에 의해 노래되
며, 그들의 운문 대화는 희곡에서처럼 해설적인 산문과 결합되고 있다. 그
것은 18세기 말엽에 티벳인(새)가 구르카족(원숭이) 사이에 있었던 전쟁
에 대한 우화이다. 격언의 전통이 동물우화(현명한 또는 교활한 산토끼
등)의 전통과 결합되어 있다. 같은 장르에 속하는 다른 작품, 예를 들어
4.5음보에 장단격을 사용한 『카체 파루』에서 운율은 다르다. 마지막으로
『차의 여신과 술의 여신 사이의 논쟁』과 같은 어떤 특정한 논서에서는 산

〈그림 20〉 협동의 우화. 새는 나무의 씨앗을 가져왔고, 토끼는 그의 똥으로 비료
를 주고, 원숭이는 물을 준다……. 이렇게 해서 코끼리는 그늘을 발견
하였다. 각자는 커다란 공덕을 다른 존재에게 돌린다.

문체의 대화가 보존되어 있는데, 여기서 각각의 여신들은 자신들의 음료
의 장점을 찬미하고 다른 음료에 대해서는 온갖 나쁜 특성을 귀속시켜 비
난한다. 그러나 이 작품은 단지 근래의 출판물 속에서만 알려져 있을 뿐이
다. 아마 이 작품은 처음에는 산문 텍스트와 연결된 번갈아 부르는 노래로
편찬되었을 것이다. 돈황 문서에서 발견된 당 시대의 노래집(변문 變文)
중에서도 동일한 소재가 회화체로 다루어지고 있다. 라당 출신의 유명한
학자인 궁탕 텐페 된메(1762~1823)의 저작(11권)에서 여러 개의 소논문
(예를 들어 담배의 해독에 관한), 나무에 관한 하나의 논서, 물에 관한 또

다른 논서, 연극에 관한 논서 및 시체의 전설의 단편이 발견된다. 연극에 대한 '논문'은 인도인 승려와 티벳인 승려, 몽골인 승려와 중국인 승려라는 네 명의 승려 사이의 대화로 이루어져 있다. 여기서 각자는 자신들의 언어로 말하지만 대화는 티벳 문자로 음사되어 있고 또 티벳어로 번역되어 있다.

모든 학파의 학식 있는 라마들은 인도의 모범에 따라 항시 그들의 활동의 일부를 시작(詩作)에 할애했다. (파드마삼바바 다음으로) 닝마파와 족첸파의 두 번째로 위대한 학자인 로상 탠페 갤첸(1308~1363)은 인도의 <아바다나(Auadāna)>와 <현명한 산토끼 이야기(Blo-gsal ri-bong)>를 모범으로 해서 격언시(gtam)를 지었다. 겔룩파의 차원에서는 <짝이 없는 젊은 이의 전설>이 고전적 문체로 저술된 교양소설을 나타낸다. 여기서 산문과 시가 마치 희곡에서처럼 교대하여 나타낸다. 여기서 산문과 시가 마치 희곡에서처럼 교대하여 나타난다. 이 전설은 '포하네' 왕의 대신이며 티벳－산스크리트 사전의 저자인 체링 왕갤(1697~1763)에 의해 저술되었다. 그는 또한 이 왕의 전기를 지었으며 그 속에서 매우 난해하고 해석하기 어려운 인도의 수식적 시에 대해 능수능란하게 다루고 있음을 보여주었다. 탁푸의 화신이며 다른 겔룩파의 승려인 로상 텐페 갤짼은 고대의 불교시를 취급하면서 1737년에 죽은 자의 영혼이 사람이나 새의 방금 죽은 시체 속으로 전이되는 과정을 생생하게 보여주는 유명한 시를 지었다. 이것이 관세음보살을 찬미하기 위해 저술된 <푸른 목을 가진 새의 아바다나>로서[5: 62-71] 이 시는 몽골어로 번역되었다. 구전 정보에 따르면 아티샤의 일생도 연극으로 공연되었다고 한다. 이것이 <새의 가르침>[214a]의 모델로서, 이 시에서 관세음보살은 새들의 왕인 뻐꾸기의 모습으로 화현해서 새들에게 설법을 하고 있다.

현재의 연구의 상황에서 확인할 수 있는 한, 11세기와 12세기의 적응의 시기에는 본래적 의미에서 어떤 발전이나 혁신도 일어나지 않았다. 이 시기 이후로 불교적 적응에도 불구하고 토착 전통에 더 가까운 하나의 양식이 발견되는데, 이것은 인도로부터 영감을 받은 보다 학문적인 또는 현학적인 다른 양식과 평행하게 영향을 받았다.

사캬 판디타의 도덕적 격언집은 고대 격언의 지혜를 모으는 전통 속에 있지만, 그 양식은 용수의 그것을 모방한 것이다 그러나 고대 격언집의 전통은 이런 요소 이외에도 민중적 또는 토속적 분위기 속에서 유지되어 왔다. 약 1400년에 저술된 서사시 양식의 연대기[180: 33a. 272: 90과 비교할 것]는 '인간의 종교'의 가르침으로 소개되는, 일련의 격언 전체를 인용하고 있다. 한 그룹의 최고의 연장자가 모임이 열리는 동안 격언을 낭송하는데, 여기서 능숙한 연설가로서의 '매끈한 혀' 또는 '영리한 입'을 가진 사람들이 이야기 시합을 벌인다. 이런 격언들의 운율은 더 이상 고대의 장단격은 아니지만, 그렇다고 단일하게 3.5음보의 장단격으로 이루어진 것도 아니다. 일련의 3음보(‿◡‿◡‿◡)의 시구들이 병렬적으로 연속되는 2.5음보(‿◡‿◡—)의 시구들과 대비되기 때문에, 운율이 더 빨라지고 더 활기 있게 된다. 동시에 이 운율은 첫 행에 있는 의문문을 통해 강조된다. 이에 대해 두 번째의 행에서는 명령문으로 답하고 있다. 마지막 종결부에서 비로소 3.5음보의 행이 나타난다.

khê-pa rang-yang e-yin? dün-ma e-khe tö!
dün-ma sü-la ma-tong, mi-yi sma-tsö tö!
‿◡ ‿◡‿◡   ‿◡‿◡ —

rang-la yö-na di-nam gö

yi-la zung-dang khor-ba yong

아래와 같이 번역될 수 있을 것이다.

> "존경할 만한 이가 어떻게 행동하는지 보라!
> 그는 진실로 현자인가? 조언을 할 때 그가 현명한지를 보라!
> 그는 정말로 말할 수 있는가?
> 그의 말이 끝났을 때 후회하지 않기를!
> 그는 정말로 부유한가? 재산을 모은 뒤 주는 법을 알기를!"

이런 규칙을 정형화한 닝마파의 성자는 다음과 같이 결론내린다.

> "만일 그대가 그것을 주장한다면,
> 바로 그것이 그대에게 부족한 것일세.
> 이것을 마음에 새기게! 나는 방랑을 그만두리니,
> 나는 지금 이사를 할 것이네."

밀라 레파가 그의 노래 중의 하나를 비슷한 곡조로 마쳤다는 것을 상기하기 바란다.

3음보의 시구는 분명히 3.5음보의 시구보다 훨씬 민속적인 가락이다. 그것은 새해가 왔을 때 수행자의 탈을 쓰고 노래로 행운을 비는 일종의 광대인 '하얀 악마'의 상징적인 노래 속에서 발견된다. "코에 붙은 조가비, 그것은 일종의 염소라네." 저명한 저자는 그의 사랑노래에서 이 운율을 취했는데, 그것은 분명히 민속으로부터 영향을 받았을 것이다. 바로 그가 자유분방하게 살았던 것으로 알려진 6대 달라이 라마였다. 티벳인들은 그의 행동을 성적인 기술을 마음대로 통제할 수 있는 방법을 아는 탄트라 수행자의 그것으로 설명하면서 용인한다.

> "거위가 늪과 사랑에 빠졌다네.
> 그녀는 잠시 동안 그곳에 머물고 싶었네.
> 그러나 호수 위에 얼음이 얼었고,
> 그녀는 희망을 잃어버렸네."
>
> [130: 60-61]

교육받은 승려들의 좁은 영역을 벗어나 티벳에서 실제로 잘 알려지고 사랑받는 저자들이 매우 특별한 종류의 성자로서 나타나는 것을 보는 것은 주목할 만하고 흥미로운 일이다. 그들의 역설적이고 인습에 사로잡히지 않은 행동은 민중적인 전통의 살아 있는 원천과 쉽게 결합되었고, 그들을 자신들의 대변자가 되도록 했다. 그러한 성자의 몇몇이 이미 언급되었고, 이하에서 다른 성자들을 만나게 될 것이다. 그런 성자들은 비개혁파, 특히 닝마파와 카규파에 속하는데, 그들이 시적인 창조성 속에서 어떤 역할을 하게 되는지 간단하게 살펴보자.

예지자와 시인

밀라 레파, 둑파 퀸렉 및 카규파의 다른 성자시인들은 노래 부르면서 오른손으로 귀를 잡고 있는 모습으로 그려진다. 서사시 영웅들이 방랑시인과 동일시되거나 신들의 계시를 받을 때에도 특징적으로 동일한 몸짓을 하고 있다. 이러한 몸짓은 성자들의 경우 종교적 영감뿐 아니라 시적인 영감도 표현하며, 동시에 그들이 구전 전승을 받았음을 상징한다. 그들은 때때로 흰 법복과 흰 모자를 쓰고, 그들이 자신의 노래에서 상징적으로 설명하는 수많은 대상으로 장식된 지팡이를 지니고 있다. 영웅이 방랑시인 또는 음유시인으로 나타날 때에도 마찬가지이다. 그는 요즘의 실제의 방랑시인처럼 꼭대기에 깃털이 달려 있고, 다양한 상징적인 대상으로 장식된 흰 삼각 모자를 쓰고 있다. 당나귀를 닮은 모자의 두 꼭지는 훌륭한 말들이 가진 두 귀를 나타낸다. 하얀 모자와 의복 그리고 모자 꼭대기의 깃털은 뵌교 사제들과 '보물의 발견', 즉 은닉된 문헌의 발견을 전문으로 하는 닝마파의 성자들에게도 발견된다. 악마에게 유괴되어 입문의례를 받은 뵌교의 한 스승이 당나귀의 귀를 가졌고 이것을 터번 아래에 감추었다는 것을 기억해야 할 것이다.

이러한 상징의 의미가 관련된 인물들의 시적, 종교적인 영감과 관계되기 때문에, 이런 사실들에 주목하게 된다. 그들의 특별한 '말'은 실제로 신비스러운 여행에서 성자와 시 모두를 실어 나르는 준마이다. 뵌교 사제의 '말'은 그가 걸터앉은 북으로서, 그는 북을 타고 종이 달린 작은 북을 두드린다. 영웅이나 방랑시인의 '말'은 그의 지팡이나 목마이다. 이 '목마'는 더 이상 말의 머리로 장식되고 있지는 않고, 말의 귀는 모자 위에 있다. 순회공연하는 배우와 가수와 어릿광대에게 있어 말의 머리(이것은 종종 용이나 바다괴물의 머리로 바뀌지기도 하는데 이 동물들이 말과 유사하기 때문이다)가 달린 현악기가 뵌교 사제가 말로 사용하는 북에 상응한다. 그들 직업의 수호성자는 다름 아닌 시인이자 음송자인 밀라 레파이다. 그를 포함해서 다른 성자시인들과 서사시의 방랑시인은 악기를 갖고 다니지 않는다. 그러나 그들이 노래할 때, 그 노래의 선율이 바로 그들의 '말'로 불린다. 우리는 종종 둑파 퀸렉이 어떻게 민중노래를 모방했고, 종카나 콩포 등의 여러 지역의 '선율의 말(dbyangs-rta)'을 타고 순회했음을 본다. 어느 날 신을 부르는 노래를 요청받았을 때, '그는 뵌교 사제들의 말을 타면서, 그의 북을 갖고 노래했다.'*

이런 설명은 북동 아시아의 샤먼들에게처럼, 시적인 창작과 신비적인 영감의 근접관계 내지 동시성을 잘 보여준다. 앞에서 지적했듯이 서사시를 노래하는 방랑시인은 무아지경으로 몰입하고 또 이 무아경은 명상의 도움으로 신을 불러내거나 현상적으로 '현현'시키는 것과 동일한 방식으로 일으키고 창출할 수 있는 것이다. 신 또는 서사시의 영웅은 방랑 시인이라는 중개자의 입을 통해 말할 수 있다. 또는 방랑시인은 그들이 머무는 곳과는 다른 세계에서, 다시 말해 시간과 공간을 초월해서 그들을 보고 들을 수 있다.

이런 종류의 별천지는 라마교에서 이미 알려졌거나 확립되었거나 또는 필요한 경우 완전히 새로운, 모든 종류의 표현을 얻을 수 있는 무궁무진한 저장고로서 묘사되고 있다. 그것은 '하늘의 창고(또는 저장소)'나 '마음(또는 생각)의 보고'라고 불린다. 명상이나 삼매 또는 시적인 황홀경을 통해 그것으로부터 끌어낼 수 있는 것은 정신적인 창출이나 비전 또는 시적 창작의 실제적인 대상이다. 비록 그것으로부터 이미 알려진 서술이나 또는 일상적인 만신전(萬神殿) 속에서 확립된 서술이 나타나긴 하지만, 또 이런 서술이 이미 존재하는 범례에 따라 재구성되었다고 해도, 그 속에서 이전에는 결코 드러난 적이 없었던 하나의 새로운 서술이 발견될 수 있다. 이렇게 17세기의 성자 미규르 도제는 '그 보고로부터' 예를 들어 우디야나

---

* 전문용어에서 선율(dbyangs)은 '매우 느리게'이고, 반면에 말(rta)은 '빠르게'이다. 세 번째 속도('dur)로 '매우 빠르게'가 있다. 225 참조.

문자와 같은 알려지지 않은 문자를 얻어 이를 자신의 작품에서 제시했다. [156: Da, 55a] 그는 그 문자를 비전에서 본 대로 그대로 적었다. 또한 그에게는 무수히 많은 꿈과 비전, 명상의 산물들이 있었는데, 그는 그것으로부터 마치 문학작품의 창작과도 같이, 이제껏 공개되지 않은 의례를 이끌어내었다. 앞으로 보게 되겠지만 동일한 현상이 그림에서도 일어난다. 앞에서 탈춤의 대본과 유랑하는 이야기꾼을 위한 저자로서, 유명한 '보물의 발견자'인 구루 최왕을 언급했었다. 다른 사람들도 비슷한 일을 했으며, 그들의 이름도 알려지고 있다. 그들의 '발견'은 그때까지 그런 서술을 알지 못했던 세속인에게 있어서만 새로운 것일 뿐이다. 실제적으로 그들은 그것을 파드마삼바바의 '극락'에서 미리 발견한 것으로, 그들은 꿈이나 삼매 또는 명상 속에 들어 극락에 갔고, 그곳에서 춤추고 운동하는 사람(신)들을 보았다.

'마음의 보고'가 '보물의 발견자'들의 유일한 원천은 아니다. 그들은 또한 필사본의 형태로 동굴에 감춰져 있는 실제적인 보물들을 발견하기도 했다. '노란 종이로 만든 두루마리'로 묘사되는 그 필사본은 돈황 동굴에서 발견된 고대 문서들의 외양과 정확히 일치한다. 이런 문헌들의 다수는 파드마삼바바 또는 신에 의해 저술되었거나 계시된 것으로 간주된다. 그가 누구이건 간에, 어떤 개인이 그것을 숨기고, 미리 예정된 개인에 의해 그것이 '발견'되도록 기다렸다. 비판적인 역사가에 있어 그것들은 그들의 작품에 종교적인 광채를 더하려고 했던 저자들에 의해 저술되고, 은닉되고 그리고 의도적으로 재발견된 위경(僞經)일 것이다. 그렇지만 순수한 고대 필사본이 이런 방식으로 발견되었을 수도 있다. 왜냐하면 그 '발견자들'이 동굴과 다른 숨겨진 장소들을 발굴하는 데 대단한 애착을 가지고 있었기 때문이다. 그리고 그러한 문헌들이 후대에 시대의 기호에 맞게 편집되었을 것이다. 대지의 신에게 바치는 의례서는 공교롭게도 파드마삼바바에 의해 발견되었던 것으로 간주된다. 그것들이 돈황 필사본에서도 발견되는 고대의 특징적 모습들을 온전하게 간직해왔다는 것은 이미 살펴본 바와 같다.

가장 주목할 만하고 티벳에서 가장 잘 알려진 문학작품들의 일부는 발견된 '보물(gter ma)'로서 간주된다. 특히 파드마삼바바의 삶과 시대를 찬미하는 『카탕 뎅아』와 『파드마 탕윅』과 같은 특정한 작품들은 종종 불명확한 운문으로 씌어 있다. 그것들은 분명 비록 많이 변형되고 첨삭되기는 했을지라도, 14세기 중반에 있었던 그것들의 '발견'보다 기본적으로 오래된 고대의 구성요소를 포함하고 있다. 이런 방식으로 고전문학 창작의 한 원천을 스케치할 수 있을 것이다. 그것들의 전형적인 티벳적인 양식에 의거해서 또 현학성과 인도적 양식의 모방성 결여를 통해 매우 두드러지는 작품들은 이러저러한 방식으로 살아 있는 토착적 전통과의 접촉을 계속해서 유지한 저자들로부터 유래했다. 『카탕 뎅아』의 다섯 부분 중 하나인 <왕비들의 이야기>는 수많은 노래와 서사시의 소재(자신의 주인과 헤어져야 했을 때 슬피 우는 말 등)뿐 아니라 포티파르 이야기 전체도 담고 있다. 왕비는 성스러운 승려 바이로차나를 사랑하게 되어 그를 유혹하지만 성자는 그녀의 접근을 거부한다. 분노에 차서 왕비는 그에게 폭행을 당한 것처럼 꾸며서 성자를 추방하도록 왕에게 호소했다. 그러나 성자는 마법으로 왕비가 문둥병이 걸리게 하고 그 병을 치료하기 위해 그를 다시 소환하게끔 함으로써 그녀에게 복수했다. '발견된 보물'의 범주에 드는 또 다른 작품인 마니 카붐은 두 명의 공주와 결혼하는 송짼 감포 왕의 이야기와 재상 가르의 모험담을 담고 있다. 이 소설의 특정한 일화들은 오늘날의 서사시에서도 발견된다.

카규파와 닝마파의 성자시인들과 '보물의 발견자'들은 조직화된 교단에 대한 비타협적 태도, 역설적 행동과 방랑하는 생활을 통해 학자들과 구별된다. 그들은 스스로를 '광인'으로 불렀고, 그 이름으로 사람들에게 알려지고 사랑받았다. 저명한 자들의 악폐에 대한 그들의 조롱과 비판, 그들의 격렬한 성격에 대해서는 이미 언급했다. 그들의 태도로부터 방금 논의했던 문학적인 창조력의 두 가지 근원이 분명해진다. 한편으로 '마음의 보물'에 접근하는 '미친' 통로로서의 무아지경이나 영감이 그들에게 있고, 다른 한편으로는 기꺼이 그들과 삶을 나누려 했던 민중의 전통과 노래와 시에 대한 그들의 지식이 있다.

서사시는 어느 날 한 닝마파 승려가 홀로 술에 취한 상태 속에서 한 순간에 창작하고, 노래로 불렀다고 한다. 희곡 『노르상』의 작자는 책 끝에 스스로를 체링 왕뒤, 딩첸의 '광인'으로 자칭하며, 단지 무의미한 헛소리와 농담을 지껄였을 뿐이라고 덧붙인다. 『카탕 뎅아』의 발견자인 오갠 링파는 책의 마지막에 따르면 '보고(寶庫)의 광인'이라는 이름으로 유명하다. 그리고 '미친' 밀라 레파가 방랑하는 연극배우와 어릿광대들의 수호자가 되었던 데 비해, '빈 땅의 광인'으로 알려져 있는 닝마파 성자인(15세기의) 탕통 겔포는 연극의 신이며 수호자이다. [135: 36b] 일반적으로 '묘지를 배회하는 요가행자'라는 필명으로 숨겨져 있는 밀라 레파와 마르파 전기의 편찬자가 '광인' 헤루카라는 사실은 매우 주목할 가치가 있다. [133, 책의 간기(刊記)] 매우 유명하고 또 티벳인들 사이에서 아주 사랑받는 이들 두 전기는 구어체에 가까운 언어, 생동감 있는 형식, 그리고 무엇보다도 아주 상세하게 일상적인 삶의 모습을 서술하고 있다는 점에서 지루하고 현학적인 많은 다른 작품들과 구별된다. '미친' 성자가 민중적 영감의 근원과 이러한 점을 공유했다는 것이 바로 그들을 티벳 문학의 위대한 창작자로 만

들었다. [114: 490-508]

무언극, 연극 그리고 서사시

탈춤에는 어떤 대사도 없다. 그것은 음악을 동반하는 무언극이다. 비록 탈춤은 순전히 의례적 성격을 가졌지만, 그럼에도 그것은 예술적인 창작이고, 무대예술과 무용의 걸작이다. 춤의 걸음걸이는 세부에 이르기까지 상세하게 규정되고 있고, 대가의 직책을 맡은 승려가 무용단을 지도한다. 그는 윤무(輪舞)의 중앙에 서 있고 리본이 감긴 막대기에 의해 구별된다. 인물들의 등장 순서와 걸음걸이, 몸동작 및 무언극의 여러 단계에 대응하는 의례서의 문장들은 교본에 명기되어 있다. 많은 춤 교본이 5대 달라이 라마나 미규르 도제와 같은 유명한 승려들에 의해 저술되었다. 의례적인 춤 이외에도 밀라 레파의 생애에서 가져온 사냥꾼의 귀의와 같은 원래적 의미에서의 일화나 또는 신학상의 논쟁에 대한 풍자극이 상연되는 경우도 있다. 막간에는 많은 즉흥적인 어릿광대짓이 벌어진다.

연극은 비록 교훈적이고 종교적인 내용이라고 하더라도 순전히 오락적인 것이다. 하지만 우리가 이미 알고 있는 것처럼, 공연은 그 자체로 종교적인 가치를 지닌다. 그것은 토지의 신을 기쁘게 하고 수확을 보장한다. 연극의 신은 나무들로 둘러싸인 제단이 설치되어 있는 '무대'의 중앙에서 숭배되고 있다. 이 신은 흰 수염을 가진 노인으로 등장하는 성자 탕통 겔포이다. 전설에 따르면 그는 60년이나 500년 또는 800년을 어머니의 자궁 속에서 지낸 후에 노인으로 태어났다. 세상에 태어났을 때 그의 임무는 '아홉 개의 결합된 악'을 억압하고 '열 개의 결합된 선'을 지원하는 것이었다. 그는 악마를 바위 속에 가두어복종시킨 진기한 방법 때문에 연극공연의 기원이 그에게로 돌려진다. 그는 시장에 나타나서 '광인'의 의복을 입고 여섯 차례나 자신을 드러냈다. 그리고 그곳에서 마치 목마처럼 장대를 타고 도착한 노인들을 끌어들여 장난을 쳤다. 따라서 모든 연극 공연은 여섯 명의 '선한 소망을 노해하는 자'들의 춤과 함께 시작된다. 그들은 삼각형의 '사냥꾼'의 탈을 쓰고 있는데 '사냥꾼'이라는 이름에도 불구하고 명랑한 요가행자를 나타낸다. 이 '사냥꾼'은 또한 노래로 된 대화를 이야기의 뼈대로 연결시키는 해설자일 뿐 아니라 어릿광대로서 출연하기도 한다. 반면 해설자는 평범한 승려일 수도 있다. 이 인물의 이름은 '노르상'이라는 연극(본생담의 각색)으로부터 유래된 것이다. 이 연극에서 '사냥꾼' 또는 정확히 말해 '어부'는 바즈라파니의 화신으로서 용녀로부터 보석을 받거나 혹은 천녀를 사로잡는다. 천녀는 다섯 개의 잎이 달린 왕관을 쓰고 귀에는 큰 장미꽃 장식을 한 여배우나 무용수에 의해 연기된다. 그녀는 연극에 '자매 여신'이라는 대중적인 제목을 주었다. 일반적으로 가면을 쓰지는 않았지만 기묘한 노란색 모자를 쓰고 있는 세 번째 등장인물은 다른 두 사람과 함께 있으나 그의 역할이 무엇인지는 알 수가 없다. 세 등장인물 각자는 일종의 그들의 족보에 대한 설명인 자신들의 '전기'를 갖고 있는데, 이것들은 공연 전에 노래되어야 한다. 그렇지만 세 명의 배우는 본래적 의미에서 연극의 구성요소가 아니다. 그들은 순회하는 어릿광대 팀을 이룬다. 실제적인 연극 공연에서는 그들의 연기가 단지 서막으로서 제공될 뿐이다.

희곡은 '생애'나 '전기'로 불린다. 사건들은 서사시에서처럼 산문으로 설명된다. 주요 등장인물은 자신을 소개하고, 시들을 이야기 곳곳에 배분하면서 노래한다.

대략 10개 정도의 연극들이 알려져 있다. [2: 2a; 24; 24a; 234; 245] 그 주제들은 대부분 순회하는 이야기꾼들의 주제와 동일한데, 그들은 그들의 이야기를 노래하고 동시에 에피소드를 그림으로 보여준다. 많은 것은 티 벳적 상황으로 변경된, 유명한 불교의 '본생담'의 단순한 각색이다. 다른 것들은 위대한 성자[209]나 라마[245]의 생애를 이야기한다. 다른 작품에 서 송짼 감포와 두 명의 공주, 즉 중국 공주와 네팔 공주와의 결혼식이 경축되고 있다. 이 이야기는 마니 카붐[167]과 다른 연대기[179]에서 발견 되는 한 소설로부터 만들어진 것이다. 희곡 '노르상'은 딩첸 출신의 '광인' 에 의해 저술되었다. 파드마 외바르[209]는 14세기의 닝마파의 유명한 '보 물의 발견자'에게로 귀속된다. 이 희곡의 저작연도와 저자에 관해서는 아 무것도 알려진 것이 없다. 연극의 역사에 관해 우리가 아는 것은 단지 연 극이 신년에 이미 17대 카르마파 교주(1454~1506)의 사원 정원에서 상연 되었다는 사실뿐이다. 여기에서 공연된 것은 붓다의 본생담, 위대한 마법 사들의 이야기, 전륜성왕이나 (중국, 티벳 또는 호르와 같은) 위대한 국가 의 군주들, 천신과 아수라 사이의 전투, 그리고 사방의 수호신들을 거느린 제석천이 공연되었다. [142: PA, 122b]

연극의 구성양식은 연극 도입부에서의 축언, 배우들을 소개하고 노래가 삽입된 장면을 산문체로 이야기해주는 해설자가 있는 점으로 보아 인도에 서 기원한 것으로 보인다. 반면 노래의 양식과 분장, 정형화된 몸동작과 소소한 부분은 중국의 경극과 매우 유사해 보인다.

서사시는 특히 문체에서 희곡과 유사한 점을 갖고 있다. 서사시에서 근 본적인 것은 일반적으로 매우 긴, 운문으로 쓰인 노래들이다. 반면 산문의 서술은 항시 간결하고 단지 노래의 배경만을 제공할 뿐이다. 필사본에서 산문과 운문의 구절들은 두 가지 다른 필기체로 구별되어 있다. 독송할 때 에는 서술 부분은 단음조로 빨리 암송되는 반면에 노래는 한정된 수의 음 조에 따라 불리는데, 그 음조의 명칭이 제시되어 있다. 그것은 어떤 때에는 이야기 속의 다양한 인물을 특징지어주고, 어떤 때에는 상황이나 감정(분노, 즐거움, 환희, 슬픔 등)들을 특징지어준다. 노래에 관해 캄 지방의 학파와 호르 지방의 학파가 알려져 있다. 같은 노래가 학파의 방식에 따라 달리 불릴 수 있다. 은유, 행동과 대상의 상징적인 해석, '그대는 나를 아는가?'라는 정형구적 소개 및 격언과 같은 문체적인 표현수단에 관해서는 이미 살펴볼 기회가 있었다. 이들 모든 표현수단은 모든 종류의 민속 시가에 공통된 것이다. 그것들은 주어진 주제 안에서의 즉흥적 자유를 허용한다. 상투적인 말들에 의한 작문은 서사시를 구성하는 무수한 장(章)과 이야기들이 모두 단일하고 서로 동질적인 방식으로 쓰여 있다는 사실을 보여주며, 따라서 그것들을 양식상의 기준에 따라 분류하거나 연대를 추정하는 것은 불가능하다. 무엇보다도 꾸준히 새로운 장이 추가되어 왔고 지금도 추가되고 있다는 사실이 오래전부터 알려져 있다. 현재 알려진 25장이나 그 이상의 장들은 일만 쪽의 필사본 분량에 해당되는데, 이 필사본 한 쪽은 각기 8행에서 12행으로 이루어져 있다. 무엇이 최초의 핵심적 요소에 속해 있는지, 언제 이 사본이 처음으로 지어졌고 그 저자가 누구인지에 대해서는 거의 알려져 있지 않다.

다른 문학들과 구별되어 서사시는 하나로 전체를 이룬다. 그것은 단일한 작품이고 한 명의 창작물이거나 편찬물이다. 그러나 그것은 창작되기 이전에 이미 있었던, 따라서 저자가 사용한 모든 요소를 포함한다. 그것들은 때로는 단순한 동기이며, 때로는 소재이며, 어떤 전혀 다른 문맥에서 발생된 완전한 일화들이다. 그러나 영웅과 그의 나라 이야기는 매우 독특하고 대체로 다른 곳에서 발견되지 않는다. 원래의 이야기의 중핵은 분명 암도의 북부와 캄 지방을 부대로 하고 있으며, 14세기 말이나 15세기 초 이래로 독립적으로 존재했던 것처럼 보인다. 이것이 후에 승려에 의해 수집되고 하나의 대작 속에 통합되었다. 우리는 실제로 영웅 게사르(Gesar)가 태어난 링 왕국이 캄 또는 암도에 14세기 또는 아마 그 이전부터 존재하고 있었고, 또한 근대에도 그 왕국의 왕이 게사르 이복형제의 자손이라고 주장되었음을 알고 있다. 서사시에서 일련의 사건은 분명 그 나라와 귀족의 조상전설과 연결되었을 것이다. 현존하는 서사시의 주요 영웅들의 이름과 그들의 마술적인 물건의 이름은 랑 씨족의 족보 속에 언급되었다. 물론 그 구성요소들은 훨씬 더 오래되었지만, 이 족보의 최종적 편집은 대략 1400년 무렵에 행해졌다고 추정된다. [271a]

그러나 영웅의 이름과 현재의 서사시의 중심적 소재는 다른 서사시적 전설에서 유래하고 있다. 그 전설은 더 오래되고 지방색을 띠지 않은 것이지만, 불운하게도 단지 부분만이 알려져 있었을 뿐이다. 그것은 이미 11세기에 밀라 레파의 노래에서 명시적으로 나온다. 그것은 하늘의 네 아들, 즉 중국, 인도, 이란 그리고 북쪽의 야만족이라는 아시아의 네 강대국의 지배자 내지 대표자라는 오래된 불교적 관념을 정교하게 다듬은 것이었다. 게사르는 여기서 북쪽과 군대를 대표하는 프롬(Phrom)의 왕이었다. 게사르(Gesar)가 'kaisar(Caesar)'라는 직함에서 유래했고, 프롬은 근동에 있던 고대의 동로마였던 비잔티움이나 아나톨리아를 가리키는 룸(Rum)에서 유래했다는 것은 확실하다. 돈황의 사본에서 이 단어는 이미 다른 세 단어와 함께 서쪽에 위치한 제국으로 나타난다. [239a]

이 고대의 이야기가 어떻게 캄 지역의 링 왕국과 그의 지역적 전설과 결부되게 되었는지는 잘 알려져 있지 않다. 그러나 서사시에서의 링(Ring)이라는 지명이 영웅이 다스리는 세계를 가리키는 단어의 약어로 이해되었다는 점은 확실하다. 아래에서 그 이야기의 요점을 간추려본다.

인간에게 지도자가 없기 때문에 지상에서의 모든 일은 악화되어 간다.

인간들은 천신이 악마와 싸웠을 때 나라의 연장자가 그를 도운 데 대한 감사의 표시로 천신의 아들 중의 한 명은 지상에 보내달라고 요청했고, 그리하여 천신의 한 아들을 얻었다. 영웅의 수태와 기적적인 탄생은 천신이자 성스러운 산인 아버지와 지하에 있는 무의 신인 어머니 사이에서 일어났다. 이런 모든 소재는 티벳의 조상전설 속에서, 즉 왕들의 전설과 유명한 씨족들(랑 씨족 등)의 전설 및 마상의 이야기와 같은 고대의 전설 속에서 발견된다. 이런 전설에서 하나의 역할을 하는 원래의 부족들도 역시 서사시에서와 동일하다. 서사시에서 영웅의 생애는 두 부분으로 나뉘고, 바로 여기에서 차이점이 시작된다. 이 두 부분은 너무 달라서 영웅은 각각의 부분에서 심지어 다른 이름을 가질 정도이다. 어린 시절에 그는 조루라는 이름의 못생긴 코흘리개 소년으로, 사악하다고 말할 정도로 장난이 심했고 제멋대로였지만 태어나면서부터 신적이고 초자연적인 힘을 갖고 있었다. 그의 가장 큰 적수는 나라를 다스리기를 원하는, 허영심이 많고 우쭐대는 비겁한 삼촌이었다. 영웅은 어머니와 함께 추방되었지만, 이 추방은 그로 하여금 감추어진 힘을 계발하게 했다. 그의 말도 그의 운명과 더러운 외모를 공유하고 있다. 승리자가 그 나라의 왕이 되게끔 예정되어 있던 경주에서 그의 말은 그에게 승리를 안겨 주었다. 이것이 영웅의 어린 시절(13세 또는 15세)의 끝이며 그의 시련의 끝이다. 그때부터 그는 영광스러운 왕이며, 갑옷과 투구를 쓴 전사이며, 그때부터 그는 게사르, 왕, 세계의 위대한 사자라는 이름으로 불리게 된다. 이것이 서사시의 두 번째 부분의 시작으로서, 여기서 무수한 악마들과 세계의 끝에 있는 여러 나라 왕을 정복하는 이야기가 시작된다.

2. 미 술

　오늘날 티벳의 회화와 조각에 대한 관심이 증가하는 것은 분명히 그것들의 심미적인 가치뿐 아니라 그것들의 종교적 내용에 기인하고 있다. 티벳의 미술에 대해 알려져 있는 것은 거의 대부분이 종교적인 것이다. 종교는 문학보다도 미술에 더 깊이 침투해 있다. 화가들과 조각가들은 주로 승려였으며, 그들을 가리키는 명칭은 '신을 그리는 자' 또는 '신을 만드는 자'를 의미한다. 그들은 스스로를 단순한 장인으로 간주했고 개성적인 창작자로서 여기지 않았다. 미술 이외의 영역에서 이름이 알려진 몇몇 승려들을 제외하고는 15세기의 프레스코 벽화 속에서 단지 소수의 잘 알려지지 않은 이름만이 보존되어 왔을 뿐이다. 티벳의 역사가들은 몇몇 양식들과 그것을 창작한 사람들의 이름을 제시하고는 있지만, 그들에게 어떤 뛰어난 작품이 귀속되는지를 말하고 있지 않다. 그림과 조각에는 결코 (또는 거의) 작자의 이름이 들어 있지 않다. 미술가는 대부분 승려였고, 그들은 저작자로서의 작업 외에 그림을 그렸다. 10대 카르마파(1604~1674)는 여덟 살에 이미 뛰어난 화가이며 조각가였다고 한다. 그는 신비의 나라 샴발라의 수도인 칼라파를 그림으로 표현하기 위해 짱 지방에서 양식을 배웠다. 마찬가지로 유명한 종교가인 팍모두파도 1119년에 몇 가지 그림을 그렸다. [132: 169b 그리고 172b; 142: NA, 38b]

종교의례의 필수품

　이들 장인들의 겸손함과 종교적인 관심 때문에 그들의 작품이 예술적 가치가 떨어진다고 하는 의미는 아니다. 티벳인들은 확실히 어떤 작품의 질이나 제작을 심미적으로 평가할 수 있었다. 그러나 그들이 일차적으로 종교적인 주제에 관심을 갖고 있다는 사실에는 의심의 여지가 없다. 만일 우리가 그들의 회화의 구도와 색채에 감탄한다면, 적어도 몇몇 그림자들의 의도를 파악하지 못하게 된다. 왜냐하면 구도와 색채 등은 화가에게 자유로이 주어진 것이 아니라 의례서에 의해 미리 규정되어 있기 때문이다. 예를 들어 좌우대칭과 계획도시처럼 잘 배열된 만달라는 틀림없이 유럽인 관중들에게는 양식적으로 우아하다는 인상이나 심미적인 느낌을 주겠지만, 그것은 예술가의 의도가 아니며 티벳인 관람자들도 그렇게 느끼지 않는다. 책 속에서 정확히 규정하고 있는 다양한 신의 색채와 몸짓, 부속물도 마찬가지이다.

의례서에 이렇게 의존하는 이유는 마치 명상에서의 심리적 창조처럼 회화적인 묘사는 동일한 특성을 가진 종교적인 행위이기 때문이다. 우리는 앞에서 어떤 대상이 그것에 사람들이 부여하는 묘사를 통해 현실적으로 존재하는 경우에 대해 언급했다. 그림으로 인해 제기되었던 고대 중국의 '하늘의 질문(天問)'에서처럼 우리는 카르마파의 8대 교주가 프레스코 벽화 속에 그려진 문수보살에게 질문하고 …… 그로부터 계시에 상응하는 답을 받는 것을 본다. [142: PA, 219a]

음유시인의 시적 창작에서처럼, 신을 꿈에서 보고 후에 그 모습에 따라 그리지 않는다면, 신을 그리기 전에 먼저 명상 속에서 그를 떠올려야 한다. 위대한 '보물의 발견자'인 미규 도제는 이런 방식으로 그림을 그렸으며, 또한 꿈에서 신의 비밀스러운 전기를 기록하거나 그의 지시에 따라 문헌을 적어 놓았다. [156: Mā, 97a, 107b, 97b, 91a]

이러한 과정으로부터 하나의 동일한 주제와 관련해 도상학적 변형들이 확산되고 있다는 사실이 설명된다. 명상적인 창조는 본성적으로 다양하며 시적 창작이나 예술적인 창작 속에 반영된다.

의례서가 요구하는 그대로 신을 창작할 필요성은 명상으로부터 나왔으며, 이런 예술작품에 특징적인 사실주의가 기초를 이룬다. 여기서 사실주의란 어떤 것에 대해서도 두려워하지 않는 것이다. 조각상들에 옷이 입혀지고 실제의 보석들로 장식된다. 염라대왕이나 다키니의 경우처럼 신의 의미나 역할이 요구하는 경우 성기도 명시적으로 강조된다. 사실주의를 철저하게 적용하려는 자세는 의심할 여지없이 특징적이다. 왜냐하면 인도와 네팔의 경우는 여성배우자를 신의 왼쪽 엉덩이 위에 앉아 있는 것으로 묘사하는 모호한 암시로 만족하면서, '모신(母神)'과의 성적인 합일과 특정한 성적 수행을 감각적으로 표현하는 데 비해, 티벳의 회화에서는 남성의 성기가 여성의 성기 속으로 들어가는 모습이 아주 실제와 유사하게 표현되고 있기 때문이다. 어떤 조각상은 심지어 고정되지 않은 두 부분이 서로 들어맞도록 만들어졌다. 이런 조각상이 장막 뒤로 감춰진다는 사실은 아무것도 변화시키지 못한다. 사실은 그 반대이다. 비록 그 조각상들이 전시되도록 정해지지 않았다고 해도 이러한 세세한 부분들은 신성한 존재의 실제적인 현존을 보증하기 위해서 매우 상세하게 표현되어야 한다. 이 사실주의는 그것이 그림이든, 조각이든 또는 탈이든 간에 신들과 악마들에 대한 모든 묘사를 지배한다. 심지어 기괴하거나 무서운 모습이 표현주의적으로 나타나는 것처럼 보이는 것조차 그것은 단지 규정된 도상학과 관계가 있을 뿐이다. 이 도상학에 의해 만신전의 불상들의 실제적인 모습이 항구적으로 확립된 것이다.

미술 형태와 양식

이 도상학에서도 얼굴의 생김새, 옷, 부속물들 그리고 풍경들을 다루는 다양한 양식이 사용되고 있다. 다만 양식의 수는 한정되어 있다. 19세기의 백과사전적 학자들은 다양한 회화학의 개관을 위해 여러 곳에 산재되어 있던 정보를 수집했다. [268: 39-52] 그에 따르면 그것의 모범은 15세기까지 '네팔 양식' 또는 서부 티벳에서는 '카슈미르 양식'으로 묘사되었다. 15세기 초에 무명의 한 화가가 중국의 영향을 받은 것처럼 보이는 하나의 학파를 창시했다. 16세기와 17세기에는 이 학파의 두 지파가 확립되었다. 한 지파에서는 중국의 영향이 보다 강력하다. 16세기에 창시된 다른 지파는 사캬와 오르 지역의 화법을 통해 대표된다. 점증하는 중국미술의 영향은 우연이 아니다. 그것은 원에서 명을 거쳐 청에 이르기까지 중국의 정치적 영향과 병행해서 진행되었다. [228] 다른 학파들도 언급되긴 하지만 현재까지 그러한 학파에 귀속시킬 수 있는 어떤 미술품도 발견되지 않는다.

여하튼 전형적인 티벳 미술은 존재할 것이다. 그것은 어떤 대가의 개별적인 창작이라기보다는 때로는 고립되고 때로는 혼합된 형태로 티벳에서 지속되어 왔던 외국의 양식을 말한다. 인도의 양식과 그것의 네팔과 카슈미르적 변형, 중앙아시아의 '코탄' 양식 및 중국 양식과 함께 살펴보면서, 우리는 가능성들을 속속들이 규명해왔다. 초기의 미술 작품일수록 인도에 더 가까운 경향이 있는 데 비해 최근 몇 세기의 작품들에서는 중국의 영향이 나타나거나 또는 적어도 두 개의 다른 양식이 혼합되어 있다.

모든 양식을 절충하거나 또는 단순히 다른 양식들을 병렬적으로 사용하는 것은 티벳인에게 결코 낯설지 않았다. 불교의 설화를 토착 전통과 혼합시키는 것이 장려되었던 것처럼, 적어도 초기에는 주위의 대국들의 문화를 의도적으로 차용했고, 그들의 양식을 티벳 양식과 결합시키려는 시도가 있었다. 삼예에 사원이 건립되었을 때, 하층부는 티벳 양식으로, 중층부는 중국식의 지붕으로, 상층부는 인도식의 지붕으로 건축되었다고 한다. 중국식의 지붕은 벽이나 기둥 없이 건축되었다고 한다. 그것은 매우 상상하기 어려운 일이지만, 그러한 설계는 명당(明堂)에 대한 중국적 관념에 의해 영향을 받았을지도 모른다. 같은 전승에 따르면 왕 무틱 짼포가 삼예의 남동쪽에 건립했던 한 성이 아홉 개의 작은 탑과 네 층으로 이루어져 있다고 한다. 1층은 티벳 양식이었고, 두 개의 지붕으로 된 코탄 양식의 2층은 코탄인 목수들에 의해서 지어졌으며, (세 개의 지붕을 가진) 중국양식의 3층은 중국인 목수들에 의해서, 그리고 (역시 세 개의 지붕으로 된) 인도 양식의 4층은 인도인 목수들에 의해서 건축되었다고 한다. [177: 66b, 71a; 177: 72b] '발견된 문헌' 유에 속하고 또 명확치 않은 표현방식을 보여주는 연대기에서, 거의 불가능해 보이지만, 라사의 대소사와 포탈라 궁 등의 많은 건물에서 중국의 지붕이 순수한 티벳 건축술과 결합되어 있다고 하는 사실도 언급되어야 할 것이다. 연대기에 묘사된 세 가지 양식의 혼재는 삼예사를 장식하면서 특히 수계일의 축제에 전체 집단 및 주요 나라들을 보여주는 프레스코 벽화에서 발견될 수 있다. [177: 69b-72a; 183: 48-49] 여하튼 또 다른 연대기는 4층의 각 층에 세워진 신상들이 세 가지 양식에 따라 만들어졌다고 분명히 언급한다. [179: 87] 이러한 다소 모순되는 언명들의 근거는 분명 비교적 초기의 자료였을 것이다. [183: 31, 32, 35] 이 자료에 의하면 타라나 아리야 팔라의 암자에 세울 불상이 문제였다. 스승인 보살, 즉 샨타락시타는 인도 양식이 채택되기를 바랐지만, 왕은 티벳 양식을 선호했다. 그때 쿠 씨족 출신의 잘생긴 남자가 아리야 팔라 상의 모델로, 그리고 촉로 씨족 출신의 아름다운 두 여인이 마리치 상과 타라 상의 모델로 선정되었다. 그 양식이 모델만큼 티벳적이었을까? 그것에 대해서는 어떤 기록도 남아 있지 않지만, 후에 티벳이나 중국, 인도 양식의 다른 불상이 언급되고 있다.

우리는 티벳 예술에서 인식될 수 있는 세 번째의 외국 양식인 중앙아시아의 양식에 관련되었을 예술가들을 알 수 있다. 티쭉 데짼 왕은 한 사원을 짓기 위해 인도, 중국, 네팔, 카슈미르, 코탄, 티벳으로부터 숙련된 장인들을 초청했다. 그러나 그는 무엇보다 '코탄 예술품의 왕'이라는 별명으로 알려진 코탄 출신의 장인에 대해 들었다. 그는 코탄의 왕에게 그를 보내달라고 요청하면서, 만일 거절할 경우 공격하겠다고 위협했다. 그래서 그 장인은 세 아들을 데리고 티벳으로 와서 그곳에서 네팔 출신의 '석공'들과 함께 일했다. [183: 71]

이 코탄학파의 전통은 계속 남아 있었고, 티벳인들도 이것을 알고 있었다. 15세기의 예술가들은 짱 지방의 이왕에 있는 비문에서 그들이 코탄 양식을 따랐다고 확언하고 있다. [120: IV, 1, p.33] 송짼 감포 왕의 초상이나 때로 파드마 삼바바의 초상에서 나타나는 얇고 곱슬한 턱수염을 가진 얼굴로 그리는 양식은 이 학파에서 유래한 듯 보인다. 또한 그 양식은 코탄의 보호자이며 전쟁의 신인 바이슈라바나를 묘사하는 돈황의 미술에서도 발견된다. 9세기 전반으로 추정되는 돈황의 프레스코와 깃발은, 비록 그것들이 티벳인 승려라는 동일한 예술가에 의해 만들어졌다고 보이지만 중국적 양식과 티벳-네팔적 양식을 동시에 보여준다. [228: 8-14] 성벽으로 둘러싸인 궁을 조감식으로 그리는 등의 티벳 미술의 이러한 고유한 양식은 돈황의 모범들에 의해서 영향 받았을 것이다.

(16세기의 패마 카르포와 18세기의 직메 링파 등의) 티벳 학자들은 금속공예와 여기에 사용된 재료(청동) 및 양식에 대해 정확한 정보를 제공해준다. 그들은 (동부와 남부 등에서 유래한) 인도적 유형과 (왕조 시대와 몽골 시대에 유래한) 티벳적 유형, (당나라와 명나라의) 중국적 유형을 구분하고 있다. [277]

이상에서 보듯이 엄격한 의례적 규정에도 불구하고 종교적인 도상의 제재(題材)들조차 양식의 흔적을 갖고 있다. 다른 제재들을 그릴 때에는 물론 창작의 자유가 상당히 허용된다. 탈춤에서는 인도 요가행자를 나타내는 익살꾼의 가면들이 예외적으로 자유롭고 다양하게 제작된다. 티벳인의 유머와 친절함이 이들 가면에 특이한 매력을 불러일으키며, 그 속에는 외국의 성자에 대한 숭배와 존경, 따뜻한 애정이 그의 기이한 외모가 야기하는 웃음과 해학 뒤에 숨겨져 있다. 특히 그림에서는 노래와 시에 풍부함 영감을 준 자연과 동물에 대한 사랑이 풍경으로 표현되는데, 이 풍경은 그림의 중앙에 있는 중심인물을 위해 배경을 이루거나 또는 종종 그 주위에 소묘된 수많은 장면 중에 나타난다. 14세기나 15세기 유럽의 대가들의 그림에서처럼, 수많은 세밀화의 장면이 일상의 삶과 자연을 정서적이고 따뜻하게 표출하고 있다. 종종 이러한 장면들이 그림의 유일한 존재이유가 되기도 하는데, 그림으로 위인의 전기를 표현하는 경우가 그것이다. 이렇게 위대한 스승과 성자, 예를 들어 붓다, 센랍, 밀라 레파, 게사르, 84명의 위대한 성취자, 쫑카파 및 달라이 라마나 판첸 라마와 같은 높은 계급의 성직자들의 화신들 삶을 보여주는 일련의 그림들이 존재하게 되었다. 또한 붓다와 센랍의 전생담과 같은 일련의 이야기나 연극의 주제들에 관한 장면들이 있다. 이런 장르의 그림들은 노래나 단조로운 어조의 이야기를 할 때 동반자로서 기능하는데, 즉 이야기꾼이 박대기를 사용하여 상응하는 장면을 가리킬 때 쓰이는 것이다. 이와 같은 그림에 의존하는 낭송의 기술은 그것이 티벳에서 퍼지기 이전에 이미 인도나 중국, 일본의 승려들에 의해 사용되었다. 이런 나라들에서처럼 삽화들은 프레스코 벽화나 휴대용 두루마리에 그려질 수 있었다. 투치(G. Tucci) 교수는 선재동자(연극으로 각색된 이야기의 주인공)와 아라한 그리고 사캬파 라마들의 생애를 그린 14세기의 프레스코 벽화를 라체 근처의 장 지방에서 발견했다. 현우경(賢愚經)의 장면들을 그린 프레스코 벽화가 8대 카르마파 교주에 의해 기술되었다. 이런 그림들의 '문학적' 또는 이야기식의 성격은 때로 각각의 장면 아래 상당히 길게 쓰인 설명문을 통해 강조되는데, 그것은 인물들과 삽화들을 확인할 수 있도록 한다. 이들 문헌들은 종종 대응하는 소책자의 설명문을 참조번호와 함께 반복해서 제시한다.

유명한 인물의 초상화에서 영감은 법전의 규정집으로부터 벗어날 수 있었다. 하지만 이 영역에서조차도 인물의 생김새와 자세에서 균일성이 지배하고 있다. 그 이유는 분명히 개인적인 인물들은 확정된 성자의 유형보다 덜 중요하게 생각되기 때문일 것이다. 이런 이유 때문에 예를 들어 온화하거나 분노에 찬 얼굴 표정이나 몸의 색깔(요가행자를 나타내는 감청색)과 같은 어떤 특정한 부분들은 종종 상징적 의미를 갖고 있다. 그렇지만 특히 조각에서는 순수한 개인적인 초상을 접하게 된다. 세밀한 자료가 결여되어 있기 때문에 그러한 초상화를 접하게 된다. 세밀한 자료가 결여되어 있기 때문에 그러한 초상화에 대해 거의 알려진 것이 없다. 근간에 티벳에서 촬영된 사진은 예상치 못한 발견이 여전히 가능하다는 사실을 보여주고 있다.

고대의 전통미술의 모방

불교 이전의 시기 또는 7세기에서 10세기에 걸친 최초의 불교적 융화 시기 동안에 순수한 티벳 미술은 어떠했을까? 실제 그것에 관해 아무것도 알려지지 않았지만, 몇몇 전승과 특정한 수공예 제품들이 그것에 대한 일말의 단서를 제공해준다.

다양한 전통적인 연대기에 따르면, 송짼 감포의 통치 시기에 이야기꾼과 음송자, 뵌교 사제들의 고대 전승이 라사 '대소사'의 기둥머리와 주춧돌, 벽면에 조각과 그림의 형태로 그려졌다. 또한 '선조들의 암소 유방(즉 설화집)'이라는 이름의 그림 모음집이 만들어졌으며 고문서창고에 보관되었다고 한다. [179: 65; 141: 27a; 142: JA, 44a-b] 또한 5대 달라이 라마도 1645~1646년의 그 사원에 대한 기술에서 마치 프레스코 벽화와 조각들이 당시에도 여전히 존재했던 것처럼 말하고 있다. 이 점은 의문의 여지가 많고 또 바로 이 5대 달라이 라마에 의한 사원의 개축은 양식상의 변경으로 이끌었을 것이 틀림없다. 최근까지 촬영이 금지되었지만 해금된 후 처음으로 이 사원의 세부를 촬영한 사진들은 이 문제에 대해 예기치 않은 빛을 던져주었다. 1904년에 이 사원을 방문했던 와델(L. A. Waddell)은 벽의 움푹 들어간 곳에 조각된 나무 기둥을 8세기와 9세기의 인도의 동굴사원의 양식과 비교했다. 투치는 1948년에 기둥머리를 가진 기둥을 네팔인 장인의 작품으로 생각했고 그것들이 사원의 나머지 부분보다 더 오래된 것이라고 평가했다. 사진을 찍은 중국 작가[47a: 50]는 (20개의) 커다란 원주들과 나무로 만든 기둥머리가 '로마네스크 양식'이며 당시대에 속할 것이지만, 반면 2층의 통로에 그려진 아주 손상된 프레스코 벽화는 그 당시의 '중국적 양식'을 보존하고 있다고 나름대로 추정했다. 그런 인상들은 분명 큰 가치가 없겠지만 그럼에도 이런 조각들의 아주 흔치 않은 특징에 대해 알려준다. 기다란 일련의 조각이 지붕 아래에 있는 주춧돌 끝에 부조로 새겨져 있는 사진을 본다면 충격은 보다 커질 것이다. 그것들은 인간이나 동물의 머리를 한 누워 있는 사자들을 보여준다. 그것들은 고대 이란으로부터의 영향이라고 말할 수 있을 것이다. '인간의 종교'의 전통은 사자의 다양한 신체 부분과 연결되어 있고, 사자에 관한 종교적인 민간전승은 의심의 여지없이 이란에서 유래되었을 것이다. 언젠가 미래의 탐구는 이런 인상들이 어디에 의거하는지를 결정할 수도 있을 것이다.

　최근 행해진, 마찬가지로 놀라운 발견은 새로운 문제를 제기한다. 그것은 송짼 감포와 그의 중국인 왕비와 네팔인 왕비를 그린, (외관상 흙과 점토로 된) 세 개의 큰 조각상들의 그룹이다. 이 그룹은 두 개의 조금 상이한 견본 속에, 즉 하나는 라사의 '대승원'에, 다른 하나는 포탈라 궁에 보관되어 있다. 양자, 특히 포탈라에 있는 것은 동아시아의 민속적 양식보다는 유럽적인 민속양식을 보여준다. 이들 이외의 다른 어떤 티벳의 그림과 조각들에서도 그러한 양식의 예는 발견되지 않는다. 그것은 중국적이지도 인도적이지도 않고, 오히려 '그리스-불교적'이며, 최소한 부인의 조각상의 하나는 기이하게도 유럽 중세의 조각과 유사하다. 이러한 인상은 그녀의 눈이 푸르기(얼굴은 금으로 두껍게 도금되었다) 때문에, 실물에서는 더 강렬했을 것이다. 이런 상들의 특이한 형태는 티벳인들 자신을 놀라게 했다. 그들의 견해에 따르면 그것들은 7세기로 거슬러 올라가며, 인간이 만든 작품이 아니다. 그들은 금으로 도금한 얼굴과 푸른 눈을 불성을 획득한 자의 특징적인 표시라고 설명한다.

　주목할 만한 또 하나의 매우 독특한 양식이 남아 있다. 비록 그 양식을 수용했던 시기와 상세한 내역에 대해서는 알려지지 않았다고 해도 그것이 사용된 장소는 확인될 수 있고, 또 그것이 확실히 외국의 영향을 받았다는 것도 의심할 여지가 없다. 이 양식은 근대에서 유래하는 일상적인 용품만을 통해 알려진다. 대부분의 수제품(조각된 상자, 꽃병 등)의 장식은 중국적(용, 음양, 엉킨 꽃)이거나 카슈미르 장식이다. 특히 호르파족에게 아주 흔하며, 호르 지방과 데르게 지방에서 대부분이 제작되는 부싯돌과 부싯돌 주머니, 등자의 가죽, 칼집들은 동물을 주제로 장식되어 있는데, 이 문양은 오르도스 지방의 청동상 및 '초원지대의 예술', 동물양식, '스키타이'

예술로 불리는 것을 연상시킨다. 이 동물은 등을 맞대고 머리를 뒤로 돌리고 있는 확인하기 힘든 이국풍의 한 雙의 동물을 가리킨다. 오늘날에도 아직 구입할 수 있는 이국풍의 한 雙의 동물을 가리킨다. 오늘날에도 아직 구입할 수 있는 이런 예술작품들은 대개 겉치레로 제작되고 있으며, 여기에 전통의 부분이 존속해 있는 것은 아니다. 진정한 고대의 물품에 대한 정보를 얻기는 어렵다. 그러나 티벳 북동부의 초기 정착지를 알고 있는 우리는 어떻게 이런 아주 오래된 동물 양식이 보존될 수 있는지를 어렴풋이 짐작할 수 있다. 이러한 맥락에서 (인도-스키타이족에 속하는) '소월지족'이 강족과 섞여 이 지역에서 거주했다는 사실과 티벳인들이 흉노족과 스키타이족 및 다른 북방 민족집단과 공유한 문화요소, 예를 들어 두개골을 잔으로 사용한 점을 잊어서는 안 된다. 기원전 2세기와 1세기에 존재했던 (운남의 곤명 호수 근처의) 고대 중국의 전 왕국의 무덤에 대한 최근의 발굴은 이 미술이 이미 그 지역에서 성행하고 있었음을 증명해준다.* 이 왕국은 코코노르 호수에서 운남까지 중국-티벳의 국경 지역을 따라 정착했던 토착민들과 밀접한 관계를 갖고 있었다. 사실 티벳의 동물미술에 대한 문제는 매우 복잡하다. 그것의 주제, 특히 두 개의 머리를 가진 새(독수리?)라고 하는 특정한 주제는 서부 티벳의 물품에서도 발견되며 티벳인에게는 '하늘에서 떨어진 것'으로 간주된다.** 이런 모든 것은 여전히 불분명하지만, 그럼에도 그것은 불교의 전래 이전에 여러 이질적 요소가 어떻게 티벳 문화의 형성에 기여했는가를 시사해준다.

---

* M. Pirazzoli-t'Sterservens, La civilisation du royaume de Dian à l'époque Han, *Publications de l'Ecole Française d'Extrême-Orient,* Vol. XLIV, Paris 1974.

** G. Tucci, On some bronze objects discovered in Western Tibet, *Artibus Asiae* Vol. V, 2-4, p.105.

에필로그

많은 여행자와 저자가 티벳을 묘사하기 위해 '중세적' 또는 '봉건적'이란 개념을 사용했다. 그렇지만 이 용어는 상당히 불확실하고 또 가치평가적인 표현이다. 나는 이런 표현을 모방할 의도가 없다. 하나의 문화는 객관적 사실이며, 역사가가 그것을 평가할 근거도 없고 그럴 자격도 없다. 그렇다면 자기 자신의 문화와 비교해서 내리는 평가는 말할 것도 없을 것이다. 문화는 유기체처럼 하나의 전체로서, 그 속에서 모든 요소는 상호의존해 있고 또한 어떤 가치평가적인 위계성도 존재할 수 없는 것이다.

이런 명확한 이해하에서 티벳 문화의 제도적이고 정신적인 많은 특성이 유럽 중세문화의 그것과 비슷하다고 여겨질 수 있다. 물론 이 개념도 봉건제도와 마찬가지로 모호하며 이에 대해 중세 연구자는 항의할 것이다. 그러나 중세의 시작과 끝 또는 르네상스 시기의 중간에는 봉건제도와 그것의 잔존물로서의 후대 제도 사이에 티벳의 현상과 비교해서 매우 충분한 가변성이 존재하고 있다. 물론 티벳의 문화적 현상도 수백 년 동안에 걸쳐 지속적으로, 발전되고 변화된 것이다. 티벳학 전공자는 호이징어(Huizinger)나 마르셀 블로흐(Marcel Bloch) 또는 루시앙 훼브르(Lucien Febvre)의 저술을 읽을 때에 항시 책의 여백에 티벳의 문화적 대응물을 기록할 것이고 그들 저작의 모든 곳에서 티벳의 사회학에 대한 논문을 읽을 수도 있을 것이다. 그는 단지 이름만을 바꾸고 연대를 제외하기만 하면 될 것이다. 그것은 다만 하나의 인상에 불과하지만, 그 인상은 언젠가는 치밀하고 두 문화에서 제시 가능한 자료들에 의해 입증될 수도 있을 것이다.

이것은 티벳 문화가 이미 잘 알려진 제도들의 한 가지 예에 지나지 않는다는 것을 의미하지는 않는다. 흥미로운 점은 우리가 일상적으로 유럽적인 맥락에서 바라보는 제도들이 이미 아시아의 문화환경 속에서도 발견되며, 이에 근거하여 특별한 형태로 발전되었다고 하는 사실이다. 이런 유형의 구조를 중국이나 일본, 인도라는 아시아의 다른 위대한 문화 속에서도 연구할 수 있을 것이고 또 발견할 수 있을 것이다. 그렇지만 나는 이 책이 티벳에 대한 관심을 불러일으키고 나아가 이 나라가 일반적인 인류의 역사를 위해 기여한 특별한 가치를 이해하는 데 도움이 되기를 바란다.

따라서 '봉건제도'라는 개념이 티벳에 적용될 수 있다고 한다면, 이것은 오늘날의 언어에서 종종 그러한 것처럼 가치평가적인 의미에서 사용된 것은 아니며 단지 전문용어적인 의미로 사용된 것이다. 이 개념은 18세기에 중세 이래 존속해 오고 있었던 제도를 기술하기 위해 도입되었다. 이 제도는 얼마 전에 콜부른(Colbourn)에 의해 다음과 같은 다섯 기준에 따라 정의되었다. 주인과 종 사이에는 기본적 관계가 있다. 정치적 행위는 몇몇 한정된 수의 개인적 합의에 의존하고 있으며, 정치적 권위는 마치 사유재산처럼 취급된다. (군대와 사법 등의) 직책의 분할이 상대적으로 드물다. 귀족 계습 내에서의 위계성, 보통 군주가 충성에 대한 보답으로서 봉토를 하사한다.

종합적으로 본다면 이들 정의는 티벳에 대해서도 타당하다. 다만 상대적으로 매우 긴 시기와 고대의 왕조, 달라이 라마의 차이로 인해 상이한 부분이 발생하는 것은 불가피해 보인다. 그렇지만 이 봉건제도는 티벳에서 한 집단이 유지되는데 불가분의 기본법칙으로 그리고 씨족과 공동체 조직의 유형으로서 파악될 수 있다.

7세기에서 20세기 사이의 티벳과 10세기에서 20세기까지의 유럽을 비교할 때, 그 대상을 권력과 소유 구조 이외의 다른 영역으로 확장할 수 있다. 그것은 특히 승려들이 주도적 역할을 문화적, 정신적, 예술적 영역일 것이다. 이것이 바로 중국과 비교해서 그리고 의심할 여지없이 인도와 비교해서도 특별한 점이다. 동아시아에서 티벳 문화와 가장 흡사한 문화는 아마 일본문화일 것이다. 중국에도 비교할 만한 시기가 존재하지만 이런 시기는 예외에 속한다. 일본에서는 오랜 역사를 통해 이런 비교가 행해질 수 있다. 물론 큰 차이가 나는 근대 시기는 제외된다. 일본이 그들의 문화를 보존해가면서 새로운 시기에 적응해 나갔던 반면에 티벳은 그렇게 하지 못했다. 그것은 극심한 단절로 이어졌을 것이며 이는 티벳 전통에 치명상이 되었을 것이다.

문화적 영역에서도 구조가 유사하다고 해도 그 형태는 동일한 것이 아니라는 점은 확실하다. 바로 이 점에 티벳을 연구할 매력이 있는 것이다. 유럽과 티벳에서 발전된 위대한 종교가 받아들여졌고 기존의 전통종교 위에서 형성되었다. 그러나 한편으로는 불교와 기독교의 차이, 또 한편으로는 동아시아와 유럽의 종교적 토대의 차이가 자연히 독자적인 형태를 취하도록 만들었다.

나는 여기서 유사점을 나열하지는 않을 것이다. 유럽의 과거를 잘 아는 독자들은 스스로 이미 비교할 수 있을 것이며, 나도 그러한 유사점을 강조했다. 그러나 마지막으로 내가 말할 수 없었던 한 가지 점에 대해 말하고 싶다. 이것은 표현하기 어렵지만 인간과 그 성격에 관한 문제이다. 내가 티벳에서 살 수 있는 행운을 갖지 못했고 따라서 티벳인을 티벳 밖에서만 만날 수 있었을 뿐인데도, 어떻게 내가 그것에 대해 말할 수 있겠는가? 어떻게 내가 티벳인을 단지 저술을 통해 관념밖에 가질 수 없는 중세나 르네상스의 사람들과 비교할 수 있겠는가? 그렇지만 이 시도는 유사한 성격에 따라 얻어지는 하나의 강력한 인상 이상의 것이다. 각각의 성격들의 다양성을 단순한 형태로 환원하는 것이 논란이 될 수도 있다는 것은 자명하지만 그럼에도 몇 가지 현저한 특징은 놀라울 정도이다.

가장 주목할 만한 성격은 일종의 응축 내지 집중이다. 느낌이나 사고가 분산된 것이 아니라 집중되었다고 말할 수 있을 것이다. 인간은 일종의 집요함과 순진함을 갖고 망설임이 없이 그 감정에 몰입한다. 그는 매우 부드럽거나 매우 격정적이며, 매우 충실하거나 간악하고 교활하다. 그는 유쾌하게 노래하고 말하며 떠들기를 즐겨한다. 그러나 그는 또한 폐쇄적이고 은둔적이며 세계의 실재성을 부정하면서 그것과 어떤 부분도 공유하고 있지 않다. 만일 그가 신앙을 가질 때는 그의 믿음은 깊고 깊다. 그는 겸허하게 다 받아들이면서 온 마음으로 몰입한다.

개인의 집합에서 출발하면 이 성격을 규정하는 것이 어렵기 때문에 차라리 개인들에 의해 존경받는, 그 유형의 모범으로서의 성스러운 성자들 속에서 그것을 파악하고 얻고자 하는 것이 나을 것이다. 두세 종류의 성직자가 구별될 수 있다. 한 종류의 성자는 진지하고 다른 종류의 성자는 해학적이다. 한 유형은 사상가, 학자, 도덕주의자인데 비해 다른 유형은 신비주의자 내지 주술자이다. 웃음은 실제 어떤 면으로는 부드러운 미소, 다른 면으로는 위협적인 웃음이라는 두 측면을 갖고 있다. 전자는 밀라 레파의 웃음으로, 후자는 파드마삼바바의 웃음으로 특징지어지는데, 양자는 모두 유명한 성자이다. 한 유형의 성자는 불교문헌에서 말하는바 '성자의 침묵' 속에 침잠해 있고 다른 유형의 성자는 그들의 완전한 자유, 모든 종류의 속박으로부터 벗어났음을 유희적 태도로 보여준다. 이 유희적 태도 속에서 그들의 선의가 교묘한 방편과 결합되어 있는 것이다. 두 번째 유형의 성자는 심층적인 심리의 세계로 몰입하는 데 열중하지 않고 긴장감을 유지하면서, 이를 갑작스럽게 폭발하는 자만에 찬 웃음으로 표현한다. 이 웃음은 말의 외마디 소리나 무사들의 승리의 함성과 비교될 수 있다.

　이것이 대략 티벳인의 초상이다. 티벳인은 그들의 문화만큼이나 매력적이다. 아직까지 존속해 있는 예로서 그들은 유럽과 동아시아의 위대한 문명을 구현했던 인간들을 연상시키며 그 인간들을 우리에게 가까이 보여준다. 아직 늦지는 않았다. 지금이야말로 그 문화에 관심을 기울이고 그 문화가 남겨놓은 증거들을 전착하면서 수용할 절호의 시간이다.

역자 후기

오늘날 서구에서 티벳학 내지 티벳불교에 대한 관심은 지식인들 사이에서뿐 아니라 일반인들 사이에서도 매우 높다. 그것은 1989년 제14대 달라이 라마의 노벨평화상 수상으로 본격적으로 점화되었지만, 이미 그 이전부터 티벳 민족의 드라마틱한 역사, 높은 문화적 성취, 심원한 종교적 이상과 책의 나라라고 불릴 만큼 위대한 학자들과 라마들의 나라, 독특한 정치제도와 달라이 라마와 판첸 라마 등에 의해 대표되는 화신제도, 현실 세계에서의 참담한 주권상실과 그럼에도 불구하고 달라이 라마에 의해 옹호되는 비폭력 저항이라는 메시지가 서구인들의 마음에 깊은 문화적 관심과 동정심을 불러 일으켰기 때문일 것이다.

그렇지만 티벳 문화에 대한 소개서가 거의 전무한 우리의 상황에서 과연 티벳 문화와 불교의 어떤 점이 다른 문화권 사람들의 마음을 사로잡고 있는지를 가늠할 수 없을 것이다. 이런 점에서 티벳 문화에 대한 매우 뛰어난 입문서인 롤프 슈타인의 저서는 티벳 문화 전반에 대한 우리의 이해를 심화시키는 데 도움을 줄 수 있다고 믿는다.

이 책은 다른 일반적인 티벳에 관한 개론서와는 달리 티벳학을 불교적 관점에만 한정하여 다루지 않고 있다. 많은 개론서가 각각의 저자의 관점에 따라 티벳 문화나 티벳불교를 인도불교의 적자 내지 아류로 간주하는 경향이 있다는 것은 부정할 수 없을 것이다. 그렇지만 슈타인은 문화란 하나의 전체라는 관점에서 접근하면서 티벳 문화의 본질을 이해하고자 했고, 이러한 그의 학문적 방법론이 가장 잘 드러나고 성공적으로 제시된 것이 본서라고 생각된다. 이 책의 특징을 이해하기 위해서는 슈타인의 생애와 학문적 경력에 대해 간단히 서술하는 것도 도움이 될 것이다.

　슈타인 교수는 20세기의 가장 위대한 티벳학 연구자 가운데 한 사람이다. 그는 1911년 6월 13일 독일에서 태어나 베를린 대학 중국어학과에서 2년간 중국어를 배운 후 1933년 프랑스로 망명했다. 파리의 국립 동양언어연구소에서 다시 중국학을 전공하고 중국학 고등연구소의 정식 학생이 되었다. 그 후 다시 일본학을 배우면서 티벳어를 독학했다. 1939년 프랑스 국적을 취득해서 나치의 강제송환을 면했다. 전후 프랑스 극동학연구소에 파견되어 1946년부터 1949년까지 곤명(昆明), 성도(成都) 북경(北京)과 내몽골 등에서 현지조사를 했다. 1949년 귀국한 후 파리 동양언어연구소 교수가 되었고 1951년에는 파리 고등학술연구소의 종교학과에서 동아시아 및 중앙아시아의 종교학을 강의했다. 1960년 박사학위논문으로 <티벳에 있어 서사시와 음유시인의 연구>를 제출했고 심사위원 전체로부터 최고의 찬사를 받았다. 그 후 티벳학의 진흥을 위해 네 명의 티벳인 학자를 프랑스로 초청했고, 1964년 동양언어연구소에 티벳어 강좌를 개설했다.

　1966년부터 1981년에 이르기까지 일본과 중국의 초청을 받아 <돈황의 티벳문헌>, <티벳 연극의 종교학적 고찰> 등의 강연을 통해 티벳학에 관한 탁월한 통찰을 보여주었으며, 또한 중국 사회과학원의 초청으로 티벳을 방문하기도 했다. 1981년 퇴임한 후 집필활동을 계속하다가 1999년 파리 교외의 자택에서 사망했다.

　그는 마르셀 그라네(Marcel Granet, 1884-1940), 펠리오(P. Pelliot, 1878-1945)에게서 중국학을 사사하면서 그들의 연구방법을 수용했고 다시 바코(J. Bacot, 1877-1965)의 티벳학을 더해 자신의 학문세계를 구축했다. 그들의 영향 아래서 그는 어떤 세계의 정신적 구조를 해명하기 위해서 종교문화와 그것을 지지하는 사회구조를 비교, 연구하는 것이 그 문화의 본질을 이해하는 관건임을 배웠다. 그는 구체적 방법으로 티벳학 연구에 있어 종래 등한시되었던 중국 관련 자료를 활용했다. 이러한 그의 작업은 티벳과 중국의 접경지대에 거주하는 강족(羌族)에 대한 연구로 나타났다. 또한 그는 돈황에서 출토된 뵌교와 관련된 문헌의 중요성을 간파했고 또한 티벳 토착신앙의 성격을 보여주는 것으로서 음유시인의 존재를 주목했다. 이러한 연구를 통해 1962년 출판된 것이 바로 그의 명저인 *La Civilisation Tibétaine* (Paris: Dunod 1962)이다. 그 제목이 보여주듯이 이 책은 티벳 문화를 전체적으로 조망하고자 한 것이다. 이 책은 1981년 개정 증보판으로 출간되었고 다시 1987년 결정판으로 출판되었다.

『티벳의 문화』에는 그의 독창적 안목이 탁월하게 제시되어 있으며, 인도불교의 부산물로서가 아니라 티벳의 고유한 문화에 서술의 초점이 맞추어져 있다. 뚜치(G. Tucci, 1898-1983)의 연구가 보여주듯이 20세기 후반의 티벳학의 연구방향은 단순히 인도불교의 기술에 머무르지 않고 티벳 역사의 기술이나 민속학적 보고 등의 주요자료를 포함하고 있다. 슈타인은 그의 스승인 바코가 중점을 두었던 돈황 출토문서의 연구에 몰두하면서도 토착문화의 정신적 핵심을 이루는 관습이나 풍속 등을 광범위하게 탐구했다.

본 역서는 많은 부분에서 가장 최근 판본인 독일어판(Die Kultur Tibets, tr. Helga Uebach, Berlin: Edition Weber 1993)을 저본으로 삼아 번역했다. 영어판(*Tibetan Civilization*, tr, Stapleton Driver, Stanford University Press 1972)은 초판본(1962)을 저본으로 했기에 수정된 프랑스어 판본과 많은 차이를 보여준다. 따라서 부분적으로만 참조했다. 그리고 일본어판(『チベットの文化』, 山口端鳳・定方晟 역, 東京: 岩波書店 1971)도 초판본의 번역이었기 때문에 문안에 있어서는 참조하지 않았지만 중국의 지명이나 부족명, 책

제목 등의 고유명사를 옮길 때 많은 도움을 받았다.

티벳문자의 로마자 표기를 위해서는 현재 널리 통용되고 있는 와일리 (Wylie) 방식을 사용했다. 번역에 있어 인명과 지명 등의 한국어 음사를 위해 가능한 한 티벳의 라사 발음을 따랐다. 한편 한국어 표기만으로는 혼동될 수 있거나, 중요한 의미를 가진 부분들은 괄호 속에 필요한 외국어 및 한자를 병기했다.

역자는 이 책이 한국 사회에서 티벳 문화에 대한 관심을 불러일으키는 계기가 되기를 바란다. 고려시대 좌도밀교를 통해 그리고 이에 대한 조선시대 성리학자들의 편향된 시각을 통해 우리에게 오히려 부정적인 이미지와 결부된 티벳 문화가 실은 많은 점에서 고대와 중세의 동아시아 문화와 공유하는 부분이 많다는 것을 본서의 서술을 통해 확인할 수 있을 것이다.

본서는 원래 무우수 출판사에서 2004년 출판된 것이지만 절판된 것을 씨아이알 출판사의 도움을 받아 재출판한 것이다. 재판에서는 초판에서 등한시했던 티벳어 한글표기를 가능한 한 <티벳장경연구소>의 표기방식에 맞추어 수정했고, 또 고유명사 색인 등을 보충하여 참조하기 편하도록 했다. 이를 위해 꼼꼼하게 교정을 보아주신 씨아이알 출판부 담당자께 깊은 감사를 드린다.

2018년 1월 관악산 아래 연구실에서

안성두 합장

참고문헌

I. 현대 저자의 작품

1.　　J. BACOT, La table de présaes signifiés par l'éclair, in *journal Asiatique*, mars-avril 1913.

2.　　- Trois mystères tibétains, Paris 1921

2a.　　- *Zuginima* (Textund Übersetzung), Cahiers de la Société Asiatique, Paris 1957

3.　　- *Le poéte Milarépa*, Paris 1925

4.　　- *Le mariage chinois du roi Sroň-bcan sgam-po, in Mélanges chinoi-ses et bouddhiques*, III, 1934-1935.

5.　　- *La vie de Marpa le «traducteur»*, Paris 1937.

6.　　J.BACOT, F.W.THOMAS und CH. TOUSSAINT, *Documents de touen-houang relatifs à l'histoire du Tibet*, Paris 1940.

7.　　CH. BELL, *The people of Tibet*, Oxford 1928.

8.　　- *The Religion of Tibet*, Oxford 1931.

9.　　R. BLELCHSTEINER, *Die gelbe Kirche*, Wien 1937 (*L'Eglise Jaune*, Paris 1937).

10.　　W. L. CAMPBELL, *She-rab Dong-bu or Prajnya Danda by Lu-trub(Nagarjuna)*, ed. & trans., Calcutta 1919.

11.　　- Die Sprüche von Sakya (*Ostasiatische Zeitschrift*, N. F., 2, 1925.)

12　　P. CARRASCO, *Land and Polity in Tibet*, Seattle 1959.

13.　　G.A. COMBE, A *Tibetan on Tibet*, London 1926.

14.　　S. CH. DAS, *Indian Pandits in the Land of Snow*, Calcutta 1958.

15.　　- Life of Atiśa, in *Journal of the Asiatic Society of Bengal*, LX, Pt. l, 1-3, 1891.

16.　　- The Marriage Customs of Tibet, in *Journal of the Asiatic Society of Bengal*, LXIII, Pt. III, 1893.

17.　　- *Journey to Lhasa and Central Tibet*, London 1902.

18.　　S. B. DASGUPTA, An *Introduction to Tantric Buddhism*, Calcutta 1958.

19.　　A. DAVID-NEEL, *Mystiques et magiciens au Tibet*, Paris 1929.

20.　　- *La vie surhumaine de Guésar de Ling*, Paris 1931.

21.　　- *Textes tibétains inédits*, Paris 1952.

21a.   - *Initiations lamaîques, 3. eds.,* Paris 1957.

22.   J.W. DE JONG, Le problème de l'absolu dans l'école Mādhyamika, in *Revue Philosophique,* juillet-septembre 1950.

23.   P. DEMIÉVILLE, *Le concile de Lhasa,* I, Paris 1952.

24.   M. H. DUNCAN, *Harvest Festival Dramas of Tibet,* Hongkong 1955.

24a.   - *More Harvest Festival dramas of Tibet,* London 1967.

25.   W. EBERHARD. *Kultur und Siedlung der Randvölker Chinas,* Leiden 1942.

26.   R. B. EKVALL, *Tibetan Sky Lines,* London 1952.

27.   - *Tentes contre le ciel,* Paris 1954.

28.   - Some differences in Tibetan land tenure and utilization, in *Sinolo-gica,* IV, I, 1954.

29.   - Mi sTong, the Tibetan custom of life indemnity, in *Sociologus,* N.F.,IV, 2, Berlin 1954.

30.   W. Y. EVANS-WENTZ, *Tibet's Great Yogi Milarepa,* 2. eds., London 1951.

31.   - *The Tibetan Book of the Great Liberation,* London 1954.

32.   - *The Tibetan Book of the Dead, 3. eds.,* London 1957.

33.   A. FERRARI und L. PETECH, *Mk'yen-brtse's Guide to the Holy Places of Central Tibet,* Rom 1958.

34.   W. FILCHNER (and UNKRIG), *Kumbum Dschamba Ling,* Leipzig 1933.

35.   A. H. FRANCKE, *A History of Western Tibet,* London 1907.

36.   - *Tibetische Hochzeitslieder,* Hagen und Darmstadt 1923 (Tib. Text : *rTags-ma-gcig gi nyo-glu,* Leh 1904).

37.   - gZer-myig, a book of the Tibetan Bonpos, ed. & trans. in *Asia Major,* I, 1924, N. S., I, 1940.

38.   A. GETTY, *The Gods of Northern Buddhism,* Oxford 1928.

39.   H. GOETZ, The historical background of the great temples of Khaju-raho, in *Arts Asiatiques,* V, I, 1958.

40.   A. K. GORDON, *Tibetan Religious Art,* New York 1952.

41.   - *The Iconography of Tibetan Lamaism,* 2. eds., Ruthland-Tokyo 1959.

42.   A. GOVINDA, *Foundations of Tibetan Mysticism,* London 1959.

43.   F. GRENARD, *Le Tibet, le pays et les habitants,* Paris 1904.

44.   A. GRÜNWEDEL, *Mythologie des Buddhismus in Tibet und der Mongolei,* Leipzig 1900.

45.   - Padmasambhava und Verwandtes, in Baessler Archiv, III, 1, Berlin 1914.

46.   - Der Weg nach Śambhala, in *Abh. Kgl. Bayer. Akad. d. Wiss.*, Mün-chen 1915.

47.   - Die Geschichten der 84 Zauberer, in *Baessler archiv*, V, 4-5, 1916.

47a.   - *Die Tempel von Lhasa*, Heidelberg 1919 (Transcription and translated by *Lha-ldan sprul-pa'i gtsug-lag-khang gi dkar-chag* des 5. Dalai Lama).

48.   H. V. GUENTHER, Sgam-po-pa, *The jewel Ornament of Liberation*, London 1959.

49.   J. HACKIN, *Mythologie du lamaîsme (Tibet), Mythologie Asiatique Illustrée*, Paris 1928.

50.   H. HADANO, The influence of the Buddhism of Khams on the bKah-gdams-pa sect, in *Bunka*, XX, 4, july 1956 (in Japanese).

51.   H.HARRER, *Meine Tibet-Bilder*, seebruck 1953.

52.   M. HERMANNS, Überlieferungen der Tibeter, in *Monuments serica*, XIII, 1948.

53.   - Schöpfungs-und Abstammungsmythen der Tibeter, in *Anthropos*, XLI-XLIV, 1946-1949.

54.   - *Die Nomaden von Tibet*, Wien 1949.

55.   - Die Familie der A Mdo-Tibeter, Freiburg-München 1959.

56.   H. HOFFMANN, *Quellen zur Geschichte der tibetischen Bon-Reli-gion*, Mainz 1950.

57.   - *Die Religionen Tibets*, Freiburg-München 1956.

58.   S. HUMMEL, *Geschichte der tibetischen Kunst*, Leipzig 1953.

59.   - Euratische Traditionen in der tibetischen Bon-Religion, in *Opuscula ethnologica memoriae L. Biro Sacra*, 1959.

60.   康導月刊, 西康省의 중국어 잡지.

61.   E. KAWAGUCHI, *Three Years in Tibet*, Madras 1909.

62.   葛赤峯, 藏邊采風記,重慶, 1945

63.   M. LALOU, *Inventaire des manuscrits tibétains de Touen-houang conservés à la Bibliothèque Nationale, I-lll*, Paris 1939, 1950, 1961.

64.   - Rituel bon-po des funérailles royaes, in *Journal Asiatique*, 1952.

65.   - *Fiefs, poisons et guérisseurs, in Journal Asiatiue*, 1958.

65a.   - *Les religions du Tibet*, Paris 1957.

66.   B. LAUFER, Über ein tibetisches Geschichtswerk der Bonpo, in *T'oung Pao*, II, 1, 1901.

67.   - Die Bru-ža Sprache und die historische Stellung des Padmasamb-have, in *T'oung Pao*, 1908.

68.   - *Der Roman einer tibetischen Königin (bTsun-mo bka'-thang)*, Leip-zig 1911.

69. - Milaraspa, Tibetische Texte, Hagen und Darmstandt 1922.

70. L. De LA VALLÉE POUSSIN, Madhyamaka, in *Mélanges Chinoises et Bouddhiques,* II, 1933.

71. F. LESSING, Aufbau und Sinn Lamaistischer Kulthandlungen, in *Nachrichten der Dt. Ges. f. Natur-u. Völkerkunde Ostasiens,* Tokyo, Nr. 40, 1936.

72. - Wesen und Sinn des lamaistischen Rituals, in *Hyllningsskrift tillägnad Sven Hedin,* Stockholm 1935.

73. S. LÉVI, *Matériaux pour l'éude du système Vijñaptimātra,* Paris 1932.

74. LI AN-CHE(李安宅), The Sakya sect of Lamaism, in *Journal of the West China Border Research Society,* 1945.

75. - Rñiṅ-ma-pa : the early form of Lamaism, in *Journal of the Royal Asiatic Society,* 1948.

76. - The Bkah-Brgyud sect of Lamaism, in *Journal of the American Oriental Society,* 69, 2, 1949.

77. LI FANG-KUEI, The inscription of the Sino-Tibetan treaty of 821-822, in *T'oung Pao,* XLIV, 1-3

78. 劉藝欺, 西藏佛教藝術, 北京 1957.

79. D. MACDONALD, *Moeurs et Coutumes des Tibétains,* Paris 1930.

80. - Tibetan Tales, in *Folklore,* 42, 1931.

81. O. NONOD-BRUHL, *Peintures Tibétaines,* Paris 1954.

82. 蒙古學問寺, 京都, 1937

83. 西藏佛教研究(英文要約), 東京 1954

84. R. DE NEBESKY-WOJKOWITZ, *Oracles and demons of Tibet,* London-The Hague 1956.

85. E. OBERMILLETR, *History of Buddhism by Bu-ston,* 2 vols., Heidelberg 1931-1932.

86. L. PETECH, *A Study on the Chronicles of Ladakh,* Calcutta 1939.

87. - *China and Tibet in the Early 18th Century,* Leiden 1950.

88. - *I missionari italiani nel Tibet e nel Nepal,* 7 vols., Rom 1952-1956.

89. P. RATCHNEVSKY, Die mongolischen Großkhane und die Buddhistische *Kirche,* in Asiatica, Festschrift Weller.

90. H. G. RAVERTY, Tibbat three hundred and sixty-five years ago, in *Journal of the asiatic Society of Bengal,* LXIV, 1, 1896.

91. S. H. RIBBACH, *Drogpa Namgyal, Ein Tibetleben,* München 1940.

92. H. RICHARDSON, Three ancient inscriptions from Tibet, in *Journal of the Royal Asiatic Society of Bengal,* Letters, XV, 1, 1949.

93. - *Ancient Historical Edicts at Lhasa,* London 1952.

94.   - Tibetan Inscriptions at Žva-hi Lha-Khaṅ, in *Journal of the Royal Asiatic Society,* oct. 1953, april 1953.
95.   - The Karma-pa sect, in *Journal of the Royal Asiatic Society, oct.* 1958, april 1959.
96.   W. W. ROCKHILL, Tibet, a geographical, ethnographical and histori-cal sketch, derived from Chinese sources, in *Journal of the Royal Asiatic society,* 1891.
97.   - The Dalai Lamas of Lhasa and their reations with the Manchu emperors of China 1644-1908, in *T'oung Pao,* XI, 1910.
98.   G. N. ROERICH, The Animal Style among the nomad tribes of nort hern Tibet, in *Skythica,* 3, Prag 1930.
99.   - *The Blue Annals,* 2 vols., Calutta 1949, 1953.
100.   - *Le Parler de l'Amdo,* Rom 1958.
101.   A, RÓNA-TAS, Social terms in the list of grants of the Tibetan Tun huang Chronicle, in *Acta Orientalia Academiae Scientiarum Hunga-ricae,* V, 3, 1955.
102.   G. SANDBERG, *Tibet and the Tibetans,* London 1906.
103.   R. SĀNKR̥ TYĀ YANA, Recherches bouddhiques. I: Les origines du Mahāyāna; II: L'origine du Vajrayāna et les 84 siddhas, in *Journal Asiatique,* oct.-déc. 1934.
104.   T. SCHMID, *The Cotton-clad Mila, the Tibetan Port-saint's Life in Pictures,* Stockholm 1952.
105.   - *The Eighty-five Siddhas,* Stockholm 1958.
106.   G. SCHULEMNN, *Geschichte der Dalai Lamas,* 2. Ausg., Leipzig 1958.
107.   A. L. SHELTON, *Tibetan Folk-tales,* Saint-Louis 1925.
108.   TS. L, SHEN und SH. CH. LIU, *Tibet and the Tibetans,* Stanford 1953.
109.   D. SNELLGROVE, *Buddhist Himalaya,* Oxford 1957.
110.   - *The Hevaira Tantra,* 2 vols., London 1959.
111.   R. A. STEIN, *L'épopée tibétaine de Gesar dans sa version lamaïque de Ling, Annales du Musée Guimet, Bibl. d'Etudes,* T. LXI, Paris 1956.
112.   - Peintures tibétaines de la vie de Gesar, in *Arts Asiatiques,* V, 1958.
113.   - Le liṅga des danses masquées lamaïques et la théorie des âmes, in *Sino-Indian Studies,* V, 3-4, 1957.
114.   - *Recherches sur l'épopée et le barde au Tibet,* Paris 1959.
115.   - *Les tribus anciennes des marches sino-tibétaines, Mélanges publ. par l'Institut des Hautes Etudes chinoises,* XV, Paris. 1961.
116.   H. STÜBEL, *The Mewu Fantzu, a Tibetan Tribe of Kansu,* New Haven 1958.

117. F. W. THOMAS, *Tibetan Literary Texts and Documents comcerning Chinese Turkestan*, I, Londo 1953.

118. - *Ancient Folk-literature from North-Eastern Tibet*, Berlin 1957.

119. G. TH. TOUSSAINT, *Le Dict de Padma*, Paris 1953.

120. G. TUCCI, *Indo-Tibetica*, 7 vols., Rom 1932-1941

121. - *Tibetan Painted Scrolls*, 3 vols., Rom 1949.

122. - *The Tombs of the Tibetan Kings*, Rom 1950.

123. - The Validity of Tibetan Historical Tradition, in *India Antiqua in honour of J. Ph. Vogel*, 1947.

124. - *Tibetan Folk Songs, Artibus Asiae*, Suppl. VII, Ascona 1949.

125. - *A Lhasa e oltre*, Rom 1952.

126. - *Preliminary Report on two Scientific Expeditions in Nepal*, Rom 1956.

127. G. URAY, The Four Horns of Tibet according to the Royal Annals, in *Acta Orientalia Academiae Scientiarum Humgaricae*, X, 1, 1960.

128. L. A. WADDELL, *The Buddhism of Tibet or Lamaism*, London 1895.

129. - *Lhasa and its Mysteries*, London 1906.

130. YU DAWCHYUAN, *Love-songs of the Sixth Dalai Lama* (chin. and engl. trans., Text and Footnotes.), Academia Sinica, Peiping 1930.

II. 티벳 문헌

131. *'Brug-pa Kun-leg* 自傳 (1455-1529 G. Smith); 목판본, Bhutan 1892.

132. *karmapas* 傳, 목판본, 236 葉 1891 mTshur-phu.

133. *Marpa* 傳. sPung-thang판, 목판본, 104 葉 gTsang-smyon He-ru-ka에 의해 1488 간행.

134. Milarepa 傳, 북경판, 목판본, 342 葉,(저자는 133과 동일) Nr, J. W. de Jong편집, The Hague 1959).

134a. *Chants de Milarepa (mGur-'bum)*, 북경판, 목판본,(저자는 133과 동일)

135. *Thang-stong rgyal-po* 傳 (14. -15. Jht.), Derge판, 목판본, 174 葉., 1609 또는 1588에 쓰여짐.

135a. 의사 古 *gYu-thog* 傳 Derge판, 목판본. 141 葉

136. 제3대 *Panchen Lama* 傳, 목판본, 376 葉

137. *bKa'-brgyud mgur-mtsho*, 목판본, 96 葉., 19세기.

137a. *bKa'-brgyud bla-ma rnams-kyi rdo-rje'i mgur-dbyangs*, 목판본, 92 葉., 18세기.

138.   bKa' rDzogs-pa chen-po yang-zab dkon-mchog spyi-'dus, Sikhim판, 목
       판본, 102 葉

139.   *Blon-po bka'-thang(bka'-thang sde-lnga)*, Derge판, 목판본, Kha, 1347
       년 발견.

140.   *Bu-ston* 佛敎史, Derge판, 목판본, 1332년

141.   제5대*Dalai Lama* 연대기, 목판본, 113 葉. 1642년

142.   *dPa'o gTsug-lag phreng-ba*연대기, Lhobrag판, 목판본, 1545-1565년.

143.   *Padma dkar-po* 연대기, sPungs-thangm판, 189 葉., 목판본, 16세기.

144.   lCang-skya Rol-pa'i rdo-rje, *Dag-yig mkhas-pa'i 'byung-gnas*, (1717-
       1786), 북경판.

145.   Tshe-tan zhabs-drung, *Dag-yig Thon-mi'i dgons-rgyan*, (藏漢詞彙), 2
       권., 青海 1957.

146.   *Dam-pa'i chos-kyi 'byung-tshul*, Derge판, 목판본, 228 葉., 제1부 1-128
       葉, 16세기 작, 이하 제2부 18세기 작.

147.   dge-bshes dGe-'dun chos-'phel (1947段), *Deb-ther dkar-po*, 목판본.

148.   'Gos gZon-nu-dpal, *Deb-ther sngon-po*, 목판본, 486 葉., 1476-1478년
       작. G. N. Roerich번역.

149.   Chos-grage: *brDa-dag mig-tshig gsal-ba*의 사전, Lhasa 1949. (중국판
       格西曲札) 北京 1957.

150.   *Cone*판, *Tanjur* 목록. Bla-brang판, verg. 1773.

151.   *dpag-bsam ljon-bzang*, 목판본, 316 葉., (S. Ch. Das 편집, Calcutta
       1908.) sum-pa mkhan-po ye-shes dpal-'byor 작 1748.

152.   *Gesar* 서사시 *(Ge-sar sgrung)*.

152a. *Gesar* 서사시, J.Bacot 사본.

152b. *Gesar* 서사시, Gling 목판본. (R. A, Stein 편집. N, 111).

152c. *Gesar* 서사시, Gyantse 목판본.

153.   Derge 王統記, 목판본, 56 葉., 1828.

154.   *Hor kandze* 연대기, 목판본, 40 葉., 1849년 작.

155.   *gCod-dbang mdor-bsdus rin-po-che'i phreng-ba*, 목판본., 15 葉.

156.   *gNam-chos*, Mi-'guur rdo-rje저작집, 17세기 말, dPal-yul판, 원. Mā: 聖
       者傳.

157.   *Grub-mtha' thams-cad kyi khung...shel-gyi me-long*, Derge판, 목판본,
       164. 葉., Thu'u bkvan 3세(1737-1802) 작

158.   *gTam-thos (Yang-zab nam-mkha' mdzod-chen las/gTam-thos rin-chen
       phreng-ba)*, 목판본, 50 葉., 뵌교 문헌, Nyag-btsun Sa-trig작.

159.   *gTam-tshogs (gTam-gyi tshogs theg-pa'i gtsut-lag-khang gi dkar-cjag)*,
       목판본., 21 葉., Rang-byung rdo-rje 작. 18세기.

160. *Lhasa* 소개(*lHa-ldan sprul-pa'i gtsut-lag-kjang gi dkar-chag)*, 목판본, 21 葉, 제5대 Dalai Lama 작 1645 (번역은 47a참조).

161. *'Jig-rten lugs-kyi bstan-bcos*, 제4장 S. Ch. Das편집의 Leg-Dui-Na-Na (Calcutta 1890)에 포함.

162. *Klong-rdol bla-ma Ngag-dbang blo-bzang* (1719-1805), 전집(gsung-'bum).

163. *Klu-'bum (Bon rin-po-che 'phrul-dag bden-pa gtsang-ma Klu-'bum)*, 북경판, 목판본, 152 葉 (Derge판 459 葉).

164. *Legs-par bshad-pa rin-po-che'i gter-grel-pa*, 목판본 97 葉., Rin-chen-dpal 작.

165. *Lha-'dre bka'-thang*, (139참조).

166. *Lo-pan bka'-thang*, (139참조).

167. *Ma-ṇi bka'-bum*, Derge판, 목판본, 2권. 324 葉. E. Waṁ편, 269 葉., 12세기 말 발견.

168. *Nam-mkha'i rnal-'byor Gar-gyi dbang-po yi / 'phrul-snang rol-bar shar-ba'i rdzun-chos las/ rJe-btsun Seng-ldeng Nags-sgrol sgrub-pa'i thabs*, 목판본, 33 葉.

169. Nam-mkha' sgo-'byed kyi dbang-gi bshad-pa'i zin-bris, 북경판 목판본 3 葉. Klong-rdol bla-ma 작, 18세기.

170. *Padma thang-yig*, Derge판 목판본, 220 葉., 1352년 발견 (119참조).

171. *Pha-chos bu-chos (bKa'-gdams pha-chos bu-chos)*, sNar-thang판, 목판본, 2권, 361 葉. 423 葉. 'Brom-ston에 관한 11세기 전승.

172. *Phya-'Phrin nor-bu mchog-rgyal gyi chog-khrigs dgos-'dod kun-'byung*, 목판본, 30 葉., Padma 'Phrin-las 작, 17세기.

173. *Mi-pham*의 기원문 Mi-pham 전집 Na권 ('Jam-dpal dgyes-pa'i rdo-rje, 1846-1912), Derge판.

174. *Khotan*예언서, *Li'i yul-gyi lung-Bstan-pa* Li-yul gyi lo-rgyus에 계속된다. Tanjur. (117참조).

175. *rGya-Bod yig-tshang*, 사본. 1434년.

176. *rGya-brngan lha-bsangs*, 목판본, 49 葉, 저자미상.

177. *rGya-po bka'-thang* (139참조).

178. *rGya-rabs Bon-gyi 'byung-gnas*, Ch. Das, Calcutta 1915; 1439 작.

179. *rGya-rabs rnams-kyi 'byung-tshul gsal-ba'i me-long*, Derge판, 목판본, 104 葉, bSod-nams rgyal-mthsan 작, 1373 (A. Macdonald) 또는 1508 (G, Tucci).

180. *Rlangs-kyi gdung-rgyud Po-ti bse-ru*, 사본.

181. *rNa-ba'i bcud-len*, 목판본, 110 葉., Sans-rgyas rgya-mtsho작, 1696.

182. *Sa-bdag bshags-'bum*, 목판본, 17 葉., 저자미상.

183. *sBa-bzhed* (R. A. Stein 편집, Institut des Hautes Etudes Chinoises, Sorbonne, Paris 1961.)

184. *sBas-yul Padma bkod-pa'i gnas-yig*, 사본, 저자미상.

185. *sDig-bshags gser-gyi spu-gri*, Jo-khang판, 목판본, 15 葉.

186. *Srid-pa rgyud-kyi(s) kha-dbyangs (bka'-byang) rnam(s)-thar chen-mo*, 사본, Bibliothèque Naionale, N. 493, 199 葉., Bon-po 연대기 1301 Khod-po Blo-gros thogs-med에 의해 발견.

187. *Vaidūrya dkar-po*, Derge판 목판본 2권 314 葉, 321 葉 Sans-rgyas rgyamtsho 작, 1669, 1683 oder 1687.

III. 중국 문헌

188. 佛租歷代通載(大正藏 No. 2036). 1341년, 念常.

189. 康輶紀行(中復棠 全集, 1867년간). 姚瑩.(1844-1846년 경의 보고).

190. 裡塘志略, 사본, 19세기, 陣秋坪.

191 龍筋鳳髓判(學律討原版), 700년경. 張鷟.

191a. 萬書(浙西村舍 叢刻版), 860년경, 樊綽.

192. 明室蘂(明代 西藏史料, 田村室造. 佐藤長 편집. 京都, 1959.

193. 西藏考 (鶴帝叢書版), 清朝, 저자미상.

194. 西藏記(龍威秘書, 第九集) 18세기, 저자미상.

195. 西藏喇嘛 溯源(續藏經, B 編, 第 1 帙, 23套), 1803년경, 守一.

196. 西藏新誌, 上海, 1911, 許光世, 蔡晉成.

197a. 唐書(旧), 196권, 941-945년 편찬. 圖書集成國本

197b. 唐書(新), 216권, 1045-1060년 편찬.

198. 竺國紀幽, 周藹聯, 1804년의 서문, 1913년 출판.

199. 通志, 195권, 1160년 편찬, 上海鴻寶書局.

200. 通典, 190권. 766-801년 편찬.

201. 資治通鑑, 1085년 편찬, 世界書局本.

202. 册府元龜. 1013년 편찬.

203. 偉藏圖識, 1792년 馬揭 盛繩租.

204. 西陽雜俎, 860년경, 段成式.

2판에 사용된 문헌 목록

I. 현대 저자의 작품

205. ZAHIRUDDIN AHMAD, *Sino-Tibetan Relations in the Seventeenth Century,* Rom 1970.

206. S. BEYER, *The Cult of Tara. Magic and Ritual in Tibet,* University of California Press 1973.

206a. F. A. BISCHOFF, Padmasambhava's Invention of the Phur-bu, in No. 217.

207. A. M. BLONDEAU, *Les pélerinages tibétains, Sources Orientales* III, Paris 1960.

208. - Le Lha-'dre bka'-thaṅ, in No. 217.

209. - La vie de Pema-öbar, drame tibétain traduit par A. M. Blondeau, Paris 1973.

210. - Le Tibet. Aperçu historique et géographique, in No. 216.

211. - Les religions du Tibet, in *Encyclopédie de la Pléiade, Histoire des Religions,* Vol. III, Paris 1976.

212. V. A. BOGOSLOVSKIJ, *Essai sur l'histoire du peuple tibétain, traduit du russe,* Paris 1972.

212a. J. E. BOSSON, *A Treasury of Aphoristic Jewels, the Subhāṣitaratnanidhi of Sa Skya Paṇḍita,* The Hague 1969.

213. GARMA C. C. CHANG, *Teachings of Tibetan Yoga,* New York 1963.

214a. EDWARD CONZE, *The Buddha's Law among the Birds,* Oxford 1955.

214b. E. M. DARGYAY, *The Rise of Esoteric Buddhism in Tibet,* Delhi 1977.

215. NORBU DEWANG, *Musical Tradition of the Tibetan People(Orientale Romana* II), Rom 1976.

216. *Essais sur l'art du Tibet,* Ariane Macdonald und Y. Imaeda편, Paris 1977.

217. *Etudes tibétaines dédiées à la mémoire de Marcelle Lalou,* Ariane Macdonald편, Paris 1971.

218. W. Y. EVANS-WENTZ, *Le yoga tibétain et les doctrine secrètes,* Paris 1964.

219. M. C. GOLDSTEIN, A Study of the Ldab Ldob, in *Central Asiatic Journal,* IX, 2, 1964.

220. H. V. GUENTHER, *Kindly Bent to Ease Us (Long-chenpa*의 번역*), Part I: Mind, Emeryville 1975, Part II: Meditation,* Emeryville 1976, Part III: Wonderment, Emeryville 1976.

221.　- *The Life and Teaching of Naropa*, Oxford 1963.

222.　- *Tibetan Buddhism without Mystification*, Leiden 1966.

223.　- *The Royal Song of Saraha*, Seattle und London 1969.

224.　E. HAARH, *The Yar-luṅ Dynasty*, Kopenhagen 1969.

224a.　- The Zhang-zhung Language, Kopenhagen 1968.

225.　M. HELFFER, Traditions musicales des Sa-skya-pa, *in Journal Asiatique*, 1976, 3-1.

225a.　- *Les chants dans l'épopée tibétaine de Gesar*, Genève-Paris 1977.

226.　H. HOFFMANN, *Märchen aus Tibet*, Düsseldorf-Köln 1965.

226a.　- Kālacakra Studies I, Manichaeism, Christianity and Islam in the Kālacakra Tantra, in *Central Asiatic Journal*, XIII, 1, 1969.

227.　Y. IMAEDA, Documents tibétains de Touen-houang concernant le concile du Tibet, in *Journal Asiatique*, 1975, 1-2.

227a.　- Une note sur le rite du glud-'gong rgyal-po d'après les sources chinoises, in *Journal Asiatiique*, 1978.

228.　HEATHER KARMAY, *Early Sino-Tibetan Art*, Warminster 1975.

229.　- Tibetan Costume, Seventh to Eleventh Centuries, in No. 216.

230.　SAMTEN G. KARMAY, *The Treasury of Good Sayings, a Tibetan History of Bon*, Oxford University Press 1972.

231.　- A General Introduction to the Histroy and Doctrines of Bon, in *Memoirs of the Research Department of the Toyo Bunko*, 33, Tokyo 1975.

231a.　- A gZer-mig Version of the Interview between Confucius and Phyva Ken-tse lan-med, *in Bulletin of the School of Oriental and African Studies*, XXXVIII, 3, 1975.

232.　- A Discussion of the Doctrinal Position of rDzogs-chen from the 10th to the 13th Centuries, *in Journal Asiatique*, 1975, 1-2.

233.　R. KASCHEWSKY, *Das Leben des lamaistischen Heiligen Tsongkhapa Blo-bzaṅ grags-pa*, Wiesbden 1971 (Teil I: Übersetzung und Kommentare; Teil II: Mongolischer und tibetischer Text).

234.　R. KASCHEWSKY und PEMA TSERING, *Das Leben der Himmelsfee 'Gro-ba bzaṅ-mo, ein buddhistisches Theaterstück*, Wien 1975.

235.　P. KVAERNE, Bon-po Studies, the A-khrid System of Meditation, in *Kailash* I, 1 und I, 4, 1973.

236.　- The Canon of the Tibetan Bonpos, in *Indo-Iranian Journal*, XVI, 1 und 2, 1974.

237.　F. LESSING, "Wu-liang-shou": A Comparative Study of Tibetan and Chinese Longevity Rites, in *Bulletin of the Institut of History and Philology, Academia Sinica*, 28, Taipei 1957.

238. L. LÖRINCZ, Les recueils Ro-sgruń tibétains contenant 21 contes, in *Acta Orientalia Academiae Scientiarum Hungaricae*, XXI, 3, 1968.

239. ARIANE MACDONALD, *La naissance du monde au Tibet, Sources Orientales*, I, Paris 1959.

239a. - Note sur la diffusion de la «Théorie des Quatre Fils du Ciel» au Tibet, *in Journal Asiatique*, 1969.

240. - Une lecture des Pelliot tibétains 1286, 1287, 1038, 1044 et 1290, essai sur la formation et l'emploi des mythes politiques dans la religion royale de Sroń-bcan sgam-po, in No. 217.

241. A. W. MACDONALD, *Matériaux pour l'étude de la littérature populaire tibétaine*, 2 Vols., Paris 1967 und 1971.

242. R. DE NEBESKY-WOJKOWITZ, Ein Beitrag zur tibetischen Ikonographie, in *Archiv für Völkerkunde*, V, 1950.

243. - *Oracles and Demons of Tibet*, The Hague 1956.

244. - *Tibetan Religious Dances*, The Hague 1976.

245. TH. J. NORBU und R. B. EKVALL, *The Younger Brother Don Yod, a Tibetan Play*, Bloomington 1969.

246. O. CONNOR, *Folktales from Tibet*, London 1906.

247. B. C. OLSCHAK, *Mystic Art of Ancient Tibet*, London 1973.

248. L. PETECH, The Dalai Lamas and Regents of Tibet: A Chronological Study, in *T'oung Pao*, XLVII, 1959.

249. - *Aristocracy and Government in Tibet (1728-1959)*, Rom 1973.

250. RECHUNG RINPOCHE, *Tibetan Medicine*, Berkeley 1973.

251. H. RICHARDSON, *Tibet and its History*, London 1962.

252. - Early Burial Grounds in Tibet, in *Central Asiatic Journal*, VIII, 2, 1963.

253. - A new Inscription of Khri Srong Lde Brtsan, in *Journal of the Royal Asiatic Society of Great Britain and Ireland*, 1964.

253a. - Names and Titles in Early Tibetan Records, *in Bulletin of Tibetology*, IV, 1, 1967.

254. - The Inscription at the Tomb of Khri Lde Srong Brtsan, *in Journal of the Royal Asiatic Society*, 1969.

255. - The rKong-po Inscription, in *Journal of the Royal Asiatic Society*, 1972.

256. -The sKar-cung Inscription, *in Journal of the Royal Asiatic Society*, 1973.

257. -*Ch'ing Dynasty Inscriptions at Lhasa*, Rom 1974.

258. - The Jo-khang 'Cathedral' of Lhasa, in No. 216.

259. G. ROERICH, *Biography of Dharmasvamin (Chan lotsava Chos-rje-dpal), a Tibetan Pilgrim*, Patna 1959.

260. D. S. RUEGG, *The Life of Bu-ston Rinpoche*, Rom 1966.

261.   - Le Dharmadhātustava de Nāgārjuna, in No. 217.

261a.   -*La théorie du Tathāgatagarbha et du Gotra, études sur la sotériologie et la gnoséologie du Bouddhisme*, Paris 1969.

262.   T. SCHMID, *Saviours or Mankind II, Panchen Lamas and Former Incarnations of Amitayus*, Stockholm 1964.

262a.   - *The Cotton-clad Mila...*, Stockholm 1952.

262b.   - *The Eighty-five Siddhas*, Stockholm 1958.

263.   D. SCHUH, *Untersuchungen zur Geschichte der tibetischen Kalenderrechnung*, Wiesbaden 1973.

264.   - Die Darlegungen des tibetischen Enzyklopädisten koṅ-sprul...über osttibetische Hochzeitsbräuche, in *Serta Tibeto-Mongolica*, Festschrift W. Heissig, 1973.

265.   TSEPON W. D. SHAKABPA, Tibet, *a Political History*, New Haven und London 1976.

266.   F. SIERKSMA, Rtsod-pa, The Monachal Disputations in Tibet, in Indo-Iranian Journal, VIII, 2, 1964.

267.   GENE SMITH, Introduction, in *A 15th Century Compendium of Knowledge*(in Tibetan), New Delhi 1969.

268.   - Introduction, in *Kongtrul's Encyclopedia of Indo-Tibetan Culture* (in Tibetan), New Delhi 1970.

269.   D. SNELLGROVE, *The Nine Ways of Bon*, London 1967.

270.   D. SNELLGROVE and H. RICHARDSON, *A Cultural History of Tibet*, London 1968.

271.   R. A. STEIN, Un saint poète tibétain, *in Mercure de France*, juilletaoût 1964.

271a.   - Une source ancienne pour l'histoire de l'épopée tibétaine, le Rlaṅs Po-ti bse-ru, *in Journal Asiatique*, 1962.

272.   - Un document ancien relatif aux funérailles des bon-po tibétains, *in Journal Asiatique*, 1970.

273.   - *Vie et chants de 'Brug-pa Kun-legs le yogin*, Paris 1972 (tib. Text in *Zentralasiatische Studien*, VII, 1973; Vokabulary, ibid., VIII, 1974).

274.   - Du récit au rituel dans les manuscrits tibétains de Touen-houang, in No. 217.

275.   - La langue Źaṅ-źuṅ du Bon organisé, *in Bulletin de l'Ecole Française d'Extrême-Orient*, LVIII, 1971.

276.   TADA TOKAN, *The Thirteenth Dalai Lama*, Tokyo 1965.

277.   G. TUCCI, A Tibetan Classification of Buddhist Images, according to their Style, in *Artibus Asiae*, XXII, 1-2, 1959.

278.   - The Validity of Tibetan Historical Tradition, in *India Antiqua*, 1947.

279.   *-Travels of Tibetan Pilgrims in the Swat Valley,* Calcutta 1940.
280.   *- Minor Buddhist Texts II, First Bhāvanākrama of Kamalasila, Rom* 1958.
281.   - The Wives of Sroń-btsan-sgam-po, in *Oriens Extremus,* IX, 1, 1962.
282.   G. TUCCI und W. HEISSING, *Les religions du Tibet et de la Mongolie,* Paris 1973.
283.   G. URAY, Traces of a Narrative of the Old Tibetan Chronicle in the mKhas-pa'i dga'-ston, in *Monumenta Serica,* XXVI, 1967(1969).
284.   -Queen Sad-ma-kar's Songs in the Old Tibetan Chronicle, in *Acta Orientalia Academiae Scientiarum Hungaricae,* XXV, 1-3, 1972.
285.   - L'annalistique et la pratique bureaucratique au Tiet ancien, *in Journal Asiatique,* 1975.
286.   I. VANDOR, *La musique du bouddhisme tibétain,* Paris 1976.
287.   A. I. VOSTRIKOV, *Tibetan Historical Literature* (H. Ch. Gupta번역), Calcutta 1970.
288.   T. V. WYLIE, *The Geography of Tibet according to the 'Dzam-gling rgyas-bshad,* Rom 1962.
289.   ZUIHO YAMAGUCHI, Matrimonial Relationship between the T'u-fan and the T'ang Dynasty, in *Memoirs of the Research Department of the Toyo Bunko,* 27, 1969 und 28,1970.
290.   - Su-p'i and Sun-po, in *Acta Asiatica,* XIX, Tokyo 1970.
291.   -The Geographical Location of Sum-yul, in *Acta Asiatica,* XXIX, Tokyo 1975.
292.   - Chibetto bukkyō to Shinra no Kon oshō, in *Shinra bukkyō kenkyū,* 1973.

II. 티벳 문헌

293.   *Nyingmapa-Verteidigungsschrift: Chos-'byung bstan-pa'i sgron-me, rtson-zlog seng-ge'i na-ro,* Ratna gling-pa 작, 1458; the Nyingmapa Apology of Rin chen dpal bzang po 편집, Tashigang 1972.
294.   *Padmasambhava: Slob-dpon Padma-'byung-gnas Kyi skyes-rabs chos-'byung nor-bu'i phreng-ba, rnam-thar Zangs-glign-ma,* Nyang-ral Nyi-ma 'od-zer 작 (12세기), in Rin-chen gter-mdzog 장. Ka.
294a.   *Rva locaba*傳*: mthu-stobs dbang-phyug rje-btsun Rva lo-tsa-ba'i rnam-thar, kun-khyab snyan-pa'i rnga-sgra* 작 (12세기), New Delhi 1965.

295. 'Bri-gung dgongs-gcig: Dam-chos dGongs-pa gcig-pa'i 'grel-pa (또는 *dGongs-gcig yig-cha*), 'Bri-gung-pa 'Jig rten mgon--po(1143-1217의 가르침), 그의 조카 dBon-po Shes-rab 'byung-gnas (1187-1241)에 의해 1226년 수집되고, khod-po Blo-gros thogs-med에 의해 발견됨. 2권., Bir 1975, New Delhi 1969.

269. *Bshad-mdzod yid-bzhin nor-bu* des Don-dam sMra-ba'i seng-ge, Lokesh Chandra 편집, *A 15th Century Compendium of Knowledge*, New Delhi 1969.

297. *Bon-po* 연대기: *bsTan-pa 'byung-khungs yid-bzhin nor-bu 'dod-pa 'jo-ba'i gter-mdzog*, Kun-grol grags-pa 작, 1766, 사본.

298. *Ne'u Paṇḍita* 연대기: *sNgon-gyi gtam me-tog phreng-ba*(13세기 / 14세기), 사본. *Rare Tibetan Historical and Literary Texts from the Library of Tsepon Shakabpa*, New Delhi 1974.

299. *Nyingmapa* 연대기 *Chos-'byung rin-po-che'i gter-mdzod, bstan-pa gsal-bar byed-jpa'i nyi Klong-chen Dri-ma 'od-zer*, 1362. Kun-mkhyen Klon-chen-pa 편집 *History of Buddhist Dharma*, 2권., New Delhi 1976.

300. *Sakyapa* 연대기: *Sa-skya'i chos-'byung, A History of the Sa-skya-pa Sect of Tibetan Buddhism* T. G. Dhongthog Rinpoche(gDong-thong) 작, 1975, New Delhi 1977.

301. *mDzod-phug* 편, *Basic Verses and Commentary by Dran-pa nam-mkha*(Bonpo-Text, "entdeckt" 1108), Delhi 1966.

302. *Sog-bzlog-pa: Collected Writings of Sog-bzlog-pa Blo-gros rgyalmtshan(1552-1624)*, 2 권., New Delhi 1975.

303. Sangs-rgyas rgya-mtsho 작, *Vaidurya g.ya'-sel (sde-srid)*, (1687-1688)

III. 중국 문헌

304. 西藏府, 何寧, 1798.

찾아보기

티벳어 고유명사

[ㅌ]

[ㅍ]

저 자 및 역 자 소 개

저자___ **R. A. 슈타인(Rolf A. Stein)**

1911년 독일 태생. 베를린대학교에서 중국어를 배운 후 1933년 프랑스로 망명. 파리의 동양 언어연구소에서 중국학을 전공하고 다시 일본학을 배우면서 티벳어를 독학함. 1939년 프랑스 국적을 취득. 전후 프랑스 극동학연구소 소속으로 1946년부터 1949년까지 昆明, 成都, 北京, 內家古 등지에서 현지조사를 수행한 후 파리로 귀환, 동양 언어연구소 교수로 재직. 1951년부터 파리 고등학술연구소의 종교학과에서 강의. 1964년 동양 언어연구소에 티벳어 강좌를 개설. 1999년 사망.

역자___ **안성두**

한국외국어대학교를 졸업하고 한국학중앙연구원 부설 한국학대학원에서 한국불교철학으로 석사. 독일 함부르크대학교 인도학과에서 인도불교를 전공하여 석사와 박사학위를 받음. 여기서 티벳학을 복수전공. 금강대학교 연구원과 교수를 거쳐 현재 서울대학교 철학과 교수로 재직 중이다.

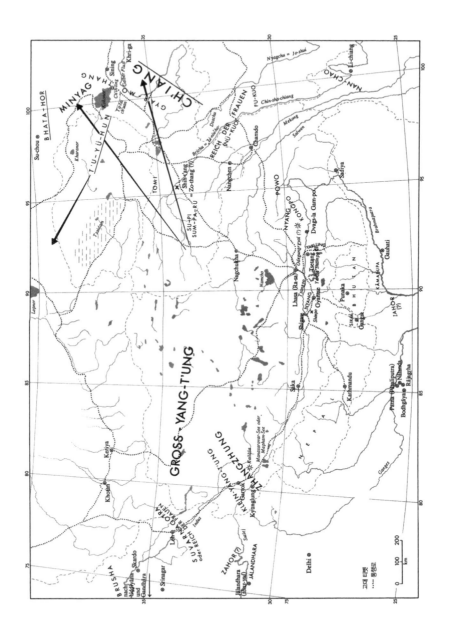

현대 티벳
······ 통행로
● 사원

티벳의 문화

초판인쇄 2018년 1월 31일
초판발행 2018년 2월 7일

저　　　자 R. A. 슈타인
역　　　자 안성두
펴　낸　이 김성배
펴　낸　곳 도서출판 씨아이알

책임편집 박영지, 김동희
디　자　인 강세희, 윤미경
제작책임 이헌상

등록번호 제2-3285호
등　록　일 2001년 3월 19일
주　　　소 (04626) 서울특별시 중구 필동로8길 43(예장동 1-151)
전화번호 02-2275-8603(대표)
팩스번호 02-2265-9394
홈페이지 www.circom.co.kr

I S B N 979-11-5610-359-2 93910
정　　　가 20,000원